친일파가 만든
**독립영웅**

# 김구

## 청문회

2

매직하우스
마법의책공장

친일파가 만든 **독립영웅**

# 김구 청문회 2

초판 1쇄 인쇄 2014년 8월 5일
초판 1쇄 발행 2014년 8월 15일
초판 2쇄 발행 2022년 3월 18일

**지 은 이**  김상구
**표지디자인**  김문교, 윤혜영
**본문디자인**  김민성
**편    집**  백시나
**펴 낸 이**  백승대
**펴 낸 곳**  매직하우스

**출판등록**  2007년 9월 27일 제313-2007-000193
**주    소**  서울시 마포구 모래내로7길38 서원빌딩 605호
**전    화**  02) 323-8921
**팩    스**  02) 323-8920
**이 메 일**  magicsina@naver.com
**I S B N**  978-89-93342-38-3
　　　　　　978-89-93342-36-9 (세트)

친일파가 만든 독립영웅

# 김구 청문회 2

### 김구는 통일의 화신인가?

김상구 지음

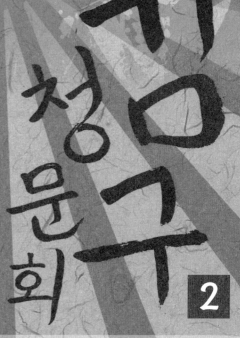

매직하우스
마법의 책공장

## 제2부 김구는 통일의 화신인가?

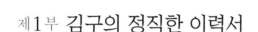

# 제1부 김구의 정직한 이력서

# 20
# 친일파·부일배에게 면죄부를 준 반탁운동

미국 국무부는 미군정의 반탁입장을 알고 있었을 것이다. 그러나 신탁통치 안은 전임 대통령 루스벨트 이후 국무 부가 오랫동안 구상해왔던 정책이었다. 다 만 그들도 소련의 반응이 궁금했을 것으로 짐 작된다. 제2차 세계대전 종전 이전만 해도 계 속되는 미국의 신탁통치안 주장에 대해 소련은 마지못해 동의하는 태도를 취하며 직접적인 언급을 회피했다. 하지만 이제 결론을 내려야 할 때였 다. 결국 소련은 타협안을 제시했다. 소련은 '선 정부수립, 후 신탁통치(先 政府樹立, 後 信 託統治)'를 대안으로 제출하였다. 그리고 신탁통치기간은 최소화시킬 것을 주 장하였다.

# 오보냐 ? 사기극이냐 ? 동아일보의 삼상회의 보도

    제2차 세계대전 뒤의 일본 점령지구에 대한 관리 문제를 비롯하여 얄타 회담에 따른 대한민국의 독립 문제를 거론한 모스크바 3국 외무장관회의 (The Moscow Conference of Foreign Ministers)가 1945년 12월 26일 열흘간의 일정을 마쳤다. 공식 합의사항이 아직 알려지지 않았던 12월 27일, 동아일 보를 비롯한 경향 각지의 신문들은 그 결과를 1면 톱으로 보도하였다. 특히 동아일보의 기사가 눈길을 끌었다. 아래는 그 내용이다.

1945년 12월 27일 동아일보, 자유신문, 신조선보, 조선일보

    「소련은 신탁통치(信託統治) 주장, 미국은 즉시독립(卽時獨立) 주장, 소련의 구실은 38선 분할점령(分割占領)」

    모스크바에서 개최된 3국외상회담을 계기로 조선독립문제가 표면화하지 않는가 하는 관측이 농후해가고 있다. 즉 번즈 미 국무장관은 출발 당시에 소련의 신탁통치안에 반대하여 즉시독립을 주장하도록 훈령을 받았다고 하는데 삼국 간에 어떠한 협정이 있었는지 없었는지는 불명하나 미국의 태도는 '카이로선언'에 의하여 조선은 국민투표로써 그 정부의 형태를 결정할 것을 약속한 점에 있는데 소련은 남북 양 지역을 일괄한 일국신탁통치를 주장하여 38선에 의한 분할이 계속되는 한 국민투표는 불가능하다고 하고 있다. 워싱턴 25일발 합동 지급보(至急報).[1]

기사의 출처는 합동통신사이며 워싱턴에서 12월 25일 송신한 것으로 되어 있다. 다른 신문들도 마찬가지다. 여기서 우리가 추적할 것은 세 가지다.

첫째, 모스크바에서 '조선에 관한 결정'이 공식 발표된 것이 1945년 12월 28일 정오이니 이는 한국 시각으로 28일 오후 6시였고, 워싱턴DC 시간으로는 28일 새벽 4시가 된다. 주한미군사령부가 결정 내용을 워싱턴으로부터 공식 통보 받은 것은 29일 오후였다.[2] 아직 발표되지 않은 회의의 결과를 송고한 합동통신사의 의도는 무엇이었는가?

둘째, 합동통신사가 입수한 정보의 출처는 어디인가?

셋째, 다른 신문은 설(說) 혹은 의문부호를 달았는데 유독 동아일보만 왜 단정적으로 소련은 신탁통치를 주장하고 미국은 즉시 독립을 주장했다고 보도했는가?

이러한 의문을 해결하기 위해선 미 국무성과 미 군정청이 서로 다른 견해를 표명했다는 사실을 먼저 알아야만 할 것이다. 1945년 10월 20일, 한국문제에 관한 최고의 실무자라고 할 수 있는 미국무성극동국장 빈센트는 미국외교정책협의회 회합에서 미국의 극동정책에 대하여 다음과 같이 말하였다.

---

1) 소련은 信託統治 주장, 「동아일보」, 1945.12.27

2) 정용욱, 미군정의 모스크바 삼상회의 결정 국내 최초 보도 경위에 대한 조사, '한반도 신탁통치안'□《사료로 보는 한국사》

조선에 대하여서는 동국의 신탁관리제를 수립함에 앞서서 우선 소련과의 사이에 의사를 소통시킨 후 허다한 정치문제를 해결시키고 싶다. 조선은 다년간 일본에 예속되었던 관계로 지금 당장 자치를 행할 준비가 되어 있지 않다. 따라서 미국은 우선 신탁관리제를 실시하여 그 간 조선민중의 독립한 통치를 행할 수 있도록 준비를 진행할 것을 제창한다. 미국은 조선이 될 수 있는 대로 속히 독립한 민주주의적인 국가로 만들 작정이다.[3]

빈센트가 발표한 조선의 신탁통치설은 개인의 즉흥적인 견해가 아니었다. 카이로회담(1943.11.22~11.27), 얄타회담(1945.2.4~2.11), 포츠담회담(1945.7.17~8.2) 등을 통하여 미국이 일관되게 주장한 조선처리방안이었다. 한국 민중은 당연히 반발할 수밖에 없었다. 국민당의 안재홍은 '미국무부 극동과장의 조선신탁관리제에 대한 담화'를 발표했으며,[4] 한민당 역시 긴급간부회에서 신탁관리제 실시 절대반대를 결의했다.[5] 신탁반대여론이 서서히 조성될 무렵 미 군정청은 국무부와 전혀 다른 의견을 발표했다.

나도 제군이 쓴 신문기사를 보고서야 비로소 알았다. 신탁통치운동은 결국 조선 사람의 손에 달린 문제다. 속히 독립하느냐가 조선 사람의 손에 달린 이상 조선 사람의 책임은 크다고 할 것이다. 군정청은 조선의 정부다. 여러분을 위해 일하는 기관이다. 조선 사람이 공동전선을 펼치고 이 정부에 협력하고 노력한다면 조선의 독립은 그만치 빠를 것이다. 이를 통하여 조선인이 이제부터 자주독립국가로서 충분히 걸어 갈 수 있다는 힘을 세계에 보여야 할 것이다. 그러므로 조선 사람은 신탁국가니 무어니 하는 걱정을 하기 전에 먼저 조선민족이 대동단결하여 하나의 힘을 뭉치는데 매진하기 바란다. 또 극동국장 빈센트 씨의 말은 단지 개인의 의사에 지나지 않는 줄 믿는다. 그분의 말이 미국정부의 방침이 아님은 틀림없다. 그러므로 그러한 소식은 묵살해야 할 것이다. 그런 개인의 말을 가지고 경솔하게 침소봉대하여

---

3) 미국무부 극동과장, 미외교정책협의회에서 조선에 신탁실시 제창,「매일신보」, 1945.10.23
4) 안재홍, 미국무부 극동과장의 조선신탁관리제에 대한 담화 발표,「매일신보」, 1945.10.24
5) 신탁통치반대, 韓國民主黨에서 결의,「자유신문」, 1945.10.26

민중을 흥분시키는 일이 없도록 하기 바란다.[6]

　10월 30일 군정청 제1회의실에서 기자단과 정례회견 시 군정장관 아놀드 소장이 발언한 내용이다. 하지 역시 동일한 의견을 개진하여 아놀드의 주장에 힘을 실어주었다. 그는 10월 31일 한민당 수석총무 송진우와의 면담에서 "신탁통치를 운운하나 이것은 극동부장 1개인의 의견이요. 그 사람이 조선정치를 좌우할 지위에 있는 것이 아니다. 조선 사람이 결속하여 독립할 만한 힘을 배우면 이제라도 나는 독립을 승인하겠다."[7] 일단 기억해야할 것은 이 무렵 미국 군부와 국무부의 한반도 처리방안이 전혀 달랐다는 점이다. 즉 국무부가 찬탁이었다면 미 군정청은 반탁이었다는 뜻이다. 아무튼 빈센트의 신탁발언은 아놀드와 하지의 진화작업으로 다시 물밑으로 가라앉았다.

　잠잠하던 신탁문제가 다시 타오르게 된 것은 12월 27일 경향 각지의 신문이 보도한 "소련은 신탁통치, 미국은 즉시독립 주장"이라는 기사였다. 특히 동아일보의 의도된 편집은 '반탁반소' 여론 조성에 결정적 역할을 했다. 사실 그 당시 한민족의 가장 큰 관심은 38선으로 갈라진 남북분단 문제의 해결이었다. 이 문제 역시 동아일보는 편향된 시각으로 반소분위기를 조성하는데 크게 기여하였다. 소련이 원산과 청진에 특별이권을 요구한다고 보도한 12월 24일 기사로 역사왜곡의 첫 걸음을 디뎠다.[8]

　그 다음날인 12월 25일, 동아일보 1면은 소련을 비난하는 기사로 도배

---

6) 아놀드, '신탁관리제는 미정부방침 아니다'라고 기자회견, 「매일신보」, 1045.10.31

7) 송진우, 하지를 방문 요담, 「자유신문」, 1945.11.5

8) 『서중석, 한국현대민족운동연구』, p.307

1945년 12월 25일 동아일보 1면

되었다.[9] 이 신문은 인디아나빼호-트웨인 시의 《센티넬》이라는 듣도 보도 못한 언론지의 논평을 보편적인 미국의 여론처럼 포장했다. 그리고 중간 중간에 "소련이 대일 참전의 대상으로 조선과 만주·내몽고를 가질 것이라든가", "또 소련은 조선의 절반을 점령하고 있는데 미 점령군이 철퇴하게 된다면 소련은 남부조선까지도 주저 없이 점령할 것은 틀림없다" 등의 내용을 굵은 활자로 표시함으로써 독자들의 여론을 호도하였다. 사실 《센티넬》지의 주 내용은 38선 분할의 책임은 스탈린, 처칠, 루스벨트 3인에게 있다는 것이었다. 이 결론 외 동아일보가 돋보이게 처리한 내용은, 나중에 살펴보겠지만 삼상회의의 결과와는 전혀 다른, 오직 소련을 비난하고자하는 재료에 불과했다.

상기 메인 기사 외에 "조선 동향과 우방의 여론"이라는 사설 그리고 동아일보 주간 설의식이 기고한 "소련의 극동정책과 조선"이란 제목의 칼럼 등을 통하여 반소 분위기를 선동했다. 특히 미국 통신외교기 《핸스래》지 기사를 인용한 사례는 왜곡 편집의 전형적인 사례다. 기사 내용은 미국의 극동정책을 나열한 것에 불과하다. 하지만 동아일보 편집진은 "3국외상회의내용"이란 소제목을 박스로 처리함으로써 독자로 하여금 기사의 내용을 혼돈케 하였다. 동아일보의 의도는 분명했다. "공산주의의 맹주국인 소련은 우리 민족의 원수다"라고 하는 캠페인의 일환이었다.

이러한 분위기 조성 끝에 터져 나온 것이 1945년 12월 27일자 신탁관

---

9) 1945년 12월 25일 자 「동아일보」 1면

런 기사였다. 다시 처음의 의문으로 돌아가자. 아직 회의는 끝나지 않았고 그 어떤 공식발표도 없었던 12월 25일, 합동통신은 왜 소련만이 신탁통치를 주장했다는 기사를 송고했을까? 결론부터 말하자면 그날 합동통신은 워싱턴에서 기사를 입수하지 않았다. 합동통신의 취재원은《태평양성조기(Pacific Stars and Stripes)》[10]지였다.

《태평양성조기》지는 12월 27일, "평화협정 체결에 가로놓인 난관을 종식시키기를 희망 한다"라는 제목으로 1면 우측 상단에 외신종합 기사를 내보냈다. 이 기사의 주요관심은 모스크바 삼상회의에서 유럽 평화협정의 타결 가능성이 있는가 하는 점이었고, 한국관련 기사는 이 내용의 중간에 한 단락 끼여 들어있다.《태평양성조기》지는 한국관련 기사를 쓴 사

태평양 성조기 표지

람을 UP통신의 랄프 헤인젠(Ralph Heinzen) 기자라고 구체적으로 지목하였다. 동아일보 및 국내신문에 보도된 기사는《태평양성조기》지 기사의 한국관련 내용을 그대로 전재 번역한 것이다.[11]

정용욱이 확인한 바에 따르면 랄프 헤인젠의 기사는 미국의 유력 일간지《뉴욕 타임즈》,《워싱턴 포스트》,《월 스트리트 저널》등 어디에서도 취

---

10) 해외에 파병된 미군들을 위한 진중신문으로서, 남북전쟁 때 최초로 발행된 이래 주간지 혹은 일간지로 정기적으로 발간되고 있다. 1918년 제1차 세계대전 말 유럽에 주둔해 있는 미국 군대를 위한 주간지로 부활되었으나 1919년 발행이 중단되었다. 1942년 다시 주간지로 발행되다가 후에 일간지로 바뀌었다. 유럽판《European Stars and Stripes》와 태평양판《Pacific Stars and Stripes》가 있는데, 태평양판은 제2차 세계대전 후 한국·일본에 주둔해 있는 미군 관계자들을 위해 발행되어 현재까지 극동지역의 미군들에게 배포되고 있다. 제2차 세계대전에서 미군 참전이 최고조에 달했을 때는 발행 부수가 100만 부를 상회했다. 미국 국방부 차관 관할 판공실(辦公室)에서 관할하며, 뛰어난 집필진과 편집진을 확보하고 있으며, 상당한 영향력을 끼친다. 군대에 속해 있는 신문으로서는 자유재량권을 누리고 있는 편인데, 때로는 이로 인해 논쟁을 야기하기도 한다. ·《네이버 두산백과》

11) 정용욱, 미군정의 모스크바 삼상회의 결정 국내 최초 보도 경위에 대한 조사, '한반도 신탁통치안'□ 《사료로 보는 한국사》

급되지 않았다.[12] 결국 동아일보 오보사건의 배후는 미 군정청으로 귀결될 수밖에 없다. 물론 합동통신도 책임이 크다. 합동통신은 기사의 출처를 "워싱턴 25일발"이라고 부기함으로써 조작기사임을 스스로 자인하고 있다. 통상 외신보도는 AP통신이나 UP통신 등 기사의 원 출처를 밝히는 것이 관례다. 하지만 합동통신은 워싱턴이라고만 했다. 해외에 근무하는 미군들을 위해 발행하는 군인 신문을 차마 원 출처로 밝히지는 못했을 것으로 짐작된다. 한편, 도쿄의 미 육군 극동군사령부와 서울의 주한미군사령부가 합동통신과 《태평양성조기》지에 동시에 기사를 배포한 경우도 생각해 볼 수 있는데 이 경우에도 합동통신은 원 출처를 밝히기 곤란하였을 것이다. 어쨌든 미 군정청의 의도된 사기극에 합동통신, 동아일보, 조선일보 등 국내 대부분의 언론이 동참 혹은 놀아난 셈이다.

---

12) 1945년 12월 26일자 미국 워싱턴 타임스 헤럴드(현 워싱턴포스트) 7면. "미국의 번스 국무장관이 소련의 신탁 통치안을 반대하고 한국의 즉시 독립을 주장하라는 훈령을 받고 러시아로 떠난 것으로 알려졌다"라는 기사는 별도의 검토가 필요하다.

# 모스크바 삼상회의의 진실

그렇다면 진실은 무엇인가? 1945년 12월 16일 미국, 영국, 소련의 외무 장관이 참석한 회의가 모스크바에서 개최되었다. 둘째 날 미 국무장관 번 즈는 신탁통치를 골자로 한 한국 문제 해결방안을 제시하였다. 핵심 내용 은 다음과 같다.

첫째, 미·영·중·소 4개국이 신탁통치체제의 최고 권한자가 되어, 유엔헌장 79조에 규정한 기본목적에 따라 행동한다.
둘째, 1인의 고등판무관과 4개 신탁통치국의 대표로 구성되는 집행위원회 를 통해서 통치권한과 기능을 수행한다.
셋째, 한국의 통일행정체제 즉 신탁통치체제에는 한국인을 행정관 상담역 고문으로 사용한다.
넷째, 신탁통치기한은 5년으로 하되 필요하면 4개 신탁통치국 간의 협정으 로 다시 5년을 연장할 수 있다. [13]

미국 국무부는 미 군정청의 반탁입장을 알고 있었을 것이다. 그러나 신 탁통치안은 전임 대통령 루스벨트 이후 국무부가 오랫동안 구상해왔던 정 책이었다. 다만 그들도 소련의 반응이 궁금했을 것으로 짐작된다. 제2차 세계대전 종전 이전만 해도 계속되는 미국의 신탁통치안 주장에 대해 소 련은 마지못해 동의하는 태도를 취하며 직접적인 언급을 회피했다. 하지

---

13) 『서중석, 한국현대민족운동연구』, p.302

만 이제 결론을 내려야 할 때였다. 결국 소련은 타협안을 제시했다. 소련은 '선 정부수립, 후 신탁통치(先 政府樹立, 後 信託統治)'를 대안으로 제출하였다. 그리고 신탁통치 기간은 최소화시킬 것을 주장하였다.[14)

소련의 수정안은 12월 28일에 발표된 모스크바3상회의 결의안과 대체로 비슷했다. 미국과 소련이 첨예하게 대립한 것은 신탁통치 기한과 신탁이란 용어문제 그리고 임시정부 수립의 건이었다. 최소 5년 최대 10년을 주장한 미국의 제안은 결국 소련의 의도대로 최고 5년으로 결정되었다.

임시정부 수립 안은 가장 논란이 많았던 주제였다. 미국안은 전적으로 신탁통치를 실시하고, 한국인은 행정관 상담역 고문 등 신탁통치의 보조기능 역할로 국한시켰다. 그러나 최종 결의안에 의하면, 남북 정령군의 대표자들이 공동위원회를 통하여 조선 임시정부 구성을 원조하고, 신탁통치의 협정도 임시정부의 의견이 반영될 수 있게 하였다. 대체로 소련의 의견이 반영된 셈이다. 신탁이란 용어 문제도 미국 측이 작성한 영문 결의문에는 신탁통치(trusteeship)란 용어를 사용했으나 소련측 발표문에는 후견이란 뜻을 가진 아뻬까(опека)라는 단어를 사용하여 뉘앙스가 다르게 표현했다.[15)

미국과 소련의 서로 다른 입장 차이는 점령 이후의 점령정책을 보면 이해가 된다. 미국은 점령 이후 군정을 설치하여 직접 남한을 통치하였다. 그리고 건국준비위원회와 조선인민위원회 등 한국인의 자치 기구를 모두 불법화하고 한국인들은 단지 행정편의를 위한 고문 역할로 활용하는데 그쳤다. 반면 소련군은 북한 점령 이후 인민위원회에 자치권을 부여하였고, 조

---

14) 정용욱, 모스크바 삼상회의에서 소련이 제출한 한국문제 해결 방안, '한반도 신탁통치안'《사료로 보는 한국사》

15) 송남헌, 『해방3년사』, 까치, 1985, p.245

만식과 김일성의 합작을 성사시키는 등 자신들의 조정과 비호 하에 일찌 감치 정부수립을 위한 토대를 쌓고 있었다. 그리고 일반적으로 남한에서 도 좌익세력이 우익에 비하여 조직적으로 우세를 점하고 있다고 평가하였 다.[16] 애초에 그들이 신탁통치보다는 조선의 즉시 독립을 주장했던 이유 다. 아래에 '모스크바 삼상회의의 한국문제 논의 경과'[17]와 '모스크바3상 회의 결의문' 전문을 소개한다.

## [4. 한국]

합의된 의제에서 세 번째 항목은 "독립된 한국정부를 설립하는 것을 염두 에 둔 한국의 통일된 행정부를 만드는 것"이었다. 이 단어선택은 미국의 제 안으로 적용된 것이었는데, 이는 원래 제안된 것, 즉 "한국을 위한 독립적인 정부의 설립"을 바꾸기 위한 것이었다. 12월 16일 회담의 첫 회의에서 이 주제가 제출되었을 때, 번즈 씨는 해리먼 대사가 몰로토프 씨에게 1945년 11월 8일 보낸 편지를 배포하고, 한국의 소련지휘관이 미국의 지휘관과 협 의할 것을 요구했는데, 한국에서의 통신의 합리적인 개선, 상업, 금융, 그리 고 다른 미해결의 문제들을 조정할 목적을 위한 것이었다. (Doc. A, Encl. 4, p. H-41)

몰로토프 씨는 이 편지로 생필품의 교환, 기차운영의 재개, 선적, 금융정 책, 유민, 그리고 그러한 문제들을 처리하는 것에 반대했다. 그는 번즈 씨가 그것들을 그 의제에 대한 주제와 연결시키려는 시도에 놀랐다고 말했는데, 이는[=이 의제는] 한국 정부에 관한 전반적인 문제이며, 또 그는 이들을 토 론할 준비가 되어 있지 않다고 언급했다. 그는 번즈 씨가 이 항목(the item) 에 추가한 "한국을 위한 통일된 행정부"의 문제와, 또 언급되었던 신탁통치 의 문제가 이 이슈(the issue)를 더욱 혼란스럽게 한다고 단언했다. 그는 한 국에 관한 얄타의 토론을 검토할 것을 권고했다. 국무장관 번즈는 해리먼 씨의 편지에 언급되어 있는 문제들이 한국의 통일된 행정부의 성취에 필수 적인 단계(step)인데, 이는 신탁통치에 앞서 필요한 것이며, 결국 독립적인

---

16) 정용욱, 모스크바 삼상회의에서 소련이 제출한 한국문제 해결 방안, '한반도 신탁통치안'《사료로 보 는 한국사》

17) Handbook of Far Eastern Conference Discussion, H-13~15

한국정부로 이끌 것이라고 설명했다. (Doc. A, p. H-27)

　다음날 번즈 씨는 미국의 대한정책에 대한 성명서를 배포했다. 미국이 카이로 선언과 포츠담 의정서를 통해 독립된 한국의 창조를 약속했다는 성명서로 시작하면서, 그것은 한국의 독립을 가능한 한 빨리 성취할 것을 촉구했다. 이를 위하여 그것은 한국을 군사행정부의 두 지역으로 분단한 것을 제거하기 위한 즉각적인 행동을 제안했고, 또 통일된 행정부를 유엔 헌장의 원칙에 부합하도록 행해지는 4강대국 신탁통치에 앞서서 일시적으로, 그렇지만 필수적인 것으로 창조할 것을 제안했다. 독립한 한국정부는 5년 내에 형성될 것으로 예측했다. (Doc. B, Encl. 2, p. H-47; Doc. b, p. H-45)

　몰로토프 씨는 그가 미국의 제안을 연구하기 위한 시간이 필요하다고 선언했고, 12월 20일의 다섯 번째 회의가 되어서야 그는 그 주제를 토론할 준비가 되었음을 보였다. 그는 소련 정부가 한국을 위한 4강대국 신탁통치에 동의했음을 인정했지만, 이것을 급박한 문제보다는 장기적인 것으로 묘사했다(characterize). 그리고 그는 한국에 대한 소련의 제안 성명서를 내놓았다. 이는 한국의 임시민주정부는 만들어져야 하는데, 이것은 한국의 산업과 교통, 그리고 농업, 그리고 한국 인민의 민족문화의 발전을 위해 필요한 모든 조치들을 맡을 것이었다. 한국에 있는 소련과 미국 사령부의 대표들의 합동 위원회(Joint Commission)가 임시정부의 구성을 도와야 하는데, 한국의 민주정당과 사회단체들과 상의하고, 소련과 미국 정부가 고려할 수 있도록 권고안들을 제출하는 것이다. 합동위원회는 또한 미국, 소련, 영국, 그리고 중국의 합동고려(? joint consideration)를 위한 신탁통치 정책(measure)을 세워야 한다(work out). 그 동안에, 한국의 미국·소련 사령부의 대표들은 2주일 내에 만나서 양 지역의 긴급한 문제들을 논하고(consider), 행정-경제(administrative-economic) 영역에서 미·소 사령부 사이의 영구적인 연락관계를 설립하는 조치를 취해야 한다(work out). (Doc. H, Encl. 1, p. H-97)

　다음날, 세 장관 사이의 비공식 대화 가운데, 번즈 국무장관은 소련의 제안을 두 가지 수정과 함께 미국이 받아들일 의지가 있음을 보였다. (Doc. I, p. H-99) 첫 번째 변화는 합동 위원회가 세운 권고안의 제안을 미국과 소련 정부뿐만 아니라 중국과 영국의 정부에도 제출하는 것이다(? 번역이 정확히 안 됨); 두 번째는 한국임시정부와의 협의가, 합동위원회에 의해 제안된 신탁통치 방안이 4강대국이 고려할 수 있도록 제출되기 이전보다 이후에 이뤄지는 것을 명백히 하는 것이었다. (Doc. I, Encl. 2, p. H-10) 12월 22일 몰로토프 씨는 미국 수정안을 받아들였으며, 문서는 최종 전문(final text)의 준비를 위한 기초위원회(drafting committee)에 회부되었다.(Doc. N, p. H-113) 이 최종 전문(final text)은 12월 27일 회의 폐회 때 사인된 공동성명에 포함되었으며(Doc. W, p. H-141), 12월 30일 회의에 대한 방송(broadcast report)에서 번즈에 의하여 일상적인 언어로 논의되었다.


['조선에 관한 결정'의 최종 문안]
① 조선을 독립국으로 부흥시키고 조선이 민주주의 원칙 위에서 발전하게 하며 장기간에 걸친 일본통치의 악독한 결과를 신속히 청산할 조건들을 창조할 목적으로 '조선민주주의임시정부'를 창설한다. 임시정부는 조선의 산업, 운수, 농촌경제 및 조선인민의 민족문화 발전을 위하여 모든 필요한 방책을 강구할 것이다.
② 조선임시정부 조직에 협력하며 이에 적용한 방책들을 예비 작성하기 위하여 남조선 미군사령부 대표들과 북조선 소련군사령부 대표로 공동위원회를 조직한다. 위원회는 자기의 제안을 작성할 때에 조선의 민주주의 정당들, 사회단체들과 반드시 협의할 것이다. 위원회가 작성한 건의문은 공동위원회 대표로 되어 있는 양국 정부의 최종적 결정이 있기 전에 미·소·영·중 각국 정부의 심의를 받아야 한다.
③ 공동위원회는 조선민주주의임시정부를 참가시키고 조선민주주의 단체들을 끌어들여 조선인민의 정치적, 경제적, 사회적 진보와 민주주의적 자치 발전과 또는 조선국가 독립의 확립을 원조·협력하는 방책들도 작성할 것이다. 공동위원회의 제안은 조선임시정부와 협의 후 5년 이내를 기한으로 하는 조선에 대한 4개국 신탁통치(후견)의 협정을 작성하기 위하여 미·소·영·중 각국 정부의 공동심의를 받아야 한다.
④ 남·북 조선과 관련된 긴급한 제 문제를 심의하기 위하여 또는 남조선 미군사령부와 북조선 소련군사령부 간의 행정·경제 부문에 있어서의 일상적 조정을 확립하는 제 방안을 작성하기 위하여 2주일 이내에 조선에 주둔하는 미·소 양국 사령부 대표로서 회의를 소집할 것이다.


3상회의에서 최종 결정된 신탁통치항목은 원래의 미국안과 성격이 많이 달랐다. 무엇보다 임시정부의 역할이 중요하게 부각되었다. 신탁통치는 임시정부 수립 이후의 문제로 볼 수 있는 문맥이었다. 최종문안 ①항이 임시정부의 구성, 성격, 임무 등을 규정한 것이라면 ②항은 임시정부 조직에 협력하기 위한 미소공동위원회의 조직에 관한 것이었다. 사실 1946년 3월과 1947년 5월에 열렸던 미소공동위원회는 임시정부 구성을 위한 논의였다. 신탁통치 반대는 임정수립 이후에 해도 되었다는 뜻이다.

# 친일파·부일배에게 면죄부를 준 반탁운동

　삼상회의 협정문이 발표되기 전날인 12월 28일, 동아일보는 27일의 왜곡보도에 이어 1면의 톱기사를 "소련의 조선신탁 주장과 각 방면의 반대 봉화"로 뽑았다. 그리고 "민족적 모독-신탁운운에 대하여 소련에 경고"라는 사설을 통하여 반소투쟁에 기름을 끼얹었다. 이날의 동아일보는 반탁투쟁 독려·선동 기사와 소련에 대한 성토·경고 기사로 도배되었다. 1945년 12월 28일, 3국외상회의 협정문이 발표되었다. 그러나 보도된 내용은 3상회의 결의의 취지와는 거리가 멀었다. 단지 조선에 신탁통치를 실시한다는 내용뿐이었다. 아래는 동아일보 기사의 일부다.

　29일로써 종결을 본 3국외상회의에서 다음의 결정을 보았다고 관측되고 있다.
一. 소련·미국·영국 및 중국에 의한…(이하 생략)
一. 원자력관리문제에 관해서는…(이하 생략)
一. 조선에 미·소·영·중의 4개국의 신탁통치위원회가 설치된다. 동 위원회에는 5년 후에는 조선이 독립할 수 있다는 관측 하에 5년이라는 연한을 부(附)한다. 미소양국은 남북조선행정의 통일을 도모하기 위하여 양지구 군정당국의 회의를 개최한다.[18]

　오로지 신탁통치를 한다는 내용에만 초점이 맞춰졌다. 톱기사 하단에

---

18) 신탁통치제 과연 실시-외전이 전하는 모스크바 회담내용, 「동아일보」, 1945.12.29

'위원회설치안내용'이라는 기사가 실려 있지만 그 역시 3국외상회의 협정문 전문은 아니었다. 명백한 축소·왜곡보도였다. 동아일보 기사를 예로 들었지만 다른 신문의 내용도 거의 동일했다. 12월 29일자 신문들은 앞뒤 전 지면을 할애하여 신탁통치 실시에 관한 자극적이며 흥분된 기사로 가득 채웠다.

1945년 12월 29일 동아일보 1면 하단의 기사

　해방공간에서 이념을 초월하여 전 국민의 의견이 일치한 것은 12월 28일을 전후한 며칠간의 반탁운동이 유일할 것이다. 김구, 이승만, 안재홍, 송진우 등 명망가들의 개인 성명뿐 아니라 신한민족당, 임정구미위원부, 재미한족연합위원회 대표단, 조선독립촉성종교단체연합회, 조선혁명당, 광복군 국내지대, 국민당, 군정청 조선인직원, 유학생동맹, 유흥업체, 인공 중앙인민위원회, 조선공산당, 조선금융단, 조선문학가동맹, 조선인민당, 조선학술원위원장, 조야(朝野)법조계, 천도교청우당, 한민당, 각학술문화단체, 경성대학교직원, 국군준비대, 서울변호사회, 서울시청직원, 서울의사회, 조선신문기자회, 한중협회, 경찰대표, 교통국과 전기회사, 대한독립촉성전국 청년연맹, 서울공업전문학교직원회, 조선미술협회, 청년돌격대, 춘천시민, 경기도청직원, 전국부녀대회, 조선전업회사, 조선치과의사회…등이 그 무렵 언론에 보도된 반탁결의 표명 단체들이다. 물론 3상회의의 정확한 내용이 알려지면서 이들의 의견은 갈라지게 된다. 38도선으로 국토가 양단된 것도 모자라, 찬탁·반탁진영으로 민족이 갈라지는 비극의 시대가 도래된 것이다.

송진우가 피살당하기 전날인 1945년 12월 29일 오전 10시, 장차 민족분단 고착화의 계기가 되는 모임이 종로 기독교 청년회관에서 개최되었다. 각 정당 각 계층 대표 100여명이 모여 열린 모임이었다.[19] 이 날의 집회에서 결정된 실행방법은 다음과 같다.

一. 연합국에 임시정부 즉시 승인을 요구함
一. 신탁통치 절대배격
一. 전국군정청관공리는 총사직하라
一. 특히 38도 이북에서는 행정 사법담당자 총이탈하라
一. 일절 정당은 즉시 해체하라
一. 전국민총파업, 단 신탄 미곡만은 제외함(필요한 기간)
一. 극동약소민족해방운동 전개
一. 신탁통치배격국민대회 개최
一. 언론기관에서 우리의 운동에 협력치 않는 자는 우리 손으로 정간케 함
一. 신탁통치배격운동에 협력치 않는 자는 민족반역자로 규정함
一. 군정청에 운동방침을 통고함
一. 라디오 유흥방송 폐지의 건(件), 단 우리 운동보고는 라디오를 통하여 방송을 요구함

특히 주목할 부분은 두 가지다. 신탁통치 반대 항목보다 임시정부 즉시 승인요구를 첫 번째로 내세움으로써 중경임시정부 추대운동이 본격화되었음을 알 수 있다. 두 번째는 신탁통치배격운동에 협력하지 않는 자는 민족반역자로 규정한다는 항목이다. 이 날 이전까지 민족반역자로 지탄받던 친일파·부일배라도 반탁을 하면 애국자가 되고, 그동안 독립지사로 숭앙받던 이들도 찬탁을 할 경우 민족반역자가 된다는 논리다.

반탁투쟁은 처음부터 중경임시정부 추대운동과 맞물려 진행되었다. 12

19) 탁치배격 각당 각계층 대표자회, 국민운동 실행방법 결의, 「동아일보」, 1945.12.30

월 29일, 하지가 주요 정당·단체의 대표들을 초청하여 "방금 미국으로부터 공전(公電)이 도착되었다. 미소 양 군정 대표는 2주간 내에 모여 관리위원회를 조직하고 그 위원회는 조선 각 정당 사회단체를 모아 임시정부를 조직한 후 그것을 4개국 공동위원회에 제안하여 조선의 임시정부가 조선의 독립을 원조하는 4국신탁관리가 필요하냐 아니하냐의 결의에 의하여 4국위원회는 존폐를 결정한다. 신탁관리는 일본제국의 통치와 같이 압박과 착취를 목적함이 아니라 정치적, 경제적 발전을 위하여 원조하는 기관이다. 주권은 임시정부에 있고 4개국 관리위원회에 있는 것이 아니다. 국무장관 번즈 씨는 모스크바 출발에 앞서 나에게 내 뜻대로 해줄 것을 약속하였다. 결코 조선에 해로운 제도가 아니니 오해 말라."[20] 고 설명하고 탁치반대 조선민중에게 양해를 요망하는 기자회견을 했지만[21] 반탁운동의 불길은 전혀 진정되지 않았다. 왜냐하면 이 운동을 기획·주관하고 있는 중경임시정부의 목적은 애초부터 별개였기 때문이다.

그들은 3상회의 결의문 내용 중 첫 번째 항목인 새로운 임시정부 수립을 용납할 수 없었다. 중경임정측은 민족의 자주성 고창을 반탁운동-반소·반공운동-중경임정추대운동으로 교묘하게 결합하기 시작했다. 이러한 시도는 대성공을 거두었다. 상당기간 동안 시민대중들은 반탁인지 중경임정추대운동인지 전혀 의심 없이 중경임시정부가 주도하는 각종 집회에 동참하게 된다. 이러한 가운데 조선민중들은 3상회의 ①항을 완전히 망각해버렸다. 그 내용을 아래에 다시 인용한다.

---

20) 하지, 각 정당 영수를 초청 신탁관리제 설명, 「동아일보」, 1945.12.30
21) 하지, 탁치반대 조선민중에게 양해를 요망하는 기자회견, 「동아일보」, 1945.12.30

조선을 독립국으로 부흥시키고 조선이 민주주의 원칙 위에서 발전하게 하며 장기간에 걸친 일본통치의 악독한 결과를 신속히 청산할 조건들을 창조할 목적으로 '조선민주주의임시정부'를 창설한다.

'조선민주주의임시정부' 수립의 목적 중에는 일제잔재의 청산이 분명히 포함되어 있었다. 하지만 청산의 대상이 되어야할 자들 즉 일제의 지배기구에서 부와 권력, 명예를 누렸던 전직 총독부 관리·경찰 그리고 법조계·금융계 인사들이 반탁결의에 대거 참여했던 점을 주목해야할 것이다.

반탁투쟁에 합류함으로써 어제까지 민족반역자로 지탄받던 친일·부역배들은 면죄부를 받게 되고, 반탁투쟁에 협력하지 않은 자가 민족반역자로 지탄받는 시대가 시작되었다. 친일파·부일배들은 반탁투쟁에 의해 '애국자'로 행세할 수 있게 되었다. "찬탁·매국, 반탁·애국"이 슬로건은 지금까지도 대부분의 국민들이 오해하고 있는 슬픈 역사의 산물이다.

미군정이 정보를 조작하고 한민당 기관지 동아일보가 적극 호응·홍보한 소련의 신탁통치주장 대(對) 미국의 즉시 독립주장이란 구도가 김구를 중심으로 한 우익진영의 반탁운동으로 인해 '찬탁은 애국', '반탁은 매국'이라는 이분법적 구도를 낳게 되었다. 그 후 '민족 대 반민족'에서 '반탁=반소, 반공=애국 대 찬탁=친소, 친공=매국'이란 정치지형으로 바뀌게 된다. 그리고 이 반공·반소·반탁 이데올로기는 보도연맹이며 제주 4·3항쟁이라는 비극을 낳는다. 그리고 한국전쟁을 거치면서 반탁·반소·반공 구호는 반공·반북으로 귀착되면서, 군부독재세력들이 그들의 정치적 야욕을 정당화하기 위해 5·16쿠데타를 합리화하고 광주민주화운동까지 좌익의 준동으로 모는 도구로 이용된다. 지금까지도 그 구호는 진보세력이나 비판세력을 좌익세력 혹은 종북으로 매도하여 사회갈등을 일으키는 적절한 무기로 사용되고 있음이 현실이다.

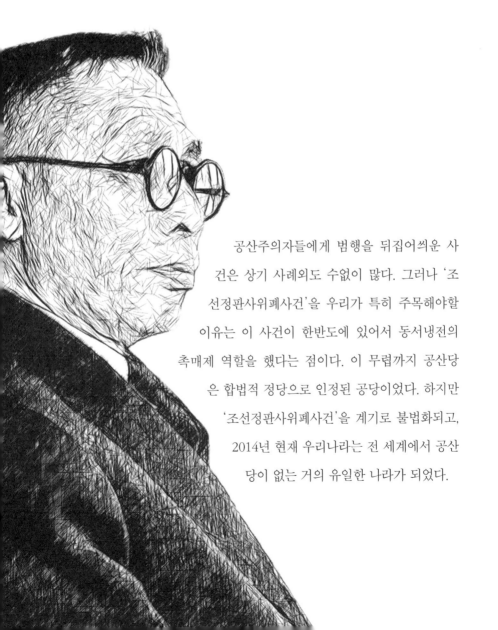

# 21
# 뚝섬위폐사건과 김구
# 그리고 조선정판사사건

공산주의자들에게 범행을 뒤집어씌운 사
건은 상기 사례외도 수없이 많다. 그러나 '조
선정판사위폐사건'을 우리가 특히 주목해야할
이유는 이 사건이 한반도에 있어서 동서냉전의
촉매제 역할을 했다는 점이다. 이 무렵까지 공산당
은 합법적 정당으로 인정된 공당이었다. 하지만
'조선정판사위폐사건'을 계기로 불법화되고,
2014년 현재 우리나라는 전 세계에서 공산
당이 없는 거의 유일한 나라가 되었다.

# 조선정판사위폐사건

1946년 5월, 해방정국의 정치지형도가 바뀌게 되는 결정적인 사건이 발생했다. 소위 '조선정판사위폐사건'이다. 이 사건은 묘하게도 가을봉기의 진행과정과 함께 보도되는 우연의 일치를 보여준다.

1946년 5월 조선공산당이 당비를 조달할 목적으로 위조지폐를 만들어 시중에 유통시켰다는 죄목으로 기소된 사건. 줄여서 정판사사건이라고도 한다. 5월 15일 미군정청 공안부 발표로 일반에 알려졌다. 발표에 따르면, 공산당 기관지《해방일보》사장 권오직(權伍稷)과 이관술(李寬述)이 일제말 조선은행 백원권을 인쇄하던 지카자와(近澤)인쇄소의 후신인 조선정판사 사장 박낙종(朴洛鍾)과 부사장 송언필(宋彦弼)에게 위폐제작 임무를 맡겼고, 박낙종의 지시를 받은 조선정판사 평판과장 김창선(金昌善)이 위폐를 인쇄. 시중에 흘렸다가 경찰에 발각되어 관련 당 간부 등 16명이 체포, 기소되었다.
미 군정청은 사건 발표 후 공산당 본부를 강제수색하고 정판사를 폐쇄시켰으며,《해방일보》를 무기정간시켰다. 이에 대해 조선공산당은 성명을 발표, "본 사건은 고의적 날조이며, 조선공산당은 이 사건과 전혀 관계가 없다"고 주장했다. 그러나 체포된 이관술·박낙종·송필언·김창선은 무기징역, 신광범·박상근·정명환은 징역 15년, 김상의·홍계훈·김우용은 징역 10년을 각각 선고받았다. 이 사건을 계기로 미군정당국은 공산당에 대해 강경책을 펴게 되었고, 이때부터 남한에서의 공산당 활동은 약화되기 시작했다.[1]

한국근현대사사전에 실린 '조선정판사위폐사건'에 관한 설명이다. 이러

---

1) 조선정판사 위폐사건(朝鮮整版社僞幣事件)《한국근현대사사전》

한 논조의 설명은 한국민족문화대백과, 위키백과, 두산백과, 브리태니카백과 등에 거의 같은 내용으로 실려 있다. 언론도 마찬가지다. 최근 보도된 기사 한 꼭지를 소개한다.

동서고금을 막론한 위폐는 우리 현대사에도 있다. '조선정판사위폐사건'으로 기록된 사건. 1945년 광복당시 조선공산당은 일제가 조선은행권을 인쇄하던 빌딩을 차지해 이름을 '조선정판사'로 고치고 위폐를 발행하는 장소로 사용했다.[2]

당연히, 대부분의 사람들은 1946년 5월경 "조선공산당이 당비를 조달하기 위해 위조지폐를 만들었다"는 주장을 사실로 믿고 있다. 과연 그러한가? 한편, 사전을 비롯한 언론 등 대중이 쉽게 접할 수 있는 각종 매체와 달리 역사에 관한 전문가라고 할 수 있는 서중석, 김기협, 브루스 커밍스 등은 미군정의 조작사건이라는 시각을 보여주고 있다. 누구의 주장이 맞을까?

'조선정판사 위폐사건'은 2010년 3월에 발생한 '천안함 사건'의 데자뷰 현상이다. 그리고 독일국회 방화사건을 떠올리게 한다. 1933년 2월 27일 밤에 일어난 독일 국회의사당의 화재는 아돌프 히틀러와 헤르만 괴링(당시 국회의장), 요제프 괴벨스 등 나치당의 유력 지도자들이 곧 있을 총선에서 자신들의 승리를 위해 방화의 배후에 공

불길에 치솟는 독일 국회의사당

---

2) '끊이지 않는 위조지폐·수표 사건' 그 역사는?, 「머니투데이」, 2013.6.30

산당의 음모가 있는 것처럼 조작했던 사건이다. 그들은 이 사건을 이용하여 나치의 정치적 입지를 완전히 굳혔다. 하지만 지난 2008년 독일연방검찰은 네덜란드인 공산주의자 마리뉘스 판데르뤼버에게 해당하는 범죄는 '주거 침입 방화 미수'뿐이며 방화죄는 무죄라고 결정한다.[3] 결국 사건 발생 75년 만에 진실이 밝혀진 셈이다.

공산주의자들에게 범행을 뒤집어씌운 사건은 상기 사례외도 수없이 많다. 그러나 '조선정판사위폐사건'을 우리가 특히 주목해야할 이유는 이 사건이 한반도에 있어서 동서냉전의 촉매제 역할을 했다는 점이다. 이 무렵까지 공산당은 합법적 정당으로 인정된 공당이었다. 하지만 '조선정판사위폐사건'을 계기로 불법화되고, 2014년 현재 우리나라는 전 세계에서 공산당이 없는 거의 유일한 나라가 되었다.

'조선정판사위폐사건'을 언급하기 전에 이 사건과 뗄 수 없는 관계인 '뚝섬위폐사건'을 먼저 살펴보아야 된다. 1946년 5월 10일 서울신문은 대규모의 위조지폐단이 검거되었다는 기사를 보도하였다.

해방 후 화폐범람으로 경제건설에 막대한 지장을 초래하고 있는데 그 이면에는 수 천 만원의 위조지폐단이 있는 사실이 본정서(本町署)에 발각되어 국민들을 아연케 하고 있다. 즉 본정서에서는 우연히 얻은 정보로 4일 오후 수영사직공(秀英社職工) 배석룡(裵石龍. 32)을 인치하고 즉시 무장경관대를 뚝섬에 파견하여 우익 모 정치단체 뚝섬위원회 조직부장으로 있는 이원재(李元在) 외 3명을 인치하여 취조하는 한편 각각 그 본거를 습격하여 화폐원판 석판인쇄기 7대 기타 다수를 압수하였는데 8일에는 다시 시내 모 좌익정당 산하에 있는 인쇄소를 수색하여 직공 12명을 검거하고 오후에는 다시 오정숙(嗚貞淑) 외 1명의 여자를 체포하는 등 맹활동중인데 사건을 엄비에 부치므로 진상은 판명되지 않았으나 탐문한 바에 의하면 서울시내와 그밖에

---

3) 언론이 민주주의에 위협이 될 때, 「한겨레신문」, 2013.5.23

교외수처에 인쇄공장을 두어 위조지폐를 박아 내어서 현재 판명된 금액만도 수 천만 원에 달한다고 한다.[4]

이 기사는 의외로 많은 정보를 제공해준다. 정리해 보면 다음과 같다. 첫째, 해방 후 화폐발행이 급격히 증가했다. 둘째, 수천만 원의 위조지폐단이 본정서(本町署, 현재의 중부경찰서)에 의해 발각되었다. 셋째, 첫 피의자는 5월 4일 체포된 수영사 직공 배석룡(32)이다. 넷째, 모 정치단체 뚝섬위원회 조직부장으로 있는 이원재(李元在) 외 3명을 인치하여 취조하는 한편 각각 그 본거를 습격하여 화폐원판 석판인쇄기 7대 기타 다수를 압수하였다. 다섯째, 5월 8일에는 모 좌익정당 산하에 있는 인쇄소를 수색하여 직공 12명을 검거하고 오후에는 다시 오정숙(嗚貞淑) 외 1명의 여자를 체포하였다.

이상 다섯 항목의 정보를 염두에 두고 이 사건의 진상을 추적해 보기로 한다. 먼저 검토할 것은 뚝섬사건과 정판사 사건의 연관성이다. 기사에 의하면, 5월 4일 뚝섬관련 피의자를 체포함과 동시에 다수의 증거물을 압수했으며, 나흘 뒤인 5월 8일에 정판사 관련 인사들을 검거했음을 알 수 있다. 상기 기사를 보면 누구라도 이 두 사건에 어떤 연결고리가 있음을 짐작하게 한다. 그러나 수사가 전개됨에 따라 두 사건은 분리되다가 종국엔 전혀 별개의 사안으로 처리되고 만다. 주목할 것은 동아일보 등 우익신문의 보도 경향이다. 이 무렵의 동아일보는 뚝섬위폐사건은 전혀 다루지 않고 정판사 관련 사항만 지속적으로 보도하며 공산당이 관련된 사건이라는 것을 암시하는 기사를 쏟아냈다. 제목만 소개하면 다음과 같다.

---

4) 대규모의 지폐위조단이 검거, 「서울신문」, 1946.5.10

"대규모(大規模)의 화폐위조사건발각(貨幣僞造事件發覺) 62만원(六十二萬圓)을 위조(僞造) 인쇄기압수(印刷機押收) 범인(犯人)은 모당원증소지(某黨員證所持) 작효경찰대(昨曉警察隊) 근택(近澤)빌딩을 수사(搜査)"[5]

"위조사백만원야(僞造四百萬圓也) 관계자(關係者) 11명(十一名)을 검거(檢擧)코 계속취조(繼續取調) 화폐위조사건(貨幣僞造事件) 점차(漸次)로 확대(擴大), 전모(全貌)는 불일발표(不日發表) 조병옥(趙炳玉) 경무부장담(警務部長談)"[6]

"위조지폐(僞造紙幣) 1억원계획(一億圓計劃) 배후관계(背後關係)를 엄중(嚴重)히 취조중(取調中)"[7]

1946년 5월 16일자 동아일보 기사, 사진은 조선공산당이 입주해 있던 근택빌딩 정문이다.

차츰 살펴보겠지만 동아일보가 보도한 내용은 사실과 무관한 추측성 기사다. 6개월 전 모스크바삼상회의 결과를 왜곡 보도하여 민족의 분열에 앞장섰던 이 신문은 똑같은 행위를 반복하고 있는 중이다.

뚝섬사건이 보도된 지 5일 후인 1946년 5월 15일, 군정청공보과는 조선경찰 제1관구 경찰청장 장택상의 입을 빌어 소위 '정판사위조지폐사건'이라 하여 사건의 전말을 발표하였다. 그런데 경찰이 아니고 왜 군정청이 이 사건을 발표했을까? 일단 이러한 의문을 기억하고 계속 진행해 나가겠다.

세상에 커다란 파문을 던진 채로 암암리에 진상규명의 해부대에 오른 소

---

5) 「동아일보」, 1946.5.9
6) 「동아일보」, 1946.5.10
7) 「동아일보」, 1946.5.14

위 정판사위조지폐사건은 그 간 제1관구경찰청의 직접 지령 하에 중앙경찰청 본정서 등 각 서의 활동에 의하여 드디어 그 진상의 전면이 들어나게 되어서 군정청공보과를 통하여 사건의 전말에 관한 제1관구경찰청의 진상보고를 15일 오후 다음과 같이 발표하였다.

300만 원 이상의 위조지폐로써 남조선(南朝鮮) 일대를 교란하던 지폐위조단 일당이 일망타진되었다고 조선경찰(朝鮮警察) 제1관구경찰청장(第1管區警察廳長) 장택상(張澤相) 씨가 발표하였다. 경찰보고에 의하면 이 지폐위조단에는 16명의 인물이 관련되었는데 조선공산당간부(朝鮮共産黨幹部) 2명, 조선정판사(朝鮮精版社)에 근무하는 조선공산당원(朝鮮共産黨員) 14명이라고 한다. 이 지폐위조단(紙幣僞造團)의 소굴인 해방일보(解放日報)를 인쇄하는 조선정판사소재지(朝鮮精版社所在地) 근택(近澤)빌딩은 조선공산당본부(朝鮮共産黨本部)이다. 이 근택빌딩에서 지폐를 위조하였는데 상기 공산당 간부 2명은 아직 체포되지 않았으나 이미 체포장이 발포되어 있는 중이며 그들은 조선공산당중앙집행위원·조선공산당 총무부장 겸 재정부장의 이관술(李觀述 40세)과 조선공산당중앙집행위원·해방일보사장 권오직(權伍稷 45세)이다. 그리고 체포된 조선정판사원 14명은 다음과 같다.

사장(社長) 박낙종(朴洛鍾) 당(當)47년(年), 서무과장(庶務課長) 송언필(宋彦弼) 당46년, 기술과장(技術課長) 김창성(金昌善) 당36년, 인쇄과장(印刷課長) 신광범(辛光範) 당41년, 평판기술공(平版技術工) 정명환(鄭明煥) 당30년, 동(同) 홍계훈(李禎煥) 당18년, 동 홍계훈(洪啓壎) 당31년, 화공(畵工) 이한녕(李漢寧) 당39년, 공장장(工場長) 안순규(安舜奎) 당50년, 창고계주임(倉庫係主任) 박상근(朴相根) 당43년, 재무과장(財務課長) 이정상(李鼎相) 당46년, 평판기술공(平版技術工) 김우용(金遇鏞) 당26년, 동 김상선(金永觀) 당25년, 동 김상선(金商宣) 당32년

경찰당국(警察當局)의 말에 의하면 이 위조단은 절취(竊取)한 조선은행권(朝鮮銀行券) 평판(平版)을 사용하여 위조지폐를 인쇄한 것이라고 한다. 이 지폐를 인쇄한 용지도 일본(日本)것으로 조선(朝鮮)에서 생산되지 않는 것이다. 경찰의 보고에 의하면 이와 동일한 용지가 위조지폐가 최초로 출판하기 전에 인천부두(仁川埠頭)에서 도난을 입었다고 한다. 이 평판(平版)은 작년 9월에 100원 지폐를 인쇄하기 위하여 조선은행으로부터 조선정판사에 이전되었는데, 기후(其後) 은행에서는 그 평판을 조선도서주식회사(朝鮮圖書株式會社)에 이관하도록 명령하였다. 그리하여 이 평판을 이전하는 중에 행방불명이 된 것이다. 경찰에서는 분실되었던 평판 9개를 발견하였다. 경찰의 보고에 의하면 해위조지폐(該僞造紙幣) 300만 원의 대부분은 근택빌딩 지하실

에서 위조한 것이라고 한다. 경찰은 평판의 잔해인듯한 철재(鐵滓)와 지폐인쇄(紙幣印刷)에 사용되는 평판초크 염료·잉크·기타 제 재료를 발견하였다고 한다.[8]

기사에 의하면 조선공산당은 남한민중의 생계를 위협하는 희대의 범죄조직이 된다. 조선공산당 뿐 아니라 당 기관지 해방일보 그리고 같은 건물에 입주해있던 조선정판사의 대부분 직원들도 동일 범죄 집단의 구성원이라고 미 군정청은 발표했다. 아마 대부분의 독자들도 그렇게 생각했을 것으로 짐작된다. 그러나 이 기사에는 일주일 전에 서울신문이 보도했던 뚝섬사건과 정판사사건과의 연관성을 짐작케 하는 어떠한 암시도 없었다. 다음날 범인을 최초로 수사·연행했던 본정서(本町署) 경찰서장 이구범(李九範)이 지금까지 판명된 배후관계와 동기에 대하여 기자회견을 하였다.

일당이 위조지폐를 박게 된 동기는 8·15 이후 조선공산당(朝鮮共産黨)의 재정난으로 말미암아 당 자금 선전운동비를 만들기 위하여 여러 가지로 궁리를 한 결과 정판사(精版社)를 접수하였다. 그래서 이 기관을 접수한 박락중(朴洛鍾)은 동 공장에서 전부터 근무하는 공산당원 김창선(金昌善)에게 이관술(李觀述)과 권오직(權伍稷)의 지령을 전한 다음 작년 10월 20일 하오 6시 경 시내 장곡천정 74번지 근택빌딩 정판사 사장실에서 박낙종, 서무과장 송언필(宋彦弼 46), 재무과장 박필상(朴弼商 40), 기술과장과 평판과장 김창선(金昌善 36)·기술공 정명환(鄭明煥 30)·창고계주임 박상근(朴相根 43) 등이 비밀히 집합하여 위조지폐를 박을 계획을 세우고 또 공산당이 재정난이라는 것을 명시한 다음, 지폐를 위조 발행하여 이것을 공산당에게 제공할 것을 결의하였다. 그리고 곧 그 날 20일 하오 7시 경 공장직공이 일을 마치고 돌아간 틈을 이용하여 김창선이 평판과장으로 있을 즈음 절취하여 보관하였던 100원 권 원판 4매 두 벌로서 먼저 200만 원을 박아내었던 것이다.

즉 그들이 인쇄한 경로를 보면 제일착으로 작년 10월 22일 오후 7시경부

---

8) 정판사위폐사건 진상발표,「조선일보, 동아일보, 서울신문」, 1946.5.16

1946년 5월 17일자 동아일보 기사

터 다음날 오전 4시까지 사이에 정판사 평판과장 김창선(36) 외 13명이 200만 원을 박아 내었고 그 다음 제 2회는 작년 12월 5일 하오 7시 경부터 6일 오전 4시 경 까지에 200만 원 그리고 제 3회는 금년 2월 12일 밤 10시 경부터 13일 새벽 4시 경까지 100만 원 또한 제 4회는 2월 20일 오후 7시 경부터 21일 상오 4시 경까지 200만 원 제 5회는 3월 25일 하오 7시 경부터 상오 4시까지 200만 원 이렇게 전후 5회에 걸쳐서 900만 원을 원판(原版) 9개로서 전부 100원 권을 박아 내었던 것이라 한다.

그리고 이 일당이 사용한 도구는 전부 본 정서와 중앙경찰청에서 압수하였는데, 압수된 증거품은 다음과 같다.

100원 권 원판 9매, 소각아연판 잔해(300문), 옵셋트인쇄용원판 3매(대형), 잉크 3종, 잉크혜라 2조, 인쇄기 4대, 재단기 2대, 공산당원증 2매, 대의원증(代議員證) 1매, 용지 2연(모조지), 페파 2매, 회계장부 5책 등


미 군정청의 발표와 그리 다르지 않은 내용이다. 다만 공산당의 자금난으로 인해 위조지폐 제작을 기획했다는 범행동기가 추가되었고 위폐 인쇄량이 3백만 원이 아니라 9백만 원으로 정정된 것 정도다. 누구나 의혹을 제기할 수 있는 모 정치단체와의 관계에 대해선 전혀 거론하지 않았다. 이 문제에 대해선 기자들과의 질의응답 시간에 잠깐 언급된다. 아래는 경찰서장과 출입기자단과의 문답 내용이다.


[문] 이관술, 권오직은 관계가 없으며 공산당원 관계가 아니라는데요?

[답] 공산당원이라고 한 것은 두 장의 당원증을 압수하였을 뿐더러 범인이 자백한 바이다. 간부당원에 대하여서도 공범자의 자백에 의한 것이다.


[문] 또 당원만이 한한 행위와 당이 한 것과는 사실상 다른데?

[답] 이관술은 동 당의 중앙집행위원이오 총무부장 겸 재정부장이고 권오직

도 당의 중앙집행위원이다. 그래서 이관술하면 조선공산당, 조선공산당 하면 이관술 하지 않는가. 이 두 사람이 나와서 돈을 어디 썼는가. 그 구체적 내용을 알면 더 한층 명백해 질 것이다.

[문] 만일 공산당이 관계되었다면 박헌영 씨를 왜 부르지 않는가?
[답] 일제시대와 달라 현재의 수사는 사건관계자의 진술에 따라 진전되는 것이다.

[문] 사건은 더 파급하는가?
[답] 그것은 아직 말 못하겠다.

[문] 뚝섬의 이원재와의 관계는?
[답] 아직 사건이 진전되지 않아 분명치 않다.

[문] 공산당원증을 사진박아 발표하게 할 수 없는가?
[답] 좀 더 기다리기 바란다.[9]


자 이쯤에서 사건의 당사자로 지목되고 있는 조선공산당 측의 반응을 살펴보기로 하자. 박헌영은 군정청을 방문하여 15일에 있은 공보부의 발표 내용은 사실과 다르다는 점을 지적하고, 이관술·권오직 두 사람도 공동성명서를 발표하여 당국의 발표가 전면적으로 허구임과 동시에, 그 사건과 전혀 관계가 없음을 확언하였다.[10] 다음은 조선공산당의 성명이다.


5월 15일 군정청 공보부 발표라는 제목 하에 조선경찰 제1관구경찰청장 장택상(張澤相) 씨의 위조지폐사건에 대한 발표에 대하여 조선공산당중앙위원회는 좌와 여히 성명함
1) 이 지폐위조사건에 조선공산당 중앙위원 이관술(李觀述)·권오직(權伍稷) 양인이 관련되었다고 발표하였는데 이상 양인은 이 사건에 전연 관계없

9) 정판사위폐사건의 동기와 담당경찰서장의 기자회견, 「동아일보」, 1946.5.17
10) 『해방조선 Ⅰ』, 과학과 사상, 1988, p.306

음을 단호 성명함

2) 이 사건은 관련되어 체포되었다는 14인을 모두 조선정판사에 근무하는 조선공산당원이라고 하였으나 발표가 사실과 상위가 있음을 지적함

3) 동 발표에 '해 위조지폐 300만 원의 대부분은 근택빌딩 지하실에서 위조한 것이다'라 하였으나, 근택빌딩 지하실에서는 인쇄기를 설치한 일이 일차도 없으므로 이 발표는 전연 부당한 것을 지적함

4) 동 발표에 이 사건의 범인이라는 명칭 하에 당 간부 및 당원이라는 칭호를 씌워 조선공산당이 이 사건과 무슨 관련이나 있는 듯이 발표한 것은 더욱 기괴천만이라 아니할 수 없다. 당은 단호히 이 사건과 호말만한 관련이 없을 뿐 아니라 이러한 경제혼란의 행위에 대하여는 가장 용감히 투쟁하였고 투쟁할 것을 다시 한 번 천하에 공포함

5) 이 사건과 조선공산당 간부를 관련시킨 것은 어느 모략배의 고의적 날조와 중상으로 미소공동위원회 휴회의 틈을 타서 조선공산당의 위신을 국내 국외에 긍하여 타락시키려는 계획적 행동임을 지적하는 동시 우리 당은 이 사건과 절대로 관계없으니만치 머지 아니하여 이 사건의 진상이 폭로되고 우리 당의 위신은 이러한 허위적 중상이 있음에도 불구하고 조금도 동요·미혹이 없을 것을 단언함

1946년 5월 15일 조선공산당 중앙위원회

이 성명서는 동아일보, 조선일보 등 우익계열의 신문에는 실리지 않았고 중앙신문에 전문이 실렸다. 이 신문은 계속해서 장택상 경찰부장과 이구범 경찰서장과의 회견 내용을 소개했다.

[장(張) 경찰부장(警察部長) 기자단(記者團)과 1문 1답]

15일 공보부특별발표에 의한 지폐위조사건에 관하여 장 경기도경찰부장은 기자단질문에 대하여 대개 다음과 같이 말하였다.

[문] 지폐위조사건에 관하여 상세한 발표를 바란다.

[답] 이 사건에 관하여는 상부로부터 함구령을 받았으므로 옳다 그르다 일체 말할 수 없다.

[문] 그러나 그 사건 발표는 귀관의 명의로 되지 않았는가?

[답] 공보부에서 내 이름으로 발표한 것이지 내가 한 것은 아니다. 내가 자세한 보고를 하였으니 자세한 보고는 역시 공보부에 가서 물어주기 바란다.

[문] 뚝섬에서 검거된 지폐위조단과의 관계는 어떤가?

[답] 이것이 뚝섬사건인지 딴 별개사건인지 나는 모르겠다.

그리고 공보부 발표에 대하여 조선공산당에서 발표한 삐라를 읽은 장부장은 '정판사지하실' 운운은 내 보고서에는 없는 사실이라고 부언하였다.

[본정서장(本町署長) 이구범(李九範) 담(談)]

"위조지폐사건에 대한 공보부 특별발표는 상부의 발표라 무엇이라고 말하기 어려우나 나의 의사로는 잘되지 못하였다고 생각한다. 첫째로 이 사건은 아직 취조가 끝나지 않은 것을 발표한 것은 경솔하였다. 둘째로 지폐를 정판사 지하실에서 인쇄하였다는 발표는 무근한 사실이다. 셋째로 이관술·권오직이 사건에 관련하고 있는지 없는지는 취조하여 보지 못한 이상 분명치 않다. 넷째로 이번 사건은 뚝섬사건과 관련이 있음에도 불구하고 이번 발표에서 빠진 것은 이번 발표가 사건의 전모가 아닌 것을 말한다."[11]

같은 날 재제된 동아일보와 중앙신문의 보도 내용이 너무 다르다. 특히 뚝섬 사건과의 관련에 대하여 동아일보는 경찰서장의 입을 빌어 "아직 사건이 진전되지 않아 분명치 않다."고 하였으나, 중앙신문의 경우 "이번 사건은 뚝섬사건과 관련이 있음에도 불구하고 이번 발표에서 빠진 것은 이번 발표가 사건의 전모가 아닌 것을 말한다."고 관련이 있음을 분명히 했다. 다만 장택상은 잘 모르겠다고 중앙신문은 보도했다. 무엇이 진실인가?

해방일보의 기사를 확인할 수 없어 아쉽다. 하지만 그 후 미 군정청의 언

---

11) 조공, 공보부의 정판사위조지폐사건발표에 대해 성명 발표, 「중앙신문」, 1946.5.17

론탄압 과정을 보면 그 내용을 쉽사리 짐작할 수 있을 것이다. 미군정은 5월 18일 해방일보를 정간 처분했으며, 9월 7일에는 조선인민보, 중앙신문, 현대일보의 정간 처분 등으로 이어졌다.[12]

장택상의 발언이 흥미롭다. 그는 자신의 이름을 이용하여 공보부가 사건 발표를 하였으며 자신은 상부 즉 미 군정청으로부터 함구 명령을 받았다고 했다. 다만 정판사 지하실에서 위폐를 인쇄했다는 내용은 자신의 보고서에는 없다고 부언했다. 더욱이 담당 경찰서장은 정판사 지하실 인쇄 사실 자체를 부인했고, 이관술·권오준 등 조선공산당의 핵심 인물이 관여했다는 발표조차도 아직 취조하지 않은 상태에서 어떻게 알 수 있느냐고 반문하였다. 조선정판사위폐사건은 미 군정청의 치밀한 계획 하에 만들어진 사건이라는 정황은 위 두 사람의 발언만으로도 충분하다고 보여 진다.

중앙신문 등이 사건의 진상을 폭로하고 의문을 제기하는 그 시간에 동아일보 등은 전혀 다른 기사를 쏟아내고 있었다. 특히 앞장을 선 단체는 독촉국민회와 한민당 등이다. 한민당 선전부장 함상훈은 5월 17일 오전 11시 다음과 같은 담화문을 발표했다.

조선공산당(朝鮮共産黨)의 위조지폐사건은 만천하의 이목을 경동(驚動)시켰다. 천하의 공당(公黨)으로서 선언한 공산당(共産黨)이 이같이 불법행위를 하고 경제계를 교란시킨 죄과는 해체로서 천하에 사과해야 할 것이다. 당원(黨員)의 한 일이 당(黨)에서 한 일이 아니라고 변명한들 당재정부(黨財政部)와 당기관지(黨機關紙) 사장(社長)과 당원 14명이 사건에 관계했을 때 그것을 그 당의 소위가 아니라고 규정할 수 없다.[13]

---

12) 역사학연구소,『함께 보는 한국근현대사』, 서해문집, 2004, p.283
13) 함상훈, 미소공위무기휴회와 정판사위폐사건에 대한 담화 발표,「동아일보」, 1946.5.18

그리고 위조지폐 생산의 범인으로 의심받고 있는 독촉국민회(大韓獨立促成國民會)는 '조공의 죄악은 크다'라는 제목으로 한민당보다 하루 먼저(5월 16일) 경고문을 발표했다.

조선공산당의 음모 하에 다량의 위조지폐를 발행하여 조선경제를 교란하며 국민생활을 파훼한 것은 일대 죄악이다. 악질 공산당 일파의 집단을 삼천만 동포의 총의로 배격하지 않으면 안 된다. 조선공산당의 모략에 빠진 동포들은 하루바삐 반성하여 완전자주독립전선으로 집결하기를 바란다.[14]

한민당과 독촉국민회의 주장은 간단하다. 위조지폐로써 남조선 일대를 교란하고자 했다는 미군정 발표의 재확인이었다.·9백만 원의 위폐를 발행하여 조선경제를 교란하며 국민생활을 파훼한 죄악을 저지른 조선공산당은 당연히 해체되어야 한다는 것이다. 여기서 의문을 하나 제시해본다. 미군정과 두 우익정치단체의 주장대로 조선공산당이 9백만 원 정도의 위조지폐를 발행했다고 하고, 아니 나중에는 1,200만 원으로 재차 증가하니 1,200만 원의 위폐를 유통했다고 가정해보자. 그러면 그 금액으로 인해 당시 남한의 경제계는 어느 정도 교란될 수 있을까?

물론 위조지폐의 발행에 면죄부를 주자는 것은 아니다. 다만 당시 위폐범보다 더욱 큰 경제범죄 행위를 범한 다른 단체가 있음을 말하고자함이다. 바로 미 군정청이다. 한국금융경제연표에 의하면 1945년 9월 30일 현재 조선은행권 발행 잔액은 86억 8천만 원이었다. 불과 한 달 보름 전인 8

---

14) 朝共의 罪惡은 크다. 獨立促成國民會의 警告, 「동아일보」, 1946.5.17

월 14일의 46억 3천 9백만 원에 비해 약 40억 원이 증가한 액수였다.[15] 물론 이 화폐는 종전을 맞아 '은사금'이니 '보상금'이니 하는 명목으로 통치기구 구성원들과 그 가까운 협력자들 손에 쥐어 주기 위해 총독부에서 고의적으로 발행한 것이다.

그러나 미 군정청은 이 거액의 화폐가 유통되는 것을 방치했다. 더욱이 이 화폐는 급히 인쇄하느라 상태가 대단히 불량했지만 미군정은 정식 화폐로 인정했다고 한다. 그러므로 이 40억 원의 화폐 역시 일종의 위조지폐라고 할 수 있을 것이다. 김기협의 표현대로 미 군정청이야말로 위조지폐를 유통시켜 남한 경제를 교란시킨 주범인 셈이다.[16] 게다가 그들은 일제보다 더욱 많은 화폐를 찍어내어 남한의 살인적인 인플레의 원흉이 되었다. 조선정판사위폐사건의 본질은, 결국 자신들의 경제정책 실패를 조선공산당에게 전가시킨 미 군정청의 음모라고 봐야할 것이다.

처음 소개한 5월 10일자 《서울신문》으로 돌아가자. 기사에서 언급한 모 좌익정당은 조선공산당이라고 대부분의 언론이 보도했다. 반면 모 정치단체의 정체에 대해선 다루길 꺼려하고 있다는 것을 알 수 있다. 하지만 같은 신문 5월 22일자 기사에서 모 정치단체가 바로 대한독립촉성국민회라는 것이 확인된다. "조선공산당의 음모 하에 다량의 위조지폐를 발행하여 조선경제를 교란하며 국민생활을 파훼한 것은 일대 죄악이다."라고 성명서를 발표한 그 단체가 지폐위조단에 관련이 있다는 소식이다. 만약 이 주장이 사실이라면 독촉국민회는 얼마나 가증스러운 집단이라고 할 수 있을

---

15) 한국은행 편, 『한국금융경제연표(1945-2000)』, 2000, p45; 조선은행권의 발행 잔액은 1946년 말 177억 원, 1947년 말에는 334억 원으로 증가했다.

16) 1946.5.17/ 해방공간 최대의 위폐범은 미군정·《김기협, 해방일기》

까?

[조공(朝共)서 성명발표(聲明發表)]

위조지폐사건에 대하여 21일 조공중앙위원회서기국(朝共中央委員會書記局)에서는 대략 다음과 같은 요지의 성명(聲明)을 발표하였다.

"본당(本黨)의 조사에 의하면 금반 위조지폐사건은 별개의 장소에서 별개의 인물에 의하여 행하여진 것이다. 그는 대한독립촉성국민회(大韓獨立促成國民會) 뚝섬지부원들이 거액의 지폐위조단(紙幣僞造團)에 관련이 있었다 하는데 동인(同人)은 금년 2월 20일에 우리 당(黨)에 입당한 것으로 그 범행은 입당전(入黨前)에 행하여진 것이다. 여하간 시간은 이 문제의 진상을 더욱 명료히 해결할 것이다."[17]

여기서 말하는 동인(同人)은 미 군정청이 발표한 피의자 중 한 명인 정판사 기술과장 김창선(金昌善 當36年)이다. 김창선에 관한 혐의 내용은 뒤에서 다시 거론할 예정이므로 지금은 이름만 소개하기로 한다. 사실 서울신문이 보도한 상기 내용은 조공이 발표한 성명서의 일부를 요약한 것이다. 위폐 사건의 배후로 조선공산당이 미군정에 의해 지목된 후 정판사 폐쇄, 해방 일보 정간 처분 등 정치적 목적이 뚜렷해지자 조공은 제2차 성명서를 발표 했다. 전문은 다음과 같다.

1. 이구범 서장과 장택상 경찰부장의 언명과 공보국 발표와의 차이점, 즉 동 사건의 취조 책임자인 본동 서장 이구범 씨와 발표 책임자인 장택상 씨는 5월 16일 신문 기자단에게 정판사 지하실에서 지폐위조를 한 사실이 없음을 언명하였다. 그런데도 불구하고 공보국 발표는 어떻게 위조 장소가 정판사 지하실이라고 발표하였는가?
2. 이관술, 권오직 두 사람이 이 사건과 관련이 있는지 없는지는 아직 알 수

---

17) 조공 중앙위원회 서기국, 위폐사건에 대한 성명 발표, 「서울신문」, 1946.5.22

없다고 한 이 서장의 말과, 사건을 직접 취조하고 담당한 책임자가 아직 조사를 완료하지 않았을 뿐 아니라 이관술과 권오직 등 두 사람이 이 사건에 관련되었는지는 아직 알 수 없다고 하였는데 공보국에서 이들이 관련되었다고 발표하는 것은 무슨 이유인가?

3. 이 서장과 장 부장의 발표에 대한 의견 차이, 즉 이 서장은 경솔히 발표했다고 하였고, 장 부장은 자기 명의로 하였으나 자기가 직접 발표한 것은 아니라고 하여 두 책임자의 의견에 차이가 있음은 무슨 이유인가?

4. 뚝섬 지폐위조사건에 대하여 이 서장은 "이번 사건이 뚝섬사건과 관련이 있음에도 불구하고 발표에서 빠진 것은, 이번 발표가 사건의 전모를 말한 것이 아님을 나타낸다."고 하였다. 이 뚝섬사건은 대한독립촉성국민회 지부의 중요인물들이 거액의 지폐를 위조한 사건을 말하는 것이다. 첫째, 그 사건에 정판사 직공 김창선이 관련되었다는 것으로 그를 검거, 조사한 결과, 공산당원임이 밝혀졌으나 김창선이 공산당원이 된 것은 금년 2월 20일이요, 그가 범행한 것은 입당 전인 작년 9월임이 판명되었다. 둘째, 뚝섬에서 다수의 증거품을 압수해 왔을 때 본(本)동 경찰서에서 김구 씨를 초청한 바 있었는데, 이시영과 안미생 두 사람이 나타나 비밀리에 증거품을 관람한 것은 무슨 이유이며, 동 사건과 무슨 관련을 가진 것인가? 셋째로, 뚝섬에서 압수한 기계에 적기와 레닌 초상화를 부착한 것은 무슨 이유인가? 이것만 보더라도 이 사건이 정치적 모략임이 자명하지 않았는가. 이상의 이유로써 우리는 동 사건의 이면에는 일부 악질적 반동정객 거두들의 모략이 있지 않은가를 지적하며, 조선공산당은 이 사건과 전혀 관계가 없음을 단호히 성명하는 동시에 정의는 승리할 것이요, 모략은 패배할 것이며, 거짓은 백일하에 폭로될 것이라고 대중 앞에 언명하는 바이다.[18]

물론 미군정은 질문에 답변하지 않았다. 당연히 대부분의 언론에도 보도되지 않았다. 1번에서 3번 사항은 앞서 소개한 중앙신문에서 보도된 장택상과 이구범의 기자회견을 토대로 작성한 것이다. 사건의 진상을 파악할 수 있는 핵심사항은 대부분 이구범 서장의 입으로부터 나온 것을 확인할 수 있을 것이다. 요즘으로 치면, 이구범은 일종의 양심선언을 한 셈이다.

---

18) 『해방조선 Ⅰ』, 과학과 사상, 1988, pp.307-308

그렇다면 이구범은 무사했을까하는 의문이 들 것이다. 예상외로 그는 무사했다. 아마 공판이 진행될 때 그의 증언이 중요할 것으로 판단되었기 때문으로 보인다.

이구범은 1946년 9월 13일 개정된 정판사위폐사건 제12회 공판에서 강인중 변호사가 "본 사건 취조당시 본정서(本町署)에서 이시영(李始榮) 안미생(安美生) 양씨(兩氏)를 불러다가 증거물을 무슨 이유로서 보였으며 어떠한 관계로 가서 보았는가?"[19]라는 의문을 제기하며 증인 출석을 요구함에 따라, 9월 24일의 제 17회 공판에서 "이시영 안미생 양씨에게 증거품을 보인 것은 특히 그분들을 보이기 위한 것이 아니었으며 미인 고급장교가 보고 간 후에 와서 본 것이며…"[20] 라고 애매하게 증언함으로써 미 군정청의 의도에 부응하였다. 그가 기자회견에서 보였던 의연함은 공판과정에서는 전혀 찾아볼 수 없었다. 공직자의 한계 탓이었을 터이다.

무엇보다 놀라운 사실은 김구의 이름이 거론된 점이다. 조공의 성명서 네 번째 항목은 조선정판사위폐사건을 새로운 각도로 검토할 것을 요구하고 있다. 조선공산당의 이러한 문제 제기에 대하여 독촉국민회와 임정 및 한독당에서는 전혀 반응을 하지 않고, 의외로 한민당 선전부장 겸 민주의원 공보부장인 함상훈이 대응하였다. 다음은 그의 담화 내용이다.


공산계열에서는 시내 장곡천정 정판사를 근거로 발행한 위조지폐사건에 임시정부요인들도 관련되었다고 모략적 선전을 하고 있는데, 이에 대하여 민주의원 공보부장 함상훈 씨는 18일 다음과 같은 담화를 발표하여 모략적 선전을 분쇄하였다.

---

19) 정판사위폐사건 12회 공판, 「서울신문, 동아일보」, 1946.9.14
20) 위폐사건 17회 공판, 「조선일보」, 1946.9.25

일부에 임시정부 이시영, 안미생 양씨가 위조지폐 사건에 관련된 것처럼 선전하나 그것은 허위다. 일전에 CIC에서 근택빌딩에서 지폐위조기와 위조 지폐 등을 압수하고 김구 총리의 참관을 요구하였는데, 때마침 김 총리는 입원 중이므로 그 대리로 이시영, 안미생 양씨가 구경을 했을 뿐이다. 그런 데, 이것을 본 공산당에서 허위 선전한 것이니 기만당하지 말기를 바란다.[21]

CIC는 왜 김구의 참관을 요구했을까? 김구 그리고 이시영, 안미생은 위 폐 감별 전문가도 아니며, 위폐 사건에 대하여 경찰이 그들로부터 조언을 받을 위치도 입장도 아니다. 그러나 경찰은 김구를 소환하려고 했다. 이것 은 무엇을 뜻하는 것일까?

당시 김구는 여러 직책을 가졌고 가장 중요한 단체 중의 하나였던 대한 독립촉성국민회(독촉국민회)에서의 지위는 부총재였다. 독촉국민회는 1946 년 2월 8일, 이승만 계열인 독립촉성중앙협의회와 김구 계열의 신탁통치 반대국민총동원중앙위원회가 신탁통치 반대운동이라는 공통분모 하에 통 합 결성한 단체다. 이승만은 취임을 보류하다가 5월 12일에 정식으로 총재 가 되었으므로 뚝섬사건이 발생한 당시 독촉국민회의 실질적인 대표는 김 구라고 할 수 있을 것이다. 그리고 이시영은 동 단체의 제1차전국대의원 대회의 회장이었다.[22] 안미생은 누구나 다 알고 있는 김구의 맏며느리이자 충실한 비서였다. 김구·이시영·안미생 등의 이름이 위폐사건에 거론되는 자체만으로도 충격적인 사건이었을 것이다.

열쇠는 이원재에게 있다. 이원재라는 인명이 처음 거론된 것은 1946년 5월 10일자 서울신문에서 뚝섬위폐사건의 참고인으로 취조 중이라는 기

21) 임정관련은 모략, 함상훈씨 담화, 「동아일보」, 1946.5.19
22)『대한민국건국청년운동사』,건국청년운동협의회총본부,1989, pp.730-734

사에서다. 이원재의 직책은 우익 모 정치단체 뚝섬위원회 조직부장이며 한 자명은 李元在로 보도되었다. 그 다음 그의 이름은 5월 16일 본정서 서장 이구범의 기자회견 때 다시 등장한다. 이원재와 뚝섬사건의 관계를 묻는 기자의 질문에 그는 "아직 사건이 진전되지 않아 분명치 않다."고 발언했 다. 보도매체는 동아일보. 이틀 후 이 신문은 갑자기 위조지폐사건과 이 원재는 관련이 없다는 기사를 뜬금없이 보도한다. 의도적인 오기였는지 모 르지만 이원재의 한자 이름은 李源裁라고 표기했다. 다음은 기사전문이다.

뚝섬지폐위조사건으로 방금 본정서에서 취조 중인 대한독립촉성국민회 뚝섬지부장 이원재(李源裁)는 조사 진행에 따라 지폐위조에는 직접 관계가 없었던 것으로 보여 진다.

즉 이(李)는 수영사(秀英社)인쇄소 기술공 배재룡으로 하여금 석판인쇄기 를 설비하여 '화투'를 인쇄하여 팔고자하여 그 자금을 대어주었는데 배가 단독으로 뚝섬에 사는 인쇄공 낭승구(浪承九)외 3명과 결탁하여 6만원의 지 폐를 위조하였으나 인쇄가 좋지 못하여 사용을 못하고 말았다 한다.[23]

동아일보의 기사에 의하면, 인쇄소 기술자 배재룡이란 자가 화투 인쇄를 빙자하여 이원재로부터 자금을 마련하여 낭승구 외 3명과 결탁하여 6만원 의 지폐를 위조하였으나 성공하지 못하였다…라는 스토리가 된다. 도무지 이해되지 않는 것은 기사의 출처를 밝히지 않고 동아일보가 사건 관계자 의 유·무죄를 판결해버린 황당함이다. 사실 뚝섬위폐사건은 보편적 상식 으로는 도무지 이해할 수 없는 사건처리 과정을 보여준다.

먼저 지적할 것은 이원재에 대한 처리다. 상기 동아일보 기사를 인정하 더라도 어쨌든 이원재는 사건의 중요 관련자이다. 그리고 1946년 7월 6일

---

23) 國民會 李源裁 花鬪資金을 提供,「동아일보」, 1946.5.18

뚝섬(纛島)사건 관련자에 대한 공판청구서에도 "…화투를 찍는다는 허언(虛言)으로서 피고인(被告人) 낭승구(浪承九)의 처질(妻姪)되는 이원재(李元在)를 통하여 경기도(京畿道) 고양군(高陽郡) 독도리(纛島里) 553번지 곽재봉(郭在奉)의 창고 2층을 차용하여 동년(同年) 11월경 인쇄기계(印刷機械)를 설치한 후…"라는 내용이 기재되어 있으므로 뚝섬위폐사건과 무관할 수 없다. 하지만 검찰은 그를 기소하지 않았다. 그뿐 아니라 공판 중에 증인으로 조차 선정되지 않았다. 이원재는 당시 대한독립촉성국민회 뚝섬지부장으로서 김구, 이시영, 안미생으로 이어지는 유일한 연결고리였다는 사실을 기억해 보라. 사건에 대한 진상이 발표되기도 전에 이원재의 무죄를 주장하는 동아일보의 기사, 그 신문과 그리 다르지 않은 공판청구서…무언가 의도적인 냄새가 나지 않은가?

뚝섬위폐사건은 7월 6일 기소되어 8월 5일 형이 선고되었다. 피의자를 2개월 이상 구금한 것에 비해 기소와 언도는 너무나 신속하게 이루어졌다. 아래는 언도 내용이다.


독도(纛島)위폐사건 관계자 낭승구(浪承九)외 3명에 대한 언도는 5일 오전 10시부터 서울재판소 4호 법정에서 양원일(梁元一) 판사 주심 조(曺)·김(金) 양 검사 입회 밑에 개정되었는데 재판장으로부터 피고에게 간단한 심문이 있은 후 검사의 논고를 기다려 다음과 같은 언도가 있었다. 낭승구(浪承九) 징역(懲役) 8년 낭승헌(浪承憲) 징역 5년 배재룡(裵在龍) 징역 5년 홍사겸(洪思謙) 징역 3년
략(略) 범죄사실의 요지는 다음과 같다.
피고인 낭승구는 지폐를 위조하여 일확천금을 꿈꾸고 작년 10월에 낭승헌 배재룡 등과 공모하고 동 10월 하순에 백원짜리 지폐 원판을 정판사에 있는 김창선(金昌善 공산당원)으로부터 10만원에 사기로 계약하고 선금으로 2천5백원을 지불한 후 이튿날 김창선의 대리인 홍사겸(공산당원)으로부터

사기로 약속한 원판을 받아다가 그 외 지폐인쇄에 필요한 기계와 재료를 사들일 준비를 하고 12월 하순에 낭승구는 그의 처조카 되는 뚝섬사는 이원재(당시 대한독립촉성국민회뚝섬지부장)을 통하여 뚝섬 곽재봉(郭在奉)의 간장공장 2층을 화투를 인쇄하겠다고 거짓말을 하고 빌려서 12월 하순에 제2차 지폐를 위조 인쇄하였으나 인쇄가 선명치 않으므로 뜻했던 것을 이루지 못하였다.

이리하여 금년 정월하순에 다시 전기 김창선으로 부터 다른 원판을 가져다 두 번째 인쇄를 하여 백원권 4만4천원 분을 인쇄하던 중에 배재룡은 양심에 가책을 받고 인쇄기의 롤러를 깨뜨려 인쇄를 못하게 하고 범행을 중지한 사건이다.[24]

뚝섬위폐사건은 경찰이 최초로 사건을 인지했을 때 참고인으로 김구를 출두시키려고 했을 정도로 비중이 큰 사건이었다. 김구가 와병 중이라는 전언을 접한 경찰은 대신 이시영, 안미생이라는 정계의 거물을 실제 본동 경찰서로 출두시키는 의욕을 보이기도 했다. 그러나 사건의 결말만 놓고 보면 한편의 희극을 보는 것처럼 어이없을 정도다.

재판부의 최종 판결과 관계없이 뚝섬위폐사건의 현장에는 수많은 증거품이 발견되었다. 위조지폐 제조에 쓴 평판 9대, 원판 위폐 실물용지, 기타 부속품 등이 증거품으로 압수되었다.[25] 위폐를 제조하기 위해선 이러한 물품 구입비용 그리고 김창선에게 지불한 계약금 등 상당히 큰 자금이 소요되었을 것이다. 그러나 경찰, 검찰 등이 제시한 자료에는 피의자들이 사용한 자금조달의 출처에 대해선 아무런 언급이 없다.

한편, 동아일보는 5월 18일 자 기사에서 이원재가 화투 제작비용으로 준 돈을 배재룡이 임의로 위폐 제작에 사용했다고 보도했다. 화투 인쇄비용으

24) 纛島위폐사건 피고들에게 언도, 「동아일보, 조선일보」, 1946.8.6
25) 『해방조선 Ⅰ』, 과학과 사상, 1988, p.311

로 위폐를 제작했다는 뜻이다. 믿어지는가? 황당하기는 해도 동아일보는 자금의 출처에 대하여 언급은 했다. 하지만 경찰, 검찰, 재판부는 자금을 어떻게 마련했는가하는 기초적인 의문조차 아예 무시해 버렸다.

신속하게 봉합된 뚝섬위폐사건과 달리 조선정판사위폐사건은 언제 재판이 끝날까하는 의문이 들 정도로 수많은 공판 끝에 1946년 11월 28일 언도 공판이 개정되었다. 재판장 양원일은 검사의 구형과 한 치의 오차도 없이 동일하게 언도했다. 형량은 다음과 같다. 이관술, 박낙종, 송언필, 김창선에게는 무기징역 그리고 신광범, 박상근, 정명환은 15년 징역형이 내려졌다.

서울재판소에서 열린 정판사위폐사건 언도가 끝나고 재판장 배석판사 검사 서기 등이 퇴장하자 피고 박낙종의 '남조선 사법권은 이로써 자살하였다. 우리는 조상해야 한다'라는 말이 있어 이에 전 피고는 대성통곡하였고 또 피고 신광범은 일장 시국연설을 하였는데 끝으로 피고들은 적기가를 부르고 일시 정내를 혼란시켰다고 당시 언론들은 보도하였다.[26]

조선정판사위폐사건과 뚝섬위폐사건의 연결고리는 김창선이다. 먼저 기억할 것은 이 두 사건의 담당 검사가 동일인물로서 서울지방법원의 조재천(曺在千)과 김홍섭(金洪燮) 이라는 사실이다. 두 사건은 별개의 사건으로 분리되어 진행되었으나 같은 날 동시에 기소되었다. 아래에 기소장 내용 일부를 소개한다.

■ 조선정판사사건관계자(朝鮮精版社事件關係者) 급(及) 범죄사실
　…박낙종(朴洛鍾) 송언필(宋彦弼) 신광범(辛光範)은 작년 9월에 부내(府內)

26) 정판사위폐사건 언도공판, 「동아일보, 조선일보」, 1946.11.29

장곡천정(長谷川町) 74번지 근택(近澤)빌딩을 접수하여 동소(同所)에서 경영하던 근택인쇄소(近澤印刷所)를 조선정판사(朝鮮精版社)라 개칭하고 인쇄업(印刷業)을 경영하였는데 김창선金昌善 외 수명은 일정시대(日政時代) 근택인쇄소직공(近澤印刷所職工) 재직시(在職時) 관헌(官憲)의 명령으로 조선은행권(朝鮮銀行券)을 인쇄한 사실이 있고 또 동(同) 인쇄원판(印刷原版)을 절취(竊取) 소지함을 기화(奇貨)로 하여 상(上) 전원이 공모(共謀)하여 공산당비(共産黨費) 급(及) 정판사경영비(精版社經營費)에 사용하기 위하여 작년 10월 하순부터 금년 2월 상순까지 수회에 긍(亘)하여 上 精版社內에서 朝鮮銀行券 백원권 1천 2백만 원을 위조하여 조선공산당본부(朝鮮共産黨本部) 재정부장(財政部長) 리관술(李觀述)에게 교부 사용케 하여서 경제를 교란케 하고

■독도사건관계자(纛島事件關係者) 급(及) 범죄사실(犯罪事實)
…자기들이 조선은행권(朝鮮銀行券)을 위조 사용하기 위하여 작년 10월경에 김창선(金昌善)으로부터 조선은행권 인쇄원판을 구입하여 고양군(高陽郡) 독도면(纛島面) 서독도리(西纛島里) 타인(他人)의 창고 2층에서 조선은행권 위조에 착수하여 백원권 45,200원을 인쇄하였으나 인쇄가 불선명(不鮮明)하여 중지한 것이다.[27]

기소장에 기록된 사건관계자를 보면 김창선은 유일하게 두 사건에 관련되어 있음을 알 수 있다. 김창선은 누구인가? 기소장의 내용이 참이라면, 그는 공산당원으로서 조직의 명에 의해 1945년 10월 하순부터 1946년 2월 상순까지 공산당비 및 정판사경영비에 사용하기 위하여 1천 2백만 원의 위조지폐를 인쇄한 공범 중의 한 명이 된다.

그런데 뚝섬사건의 기소 내용에 의하면, 그는 도무지 믿기지 않는 행위를 범했다. 즉 당원으로서 모종의 범죄를 저지르면서 거의 같은 시기인 1945년 10월경에 범행의 핵심 도구인 조선은행권 인쇄원판을 몰래 빼돌려 뚝섬사건 관련자에게 판매하는 모험을 한다. 두 가지의 범죄를 동시에

---

27) 조선정판사 위조지폐사건에 대해 진상발표, 「동아일보」, 1946.7.20

진행했다는 뜻이다. 검찰의 기소이유 및 사건 전개과정을 정리하면 다음과 같다. 함께 살펴보기로 하자.


① 1945년 9월 20일
　김창선은 배재룡의 부탁에 의거 징크판(版) 2조(組)를 은닉한다.
② 1945년 10월 하순
　김창선은 송언필과 함께 숙직할 때 조선공산당 급(及) 조선정판사(朝鮮精版社)의 재정난에 대하여 대화를 하다가 위폐제작을 제안하나 송언필은 거절한다.
③ 3일 후
　김창선이 조선정판사 사장 박낙종에게 위폐제작을 다시 권유함. 박낙종은 처음에는 주저했으나 조선정판사 빌딩 2층에 있는 조선공산당 재정부장 이관술에게 보고하였고, 이관술 역시 처음에는 주저하였으나 결국 허락하고 모든 일을 박낙종에게 일임함. 박낙종은 송언필에게 송언필은 김창선에게 김창선은 기타 직원들에게 위폐 제작을 부탁함.
④ 1945년 10월 하순부터 1946년 2월 9일까지
　총 6차례에 걸쳐 1천 2백만 원의 위조지폐를 인쇄함[28]
⑤ 1945년 10월경
　배재룡(裵在龍)은 기술을, 낭승구(浪承九)는 자금을, 낭승헌(浪承憲)은 기타 노무를, 각각 출자하여 은행권(銀行券)을 위조할 것을 공모함.
⑥ 1945년 10월경
　김창선은 홍사겸과 함께 징크판 2조 중 1조 1매(枚)를 수정하여 보관함.
⑦ 1945년 10월말
　김창선은 배재룡 및 낭승헌에게 징크판을 2천 5백원에 매도함
⑧ 1945년 11월경
　징크판 구입 후, 낭승구는 처조카(妻姪) 이원재를 통하여 뚝섬에 있는 곽재봉의 창고 2층을 차용하여 인쇄기계(印刷機械)를 설치함.
⑨ 1945년 12월말
　낭승헌은 낭승구 입회하에 백원권 1천 2백 원을 인쇄하였으나 불선명하여 실패함.
⑩ 1946년 1월 초순

28) 조재천 검사, 정판사 위조지폐사건 관계자들에 대한 공판청구서, 「동아일보」, 1946.7.28

김창선으로 부터 새롭게 입수한 소징크판으로 4만 4천 원분을 인쇄하여 성공했으나, 다음날 재차 인쇄 시 두려움을 느낀 배재룡이 로라를 고의적으로 조작함으로 위폐인쇄를 실패함.[29]

먼저 지적할 것은 김창선의 조선공산당 입당시기와 범행시점이다. 검찰이 제출한 공판청구서에는 1946년 1월에서 3월 사이에 김창선이 조선공산당에 입당했다고 기록되었다. 박낙종이 근택인쇄소(近澤印刷所)를 인수하여 조선정판사(朝鮮精版社)라고 개칭하고 사장으로 취임한 후의 일이다. 일제시대부터 같이 근무하던 정명환, 김상선, 김우용, 홍계훈, 박상근 등 동료들이 비슷한 시기에 입당을 한 것을 보면 사장 및 서무과장 송언필의 권유로 입당한 것으로 짐작된다. 박낙종과 송언필은 일제강점기 시절 치안유지법 위반으로 5년의 처벌을 받은 것으로 보아 공산주의 계열로서 독립운동에 투신한 지사였던 반면, 김창선 외 다른 직원들은 그저 평범한 소시민이었을 것이다.

정판사위폐사건의 피의자들이 범행 모의 및 실행한 시기는 1945년 10월 하순경으로 검찰은 발표했다. 하지만 이 무렵 근택빌딩 2층은 비어있었고 조공은 아직 입주하지 않았다. 문제는 김창선이 범행을 저지른 시기가 조공 입당 전부터였고 더욱이 박낙종과 이관술이 범행을 모의했다는 1945년 10월 하순경 근택빌딩에는 조선공산당이 아직 입주하지 않았을 때였다는 사실이다.

박낙종은 비어있는 2층 사무실에 올라가 어디 있는지도 모르는 이관술에게 위조지폐 모의 건을 보고하고 위폐인쇄를 허락받은 셈이 된다. 그리

29) 纛島사건 관련자에 대한 공판청구서, 「동아일보」, 1946.7.30

고 김창선 등은 지하실에서 있지도 않은 인쇄기를 돌려 1,200만 원 가량의 위조지폐를 인쇄한 셈이 된다. 더욱이 김창선은 당의 지령 하에 위폐를 제작하는 와중에 짬을 내어 전문적인 위폐범들에게 징크판을 판매하고 A/S까지 해주는 희대의 파렴치범이 되었다. 판단은 독자들의 몫으로 두겠다.

뚝섬사건은 수많은 증거품에도 불구하고 위폐제조 미수극으로 끝난 반면, 정판사 사건은 피의자들의 자백 외엔 증거가 거의 없는 가운데 극형에 가까운 형이 언도되었다. 이것은 무엇을 말하는가? 이 두 사건이야말로 전형적인 정치재판이었다는 뜻이다. 참고로 1946년 10월 26일 마지막 공판에서 김창선이 토로한 최후진술과 정판사 사장 박낙종이 1948년 9월 5일 마포형무소에서 인터뷰한 기사를 소개한다.


이 사건은 뚝섬사건에 관계했기 때문에 정판사사건까지 발전한 것이다. 동료에게 어떻게 사죄할 바를 모르겠다. 경찰의 고문으로 허위 진술한 것은 부끄럽게 생각한다. 내 자신으로 생각하면 나만 빼놓고 모두 무죄언도를 바란다.[30]

3천리 강토를 뒤흔들던 8·15의 감격적인 선풍이 아직도 우리의 가슴 속에서 사라지기도 전인 1946년 4월, 너무나 의외로운 사실로서 조선공산당의 소위 정판사(精版社) 위폐사건의 전모가 경찰에서 발표되어 반신반의로 세인의 이목을 아연케 하였다. 이 사건의 관계자가 어느 개인이나 또는 보통 단체가 아니라 과거 일제의 몸서리치는 혹독한 탄압 속에서 종시일관 조국의 독립과 해방을 위하여 혁혁한 투쟁을 하여온 것인 만큼 세간의 의혹이 깊었고, 각종의 정치적 모략과 아울러 이 사건에 대한 파문이 사회적으로 중대한 관심을 사게 되어 그 진상 연부에 대한 각 방면의 여론이 비등하여 갔다. 이관술·박낙종·송언필의 각 피고는 이구동성으로 본 사건은 순전히 경찰의 고문에 의하여 조작된 허구라는 것을 지적하여 사실심리에 불응하며, 이에 호응하여 조선공산당에서도 산하단체를 총동원시켜 당(黨) 사건

---

30) 피고들의 진술을,「경향신문」, 1946.10.30

의 허구를 반증하는 성명서와 항의문을 사법당국에 제출하고 공소철회를 강경히 요구하는 한편, 공판정에서는 무장경관과 시위군중간에 충돌로 수명의 사상자까지 발생하는 등의 불온한 사태까지 발전되었으나 공소사실을 전복시킬 수 있는 법적 근거가 없어 각하되고, 공판 기간 4개월, 그 동안 무려 30 수회에 걸친 공판은 드디어 피고 전부에게 유죄판결을 내리었으니 이로써 조선 재판계의 희유의 대사건은 종지부를 찍게 되었다. 그러면 본사건의 중요한 관계자로서 공판정에서 무기언도를 받고 퇴청하며 가가대소(呵呵大笑), "이번 언도는 만신창이의 불구자인 남조선의 사법권이 몇 사람에게 유죄판결을 하기 위하여 자살행위를 한 것이다. 바로 이 자살행위를 동족의 한 사람으로서 조상(弔喪)한다"라는 최후의 불만을 남기고 옥문을 두들긴 박낙종의 옥중 소감을 듣기로 하자. 금년 49세, 사상적으로나 인간적으로 보아 가장 활동적인 성숙한 시기, 혁명가라는 그다지 화려할 수 없는 직업으로 반생을 살아온 박의 옥중 모습은 어디인가 싸늘하고도 기자의 질문에 대하여 몹시 피곤한 말씨로 대략 다음과 같이 차근차근 말한다.

"소위 혁명운동이랄까 해방 전후를 통하여 십 수 년의 감옥살이를 하고 보니 몸과 마음에 타격이 크다. 더욱이 최근에는 독방살이를 하고 있어 신경이 극도로 예민하여져서 잠을 잘 이루지 못한다. 이렇게 사회와 격리된 생활을 하니 사회정세를 잘 모르니 무엇이라 소감을 말할 수 없다. 그러나 그 하고 많은 범죄 가운데서 하필 통화위조라는 파렴치한 죄명을 쓰고 감옥살이를 하게 된 자신의 불행을 뼈아프게 통감한다. 이 사건은 어떤 정치적 모략에 의한 것이라 생각한다. 그러므로 신정부가 섰다 하면 그 정부가 어떠한 성격의 정부이든 간에 우리 조선인의 정부라면 마땅히 우리에게 옥문이 열리어야 할 것이다. 심경변화가 있을 수 없고 참회가 있을 수 없지 않은가. 자기에게 죄가 없는 곳에 무슨 변화가 있겠는가. 남조선의 단독정부가 서리라고는 생각지 않았다. 정치정세를 잘 파악하지 못하고 그 시비를 말하는 것은 비과학적이며 또는 감정에 흐르기 쉬울 것이니 말하고 싶지 않다. 3천만이 한가지로 갈망하는 남북통일을 위함이 아니고 남북의 분열과 그 대립을 전제로 한다면 그 정부는 찬성 못할 존재일 것이다. 그리고 38선이 해결되지 않는 이상 자주적 통일정부는 성취할 수 없으리라 생각한다."[31]


같은 사안이라도 피의자의 신분에 따라 형량이 달랐던 것이 미군정하의

31) 朝鮮精版社사건 朴洛鍾 옥중 인터뷰, 「국제신문」, 1948.9.5

재판이었다. 지금까지 뚝섬위폐사건과 정판사사건을 예로 들었지만, 또 다른 예를 하나 들겠다. 1946년 연말, 독촉국민회 중앙집행위원을 역임한 노인섭(盧仁燮, 51)과 독촉 용산영정분회장 박기준(朴基準, 50)외 9명의 위폐범이 구속되어 공판이 열렸다. 피고진술에 의하면 건국사업을 하는데 자금이 필요하여 한강로 65번지의 피고 박기준의 집에서 조선은행 백원권 30여만 장을 위조하여 행사한 것이라 한다.[32]

뚝섬위폐사건의 관련자였던 이원재도 독촉국민회의 주요 인사였다. 그렇다면 당연히 독촉국민회와 위조지폐제작의 관련여부와 진상규명에 수사의 초점이 맞춰져야했었다. 하지만 경찰과 검찰은 이원재로부터 파생되어 김구, 이시영, 안미생으로 이어지는 연결고리를 애써 무시한 바와 같이, 상기 사건 역시 축소한 흔적이 뚜렷하게 들어난다. 독촉국민회의 고위 간부 2명이 관련된 이 사건은 공판도 몇 차례 열리지 않았고 언론에도 거의 소개되지 않았다.[33]

32) 전 독립촉성국민회 중앙집행위원 盧仁燮 등의 위폐범사건 공판 개정,「경향신문」, 1947.1.18
33) 전 獨促관계자 僞幣사건 언도,「자유신문」, 1947.3.13

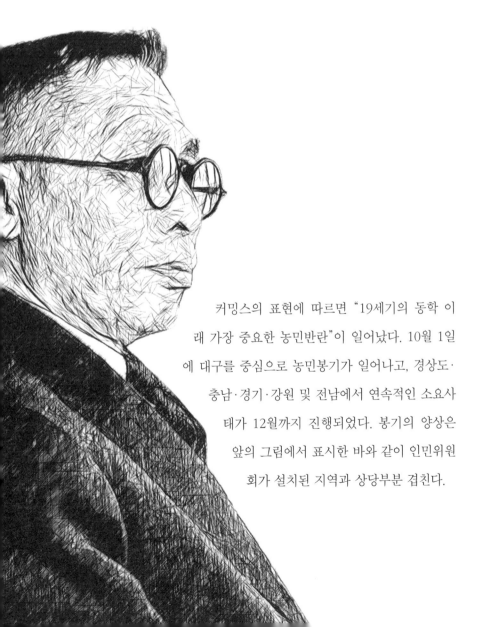

# 22
# 제2의 동학혁명, 1946년 가을봉기와 김구의 처신

커밍스의 표현에 따르면 "19세기의 동학 이
래 가장 중요한 농민반란"이 일어났다. 10월 1일
에 대구를 중심으로 농민봉기가 일어나고, 경상도·
충남·경기·강원 및 전남에서 연속적인 소요사
태가 12월까지 진행되었다. 봉기의 양상은
앞의 그림에서 표시한 바와 같이 인민위원
회가 설치된 지역과 상당부분 겹친다.

# 19세기의 동학 이래 가장 중요한 농민반란

　미 군정청의 강경 대응에 관계없이 1946년 가을 봉기를 예고하는 대규모 군중시위가 8월경부터 일어나기 시작했다. 첫 장소는 전라남도에 소재한 화순탄광이었다. 언론통제 탓인지 심각했던 이들 시위는 거의 축소·왜곡 보도 되었다. 먼저 동아일보 기사를 소개한다.

　경무부 차장 최경진 씨는 다음과 같이 전남북 각지의 사건을 말한다. 이번엔 전남 각지에서 경찰과 농민들 사이에 습격과 충돌사건이 있었다. 그중 나주부근 삼도(三道)라는 곳에서는 5천여 농민들이 경찰서를 습격하여 몇 몇 경찰관들이 부상을 당하였다. 화순에서는 탄광인부들이 광주로 시위행렬을 하러 갔다가 돌아오는 도중 약간 충돌이 있었다. 이밖에 몇몇 곳에서 이와 유사한 일이 있었는데 광주에서는 삐라 뿌린 정도로 대단하지 않다. 전북 김제 경찰서 관내에서 농민들의 폭동으로 경관 1명이 즉사하였다. 이밖에 사상자 수효 또는 사건의 내용 그 배후관계 등에 대해서는 예의 조사 중인데 금명간 진모를 발표하겠다.[1]

　하지만 실제 상황은 그리 만만한 형편이 아니었다. 고영민[2]의 증언에 의한 당시 모습은 다음과 같다.

---

1) 전남북 각지에 폭동, 「동아일보」, 1946.8.21
2) 본명 高峻石, 1910년 생으로 제주도 출신의 좌익 지식인, 언론인이다. 조선공산당, 남로당 등에서 활동하다가 한국전쟁 이후 일본으로 건너갔다. 주요 저서로 金日成體制の形成と危機,·抗日言論鬪爭史, 朴憲永と朝鮮革命 등이 있다.

한국민중들에 대한 테러가 대규모로 행해진 것은 화순탄광노동자들의 대량학살에서 발단하기 시작하여 대구 폭동 시기에 이르러 그 절정에 달했다. 아니 그 후에도 한국사회에 있어 테러활동은 끊이지 않고 일어났다.

1946년 8월 15일 전라남도 광주에서 개최된 '해방1주년 기념식'에 화순탄광 노동자 1,000여명이 미군의 저지에도 불구하고 참가하는 사태가 벌어졌다. 그들은 한국 민중이 해방기념식에 참가하는 것은 민족적 권리이며 어느 누구도 그것을 막을 수 없다고 생각하였던 것이다. 그러나 미군은 조선민주주의민족전선(민전)에서 주최한 이 기념식을 불법집회로 규정하고 전차를 동원해 이들의 참가를 저지하였다.

그럼에도 불구하고 화순탄광노동자들이 기념식에 참가하는 사태가 벌어지자, 이들이 광주에서 돌아가는 길에 잠복하고 있다가 300여 명을 살상하고 50여 명에게 중상을 입히는 사건이 발생했다. 미군은 민전에 대한 적의와 군의 명령에 불복한 자들에 대한 본보기로 300여 명의 노동자들을 학살하였던 것이다.[3]


같은 사안을 두고 《동아일보》는 약간의 충돌이 있었다고 보도한 반면, 고영민은 300여 명이 살상되고 50여 명이 중상을 입었다고 주장한다. 누구의 말이 맞을까? 이 사건 이후 곧 폐간될 운명에 처했던 《조선인민보》는 1946년 8월 21일자 신문에 광주기념식에는 3만 여명이 참가하였고, 화순탄광노동자 행진에 폭격기 6대가 뜨고, 피살자 1명을 포함하여 1백여 명의 중·경상자를 냈으며, 피검자는 15명이었다고 보도하였다.[4] 고영민의 증언은 어느 정도 과장이 된 것으로 보인다. 하지만 《동아일보》기사보다는 보다 진실에 가까운 증언인 듯싶다. 한편, 미 군정청 공보부가 8월 24일 발표한 보고서에 따르면, 화순탄광 광부들이 행렬을 지어 광주로 들어오다가 경찰과 충돌되었는데 부상자 약간 명이 났으며, 화순에는 별일이 없었던

3) 고영민(고준석),『해방정국의 증언』, 사계절, 1987, pp.111-112
4) 『서중석, 한국현대민족운동연구』, pp.439-440

것으로 되어 있다.[5]

1946년 가을부터 시작된 일련의 소요사태는 철도노동자들의 총파업을 시작으로 본격적으로 전개된다. 1946년 9월 23일, 부산의 철도노동자 8,000여 명이 파업을 일으켰다. 불과 몇 시간 내에 철도파업은 서울까지 파급되었으며 남한 전역의 철도수송이 마비되었다. 총파업에는 조선노동조합전국평의회(전평) 산하의 30만여 명과 미조직노동자 수십만이 참가하였다.[6] 당시까지 한국 역사상 최대 규모의 파업이었다.

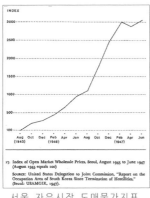

17. Index of Open Market Wholesale Prices, Seoul, August 1945 to June 1947 (August 1945 equals 100)
SOURCE: United States Delegation to Joint Commission, "Report on the Occupation Area of South Korea Since Termination of Hostilities," (Seoul: USAMGIK, 1947).

서울 자유시장 도매물가지표,
1945년 8월~1947년 6월(1945년 8월=100)

파업의 원인은 미군정의 경제운영 실책에 대한 불만이 가장 기본적인 것이었다. 미가(米價) 폭등으로 인한 쌀 부족 현상 등 극심한 경제난, 노동자들의 저임금 및 노동조건에 대한 불만, 특히 극심한 인플레는 노동자들의 생활을 파탄상태에 빠지게 만들었다.

파업 첫 주에는 별 폭력 사태가 발생하지 않았다. 시위는 질서정연하게 진행되었다.[7]

그러나 미 군정청의 마지막 선택은 결국 폭력에 의한 진압이었다. 1946년 9월 30일 새벽, 수도경찰청장 장택상의 지휘아래 우익청년단체[8] 소속 수천 명이 철도원들의 파업현장을 포위하였다. 대한민청의 감찰부장 김두한을 필두로 한 진압 측과 노조원들과의 8시간에 걸친 혈투 끝에 수많은 사상자를 내고 용산철도기관구는 우익세력에 점거되었다. 파업 진압의 결과

---

5) 공보부, 해방1주년기념일을 전후한 소요상황 발표, 「조선일보」, 1946.8.24
6) ·《조선중앙연감(1949)》에 의하면, 당시 파업에 참여한 전국의 노동자 수는 264,474명이다.
7) G-2"Weekly Report" 제55호, 1946년 9월 22일~29일
8) 대한민청, 평안청년회(서북청년회의 전신), 대한독립청년단, 대한노총 등이 동원되었다.

보고는 매체마다 다르다.

　미국 정보 보고에 의하면 2천 1백 명의 경찰이 용산기관구를 포위하였고, 김구의 갈색 셔츠[9]를 포함하여 4개의 우익청년단체가 도착하여 경찰을 도왔으며, 1명이 사살되었다고 기록되어 있다.[10] 이 사건으로 인해 최소한 천 명이상의 노동자들이 체포되었고, 적지 않은 사상자가 발생한 것은 분명하다.[11] 평화적으로 해결할 수 있는 사안을 우익 테러단까지 동원하여 해결하려한 경찰과 미 군정청의 문제해결 방식은 그 후 또 다른 폭동을 유발시키는 계기가 되었다. 특히 테러단의 살상행위는 민중들의 공분을 사기에 충분할 정도로 잔혹했었던 모양이다. 이 무렵부터 사람들 사이에는 "경찰에 붙잡히면 살아날 수 있지만 서청이나 대한민청에 끌려가면 죽은 목숨이라고 생각하라"는 말이 일반화되었다고 한다.[12]

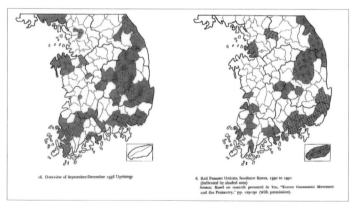

(좌) 1946년 9～12월 농민봉기도　(우) 인민위원회가 정부역할을 담당한 지역
(짙게 표시한 부분)

9) 김구 이름이 적힌 갈색 셔츠를 입었다는 뜻인지, 갈색 셔츠라는 별도의 단체를 뜻하는 지 분명하지 않다. 다만 파업 진압에 동원된 청년단체들 대부분이 김구와 밀접한 관계에 있었음은 분명하다.
10) G-2보고 3, 1946,10,1, 61쪽
11) 철도종업원 총파업의 경과 밝혀짐, 「조선일보」, 1946,10,2
12) 고영민, 『해방정국의 증언』, 사계절, 1987, p.112

전평이 주도했던 노동자 파업은 경찰과 우익 테러단의 합동 작전에 의해, 전평본부·좌익 언론사 그리고 총파업본부가 설치된 영등포 조선피혁 공장 파업현장 등이 습격됨으로써 대부분 진압되었다. 철도노동자 파업은 공식적으로는 10월 12일 12시에 끝났다고 보고되었고, 10월 15일 경 대구와 부산을 제외한 전국 대부분의 지역에서 파업은 종료되었다. 노동자들의 파업이 수그러들고 철도가 정상 운행되는 것과 별도로, 그 무렵 보다 심각한 사태가 발생했다.

보아라! 남한 각 도의 인민이 총과 칼을 들고 일어섰다.…이제 우리 젊은 애국자들은 재식민지화(再植民地化)의 위험으로부터 조국을 지키고자 일어섰다! 우리의 목적은 우리 참된 애국자들을 탄압하는 악질 경찰관과, 지나치게 양곡을 수탈해 가는 악질 관료와, 그들 뒤에 있는 친일반역자들을 숙청하는 것이다. 〈백천에서 발견된 전단〉[13]

커밍스의 표현에 따르면 "19세기의 동학 이래 가장 중요한 농민반란"[14]이 일어났다. 10월 1일에 대구를 중심으로 농민봉기가 일어나고, 경상도·충남·경기·강원 및 전남에서 연속적인 소요사태가 12월까지 진행되었다. 봉기의 양상은 앞의 그림에서 표시한 바와 같이 인민위원회가 설치된 지역과 상당부분 겹친다.

봉기의 중심지역이 경상도였던 것은 시사하는 바가 크다. 해방 후 근거를 상실하여 불만에 차있는 농민들이 경남·경북 양 지역에 유독 많았고, 그곳을 중심으로 인민위원회들이 뿌리를 내렸던 것이다. 해방공간에서 좌

---

13) 『브루스 커밍스, 한국전쟁의 기원』, p.438
14) 『브루스 커밍스, 한국전쟁의 기원』, p.439

익·진보의 중심지였던 곳이 현재는 우익·보수의 근거지 역할로 변모된 것은 역사의 아이러니가 아닐 수 없다.

이 기간 동안 미군정은 수차례의 계엄령을 선포했다. 10월 2일 현지 미군 행정관은 경북일대에 계엄령을 발포했다가[15] 같은 달 21일 밤에 해제하였다.[16] 미군정 실시 후 최초의 계엄이었다. 그리고 대구·영주·경주·영일·달성 등에 선포되었던[17] 계엄령이 그 다음은 전라도로 이동하였다. 목포를 중심으로 무안군 일대에 11월 1일부로 계엄령이 또 포고되었다.[18][19] 이 지역의 계엄령은 11월 4일 해제된다.[20]

1946년 10월 1일 대구시민들이 '쌀이 아니면 죽음을 달라'며 기아행진을 하고 있다.
〈10월항쟁유족회 제공〉

가을 봉기의 손실은 엄청났다. 안타까운 것은 이 기간 동안의 피해상황에 대한 공식자료가 없는 현실이다. 다만 1949년에 펴낸 조선중앙연감에 의하면 2백만 명 이상의 인원이 항쟁에 참여한 것으로 되어 있다.

---

15) 大邱中心으로 罷業團騷動 警察署를 襲擊占據 慶北一帶에 森嚴한 戒嚴令, 「동아일보」,1946.10.4
16) 대구 일대의 계엄령 해제, 「조선일보」, 1946.10.31
17) 慶州, 迎日에도 계엄령, 「자유신문」, 1945.10.11
18) 전남務安郡일대 소요사건으로 계엄령 선포, 「서울신문」, 1946.11.5
19) 羅州에 계엄령, 「자유신문」, 1946.11.6
20) 木浦地域의 戒嚴令 解除(光州), 「동아일보」, 1946.11.8

| | 파업 | 시위 | 합계 | 인구수<br>(15세 이상) | 참가율 |
|---|---|---|---|---|---|
| 경북 | 53,000 | 720,000 | 773,000 | 1,752,883 | 41.1% |
| 경남 | 73,000 | 535,800 | 608,800 | 1,665,389 | 32.2% |
| 전남 | 22,500 | 339,000 | 361,500 | 1,546,903 | 21.9% |
| 충남 | 8,000 | 146,000 | 154,000 | 1,066,261 | 13.7% |
| 강원 | 3,000 | 66,000 | 69,000 | 614,159 | 10.4% |
| 경기 | 34,800 | 123,800 | 158,600 | 1,479,408 | 8.4% |
| 서울 | 65,174 | 46,064 | 111,238 | 779,890 | 5.9% |
| 충북 | 1,800 | 37,000 | 38,800 | 641,064 | 5.4% |
| 전북 | 3,000 | 1,200 | 4,200 | 1,104,998 | 0.1% |
| 제주 | - | - | - | 149,928 | - |
| 합계 | 264,474 | 2,014,964 | 2,279,338 | 10,800,888 | 18.6% |

인용된 표에 의하면 남한 인구의 약 20% 정도가 그 당시의 권력 즉 미군정과 경찰력에 항거한 셈이 된다. 전국 대부분의 지역에서 항쟁이 발생한 것도 주목할 점이다.[22] 특이한 것은 한 지역에서 발생된 항쟁이 진압되면, 곧 다른 인근 지역으로 번지는 양상을 보인 점이다. 항쟁의 전개는 철도연변의 대도시로부터 시작하여 점차 농촌의 군청소재지 등으로 확대되었다. 1946년 가을봉기가 중앙의 강력한 지휘와 통제 하에 일어난 것이 아니고 대부분 지역의 인민위원회를 중심으로 자발적으로 발생했다는 뜻이다.

무엇보다 궁금한 것은 1946년 가을 봉기로 인한 희생자 규모다. 커밍스에 의하면 200여 명 이상의 경찰관이 피살되었고, 민간인 및 시위자, 관리의 경우 대략 1천 명은 넘은 것으로 파악하였다. 그리고 봉기 3개월 사이

---

21) 《서울: 조선중앙연감》, 조선통신사, 1949, p.217

22) 제주도의 경우, 이듬해인 1947년 3월 1일부터 육지보다 더욱 참혹했던 4·3항쟁의 불길이 타올랐다.

에 체포된 사람은 3만 명 정도로 추정했다.[23] 그러나 당시 이 봉기에 관여했던 인사의 증언은 커밍스의 예측을 훨씬 뛰어넘는 수치를 제공하고 있다. 고영민의 주장을 들어 보자.

미국 저널리스트의 보고에 따르면, 대구 폭동의 결과 살해된 사람이 300여 명, 행방불명 3,600여 명, 부상자가 26,000여 명, 검거·투옥된 사람이 15,000명에 달했다고 한다. 그리고 11월에는 여기에 관련된 수많은 좌익 세력들이 사형 및 중형에 처해졌다. 이 대구 폭동은 연쇄 반응적으로 남한 전역에 파급되어, 그 때문에 검거·투옥·학살당한 자가 수십만에 달했다.[24]

고영민의 증언을 그대로 믿을 수는 없다. 하지만 이러한 주장이 등장하게 된 배경은 그 당시 경찰이나 미 군정청 그리고 언론 등이 정확한 피해 상황을 공식적으로 발표하지 않은 책임이 크다. 오랫동안 '대구 폭동' 혹은 '10월 폭동'으로 불려왔던 이 사건은 2000년대 들어 진실화해를 위한 과거사 정리위원회에서 진상규명 운동이 시작되면서 '10월사건'으로 개명됐다. 하지만 유족을 포함한 일부 단체·학계에선 '10월 항쟁'으로 표기할 것을 요구하고 있다. 어쨌든 1946년 가을 봉기의 진상은 지금이라도 분명히 규명되어야할 것이다.

한편, 가을봉기의 진행 과정에서 특별히 주목해야할 사안이 또 있다. 경찰에 대한 민중들의 증오심이 봉기가 진행되었던 기간 동안 끊임없이 표출되었다는 점이다. 한 가지 예를 들겠다.

23) 『커밍스, 한국전쟁의 기원』, p.471
24) 고영민, 『해방정국의 증언』, 사계절, 1987, p.113

10월 2일 밤 미군 순찰대는 달성공원에서 7구의 경찰관 시체를 발견하였는데, 발견 당시 두 명은 숨이 붙어있었으나 사지가 제대로 붙어있는 것이 없었고, 거세를 당한 참혹한 경우까지 있었다.[25]

미군보고서에도 이와 유사한 장면이 기록되어 있다.

그들은 고문을 당하다 죽었으며, 묶여서 화형을 당하고, 산채로 껍질이 벗겨졌다.…후에 미국인들은 눈이 빠져 나가고 갈비뼈가 떨어져 나갔으며 때로는 창 자국이 수백 개가 나 있는 경찰들의 시체를 발견하고 이를 한인들의 야만성 탓으로 돌렸다.[26]

경찰에 대한 증오가 얼마나 강했는가를 보여주는 대목이다. 이러한 극단적인 폭력이 왜 발생했나하는 의문을 가지는 것은 당시 권력자의 의무였다. 그러나 미국인들은 한국인들의 야만성 탓으로 돌렸고, 경찰들은 '우매한 농민들'에게 더 이상 바랄 것이 없다고 말했다.[27]

커밍스는 피억압자들의 초기적 폭력으로 보았다. 그가 주목한 것은 미국인들이 그러한 공격의 대상이 된 경우가 없었고, 특히 폭력을 당한 경찰관들이 식민기간 중 동포들에게 가한 만행을 해방 후에도 계속 가해오고 있었다는 데 민중들의 분노가 폭발한 것으로 보았다.[28] 당시 25세의 교사로서 항쟁참여자 중의 일원이었던 이병구는 다음과 같은 일기를 남겼다.

25) 정영진, 『폭풍의 10월-대구 10·1사건을 일으킨 사람들과 그 이데올로기』, 한길사, 1990, p.358
26) HUSAFIK, 제2권, 제2부, pp.11-12
27) 내무부 치안국 『대한경찰전사』, 제1권, "민족의 선봉" p.55
28) 『커밍스, 한국전쟁의 기원』, p.445

우리가 경찰을 미워하기 때문이 아니라 우리가 조국의 독립을 위해 죽을 준비가 되어 있기 때문이다.⋯우리 자신의 손으로 독립된 국가를 건설하자. 모든 권력을 인민에게 균등하게 나누어주자. 모든 양곡의 공출을 반대하자.[29]

11월 30일 오전 10시 대구부 남산교회에서 59명의 순직경관의 영령을 위로하는 합동위령제가 진행되었다.[30] 하지만 권력에 희생당한 시민·근로자·농민들에게 돌아간 것은 '빨갱이'라는 굴레뿐이었다. 그들이 요구한 악질 경찰관, 식량문제 등의 현안에 대해서 세상은 오히려 침묵을 강요당했다. 러취 장관대리 헬믹 대장은 11월 19일 오전 10시 군정청기자단과 회견에서 경찰의 제반 문제점에 관해 다음과 같이 미군정의 방침을 피력했다.

[문] 경찰의 민주화를 점진적으로 진행하는 것은 좋은 일이나 이번 남조선소요사건에 감하여 일제시대의 악질경찰관리는 속히 일소할 것이며 질적으로 우수한 자라도 경찰책임자(경위급 이상)에는 등용치 말고 부득이한 기술부 면에만 존치함이 여하(如何)?

[답] 이 제안은 우리도 원하는 바이나 제안대로 실천할 수 없다. 우리는 공평 정대하기를 강조하고 있다. 일제시대의 경관 전부를 축출하는 것은 미군 정하에서 훌륭하게 근무하고 있는 경관에 대하여 불공평한 일이다. 나는 우리가 취하고 있는 방법 즉 민주주의 경찰의 이념을 채용치 않거나 또는 일제시대에 평판이 나쁘던 경관을 개인적으로 면직시키는 방법 외에 다른 방법이 없다고 생각한다. 우기의 경위급의 경관을 일시에 전부 면 직시키면 우리가 법률과 질서를 유지하는데 많은 지장이 생길 것이며 면 직당한 경관들은 미군정을 불신임케 만들려고 하는 사람들의 산하로 들어가게 될 것이다. 이렇게 되면 경관들은 그들이 경험이 풍부하니만큼

29) 6th Infantry Division report, 1946년 12월 31일, ⅩⅩⅠⅤ Corps Historical Files; 진주방첩대 보고, 1946년 10월 16일

30) 순직경찰관 합동위령제 개최, 「경향신문」, 1946.12.3

대단히 위험한 존재가 될 것이다. 만약 우리가 일제시대의 경관 전부에 대하여 무차별하고 불공평한 해직을 시킨다면 그들은 미군정을 반대할 모든 이유를 가지게 될 것이다.[31]

미군정의 편의를 위해 친일파·부일배 경찰을 계속해서 등용하겠다는 말이다. 조선 민중의 사무친 원한이나 감정 따위는 전혀 고려 대상이 되지 않는다는 뜻이다. 미군정의 방침이 바로 비극의 원천이었다. 1946년 가을봉기는 경찰에 대한 분노로 당시 민중들이 증오심을 표출한 대표적인 항거라고 인식되고 있다. 한편, 현장에서 미군의 행위를 목격하고 그 후 평생을 반

全州(전주)에서 群衆騷動(군중소동) 三名死亡(삼명사망), 九名重傷(구명중상)

동아일보 | 1946.12.21 기사 (뉴스)

全州(전주)에서 群衆騷動(군중소동)
三名死亡(삼명사망), 九名重傷(구명중상)

전주全州(전주)에서는 三(삼)만여명의 소동으로 세사람이죽고 아홉사람의중상자를내인 사건이 발생하였다

즉 十九(십구)일當무무에들어온보고에의하면 十八(십팔)일 하오一(일)시 전주중앙국민학교 口(여서)에서 민청(民靑)토동조합(勞動組合)부녀동맹(婦女同盟)(부녀동맹)등三(삼)단체연합으로 미소공동위원회 속개촉진 시민대회(美蘇共同委員會促進市民大會)(미소공동위원회속개촉진시민대회)를열엿슷는데통다섯첫三十(삼십)분경 모인군중三(삼)만명(三)동행휴학중인 중학생들 二(이)천여명도 포함)이 적기가(赤旗歌(적기가))를부르며 무허가 행렬을 시작하였다 이에 경찰이제지하자 행렬은 마침내 폭동화하여 三(삼)명이 사망하고 九(구)명이 중상을 입은 一(일)대불상사가 생기엇다가 통 六(육)시반경 군중은 해산되였다한다

1946년 12월 21일자 동아일보

미주의자로 일관하게 되었다는 증언도 있다.

전국에 걸친 가을봉기가 매듭지어가던 12월 18일, 전주에서 대규모의 시위가 발생했다. 동아일보는 "민청, 노동조합, 부녀동맹 등 3개 단체가 주관했으며 중학생 2천여 명도 동참하여 3만 여명의 시민들이 미소공동위원회 촉진시민대회를 열었으며, 사망 3명 중상자 9명의 피해를 내었다"고 보도했다.[32] 이 신문에 의하면 시위자들은 빨갱이들이며 법을 무시한 폭도들이 되어 버린다. 그리고 어떤 과정을 거쳐 사상자가 생기게 되었는지에 대한 설명은 생략한다. 그러나 다른 매체의 보도의 내용은 달랐다. 당시 독립신보는 "민전 주최의 미소공동위원회 속개 시민대회에서 경찰이 발포하여 민간인이 5명 사망한 사건이 발생하였다"고 경찰의 발포사실을 언급했

31) 군정장관대리 헬믹, 제반 당면문제에 대해 기자회견,「동아일보」, 1946.11.20
32) 전주에서 군중소동, 3명 사망 9명 중상,「동아일보」,1946.12.21

다.[33] 그리고 미군정자료에는 사망자가 학생 3명, 성인 3명이라고 기록되어 있다.[34]

이와 같은 공식자료 외 그 무렵 현장에서 시위에 직접 참여했던 이들의 생생한 육성을 들어보기로 하자. 당시 사건의 관련자들은 1946년 12월 18일 전주에서 발생한 시위를 '십팔(18)사건'이라고들 하는 모양이다. 이금섭(1928년생, 당시 전주사범 재학생)의 증언이다.

1946년 12월 18일 전주중앙초등학교 교정에서 민청, 전평, 여성동맹이 주최하는 "군정반대 시민대회"가 열렸다. 여기에 시내 전주사범, 전주북중, 공업, 농업, 전북여중, 전북여상 등이 참가하였다. 폭동은 아니었다. 평화롭게 "학원민주화! 미군정철수! 쌀을 달라!" 등의 구호와 현수막을 들고 소리치며 다가동을 거쳐 중앙동 순으로 진행 중, 중앙우체국 사거리에 미리 경찰이 배치되어 미군정 고문과 도경 송병식 부청장의 지휘 하에 행렬을 저지, 마침내 실탄사격(공포탄 없이)으로 맨 앞 선두그룹인 전주사범 여학생이 턱에 직격탄을 맞고 쓰러지는 참사가 발생했다.[35]

이금섭은 그날 발생했던 사건의 큰 그림은 잘 모른다. 다만 눈앞에서 같은 학교 여학생이 경찰의 사격에 의해 죽어가는 모습을 목격했다고 증언했다. 또 다른 이의 증언은 아래와 같다.

18사건은 민청, 전평, 농민회, 여성동맹, 학생회 등이 참가하여 일제경찰의 기용, 적산비리, 군정관리의 부정, 물가폭등 등에 대한 시위였음. 학생회 대표로는 전주북중(오수원, 김홍섭) 전주사범(황동선, 이금섭) 전주여고(정기우) 등으로 기억함.

---

33) 『서중석, 한국현대민족운동연구』, p.455
34) G-2 보고3, 1946.12.21. 351쪽
35) 2013년 10월 27일, 이금섭의 서면 기록에 의함.

1946년 12월 12일 자 동아일보

전주중앙우체국 사거리에 미군정 군인과 도 경찰청 부청장 송병식이 무장경찰을 앞세워 기다리고 있다가 시위행렬이 나타나자 발포하였음.[36]

김홍섭(1929년생, 당시 전주북중 재학생)은 "현장에서 미군이 경찰에 호령하며 발포 명령하는 것을 목격했으며 사건 후 학교를 퇴학당했다"고 술회하며 "그 후 좌익운동에 앞장선 뒤 8년간의 옥고를 치렀으며 통일운동가로 일생을 살아왔다"고 증언했다.

그러면 이 무렵 김구는 무엇을 하고 있었을까? 1946년 가을봉기 진압 시 김구가 조정했던 단체 그리고 김구를 추종했던 우익청년들이 경찰과 함께 합동작전을 펼친 것은 이미 설명한 바 있다.

얼어 죽은 사람이 있었다는 보도가 나올 정도로 1946년 겨울은 유난히 추웠던 모양이다. 그러나 혹한의 기온보다 더욱 민중들의 마음을 얼어붙게 만든 것은 8월부터 시작되어 끊임없이 이어지는 노동자·농민들의 봉기와 이를 진압하는 미군·경찰·우익테러단의 행태였을 것이다. 이 무렵 "김구 선생의 자애(慈愛)"라는 뜬금없는 기사가 동아일보에 실렸다.

"이 외투는 작년에 본국으로 돌아올 때 본국은 중경보다 춥겠다고 해서 장개석(蔣介石) 씨가 전별로 준 것이오, 이제 전 국민이 독립을 위하여 모든 힘을 다하고 돈이 필요할 때는 돈까지 내는데 나에게도 조국을 위하여 바칠 물건이 있는가 해서 찾아보았더니 없어서 이 외투를 내놓는 것이오. 수많은 동포가 외투 없이 겨울을 넘기는 것을 보고 내 마음이 떳떳하지 않을 뿐 이

---

36) 2013년 10월 27일, 김홍섭의 서면 기록에 의함.

(李) 박사(博士) 형님을 수만리 밖으로 외교 보내는데 대하여 내 정성을 표하는 것이오."[37]

김구가 행한 일종의 정치적 퍼포먼스다. 비록 쇼에 불과할지라도, 추위에 떨고 있는 동포들을 위해 한 벌밖에 없는 외투를 벗어던지며 자신도 고통에 동참하겠다는 김구의 모습에 돌을 던질 의향은 없다. 다만 그 시점에 이 박사 형님 운운하며 이승만의 도미를 언급했는지 그 이유를 모르겠다.

사실 이 시기는 김구와 이승만의 밀월 시기였다. 김구는 평소 이승만에게 우남 형님, 우남장(雩南丈)이라며 깍듯이 존대했던 모양이다. 상기 인용문에서 김구는 자신의 빈한한 처지를 주장했지만, 1946년 11월 우익단체들이 통합하여 서북청년단이 결성되자 김구는 이승만·한민당과 함께 서북청년단에 자금을 지원해 주었다.[38] 같은 해 6월 11일 독촉국민회가 열렸을 때, 이승만이 "최고사령부라 할까, 최고의 명령을 내리는 기구를 조직할 터이니 이 명령에 복종함을 맹세하시오."라고 연설하자 김구는 "우리는 죽음으로써 이승만 박사께 복종합시다."라고 외치기도 했다.[39] 수없이 많은 우익 청년단체의 총재, 부총재로 취임함으로써 이들 테러단체들에게 힘을 실어 준 사례는 이미 앞 장에서 거론한 바 있다. 그렇게 친밀했던 이승만과 김구의 관계가 결별되는 과정은 차츰 소개하기로 한다.

1946년 겨울 무렵의 김구에게 민중의 고통에 동참하기를 바란다는 것은 사실상 무리한 발상이다. 왜냐하면 전국의 수많은 민중들이 배가 고파서, 경찰의 학정에 분노하여 궐기하였을 때, 그들을 폭력으로 진압하는 데 앞

---

37) 김구 선생의 자애, 「동아일보」, 1946.12.12
38) 역사문제연구소, 『제주 4.3 연구』, 역사비평사, 2006, p.213
39) 「한성일보」,1946.6.13.《서중석, 『한국현대민족운동연구』》p.492재인용

장섰던 대한민청, 서북청년단 등 테러단체들의 실질적 수장은 김구였기 때문이다.

2백만 명이 넘는 전국의 민중들이 미 군정청·경찰·우익청년단체 등과 치열하게 싸우고 있을 때, 김구는 삼남지방을 유람하고 있었다. 9월경 제주도를 시작으로 부산, 진해, 한산도 충무공 제승당, 보성군 득량리, 함평, 전주, 김해, 목포 등 젊은 시절 인연이 있던 곳을 두루 방문하여 열렬한 환영을 받았던 모양이다.[40]

그 다음 차례로 11월에서 12월 초 무렵에는 개성, 배천, 연안 등 서부지역을 방문했다고 한다. 여행 도중 김구는 이효자묘로 알려진 이창매의 묘에 참배하며 어머님에 대한 효성을 우회적으로 표시하기도 하고, 경순왕릉에 참배함으로써 자신의 뿌리가 왕족임을 과시하기도 했다.[41]

김구는 가는 곳마다 성대한 환영을 받았고 운집한 군중들에게 독립·애국 등을 주제로 열변을 토했다. 그러나 이 기간 동안, 1946년 가을봉기가 왜 일어났으며, 민중들이 왜 그렇게 경찰을 잔혹하게 처형했는지 그리고 그들이 어떻게 진압 되었는지 등 민중의 고통에 관해선 침묵으로 일관했다.

---

40) 『도진순, 백범일지』, pp.414-419
41) 『도진순, 백범일지』, pp.419-421

# 23

# 미군정의 악법·악정에
# 김구는 어떻게 반응했나

좌익에서 군정의 철퇴와 정권을 인민위원회에 넘길 것을 요구할 때, 한독당을 비롯한 극우세력은 정권을 즉시 중경임시정부에 넘기라는 유인물을 뿌렸다. 1946년 8월 29일, 극우 청년단체와 군중들은 서울운동장에서 열린 국치기념국민대회가 끝난 후 트럭에 분승하여 시위 행진을 하던 도중 오후 2시경 군정청 앞에 이르러 약 3백 명의 군중은 우중에도 불구하고 정문 앞에 주저앉아 '한국의 행정권은 한인에게 이양하라'고 외쳤던 것이다.

# 미군정의 악법·악정과 김구의 처신

1945년의 겨울은 기온과 관계없이 한민족에겐 너무나 추운 계절이었다. 미군정은 친일파·부일배들을 중용함으로써 매국노들이 정치계에 발판을 구축할 수 있는 기회를 주었다. 미군정의 정책에 덧붙여, 김구가 주동이 된 반탁운동은 그들이 오히려 애국자 행세를 하도록 도와준 셈이 되어 버렸다.

한편 경제정책 역시 미군정은 친일파·부일배들에게 날개를 달아주는 법령을 쏟아내기 시작했다. 미군정은 1945년 9월 25일에 군정법령 제2호 '적산에 관한 입법'[1]을 공포했다. 종래의 일본인 재산을 접수·관리하는 것에서부터 미군정의 경제정책이 구체적으로 전개된 것이다.

곧이어 9월 28일에는 일본 군부의 재산을 동결하는 군정법령 제4호[2]를 그리고 12월 6일 미군정법령 제33호 '조선 내 소재 일본인 재산취득에 관한 건'에 입각하여 "1945년 8월 9일 이후의 일본 정부나 그 기관 또는 그의 국민·회사·단체·조합 및 그 정부의 기타 기관 또는 그 정부가 조직·취체(取締)한 단체가 직접적·간접적으로 그 전부 또는 일부를 소유 내지 관리하는 전 종류의 재산 및 수입에 대한 소유권은 1945년 9월 25일부로 조선미 군정청이 취득하고 그 재산 전부를 소유한다."고 규정해 일본인이 소유

---

1) 敵産 凍結(軍政法令 제2호 財産移轉禁止). ·《1945년 9월 25일/대한민국사연표》
2) 敵産 凍結(軍政法令 제4호 日本 陸海軍 財産에 관한 件).

하고 있던 토지 및 그 수입을 모두 몰수했다. 이렇게 몰수된 재산을 귀속 재산이라고 불렀다.

당시 귀속재산은 농지·대지·잡종지·임야·기업체(은행 및 광산 포함)·주식·주택·점포·창고·선박·동산 등이었다.[3] 이러한 과정을 거쳐 미 군정청이 자신들의 소유로 선포한 자산은 남한 지역 전 산업의 85%이상이라고 한다.[4] 반면, 그 무렵 북한에서는 일제가 소유했던 대부분의 산업이 민중의 손으로 넘어왔다. 그렇기 때문에 적산이라는 말 자체가 없었던 것이다.[5] 점령군으로 들어온 미군은 동년 9월 22일 토지에 관한 첫 정책을 포고하였다.

조선내의 토지소유권은 미군점령지 내에서는 아무런 변동이 없다는 것을 말할 수 있는데 세금은 종전과 같이 군정당국의 명령대로 이를 바칠 것이다. 그리고 지주는 소작인의 소작료를 수확물로 받거나 현금으로 받거나 하는 권리를 가졌으므로 소작인은 이 지시에 따라야 할 것이다.[6]

해방당시 전체 인구의 66%가 농민이었고, 총 농가의 48.9%가 소작 농가이며, 총 농경지의 63%가 소작 농지였다. 따라서 토지문제는 곧 전 국민의 문제였고 민족문제이기도 했다. 하지만 미 군정청은 전 농민과 국민들의 절박한 요구를 무시하고 봉건적 소작제도는 물론 일제의 수탈체계마저 유지하는 농업정책을 유지해 나갔다.[7]

---

3) 미군정의 경제정책.《브리태니커 백과사전》
4) 『미제침략사』,남녘, 1989, pp.43-44
5) 『미제침략사』,남녘, 1989, p.45
6) 군정청, 38도선이남지역 토지소유권 무변동 발표, 「매일신보」, 1945.9.22
7) 간판만 바꿔단 '해방', 새로운 지주 '신한공사', 「오마이뉴스」, 2005.9.26

미군정은 재산 소유권뿐 아니라 관리권마저 그들이 행사했다. 대표적인 예가 '신한공사'의 설립이었다. 미군정은 군정법령 제52호에 의해 1946년 2월 21일, 일제강점기 시절 식민지착취기관으로 악명 높았던 동양척식주식회사를 신한공사로 이름을 바꾼 뒤 사장을 미군장교로 임명하고 미국의 이익을 위해 모든 정책을 결정하였다. 그리고 일본정부와 일본인이 소유했던 토지 모두를 신한공사가 소유하게 하여 관리하도록 했다. 당시 언론은 신한공사를 일제 강점기의 동양척식회사에 비유하면서 다음과 같은 기사를 보도하기도 했다.

영국 자본주의가 동인도회사를 설립하여 강제적 압력으로 장구한 동안 인도 백성을 착취함은 천하가 주지하는 사실이며 일본이 이를 본받아 조선에 동양척식회사를 창설하고 사십년간 삼천만의 고혈을 착취하였음도 우리의 쓰라린 경험이다. 그러므로 동양척식회사가 미국 군정부 하에 관리케 됨은 해방 조선에 희열 장쾌한 일의 하나이며 따라서 동척이 신한공사로 신발족함에 대한 일반의 기대로 자못 컸으며 세인의 관심도 컸었다. 그런데 요즈음 미국 군정청에서 새로 발표된 신한공사 창설에 대한 법령은 그 내용에 있어 조선정부에서 독립하여 창설한다는 것. 공사 주식은 군정청이 단독으로 응모하고, 동척의 재산을 군정청이 전부 지불하여 매입한다는 것. 동 사장으로서의 미국 장교는 미국 이익에 관계있는 정책 문제를 결정하는 특권을 가졌다는 것 등이 우리가 기대하던 바와는 어그러진 내용을 구성하였으며...[8]

미군정 3년 동안 신한공사는 남한 최대의 토지소유자였다. 농민의 입장에서 보면, 일본제국이 동양척식주식회사를 통해 행한 것과 똑같은 방법으로 경영되었다. 미군이 해방군이 아니라 1945년 9월 9일 발표되었던 맥

---

8)「東拓」의 後身 新韓公司 不安과 疑懼의 새 制肘 朝鮮의 伍臟은 어데로 가는가?,「동아일보」, 1946.3.10

아더 포고령 제1호에 나타난 바와 같이 점령군이었음이 여실히 증명된 셈이다. 무엇보다 큰 문제는 이 회사 운영의 주체인 미 군정청의 미국인들이 한국의 국토와 국민 그리고 언어에 대하여 전혀 알지 못했다는 사실이다.[9]

신한공사가 설립된 후 이 거대한 회사의 미래에 대한 코멘트가 뼈아프다. 당시 북한의 대변인은, 농촌에서 책임 있는 미국인들과 지주 또는 그 추종자들의 밀월관계를 지적하면서 "과거 일본인 자산은 결국에 가서는 지불능력을 가진 '가진 자'들의 손에 들어 갈 것이다. 즉 부유한 협력자들은 이승만과 미군정과 관련을 맺어 일본인 재산을 손에 넣고서 더욱 부유해질 것이다"[10]라고 예언했다고 한다.

실제로 남한에 있는 일본인 소유의 토지는 그 후 부유한 한국인 지주들에게 대부분 매각되었다. 또한 많은 토지가 산림토지관리국의 관리 아래 일제강점기시대보다 높은 소작료로 소작인들에게 임대되었다.[11] 미 군정청의 이러한 악법 추진에 대한 각 정파의 반응을 살펴보자. 가장 먼저 언급한 곳은 비상국민회의[12]다. 이 단체는 1946년 3월 10일 다음과 같은 결의문을 발표하였다.

---

9) 데이비드·콩드, 『분단과 미국1』, 사계절, 1988, p.197

10) 데이비드·콩드, 『분단과 미국1』, 사계절, 1988, p.198

11) 데이비드·콩드, 『분단과 미국1』, 사계절, 1988, p.194

12) 8·15광복 직후 좌·우익의 대립이 격심한 가운데 1945년 모스크바 삼상회의에서 한국의 신탁통치를 결정, 발표함에 따라 범국민적인 과도정부 수립을 위하여 이승만·김구·김규식·이시영·안재홍 등이 중심이 되어 결성하였다. 의장 이승만, 부의장 김구·김규식을 포함하여 28명으로 구성되었던 비상국민회의의 최고정무위원회는 1946년 2월 14일 미군정청 사령관의 자문기관인 '남조선대한국민대표 민주의원'으로 개편됨으로써 본래의 목적을 달성하지 못한 채 명맥만 이었다. 1947년 2월 제2차 전국대의원총회에서 의장에 조소앙(趙素昻), 부의장에 유림(柳林)을 선출하면서 명칭을 '국민회의'로 변경했다. 같은 해 5월에는 중앙상임위원회가 다시 대한국민회로 명칭을 바꾸는 등 내분이 일어났으며, 미군정에 의해 선출된 남조선과도입법의원(南朝鮮過渡立法議院)이 개원되면서 기능을 발휘할 수 없게 되어 그 존재는 유명무실해졌다. ·《[네이버 지식백과] 비상국민회의 [非常國民會議] (두산백과)》

구(舊) 동척회사(東拓會社)의 후신인 신한공사(新韓公司)의 정치적 성격에 관하여는 신중 검토한 후 관계당국의 진의를 물어 필요에 따라서는 전민족 총의(全民族總意)로써 이에 대처할 것[13]

우익진영 당대 최고의 정객이라고 할 수 있는 이승만, 김구, 김규식 등이 결집되어 있던 이 정치단체는 사실상 아무 견해도 내놓지 않았던 셈이다. 한민당 역시 비슷한 견해를 발표했다. 발표일자는 3월 12일이다.

신한공사령(新韓公司令)에 대하여는 발표문에 오역(誤譯)이 있다 하고 비난받은 점은 수정하여 다시 발표하겠다 하였으니 아직 비판함이 이를 듯하나 신한공사(新韓公司)는 조선(朝鮮)에 있는 조선인의 토지와 광산과 기타 자산으로 된 것으로 조선인의 이해를 주로 하지 않으면 성립되지 못할 것이다.[14]

다음 차례로 민주주의민족전선(민전)의 성명문을 살펴보기로 하겠다.

조선(朝鮮)의 동인도회사적(東印度會社的) 존재로 조선민족의 토지를 수탈하고 조선농민의 피와 땀을 착취하던 일제의 경제적 침략의 아성이었던 동양척식주식회사(東洋拓殖株式會社)가 해방 후 무너짐을 기뻐했으며 착취당했던 토지가 새로 수립될 조선정부에 귀속될 것을 우리는 확신하고 있었다. 더욱 군정당국은 조선내의 일본자산 일체를 조선인에게 귀속시킨다는 성명서를 누차 발표한 까닭에 여기에 대하여 안심하고 있었던 것이다. 그러나 이번에 발표된 군정청(軍政廳) 제52호 법령은 우리의 기대를 여지없이 짓밟았을 뿐 아니라 동척(東拓)의 후신인 신한공사(新韓公司)가 또다시 조선민족의 새로운 원부(怨府)가 되지 않나 하는 위구심까지 일으키게 하였다. 신한공사는 앞으로 수립될 정부와는 아무런 관계가 없이 미국인의 지도하에 운

---

13) 비상국민회의 정무위원회, 신한공사문제 등에 대해 결의 발표, 「조선일보」, 1946.3.11
14) 한민당 선전부장 함상훈, 당면문제 언명, 「동아일보」, 1946.3.14

영케 되며 조선중요산업의 거의 전부를 경영하게 된 것이다. 러취 장관은 이 법령의 오역과 오진을 인정하고 정정을 성명(聲明)했으나 "동(同) 공사 (公司)는 군정청의 전적(全的) 관리 하에 한 법인(法人)으로 운용될 것이다." 라는 말만 지적했을 뿐이요, 동 공사가 앞으로 수립될 조선정부와의 관계에 대하여서는 분명히 하지 않았으니 우리로서는 동(同) 법령의 제1조 제1항을 근본적으로 철폐하는 동시에 신한공사와 일인(日人)의 일절 자산을 앞으로 수립될 조선정부에 귀속되어야 할 것을 주장하는 바이다.[15]

민전은 그 무렵 수많은 정당·단체 중에서 거의 유일하게 신한공사의 문제점을 지적하고 해결방안을 제시하였다. 뒤이어 민전소속 신민당·인민당·공산당 등이 주축이 되어 23개 단체가 결성한 "신한공사령(新韓公司令) 철폐(撤廢) 및 정당등록법대책협의회(政黨登錄法對策協議會)"는 1946년 3월 23일 다음과 같은 결정서를 발표하였다.

법령 제52호(신한공사령)는 그것을 수정하고 러취 장관이 조선인의 이익을 위한 것이라고 성명하였음에도 불구하고 다음과 같은 주요 제점(諸點)을 들어 이 성명과 근본적으로 모순된다는 것을 지적한다.
① 동(同) 공사(公司)가 군정청의 대행기관이라면서 독립적 법인격(法人格)으로서의 주식회사로서 행위하는 것
② 동 공사의 주식을 군정청만이 응모케 되었으나 양도제한이 없으므로 만인의 손에 넘어갈 수가 있어 거대한 외국자본의 지배 밑에 조선의 전 경제가 종속되는 길을 열어 준 것
③ 취체역(取締役)이 주주(株主) 이외라도 취임할 수 있는 현행 일본상법 (日本商法)의 통용으로 인하여 정치적 간섭 압력이 광대하여지는 것
④ 동척(東拓)의 자금을 아무런 법적 근거(根據)없이 동(同) 공사(公司)가 양수(讓受)하는 것
⑤ 8억을 넘는 동척자금(東拓資金)으로 방대(尨大)한 이익을 내면서 그 처분방법이 하등 규정되지 않은 것

15) 민전, 신한공사법령 일부 철폐를 주장하는 성명서 발표,「조선일보」,‥1946.3.12

이상으로 보아 제1조의 수정은 하등 의미가 없고 따라서 수정 제1조는 공문(空文)에 불과하다. 따라서 이 법령은 전적으로 철폐하기를 요망한다.[16]

미 군정청이 일제강점기 식민정책과 그리 다르지 않은 정책으로 민중들의 분노를 사고 있을 때, 조선공산당 등 좌익계열은 북한에서의 급속한 개혁과 발전을 남한의 암울한 현실과 비교·묘사하며 다음과 같은 구호가 적힌 유인물을 배포하였다.

"미군정은 식민화 정책을 버리고 즉시 인민위원회에 권력을 남겨라!"
"우리에게 쌀을!"
"즉각 토지개혁과 노동법, 남녀동등법을 북한처럼 시행하라"
"즉각 민주적 애국자를 석방하라"
"테러집단을 해산하고 인민을 학살한 반동경찰을 폐지하라"[17]

그러면 이 무렵 김구를 비롯한 임시정부측은 무엇을 하고 있었을까? 미군정청이 악법을 쏟아내고 악정을 펼치고 있던 1946년 여름경, 침묵으로 일관하던 임정 측이 다시 중경임시정부 추대운동을 재개하였다. 방식은 전해 실패했던 소위 '국자(國字) 쿠데타'와 동일한 형태로 추진하였다.[18]

좌익에서 군정의 철퇴와 정권을 인민위원회에 넘길 것을 요구할 때, 한독당을 비롯한 극우세력은 정권을 즉시 중경임시정부에 넘기라는 유인물을 뿌렸다. 1946년 8월 29일, 극우 청년단체와 군중들은 서울운동장에서 열린 국치기념국민대회가 끝난 후 트럭에 분승하여 시위행진을 하던 도

16) 신민당 등 23개단체, 신한공사령의 철폐와 정당등록법 수정 결정서 발표, 「서울신문」, 1946.3.24
17) G-2 보고, 1946.8.16. p.562~563
18) 『서중석, 한국현대민족운동연구』, p.440

중 오후 2시경 군정청 앞에 이르러 약 3백 명의 군중은 우중에도 불구하고 정문 앞에 주저앉아 '한국의 행정권은 한인에게 이양하라'고 외쳤던 것이다.[19]

사실 이 날의 중경임시정부추대 시위는 해프닝 정도로 끝났지만, 미국 기밀문서에 의하면 작은 쿠데타 시도였음이 분명하다. 계획의 주관자는 임시정부 내무부장 신익희였다. 그는 원래 8·15 1주년을 맞아 거사를 일으킬 계획을 하였으나, 이승만과 김구가 허락하지 않아 8월 29일 국치일로 변경했다고 한다.[20]

국치일 쿠데타 역시 장덕수·윤치영 등이 8월 21·22일 경에 CIC에 정보를 제공함으로써 무위로 돌아갔다. 그리고 9월 27일, 10월 27일로 재차 연기되었으나 실행되지 못했다. 문제는 이러한 거사를 준비하면서 민중의 신뢰나 협조를 얻을 생각은 하지 않고, 친일 모리배 등 부유층으로부터 자금을 거둬들인 혐의가 있었다는 점이다. 신익희는 새 정부가 세워질 때 그들에게 주요 지위를 약속했다고 한다.[21]

주한미군사(History of the United States Armed Forces in Korea, HUSAFIK)를 통해 확인되는 관련 기록은 다음과 같다.

■1946년 8월 16일; 김광수(민전 간부)와 CIC와의 인터뷰
　신익희는 한국 전체의 경찰조직에 대해 어느 정도 통제권을 갖고 있었고, 나아가 각 지역의 우익 리더들로부터 자금을 요청하기 위해 지방을 여행 중이라고 말했다.[22]

---

19) 국치일기념국민대회 후 행정권 이양을 요구하며 시위, 「서울신문」, 1946.8.31
20) HUSAFIK 2, 222쪽
21) HUSAFIK 2, 222~225쪽
22) HUSAFIK 2, 223쪽

■ 1946년 8월 22일; 윤치영이 CIC에 제공한 정보

신익희 ①8·29에 중경임정 승인 탐색 ②영향력 있는 새 인물 임정에 배치 ③승인될 새 정부 구성 탐색 ④군정의 무능을 드러내고 새 정부를 위한 요구를 주장하는 미군정에 대한 대중시위를 갖는다는 4단계 계획을 갖고 있음을 말했다.[23]

■ 1946년 8월 27일; CIC에 의한 신익희 심문

이승만과 김구가 이 계획을 알고 있었고, 그것을 반대하지 않았다고 말했다.[24]

미군사령부 정보참모부 보고서(G-2 보고서)는 대한민주청년동맹(대한민청)이 신익희의 쿠데타 계획에 동참했을 가능성도 열어 놓고 있다. 대한민청은 신익희(대한민청 고문), 유진산(대한민청 회장) 등을 통해 김구가 제공한 자금을 사용하고 있으며, 김두한을 감찰부장으로 한 거의 준군사조직으로서 그 무렵 서울의 실업층에서 7백 명을 선발한 것으로 CIC는 파악하고 있었다.[25] 미 CIC는 이러한 관련 정보만이 아니라 "우리는 공식으로 한국정부로 대한민국 임시정부를 승인한다. 우리는 스스로 독립민주국가의 설립을 선포한다." "동시에 우리는 오늘부터 임시정부를 우리의 정부로 간주할 것이다. 우리는 우리가 오늘 한 일이 천의(天意)임을 선언한다." 등의 유인물을 습득했다.[26]

이해가 되지 않는 것은 미 군정청의 태도다. 조선주둔미군사령관 하지 중장은 8월 31일 '조선민중에게 보내는 말'이라는 장문의 성명서를 군정청 공보부를 통하여 발표하는 동시에 동일 서울중앙방송국 마이크를 통하

23) HUSAFIK 2, 224~225쪽
24) HUSAFIK 2, 226쪽
25) G-2 보고 2, 1946.8.20. 565쪽
26) G-2 보고 2, 1946.8.30. 604~605쪽

여 녹음으로 3회에 걸쳐 방송하였다.

"나는 최근 조선에 있는 어떤 정당의 구두 신문 소책자 벽신문 등을 통하여 연출하는 악질의 선전을 흥미 있게 보고 있다. 특히 그들의 선전 노선(路線)의 적은 북미합중국과 남조선주둔미군대표자와 미국지도하에 운영되고 있는 미군정이다. 그 이면에는 잘 조직된 선전조작소가 있어 전력을 다하여 조선재건을 원조하는 미국의 전 노력을 불신임케 하자는 목적이 명백히 있다.

우리 미국인으로서는 약소국을 원조하는 목적과 노력에 우리의 양심이 결백하니만큼 공정한 비판이라면 환영한다. 그러나 조선인에게 허여한 언론자유 출판자유 집회자유를 역용하여 조선민족을 원조하는 미국의 노력에 부당한 공격을 가하며 미국원조의 목적과 자기민족을 원조하려는 그 노력에 협조하고 있는 성의 있는 조선애국자의 목적에 대하여 전연 허위의 진술을 선전하고 있다. 이러한 민주주의적 자유의 역용(逆用)은 언론 출판 집회자유의 근본 원칙을 남용(濫用)하고 위반하는 것이며 극악의 경우에는 포고 제2호의 위반이라고 밖에는 달리 간주(看做)할 수가 없다."[27]

하지는 위의 성명서에 덧붙이는 말로 '식민지화라고 악선전', '입법기관은 비군정연장', '입법기관은 비군정연장', '식량소동과 시위선동', '경찰공격은 문란조장', '상투적 간책' 등 여섯 가지 항목을 예로 들면서 한편으론 위협을 하면서 다른 편으론 양해를 구했다. 문제는 그 후 미 군정청의 실질적 행위다. 그들은 사안이 훨씬 심각하며, 쿠데타라고도 볼 수 있는 우익진영의 반 군정 시도에 대해선 거의 문제를 삼지 않았다. 하지만 좌익진영이 미군정에 비판을 한 행위는 추호도 용납하지 않았다.

1946년 9월 6일 미군헌병은 조선인민보 등 32개 신문사를 수색·수사했다. 그리고 이 날짜로 좌익계의 조선인민보·현대일보·중앙신문 등 3개 중

---

27) 하지, '조선민중에게 보내는 말' 메시지 발표, 「조선일보」, 1946.9.1

앙지를 무기정간 처분함과 동시에 간부들을 검거하였다. 9월 7일에는 박헌영·이주하·이강국 등에 대한 체포령을 내렸으며 9월 8일에는 이주하를 검거하였다.[28] 미 군정청의 좌익 검거령은 무엇을 뜻하는 것일까? 당시 미군정법령을 실정법이라고 인정한다면, 김구·신익희 등 우익 계열의 쿠데타 계획이 보다 심각한 범법 행위였지만 그들은 무사했다. 그러나 실정법 위반이라기보다는 미군정의 실정을 비판하는 정도였던 좌익의 주요 인사들에겐 인신구속 등의 철퇴를 내렸다. 미 군정청에게 우익의 쿠데타 기도는 그저 해프닝 정도로 생각할 수 있지만, 그들의 실정을 보다 정확하게 지적한 좌익들의 주장과 유인물이 더욱 뼈아팠을 지도 모르겠다.

아무튼 김구는 또 한 번의 위험한 상황에서 벗어난 셈이다. 1945년 12월 31일 그리고 1946년 8월 29일, 두 번의 쿠데타 불발에도 김구는 무사히 살아남았다. 쿠데타를 실패하고도 정치활동에 전혀 구애를 받지 않는, 고금동서를 통틀어 희귀한 역사의 현장을 우리는 목격하고 있는 중이다.

---

28) 『서중석, 한국현대민족운동연구』, p.441

# 24
# 김구는 테러리스트였나

물론 임정요인들은 대다수 한민당 요인들 처럼 친일·부일배는 아니었다. 하지만 친일·부일배로부터 자금을 지원받고 여론형성 등의 도움을 받은 이상, 그들은 고결한 독립지사 행세를 할 자격을 잃었다고 보아야할 것이다. 신익희가 장덕수와 송진우, 김성수 등을 단죄하길 원했다면 처음부터 그들과 접촉을 하지 말았어야했다. 그렇지만 사람의 마음이란 간사한 것이다. 약점을 지적받으면 나름대로 자신의 행위를 합리화하고자하는 것이 인간의 본능인지도 모른다. 어쨌든 한민당과 임정 측의 갈등은 이날의 모임을 계기로 더욱 골이 깊어졌을 것으로 짐작된다.

# 김구의 1일 쿠데타와 송진우 암살

1945년 11월 23일 환국한 김구는 사흘 후(26일)의 기자회견에서 정세 파악 후 구체적인 정책수립을 하겠다고 언명했다.[1] 실제 김구 및 임정요인들은 한 달가량 별다른 움직임을 보이지 않았다. 미 군정청 요인 및 각 정당수뇌부들과의 만남은 있었지만 특별한 발언은 하지 않았고 시국담 정도로 소일하는 것처럼 보였다. 그저 임정 및 광복군의 홍보작업을 잊지 않고 꾸준히 진행하는 정도였다. 그럼에도 정치자금은 넘칠 정도로 들어왔고, 한민당을 비롯한 각 단체에서 임정을 봉대하는 모임이 여기저기 개최되는 것을 느긋하게 바라보고만 있었다.

그러나 1945년 12월 16일 모스크바3상회의가 개최됨으로써 모든 것이 달라지기 시작했다. 12월은 김구에게 절호의 기회를 준 것처럼 보였다. 김구는 드디어 포문을 열었다. 임시정부 주석 김구는 엄항섭 선전부장으로 하여금 27일 하오 8시부터 15분간 서울중앙방송국을 통하여 '3천만동포에게 고(告)함'이란 제목으로 방송하였다.[2]

그 내용은 전날(26일) 발표한 이승만의 방송 요지와 분명히 구분되었다. 이승만은 단순히 신탁통치를 반대한 반면, 김구의 발언은 거의 쿠데타 수준의 정견발표였다. 요점은 세 가지다.

---

1) 김구, 기자회견에서 정세파악 후 구체적인 정책수립을 언명, 「자유신문」, 1945.11.26
2) 김구, '삼천만동포에게 고함'이란 제목으로 방송, 「동아일보」, 1945.12.30

첫째, 나와 나의 동료들은 개인자격으로 입국했으나, 온 국민들이 임정을 인정하고 환영하고 있다.

둘째, 중국을 비롯한 미국·영국·프랑스·소련 등 세계 주요국들이 임정을 승인했거나 승인에 준하는 호의를 보여 왔다.

셋째, 그러므로 임시정부를 부인하는 자는 곧 왜적 및 그의 주구를 감작(甘作)하는 친일파와 민족반역자에 다름 아니다.

임시정부 정통론의 화려한 출범이었다. 이 방송에 기름을 끼얹어준 것이 같은 날 발행된 동아일보의 3상회의 왜곡보도였다.

전국이 반탁의 외침으로 들끓고 있던 12월 29일, 의외의 단체에서 생각지도 못했던 목소리가 나왔다. 바로 미 군정청 내 한인들이다. 군정청 직원들이 총파업을 결정하고 성명서를 낸 것이다. 군정청의 3천여 직원은 29일 정오 각과 계장 이하 직원이 시내 신교정(新橋町) 맹아학교 뒤뜰에 모여 신탁통치 절대반대를 결의하고 전원이 시내를 향하여 시위행진을 하여 군정청 앞까지 오자 MP의 제지로 일시 해산하고야 말았다. 아래는 성명서 내용이다.[3]

작일(昨日)의 보도에 의하면 모스크바3국외상회의에서 조선에 신탁통치위원회를 설치하고 5년 후에 독립을 준다고 결정했다는 설이 전해지었다. 그러나 이것은 조선민족이 장구한 역사를 가진 민족이라는 것을 모르는 편견에서 나온 것이요 또 자유독립을 약속한 국제신의에 배반되는 것이다.

해방 이후 우리들 군정청 조선인 직원은 이 군정청이 조선의 독립을 준비하고 촉진하는 기관이라는 것을 믿었기에 이에 협력을 해왔던 것이다. 그러나 이 군정청이 조선의 독립을 촉진하는 기관이 아니요 신탁통치를 위한 기관으로 전환하게 된 오늘날 우리들은 이 이상 더 이에 협력할 수 없는 것이

---

3) 군정청 조선인직원, 탁치반대을 위해 총사직 결의하고 시위행진, 「동아일보」, 1945.12.30

다. 그러므로 우리들은 총사직으로서 신탁통치에 대한 절대반대 의사를 표명하며 앞으로 전개될 3천만 총의에 의한 독립운동에 합류하여 끝까지 싸움하기를 성명한다.

비슷한 시각인 오후 2시, 경교장에선 김구 주석이하 국무위원 전원과 각 정당 각단체 대표가 집합하여 신탁관리 절대반대운동에 관한 중대회의가 있었고 '신탁관리절대반대운동국민총동원위원회'를 결성함에 관하여 임정 측에서 참가할 9명의 지도위원에게 90명의 좌우익과 각계각층을 총망라한 중앙위원을 선정하여 30일에 발표하기로 결정하였다. 오후5시, 임정요인이 퇴장한 가운데 임시의장 안재홍이 "우리 임시정부에 즉시 주권행사를 간망할 것"이라는 건의문을 채택하였다.[4]

한편 미 군정청 한인들의 파업에 이어, 서울시청 직원들도 다음날(12월 30일) 총사직을 결의하였다.[5] 각 관공서와 회사의 반탁파업이 계속되는 가운데 12월 31일에는 경찰관대표들이 경교동 임시정부를 방문하고 금후 전 경찰관이 임시정부의 지령 밑에서 민중의 치안확보에 중임을 다하겠다는 결의를 표명했다.[6] 전날 총사직을 결의했던 서울시청 3천여 명은 신탁통치 반대운동에 발맞추어 31일부터 휴근하는 동시에 3국외상회의에서 결정된 조선신탁통치는 연합국이 공약한 국제신의에 배반된 것이며 조선민족을 무시한 것임으로 3천명의 시청직원은 단호 반대의 뜻을 표하는 동시에 최후의 목적을 관철하기 위하여 싸우겠다는 성명서를 발표하였다.[7] 그리고 같은 날(12월 31일) 임시정부는 미 군정청으로부터 행정권을 이양 받

4) 각 정당 사회단체대표자회의 임정에 주권행사 건의, 「동아일보」, 1945.12.31
5) 서울시청직원, 탁치반대총사직을 결의, 「자유신문」, 1945.12.31
6) 경찰대표, 임정지시에 따르겠다는 결의 표명, 「동아일보」, 1946.1.2
7) 서울시청직원, 반탁을 성명하고 휴무, 「서울신문」, 1946.1.2

겠다는 포고문을 선언했다. 아래는 주요내용이다.

국자(國字) 제1호(第1號)
1) 현재 전국행정청 소속의 경찰기관 급(及) 한인 직원은 전부 본(本) 임
시정부 지휘 하에 예속케 함.
2) 탁치반대의 시위운동은 계통적 질서적으로 행할 것.
3) 폭력행위와 파괴행위는 절대 금지함.
4) 국민의 최저생활에 필요한 식량 연료 수도 전기 교통 금융 의료기관등
의 확보운영에 대한 방해를 금지함.
5) 불량상인의 폭리매점 등은 엄중취체함.

국자 제2호 요지
차(此) 운동은 반드시 우리의 최후 승리를 취득하기까지 계속함을 요(要)
하며 일반 국민은 금후 우리정부 지도하에 제반 산업을 부흥하기를 요망
한다.

미 군정청 입장에서 보면 분명 쿠데타였다. 하지만 이 거사는 단 하루 만
에 끝나고 만다. 1946년 1월 1일, 경기도청직원들이 탁치반대를 위해 총
사직을 표시함과 동시에 성명서를 발표하고[8] 군정청 근무 조선인들이 직
원총회를 열어 반탁과 임정지지를 결의했지만,[9] 그날 밤 8시 김구는 선전
부장 엄항섭의 입을 빌어 군정청 직원들의 파업을 중지하라는 방송을 하
고 만다.[10] 임정 및 김구의 하루 천하였다. 김구의 쿠데타 실패에 관련하여
웃지 못 할 삽화가 하나있다. 1946년 1월 1일, 하지는 김구를 자기 사무실
로 불러들여 "다시 나를 거역하면 죽이겠다."고 위협했다고 한다. 하지의
협박에 김구는 하지 사무실의 융단 위에서 당장 자살하겠다고 대들었다는

8) 경기도청직원, 탁치반대위해 총사직을 표시하고 성명서 발표, 「중앙신문」, 1946.1.1
9) 군정청 조선인직원총회, 반탁과 임정지지 결의, 「조선일보」, 1946.1.2
10) 김구, 반탁운동방법에 대하여 방송, 「동아일보」, 1946.1.1

에피소드다.[11] 어쨌든 김구와 하지의 면담 후 김구의 미 군정청 접수 계획은 무위로 돌아갔다. 미 군정청의 기본 프로그램인 랭던 보고서에서 김구의 역할이 삭제되고 이승만이 대안으로 교체되는 순간이었다.

정국이 용광로처럼 들끓던 이 무렵 누구도 예상하지 못했던 참변이 일어났다. 고하 송진우의 죽음이었다. 송진우 암살을 이해하기 위해선, 지금까지 거론했던 김구의 쿠데타 시도와 송진우의 노선을 함께 검토해보지 않으면 안 된다. 우선 그의 암살관련 보도기사를 보자.

단기 4278년 12월 30일 이른 아침(早朝) 고하 송진우 선생은 원동 자택에서 흉탄을 받고 홀연히 작고하였다. 해방의 서광이 요운에 싸인 채 저물어 가는 이 해의 마지막 전날이오. 망국의 통한을 풀지 못한 채 탁치의 비보를 듣게 된 다음의 다음날 독립전선에 뿌려질 허다한 생혈의 선두를 가로맡아 엄연히 순국하였다.…[12]

1945년 12월 31일자 동아일보 사설의 첫 부분이다. 이 날짜 동아일보는 송진우의 죽음에 관련된 기사로 도배되었다. 김구와 이승만의 조문은 1면에 소개되었다. "민족적 대 손실"이라는 제목은 김구의 조문 관련 기사이며, 이승만의 경우 "그 뒤를 따라 분투"라는 제목으로 보도되었다. 제2면에는 상가의 모습과 조문객들의 이모저모를 담았다. 국민당의 안재홍, 조선일보의 방응모, 고희동 등은 직접 방문했으며, 미 군정청의 하지 중장과 임시정부 내무부장 신익희의 조문을 특별히 소개했다.

사실 송신우의 암살은 누구도 예상하지 못했다. 해방이 된지 얼마 되지

---

11) 『브루스 커밍스, 한국전쟁의 기원』, p.289; 한국정신문화연구원 한민족문화연구소, 『내가 겪은 해방과 분단』, 선인, 2001, p.31
12) 一柱를 잃다!, 「동아일보」, 1945.12.31

않았고, 건준과 인공 문제로 좌·우익이 날을 세우고 있었지만 그것은 민족 내부의 문제라기보다는 미국과 소련 등 외세에 의한 갈등 정도로 여겨지던 시점이었다. 무엇보다 테러나 폭동이 거의 없었던 시기였다.

그 당시 우리 민족의 가장 큰 관심사는 신탁통치 관련 소식이었으며, 12월 30일 무렵까지는 우익뿐 아니라 좌익도 같은 목소리로 반탁을 외치던 시기였다. 송진우 역시 동아일보를 통하여 반탁투쟁을 역설했다. 아래는 그가 암살당하던 날 보도된 기사 내용이다.

우리가 가진 반만년 역사와 지나온 반세기 동안 민족해방을 위한 혈투는 세계정국에 대하여 조선민족을 완전해방하여 자주독립시키지 않으면 동양의 진정한 평화를 얻을 수 없다는 것을 교훈하였고 따라서 조선민족은 타민족의 지배나 탁치 우(又)는 국제공관(國際公管)을 받을 민족이 아니라는 것도 천하가 주지하게 된 사실이다.

그러므로 카이로, 포츠담국제회의에서도 조선독립을 선언케 된 것이다. 여사(如斯)한 국제신의를 무시하고 세계사적 발전을 저해하는 조선의 탁치 운운은 단연코 배격치 않으면 안 된다. 우리는 남녀노소(男女老幼)를 막론하고 3천만이 일인도 빠짐없이 일대 국민운동을 전개하여 반대하지 않으면 안될 것이다. 우리의 정당한 주장을 위하여 이 강토 위에 있는 동지는 피 한 방울이 남지 않도록 결사적 용투로서 우리가 당당히 가져야 할 민족주권을 찾아야 할 것이다.[13]

송진우 역시 반탁론자였다. 송진우 암살의 원인과 배후가 지금까지 명확하게 규명되지 않고 있는 이유다. 의외로 범인의 체포는 쉽지 않았다. 주범 한현우가 체포된 것은 사건 발생 4개월여 후인 1946년 4월 9일이다. 경찰은 범인으로 추정되는 이들이 대부분 송진우의 경호원 출신이었다는 것에

---

13) 한민당 수석총무 宋鎭禹, 반탁투쟁을 역설, 「동아일보」, 1945.12.29

주목했던 것 같다. 가장 먼저 취조한 인물은 송진우 신변보호 책임자 정종칠(鄭鍾七)과 해안경비대 대원으로 입대하게 된 김일수(金日洙)였다.

이들로부터 모종의 정보를 얻은 경찰은 2월 14일경 송진우의 전직 경호원 신동운(申東雲), 백남석(白南錫), 김의현(金義賢)을 체포하나 주범을 잡기 위해 고의로 석방했던 모양이다. 결국 유근배(劉根培)를 4월 8일 오후에 체포하고, 유근배를 통하여 한현우의 소재를 알아낸 뒤 오후 10시 20분경에 신당정 304번지에서 공범자 김의현과 동시에 체포하였다.[14) 흡사 수사반장 같은 드라마의 한 장면 같다. 그런데 한현우의 체포과정에는 웃지 못할 사연이 숨어있다. 친일경찰로 악명 높은 노덕술이 이 사건을 계기로 화려한 비약을 하게 된다는 씁쓸함이다. 노덕술은 송진우 암살범 체포 유공자로 경찰표창장을 받았다.[15)

정작 큰 문제는 범인 체포 이후에 일어났다. 장택상 경찰부장은 물론 대부분의 사람들은 범인들이 좌익계열일 것이라고 생각했다. 사건이 발생한 날짜는 잊어버리고 사건 후 대두된 좌익과 우익의 첨예한 대립 때문이었다. 해방 당시 송진우가 건준에 반대하고 여운형, 박헌영에 반대했으며, 좌파와의 협력을 놓고 안재홍과 갈등을 벌인 것을 두고 한민당 세력에서는 '송진우의 암살 배후는 좌파 진영'이라고 주장했다. 하지만 재판 과정에서 들어난 것은 김구 혹은 임정이라는 단어였다. 송진우는 우익인사에 의해 살해당한 것이다.

믿지 못할 것은 언론이다. 4월 9일 경기도경찰부가 "주범들은 공산주의자라고는 인정할 수 없으며 이들은 송진우뿐 아니라 여운형, 박헌영 등도

---

14) 경기도경찰부, 송진우암살범 한현우, 유근배, 김의현 체포, 「서울신문」, 1946.4.10
15) 송진우암살범 체포 유공 경찰관 4인 표창, 「조선일보」, 1946.5.11

암살대상이었다"[16]고 취조결과를 발표했음에도 불구하고 동아일보는 주범 한현우가 공산주의자였다고 한현우 처의 입을 비는 형식으로 왜곡 보도하였다.[17]

4월 17일 작성된 소련 기밀문서는 "우익들은 수도경찰청장 장택상에게 송진우의 암살을 좌익의 소행으로 꾸미도록 요청하였다."[18]라고 우려를 표명했다. 미국은 이 무렵 "송진우 암살범이 김구라고 강하게 암시"[19]하는 문서를 남겼다. 재판과정에서 밝혀진 한현우의 소신 등은 생략하고 1948년 9월 한현우가 옥중에서 인터뷰한 내용을 아래에 소개한다.


마포형무소장 문치연(文致然) 씨의 호의로 소장실에서 한현우를 만났다. 그는 말할 것도 없이 1945년말 신탁문제가 이 땅 천지를 물끓듯하게 만들어 놓았을 때, 당시의 한민당 지도자 고하(古下) 송진우(宋鎭禹) 씨를 민족분열의 책임자로 단정하고 한 발의 권총발사로 암살한 사람이다. 그는 과거 3년 간 허다하게 발행한 정치테러의 선구자이며, 그렇기 때문에 이 땅 정치운동면에 있어 그가 끼친 영향은 결코 적다고 할 수 없는 것이다. 특히 그의 동지와 몽양(夢陽) 영운형(呂運亨) 씨 암살사건의 범인 한지근(韓智根)과 사이에 어느 정도의 관계가 있는 것 같이 유포되고 있음을 볼 때, 그의 소위 '피의 세례'는 상당히 넓은 범위의 동지들 사이에서 획책되고 있음을 간취할 수 있을 것 같다. 그는 국가적 입장에서 애국적 입장에서 이러한 비상수단을 취하였다고 법정에서 진술하였던 것이다. 그리고 계속하여 여운형, 박헌영(朴憲永) 양씨를 살해치 못한 것이 유감이라고 최후에 진술하였던 것이다. 사람이 사람을 죽인다는 것은 몸서리처지는 일이다. 그러나 나에게는 국가가 있을 뿐이라고 말함으로써 가증한 테러행위를 뉘우치려 하지 않았다. 그

---

16) 경기도경찰부, 송진우암살범들의 취조결과 발표, 「서울신문, 동아일보」, 1946.4.24

17) 고하선생 암살범의 소행(상), 「동아일보」, 1946.4.12

18) № C-23, 1946년 4월 17일·《러시아연방국방성중앙문서보관소 소련군정문서, 남조선 정세 보고서 1946~1947 Ⅰ. 러시아연방국방성 중앙문서보관소 문서군 172, 목록 614631, 문서철 12, 22. 구두 정보 보고》

19) RG 332 〈주한미군사령부 정보참모부 군사실 문서철〉 Box No.64《미국소재 한국사 자료 조사보고 Ⅱ 미 국립문서보관소 소장 주한미군사령부〈군사실 문서철〉·〈하지장군 문서철〉조사연구》

러면 지금도 그는 테러행위가 아직도 혼돈상태에 있는 우리들의 정치문제를 해결할 수 있다고 생각하는가? 일전에 수립된 대한민국정부를 도대체 어떻게 보는가? 이러한 기자의 질문에 대하여 감옥살이 2년에 조금도 수척해 보이지 않는 실한 상반신을 꼼짝도 않으며 좀 격한 어조로 다음과 같이 대답하였다(그는 대법원에서 15년 징역의 판결언도를 받았으며 최근에는 양복공장에 나와 작업을 하고 있다. 그의 형무소 내에서의 칭호는 678번이다).

"몸은 아직도 건강한 편입니다. 유도가 2단이니까 보시는 바와 같이 목도 이렇게 굵습니다. 감옥살이가 얼마나 괴로우냐고요? 괴롭다면 모든 것이 다 괴롭지만 감옥살이란 이런 것이려니 생각하면 별로 불평만 말할 수는 없습니다. 또한 이 형무소는 대우가 좋습니다. 더욱 형무소에 들어온 후 감방에만 있다가 최근에는 양복공장에 나오게 되어 여러 사람과 접촉하게 되니 사는 것 같습니다. 1946년 4월 29일 경기도 경찰부에서 서울지방검사국으로 송국된 이후 오늘까지 약 2년 반의 감방살이올시다.

송진우 씨 암살사건에 관해서는 범행 당시나 지금이나 별로 심경의 변화가 없습니다. 테러라고 해도 당쟁에서 발생하는 것은 배격하지만 정당·단체를 높은 데서 내려다보며 하는 테러 즉 국가적 견지에서 하는 테러는 피할 수 없을 것이며, 나는 국가적 입장에서 그른 자를 처치했을 뿐입니다. 개인으로 보면 테러의 희생이 되는 것이 매우 안 되었으나 정치테러가 효력이 있을 때가 있는 것이라고 생각합니다. 그러나 이제부터는 개인테러를 해서는 안 될 것입니다. 잘못하면 망국의 원인이 될지도 모르니까요. 대범위(대규모)의 테러는 정세 여하에 따라 필요할지도 모르겠습니다.

조선의 현실을 보면 비분(悲憤), 두 자 뿐입니다. 밤늦게 가을 벌레소리를 들으며 곰곰이 생각하면 비분하게만 됩니다. 사상적 대립은 우리의 힘으로 해결할 수 있으나 38선은 우리나라의 힘으로만은 안 됩니다. 인도·월남과 같이 약소민족이기 때문에 다른 큰 나라의 지배를 받아야 할 것이니 원통하지 않습니까? 손중산(孫中山)의 구국운동을 본받아야 할 것입니다.

정부수립에 대한 감상입니까? 나는 원래부터 대한임정 지지자입니다. 이번 수립된 정부는 자주통일국가가 아니고 38선이 있고 해서 불완전하다고 봅니다. 그러나 이것을 토대로 하고 통일이 될 것을 원하고 있습니다. 정부 요인들은 종래와 같은 탐관오리의 근성을 깨끗이 없애고 결사적 각오로 덤벼들어야 완전치 못한 정부를 확대 강화할 수 있을 것입니다.

어학 공부를 하는 게 어떠냐구요? 별로 하고 싶지 않습니다. 외국어를 너무 잘하면 까닥하다 매국노가 되기 쉬운 것이니까요."[20]

---

20) 宋鎭禹 암살범 韓賢宇, 朝鮮精版社사건 朴洛鍾 옥중 인터뷰, 「국제신문」, 1946.9.5

먼저 눈에 띄는 것은 "나는 원래부터 대한임정 지지다."라고 하는 한현우의 발언이다. 사실 많은 이들이 송진우 암살의 배후로 김구를 지목했다. 그 당시 사건의 수사관련 인물로는 하지,[21] 장택상,[22] 조병옥[23] 등이 송진우 암살의 배후로 김구를 지목하였다. 브루스 커밍스의 견해를 들어보자.

신탁통치 분규는 정무위원회 계획을 위한 명목상의 수반으로 내세우려던 고려 대상에서 임정의 김구 일파를 제외시키게 되었다. 하지는 김구와 그의 지지자들에게 경호원, 미제 차량 및 한국의 전통적 왕실법도 사용권을 주었으나 이제는 배반당한 것이다. 김구는 실패로 돌아간 쿠데타뿐만 아니라, 귀국한 지 얼마 안 되어 하지의 신임 받는 고문 송진우의 암살을 조종했다. 하지의 고기국에 필요했던 소금이 너무나 진했던 것이다. 하지는 1947년, 웨드마이어 장군에게 이 일화에 대하여 한인들과 함께 일하려는 노력 때문에 1945년 12월말에 "망신을 톡톡히 당했다"라고 말했다.[24]

커밍스는 하지의 의견을 인용하여 김구를 배후의 인물로 서술했으나, 암살의 원인 및 당위성 설명을 생략하여 다소 아쉬움을 준다. 반면 서중석은 중경임시정부 측을 암살의 배후로 보았을 뿐 아니라 그 이유도 다음과 같이 서술했다.

그는 전부터 훈정설(訓政說)[25]을 지지한 것으로 알려졌고, 암살된 이유도 훈정을 지지하였기 때문인 것으로 알려져 있다. 이 점도 유의하여야겠지만, 그의 암살에는 보다 큰 요인이 작용하였던 것으로 보인다. 송진우측은 정치적 헤게모니와 친일파 문제 등으로 중경임시정부 측과 갈등이 적지 않았고,

---

21) 도진순,《한국 민족주의와 남북관계: 이승만·김구시대의 정치사》(서울대학교출판부, 1997) p.49

22) (강원용 목사의 체험 한국 현대사①)'찬탁론자' 의심받던 이승만, 세력구축 위해 돌연 반탁운동 나서

23) 리처드 로빈슨,·정미옥 역,『미국의 배반: 미군정과 남조선』, 과학과 사상, 1988, p.77

24)『브루스 커밍스, 한국전쟁의 기원』, p.301

25) "4개국 신탁통치를 받을 바에는 차라리 미군정을 연기하는 것이 낫겠다"고 한 송진우의 주장

이러한 갈등은 송진우 측의 중경임시정부 측에 대한 과거의 이미지가 크게 바뀌었음을 말해주는 것이었다. 또한 반탁투쟁이 반미군정투쟁으로 되어서는 안 된다는 미군정과 밀착된 그의 입장은 중경임정 측의 '즉각 정권 인수' 의지와 대립될 수 있었다. 이러한 송진우의 입장은 중경임정 환국 시에 중경임정 즉각 봉대론을 표방하였던 그의 태도와는 달리, 미군정에 대한 중경임정의 정권 인수 요구 주장을 무모하고 비현실적인 것으로 간주하고 있음을 시사하는 것으로 볼 수 있을 것이다.[26]

서중석의 주장은 어느 정도 진실에 접근한 듯싶다. 결국 송진우의 최종적인 선택은 중경임정이 아닌 미군정이었다는 뜻이다. 12월 중순과 12월 29일 두 차례에 걸쳐 이루어진 한민당과 임정과의 회의는 송진우와 임정 측의 갈등을 이해할 수 있는 자료를 제공해 준다.

임정과 한민당의 첫 갈등은 정치자금 문제였다. 한민당은 '환국지사후원회'라는 단체를 만들어 자금을 조성하여, 임정이 귀국하자 송진우가 직접 9백만 원을 전달했다. 그러나 친일파의 부정한 자금이라며 재정부장 조완구가 반려하자 양 단체 간에 심각한 기류가 형성되기 시작했다. 결국 송진우와 장덕수의 설득 후 정치자금의 의미를 인정하고 임정측이 자금을 받아들임으로서 갈등은 봉합되었다.[27] 두 번째는 좀 더 심각한 장면이 연출되었다. 아래에 소개한다.

이 해 12월 중순의 일이다. 고하는 한민당 수석총무로서 임시정부 요인들에 대한 환국 환영 준비회를 겸한 간담회를 관수동 국일관에서 열었다. 김구·김규식·이시영·조소앙·신익희·조완구·엄항섭을 비롯한 임정 요인 전원이 초대된 자리였다.… 술기운 탓도 있었겠지만 임시정부 내무부장 신익희가

26) 서중석, 『한국현대 민족운동연구』, 역사비평사, 1991, pp.310-311
27) 이경남, 『설산 장덕수』, 동아일보사, 1981, pp.326-328

"국내에 있던 사람은 크거나 작거나 간에 모두 친일파…"

…중략…

"해공! 무슨 소릴 그렇게 하는 거야? 아니 국내에 있던 사람은 다 친일파라니? 임정요인들은 그런 색안경을 쓰고 우리 국민들을 보고 있었나?"

설산은 술잔을 주욱 비우고 어이없다는 푸념처럼 한마디를 덧붙였다.

"내 참 기가 막혀서…그렇다면 해공, 난 어김없는 숙청감이군 그래!"

신익희는 의외의 반격을 받고 조건반사적으로

"어디 설산뿐인가!"

이 한마디는 모닥불에 기름통을 던진 형세가 되었다.…중략…사태가 이 지경에 이르자 고하가 손을 저으며 크게 소리 질렀다.

"이게 무슨 추태들이오? 모두 진정하시오"

그리고는 차근차근히, 그러나 힘준 어조로 말을 이었다.

"여보 해공! 표현이 좀 안 됐는진 모르지만 국내에 발붙일 곳도 없이 된 임시정부를 누가 오게 하였기에 그런 큰소리가 나오는 거요? 소위 '인민공화국' 작자들이 했을 것 같애? 천만에요. 해외에서 헛고생을 했군."

고하의 준엄한 논고 같은 말이 계속되었다.

"해방된 우리 국민들에게 임시정부를 떠받들도록 하는 것이 3·1운동 이후 임시정부의 법통 때문이지 노형들 개인을 위해선 줄 알고 있소? 여봐요, 중국에서 궁할 때 뭣을 해먹고서 살았는지 여기서는 모르고 있었는 줄 알어? 국외에서는 배는 고팠을 테지만 마음의 고통은 국내 사람들보다 오히려 적었을 거 아니야. 가만히들 있기나 해요. 하여간 환국했으면 모든 힘을 합쳐서 건국에 힘쓸 생각들이나 먼저 하도록 해요. 국내 숙청 문제 같은 것은 급할 것 없으니 임정 내부에서 이러한 말들을 삼가 하도록 하는 것이 현명할 거요!"

고하가 말을 맺자 장내는 숙연해졌다. 그로부터 임정 측의 숙청론은 고개를 숙였다.[28]

이러한 해프닝이 실제로 있었는지는 알 수 없다. 그러나 송진우의 발언은 임시정부의 약점을 적나라하게 지적한 것이었다. 임시정부의 환국에 한민당이 큰 역할을 했음은 사실이었고, 15만 명이 모였다는 서울운동장의

---

28) 이경남, 『설산 장덕수』, 동아일보사, 1981, pp.329-331

임정개선환영대회 역시 한민당의 주관으로 개최되었으며, 더욱이 송진우가 전달한 9백만 원과 경성방직이 제공한 7백만 원이라는 거액이 임정에게 간 것도 사실이었다. 중국에서 궁할 때 뭣을 해먹고 살았는지를 안다고 한 것은 차라리 사족이었다. 송진우의 비수 같은 지적에 임정 측은 꿀 먹은 벙어리가 될 수밖에 없었다.

물론 임정요인들은 대다수 한민당 요인들처럼 친일·부일배는 아니었다. 하지만 친일·부일배로부터 자금을 지원받고 여론형성 등의 도움을 받은 이상, 그들은 고결한 독립지사 행세를 할 자격을 잃었다고 보아야할 것이다. 신익희가 장덕수와 송진우, 김성수 등을 단죄하길 원했다면 처음부터 그들과 접촉을 하지 말았어야했다. 그렇지만 사람의 마음이란 간사한 것이다. 약점을 지적받으면 나름대로 자신의 행위를 합리화하고자하는 것이 인간의 본능인지도 모른다. 어쨌든 한민당과 임정 측의 갈등은 이날의 모임을 계기로 더욱 골이 깊어졌을 것으로 짐작된다.

공식적인 자료는 없지만 송진우 전기 작가에 의하면, 송진우는 그가 죽기 전날인 12월 29일 밤 경교장을 방문했다고 한다. 이 회담에서 송진우는 김구로 하여금 신탁통치 문제에 관하여 미군정과 정면대결을 피하게 하려고 시도했다고 작가는 증언했다.[29]

전기 작가가 말한 미군정과의 정면대결은 김구의 쿠데타 시도였을 것으로 짐작된다. 왜냐하면 12월 30일부터 다음해 1월 1일까지 연이어 일어난 행정기관의 파업과 시위의 계획을 송진우가 사전에 몰랐을 리 없기 때문이다. 새벽 4시까지 회의가 진행되었다는 것만 보아도 미 군정청 전복이라

---

29) 『고하 송진우 선생전』, p.69; 『대한민국사』 I : 713~714·《브루스 커밍스, 한국전쟁의 기원』, pp.286-287》재인용

는 희대의 사건을 제외하곤 달리 생각해볼 사안이 없다. 결국 회담은 결렬되었고, 송진우는 두 시간 후 저격을 받았다.

김구가 송진우의 저격을 직접 명령했다는 증거는 없다. 당시 임정 내무총장이었던 신익희의 작품이었다는 증거도 없다. 그러나 쿠데타의 성공을 위해서 하지가 가장 신뢰했다는 송진우를 제거해야할 당위성은 충분히 있었다고 보인다. 특히, "나는 원래부터 대한임정 지지자였다"는 암살 주범 한현우의 말은 김구에게 암살의 책임이 있다는 뜻이다.

물론 한현우의 출옥 논란이 있음은 알고 있다. 1951년 8월경 한현우가 "대한민국정부 중앙청에 활보할 뿐더러 내무장관실에 무상출입하고 있다."는 서이환 의원의 지적 그리고 일본으로의 이주 등을 기억하는 이들은 이승만 사주설에 무게를 두고 있음을 알고 있다. 그러나 1945년 12월 30일 시점에 이승만보다는 김구가 송진우를 암살해야할 이유가 더 많았음도 사실이다. 그렇다면 송진우 암살의 배후는 김구와 임정이라고 결론 내려도 무방할 것이다.

# 여운형의 죽음과 임시정부와의 악연

1947년 7월 19일 오후 1시, 해방공간 최악의 참변이 일어났다. 선교사의 아들로 평북 선천에서 태어났으며 미 국무부 극동국 한국과장을 역임한 조지 M. 맥퀸은 다음과 같이 말했다.

폭력의 불길은 순식간에 번져갔다. 우익의 테러집단은 언뜻 보아도 알 수 있을 정도로 남한경찰과 공모하여 좌익사냥에 나섰다. 휘몰아치는 테러선 풍에 최초의 희생물이 되었던 사람은 인민공화국의 전(前)의장 여운형이었 다. 그는 1947년 7월 19일 대낮에 경찰서 앞에서 암살되었다. 그는 현안인 한국임시정부의 주석이 되어 사태를 조정할 수 있는 인물로 이야기되어 왔 다.[30]

한국 최초의 대통령으로 유력시되었던 여운형의 죽음을 다루기 전에 그 가 남긴 마지막 편지를 소개한다. 여운형은 암살당하기 몇 시간 전인 1947 년 7월 19일 오전, 재미한국인으로 영문잡지 《Voice of Korea》의 발행인 인 김용중[31]에게 편지를 보냈다.[32] 아래는 그 전문이다.

---

30) Gorge M. McCune, 『Korean Today』, p.87·《데이비드·콩드, 『분단과 미국2』, 사계절, 1988, p.133》재인용
31) 김용중(1898-1975)은 재미한국인으로 독립운동가, 통일운동가이다. 미주시절 그는 미 국무성에 좌 우합작위원회를 적극토록 지지하도록 로비를 넣는 활동을 했었다.
32) "The Victim of Military Occupation", The Voice of Korea, 1947.9.16

[김 선생에게]

남조선의 미군정과 나와의 관계를 설명해 달라는 부탁을 받았으니 기꺼이 말씀드릴까 하오.

미국인과 조선인 가운데는 내가 믿을 수 없고 우유부단하고 꾸물거리기를 좋아하는 사람, 그리고 군정청에는 비우호적인 사람으로 생각하는 이들이 꽤 많은 것 같소. 그러나 실정을 들어보면 사실이 그렇지 않다는 게 입증될 것이오. 일의 자초지종과 적절한 배경설명을 위해 처음부터 이야기를 시작하리다.

미군이 서울에 입성한 것은 1945년 9월 9일이었소. 미군의 상륙전 나는 내가 위원장으로 있는 건국준비위원회의 대표로 동생 여운홍과 백상규, 조한용 씨를 인천에 파견했소. 나는 하지 장군 앞으로 보낸 편지에서 우리가 해방된 데 대한 기쁨을 표현하고 조선인민은 미군과 협력하길 원한다고 썼는데, 이 편지는 하지 장군의 보좌관에게만 전해졌고 그에게는 전달되지 않았소. 그렇소, 미군의 상륙전부터 음험한 영향력 때문에 형세는 내게 불리하게 움직였소.

조선에 진주한지 한 달도 더 지난 10월 중순경에 하지 장군과 아놀드 장군은 나를 짐짓 친절하게 맞이했소. 나는 상해의 3.1운동 시절부터 알고 지내던 황진남 씨를 데리고 갔소.

하지 장군은 악수를 나눈 뒤 내게 첫 질문을 던졌소. "왜놈(Jap)과는 무슨 관계가 있느냐?" 내 대답은 "아무것도 없다."였소. 그러자, 그는 "왜놈으로부터 얼마나 돈을 받았지?"라고 묻더이다. 나는 그의 질문과 불친절한 태도에 기가 막혔소. 다행히 성명서를 준비해 갔기 때문에 이것을 그에게 건네주었소.

내가 자리를 뜨려고 하니까 하지 장군은 '군정청고문회의'의 고문을 수락하겠느냐고 물어 나는 "아주 기꺼이 수락하겠다."고 말했소. 나는 옆방으로 안내되었소. 그 방안에는 나를 포함하여 열 명의 조선인들이 있었소. 아홉 사람 가운데 조선인들에게 알려진 사람이라곤 현 한민당 당수인 김성수, 당시의 한민당 당수였던 송진우 씨 밖에 없었소. 그 밖의 사람들은 서울에서조차 알려진 사람들도 아닐 뿐 아니라, 대개는 평판도 나쁜 자들이었소.

서로 간에 소개인사가 끝난 뒤 고문회의 의장 선거가 실시되었소. 나는 윤기익이라는 사람에게 투표했소. 그런데 개표를 해보니까 김성수 씨의 표가 9표더란 말이오.

이 선거 뒤에 다시 경기도지사를 뽑는 투표가 실시되었소. 이번에도 표는 9대 1이더란 말이오. 이쯤 되면 내가 고문회의에 남아 있어보았자 무용하다는 걸 깨닫게 되었소. 저쪽은 똘똘 뭉치고 내 견해는 완전히 묵살되는 것이었소. 그래서 나는 사표를 내놓게 된 것이오.

그 다음에 중요한 사건은 이 박사와 굿펠로우 대령의 작품인 소위 '남조선 민주의원'에 내가 불참한 일이오. 굿펠로우 대령이 내게 민주의원을 만들자는 제의를 해온 것은 1946년 2월이었는데, 그때 나는 이것이 앞서 말한 군정청 고문회의를 대신하는 하지 장군의 최고고문회의라 이해했고, 각계각층의 의견을 반영하는 것인 줄로 알았소.

그러나 민주의원의 개원식이 있기 바로 전날, 중국 중경에서 돌아온 이른바 임시정부 김구 일파의 선전부장인 엄항섭 씨가 언론에 성명을 발표하고, 예정된 민주의원을 자기들이 '비상국민회의'의 결과라 주장하면서 의원명단을 내놓은 것이오.

명단을 보니 민주의원 의원 30명 가운데 좌익정당의 의석은 겨우 2개밖에 없더란 말이오. 나하고 황진남 씨하고. 실정이 이와 같다면 이는 굿펠로우 대령이 내게 한 말과는 정반대가 되니까, 나로선 민주의원에 들어가는 것을 거절할 수밖에 없었던 거요.

나는 또 '남조선과도입법의원'의 참가도 거절했는데, 그 이유는 선거방법이 공정하지 않았기 때문이오. 재선거를 실시해야 한다는 요구가 있었소. 그러나 재선거가 치러진 곳은 겨우 강원도와 서울뿐이었소. 서울에서는 K씨와 그의 부관격인 C모씨가 첫 번째 선거에서는 당선되었는데, 재선거에서는 낙선되었소. 만일 조선인 경찰이 선거에 개입하지 않았더라면 그 결과는 어디서나 다르게 나타났을 것이오. 나에 대한 마지막 주요 비난은 내가 뉴델리로 가겠다 해놓고 안 갔다는 것이오. 그 제안을 받았을 때 나는 대구에 있었소. 미국영사 랭던 씨가 장거리 전화를 걸어왔는데, 나는 근로인민당의 반응을 미리 알지 못했던 처지라 가겠다고 승낙했던 것이오. 나는 곧바로 귀경했소. 그런데 내가 재조직을 막 끝낸 근로인민당은 내가 가는 것을 극구반대하면서 당을 위해서는 내가 서울에 있어야만 한다는 것이었소. 게다가 하필 그때 내 집이 폭파되어 반이 허물어졌소. 나는 나만이 아니라 가족 또한 정적들의 공격대상이 되고 있다는 걸 느꼈소. 그러니 가족을 놔두고 길을 떠난다는 것이 괴로웠던 것이오. 심사숙고도 하지 않은 채 가겠다고 승낙했던 것에 대해서는 내 자신이 충동적이었다는 것을 시인하오.

이상과 같은 이유들로 해서 내가 미군정에 적대적이라고들 생각하는 모양이지만, 내 쪽에서 미리 협력을 거부한 적은 한 번도 없었소. 언제나 상황이 내게 불리하게 돌아갔던 것이오. 반면에 내가 분명히 말할 수 있는 것은, 군정청은 초기부터 내게 부드러운 감정을 지니지 않았다는 점이오. 현재의 상태를 말하더라도 내가 하고 있는 '중외일보'는 해방 후 줄곧 들어있던 그 건물로부터 축출 당했다는 점이오.

나와 나의 보조자들은 군정청의 성실성과 선의를 의심하지 않을 수 없는 일에 부닥칠 때가 많소. 북의 소련인들이 극좌분자를 선호하는 경향이 있다면 이곳 미국인들은 또 극우분자를 두둔하오. 좌파면 누구나, 아니 극우가 아닌 사람들은 누구나 공산주의자로 낙인찍히고 그 활동에 방해를 당하고 있소.

1941년 1월 6일 루스벨트 대통령은 의회연설에서 세계는 네 가지 기본적인 인간자유를 구축해야 한다고 선포했소.

1.언론의 자유 2.종교의 자유 3.궁핍으로부터의 자유 4. 공포로부터의 자유가 바로 그것이오.

나는 공포로부터의 자유가 없소. 나는 아직도 미군정하에서 국립경찰로 채용된 친일파 손아귀에서 고통 받고 있소이다.

이 몇 줄의 짧은 글이 김 선생에게 얼마간이라도 도움이 되기를 바라오. 할 말은 더 많지만, 오늘은 긴요치 않은 장광설로 폐를 끼치고 싶지 않소.

여불비례(餘不備禮), 1947년 7월 18일(한국시각으로 7월 19일 아침.) 여운형


여운형이 마지막으로 남긴 이 편지는 해방공간에서 그가 어떤 상황에서 활동했는가를 이해하게 만든다. 이 글에서 그는 '군정청고문회의' '남조선민주의원' '남조선과도입법의원' 의 불참 원인을 설명하며, 특히 미 군정청과 한민당 그리고 임정과의 불편한 관계를 피력하고 있다. 무엇보다 "나는 공포로부터의 자유가 없소."란 고백이 비수로 와 닿는다. 해방이 되자마자 여운형에 주어진 선물은 테러였다. 아래 표에 여운형의 테러일지를 정리해 보았다.

## [여운형 테러일지]

| 날짜 | 내역 |
|---|---|
| 1921.08. | 4인조 테러단에 피습 |
| 1925.12.17 | 7인조 테러단에 피습 |
| 1945.08.18 | ① 자정, 자택 앞에서 괴한에게 피습 |
| 09.07 | ② 원서동 대로에서 괴한들에게 밧줄로 묶임 |
| 12.초순 | ③ 백천온천 여관에서 괴한에게 피습. 피습당하기 이전에 여관을 옮겨 무사. |
| 1946.01. | ④ 창신동 친구 집을 괴한 5명이 습격, 다른 곳에 있었으므로 위기 모면. |
| 04.18 | ⑤ 오후 9시, 서울 관수교에서 괴한들에 포위. 행인이 구출 |
| 05.08 | ⑥ 서울운동장에서 수류탄 테러 사전 발각 |
| 05.하순 | ⑦ 종로에서 괴한들에 포위. 격투 끝에 행인이 구출. |
| 07.17 | ⑧ 신당동 산에서 협박, 벼랑에서 낙하. |
| 10.07 | ⑨ 저녁, 자택 문전에서 납치. 나무에서 결박을 풀고 도피. |
| 1947.03.17 | ⑩ 괴한이 침실 폭파, 외출 중이라 무사했음 |
| 05.12 | ⑪ 오후 7시30분, 혜화동 로터리에서 승용차 피격 |
| 07.19 | ⑫ 오후 1시, 혜화동 로타리에서 저격, 서거 |

해방이 되고 만 2년이 안 되는 동안에 여운형은 십여 차례 이상 테러를 당했다. 해방 무렵뿐 아니라 그는 일제 강점기 동안에도 여러 번 피습을 당한 이력이 있다. 고금을 통틀어 극히 드문 사례다. 무엇보다 안타까운 것은 중국 망명 시절 그리고 해방된 조국에서 그에게 몽둥이와 총, 칼, 폭탄 등을 들이댄 것은 같은 동족이었다는 사실이다. 여운형에게 테러를 가한 배후는 대개 미결로 남아있다. 하지만 연결고리가 하나 있다. 여운형 테러 사건의 흔적을 찾다 보면 대부분 "임시정부"라는 단어가 여기저기 출몰함을 알 수 있다. 먼저 중국 망명 시절의 사례를 살펴보자.

재상해 아주민족협회(일·중·인도·필리핀·대만인의 동지를 회원으로 하고 아세아민족의 단결을 표방하나 반제국주의적 색채를 띤 회원이 많다.)의 집행위원 중국인 오산(鳴山)은 …한인 여운형도 이 초대를 받고 출석했다.

그런바 당지 한인이 조직한 정위단의 청년들은 여운형이 각 파의 양해도 없이 독단으로 이에 출석(요컨대 일본인에 접근)한 것이 괘씸하다는 이유로 인하여 본년(1925년) 12월 3일 미명에 이 정위단의 단원 박희곤, 박영호, 김필열 외 4명이 여운형 집에 잠입하여 취침 중인 여를 일으켜 아주협회에 참석한 유무를 물은 후 미리 준비하고 간 철편, 석괴 등으로 구타하여 여를 혼절케 한 후 좌우로 붙어 다니는 동인의 처자와 기숙 중인 한인여학생도 구타하여 중경상을 입히고 철퇴했다.

여운형에 대해서는 노농정부에서 현재 다액의 선전비를 받고 있다는 풍문이 있다. 이 선전비의 용도를 밝히지 않는다하여 한인독립운동자간에 불평이 있는 것도 사실이다.[33]

1925년 12월에 일어난 일이다. 테러범이 소속된 정위단(正衛團)은 임시정부 경무국 산하로 1925년 6월 창립된 단체다. 상해 거주 한인들의 질서를 유지한다는 명목 하에 조직되었다.[34] 소속 임원은 당시 내무부 차장이던 나창헌과 경무국장 강창제 외 고준봉, 박창세, 유창준, 김정근, 박규명, 김예진 등 8명이었다. 사건을 조사하던 경무국 소속 박창세와 김창성이 박희곤, 박영호, 김필열 등으로 부터 권총에 의한 총상을 입는 등 서로 간에 분쟁이 일어난 점 등을 고려하면 정위단 혹은 경무국의 명의로 테러를 감행한 것은 아닌 듯하다. 제1부에서 거론했지만, 경무국 내에서도 몇 개의 파벌이 존재했었다는 점을 고려하면 이해가 되리라 본다.

아무튼 이 무렵의 여운형은 일부 임정요인들로부터 이단시되었던 것은 틀림없는 사실이다. 그러면 그 이유는 무엇일까? 가장 큰 원인은 국민회의 소집 시 안창호와 더불어 여운형이 주도적 역할을 한 것을 들 수 있다. 임

33) 呂運亨 被毆打事件(公信 제861호)·《不逞團關係雜件-朝鮮人의 部-上海假政府(5)》
34) 『한국민족운동사료(중국편)』, 국회도서관, pp.562-563

정 고수파였던 김구는 국민회의 소집 문제로 인해 박은식·박시창 부자를 구타한 바 있으며, 여운형 역시 집탄 구타로 보복을 당하였다.[35] 그 외 여운형의 도일활동을 경계의 눈초리로 보았던 일부 독립지사들의 편협함도 원인의 하나일 것이다.

원래 3·1운동과 임시정부 수립의 큰 공로자 중의 한 명이었던 여운형이다. 하지만 '구황실 예우문제' '대한민국이란 국호'[36] 등의 문제점을 들어 이의를 제기하였으나 거부가 되자 "대한민국임시정부의 어떤 자리에도 앉지 않겠다."고 선언했고, 임시의정원 외무부차장직으로 잠깐 활동하고 난 뒤 국민회의 산회 이후부터는 임시정부에 거의 관여하지 않았다. 여운형이 임시정부를 어떻게 보고 평가했는가는 해방공간에서 한민당 등이 주축이 되어 임정봉대론이 한창 고조되고 있을 때 중정임정 추대 주장을 반박한 이유를 보면 알 수 있다.

첫째, 임시정부는 30년간 해외에서 지리멸렬하게 유야무야 중에 있던 조직이니 국내의 기초가 없어 군립이 불가하다는 점, 연합국한테 승인되지도 될 수도 없다는 점,

둘째, 미주·연안·시베리아·만주 등지의 혁명단체 중에는 임시정부보다 몇배나 크고 실력 있고 맹활동한 혁명단체가 있으며 그네들 안중에는 임시정부가 없다는 점,

셋째, 국내에서 투옥되었던 혁명지사가 다수인데 안전지대에 있었고 객지고 생만 한 해외 혁명가 정권만을 환영하는 것은 잘못된 것이라는 점,

넷째, 중경임정을 환영하는 자들은 혁명 공적이 없는 자들로 호가호위하려는 것이고 건준의 정권수립을 방해하는 수단이 된다는 점,

다섯째, 중경임정만 환영하는 것은 해외해내의 혁명단체의 합동을 방해하고

35) 김희곤, 『한국독립운동단체연구』, 지식산업사, 1995, p.145
36) 여운형은 "대한이란 말은 조선왕조 말엽에 잠깐 쓰다가 망한 이름이니 부활시킬 필요가 없다"고 반대했다.

혁명세력을 분열시키는 과오라는 점 등의 이유를 들어 중경임시정부 추대를 반대하였다.[37]

임정법통론에 대한 정확한 지적이라 아니할 수 없다. 상기 문제점에 덧붙여 과대 포장된 광복군의 전적과 인원 수 등을 포함했으면 더욱 엄정한 잣대가 되었을 것이다. 한편, 여운형은 장덕수에게 "설산, 나도 상해에 있어 보았지만, 임정에 도대체 인물이 있다고 할 수 있겠소. 누구누구 하고 지도자를 꼽지만, 모두 노인들뿐이고 밤낮 앉아서 파벌싸움이나 하는 무능 무위한 사람들뿐이오. 임정요인 중 몇 사람은 새 정당이 수립되는 정부에 개별적으로 추대할 수 있을지 모르지만, 임정의 법통을 인정할 수 없소"라고 말했다고 한다.[38]

여운형은 임정법통론을 인정하지 않았지만 그렇다고 그들과의 연대마저 포기한 것은 아니었다. 1944년 12월경 건국동맹을 조직하기 전후하여 국외 제 세력과 연결을 시도할 때, 중경임시정부에도 최근우를 파견하였다.[39]

임정 요인들의 환국이후에도 여운형은 김구를 상대로 "임정뿐만이 아니라 국내외 다른 독립운동 세력, 사회주의세력과 함께 협력하여 통일된 조국을 건설하자."고 설득하러 서대문 경교장을 방문했다. 여운형은 경교장에 들어가 옛 동지들과 인사를 나누던 중에 김구는 그와의 대화를 거절했고, 경비원에게 몸수색을 지시하여 여운형은 끌려 나가 몸수색을 당하기도

---

37) 서중석, 『한국현대민족운동연구』, 지식산업사, 1991, p.273

38) 비화 미군정 3년, 「동아일보」, 1982.6.11

39) 최근우는 5월말 출발하였으나 도중에 광복이 되어 북경까지만 가게 되어 목적을 달성하지 못했다. 서중석 『한국현대민족운동연구』, p.111

했다. 그는 그 이후로 다시는 김구를 찾아갈 생각을 하지 않았다고 한다.[40]

여운형 암살의 배후를 이해하기 위해선 일단 이 정도의 배경 정보가 필요할 듯싶어 몇 가지 사례를 소개하였다. 현재까지도 여운형 암살의 배후는 밝혀지지 않고 있다. 다만 우익계열에 의한 암살설, 박헌영 계열에 의한 암살설, 김일성 계열에 의한 암살설 등이 거론되고 있는 실정이다. 여기서 우익계열은 이승만과 한민당 그리고 김구의 임정계열이 모두 포함된 것이다. 그 무렵 대부분의 유력정치집단이 여운형 암살의 배후로 지목되고 있는 셈이다. 지금은 이렇게 많은 인물, 단체가 거론되고 있지만, 사건 당시 재판부는 한지근이라는 19살 소년의 단독범으로 결론을 내렸다. 과연 진실은 무엇인가? 지금부터 여운형 암살의 진정한 배후를 찾는 여행을 떠나기로 하겠다. 한지근은 사건 발생 4일 후인 7월 23일 체포되었다. 아래는 당시 보도된 기사 내용이다.[41]

지난 19일 하오 1시15분경 시내 혜화동 네거리에서 근로인민 당수 여운형(呂運亨)을 살해한 사건이 발생한 후 수도관구경찰청에서는 주야불철 범인체포에 과학적 수사망을 펴고 체포에 노력 중이던 바 드디어 범행 후 77시간 만에 23일 하오 2시경 진범인 한지근(韓智根 19)을 시내 충무로(忠武路) 모처에서 무난히 체포하여 범인수사에 개가를 올리었다. 그런데 범인 한지근의 자백에 의하면 고하(古下) 송진우(宋鎭禹)를 살해한 범인 한현우(韓賢宇)와는 특별한 관계가 있는 만큼 그 취조의 결과는 매우 주목된다.

19일 사건발생 이후 수도경찰청에서는 각 방면에 수사망을 펴고 체포에 노력 중이던 바 22일 유력한 단서를 얻게 되자 폭우에도 불구하고 장택상(張澤相) 총감 이하 간부가 총동원하여 시내 중부(中部) 성동(城東) 동대문(東大門)의 각 경찰서가 주동이 되어 시내 충무로2가(忠武路2街) 모처를 급습하여 범인을 체포한 것인데 체포직후의 범인진술에 의하여 23일 밤에는 시내

40) 이정식, 『대한민국의 기원』, 일조각, 2006, pp.139-140
41) 여운형 살해범 韓智根 체포, 「동아일보·조선일보」, 1947.7.25

신당동(新堂洞) 304의 243(한현우 집)의 땅에다 묻어 두었던 범행 당시에 사용했던 미군제 권총(제45호)과 실탄 10발을 압수하는 한편 범행 당시 입었던 일인군복 웃저고리와 백색 쓰봉을 성북서 산선교(山仙橋) 부근 모처에 묻어 두었던 것을 전부 압수하였다.

그간 동원된 경찰관의 수효는 무려 연인원 1만2천여 명이라는 놀라운 숫자에 오르고 있거니와 범행 후 77시간이라는 단시간에 진범인을 체포한 것은 조선경찰의 위력을 온 세계에 자랑하는 것이다. 유력한 단서를 수집한 수도경찰청 모 형사는 "사건발생 이후 70여 시간 중 휴면한 시간은 불과 10시간에 지나지 않았다"는 눈물겨운 고심도 있어 동 형사에게는 사건의 규결을 짓는 대로 표창을 하기로 되었다 한다.

범인 한지근은 38이북 평북(平北) 영변(寧邊) 출신으로 일찌기 평양 기림(箕林)소학교를 나와 고향인 영변중학을 졸업한 다음 소위 정치운동에 몰두 중 지난 6월 22일경 서울에 와서 고(故) 고하 송진우를 살해하고 방금 복역 중인 한현우의 집에 근거를 두고 있었는데 한현우의 직계부하라는 점이 특히 주목되는 바이며 한현우와는 이전부터 긴밀한 연락이 있었다 한다. 한현우가 일찌기 법정에서 공술한 말과 같이 여운형도 살해할 의도였다고 한 말을 미루어 보건대 이번 범행도 이 뒤를 이은 무지한 행동이 아니었든가 추측된다.

■ 수도청 발표
고 여운형 사살범인 한지근은 수도경찰청 형사대에게 체포되어 엄중 취조 중이다. 범행당시 사용하든 흉기 기타 증거품도 회수되었다.

■ 장택상 총감은 23일부터 24일 상오까지에 걸쳐 진범인 한지근을 취조하였는데 취조광경을 전문하건대 범인은 19세라는 나이에는 너무나 성숙한 체구라 한다. 범인의 태도는 태연자약하였고 조금도 꿀리는 점이 보이지 않았다고 하며 총감이 "너는 어찌 권총을 잘 쏘는가?"하는 질문에 대하여 범인은 미소를 띄우며 "그런 일을 하는데 그만큼 못하겠습니까?"하고 대답하였다 한다. 그리고 총감이 "너 전부를 말하면 검사국에 넘어간 후 유리하게 해주마."하고 유도심문을 한즉 웃으며 "총감 각하 그 무슨 말씀이십니까? 국사를 위하여 하는 사람이 유리 운운이 무엇입니까?"라고 조금도 자기범행을 숨기지 않았다 한다.

■ 수도청 장총감(張總監) 담(談)

그런데 취조를 일만 마친 장택상 총감은 다음과 같이 기자에게 말한다. "범인은 무지하게도 지도자층을 암살하는 것을 소위 애국적 행동으로 오인하고 있다. 범인의 배후관계 기타 소속 등은 아직도 범죄수사가 끝나지 않았으므로 말할 수 없다. 취조가 끝나는 대로 진상을 발표하겠다."

■ 이천상(李天祥) 씨 담(談)

고(故) 고하(古下) 송진우(宋鎭禹) 살해범 한현우(韓賢宇)의 제1심 공판 때의 주심심판관이던 서울지방심리원장 대리 이천상(李天祥)은 여운형씨 살해범 한지근의 체포에 대하여 다음과 같이 말하였다.

"고 여운형 씨의 살해범 한지근은 고 송진우 선생을 살해한 한현우의 집을 근거로 범행을 준비하였다는 사실에 비추어 양자 간에 어떠한 관련이 있다는 것을 상상할 수 있는 일이다. 그러한 범행에 대하여는 동시 여하를 불문하고 극형에 처하지 않으면 안 될 것이다."

여기서 짚고 넘어갈 사안이 하나 있다. 경찰 내부의 의견조차 정리되지 않고 범인 검거 장소가 발표된 점이다. 수도경찰청장 장택상은 중구 저동 유풍기업사에서 범인을 체포했다고 한 반면, 경무부장 조병옥은 성동구 신당동 한현우의 집에서 체포했다고 발표했다. 이러한 혼란에 대하여 장과 조는 이례적으로 "범인 체포 장소는 저동(苧洞) 2가가 맞다"는 기자회견을 하기도 했다.[42] 한편, 건물주이자 유풍기업사 대표 박용직(朴用直)은 "자기 회사에서 테러범이 체포된 적이 없으며, 이층에 살고 있는 사람들은 잘 아는 사람으로서 테러범과는 전혀 관계가 없다"라고 항변하며 "자기 회사는 테러범의 소굴이 아니다"라고 하소연했다.[43] 왜 이러한 혼선이 일어났을까? 아무튼 이러한 과정을 거쳐 수도경찰청장 장택상은 범인 체포 후 한 달 정도가 지난 8월 29일 아래와 같이 여운형 살해사건의 진상을 발표했

---

42) "범인 체포 장소, 정말은 苧洞 2가다", 「자유신문」, 1947.7.29
43) "범인 체포된 일 절대로 없소", 「자유신문」, 1947.7.29

다.[44]

  한지근은 평북출생으로 1946년 7월 평북 용문중학을 졸업하고 가사에 종사하며 북조선 인민위원회 정치에 불만을 가지고 민족적 울분을 풀 기회를 심중에 품고 있던 중 동년 10월 용문중학 동창생인 김인천(金仁千)이 주간하는 비밀결사 건국단(建國團)에 입단하여 김일성(金日成) 살해, 보안대 해체, 공산당 교란 등을 획책하였으나 경계와 탄압이 극심한 관계로 목적을 달성치 못하고 남조선에서 민족분열을 초래한 극악분자로 인정되는 여운형 박헌영을 암살코자 건국단장 김인천으로부터 권총 한 자루와 실탄 8발 그리고 여씨가 빈번히 출입 통과하는 계동(桂洞) 자택부근 광화문통 동소문로터리 부근 약도와 여씨 사진을 받아가지고 지난 6월 26일 단신 평양을 떠나 7월 1일 서울에 도착 동 11일부터 시내 신당동 34의 243 한현우 집에 있으면서 전기 3개소를 배회하며 여씨 저격을 계획 중 7월 19일 오전 10시경 여씨가 탄 자동차가 돈암동 방면으로부터 내려와 혜화동(惠化洞)으로 질주하는 것을 보고 혜화동 우편국 앞 노상에서 그 회로를 기다렸다. 당일 하오 1시 15분경 여씨 자동차가 나타남을 보고 추격하여 약 1미터가량 되는 거리에서 가지고 있던 권총으로 3발을 발사하고 범인은 시내 저동(苧洞) 2가 유풍(裕豊)기업회사 2층에 잠복중인 것을 검거(7월 23일) 취조 중 8월 27일 송청하였다.

  경찰의 발표에 의하면 범행의 배후는 한지근의 중학 동창생인 김인천이 주간하는 건국단(建國團)이라는 비밀단체가 된다. 그리고 암살대상자는 김일성, 여운형, 박헌영 등 좌익계열의 주요 인물이며, 저동 소재 유풍기업회사의 2층이 범행 모의장소이다. 하지만 한 달 이상의 구금 이후 발표한 내용치고는 너무나 단순했고 더욱이 보편적 상식으론 이해할 수 없는 의혹 투성이 진상발표였다. 수많은 기자들이 의혹을 제기하고 있는 한현우와의 관련여부는 거의 언급을 하지 않고, 유령인물인 김인천과 건국단을 배후로

----

44) 수도경찰청, 여운형 피살사건의 진상 발표, 「동아일보·조선일보」, 1947.8.30

지목한 것이다. 한편, 공범으로 추정되는 신동운(申東雲, 25)에 관한 혐의 사실도 함께 발표했는데 그 내용은 아래와 같다.

함남 홍원 출신으로 20세 때에 함흥공립상업학교를 졸업하고 그 이듬해 해군지원병으로 진해(鎭海) 록아도(鹿兒島) 진포(津浦) 4항공대에 복무 중 해방 후 1945년 9월 16일 귀국하여 시내 신당동 304의 243 한현우 집에 기류하며 여운형·박헌영 양씨를 매국노라고 지적 조선민족으로써 당연히 제거할 인물들이라고 생각하여 오든 바 7월 10일경 약 2회에 걸쳐 한지근으로 부터

가) 여(呂) 박(朴)은 현 조선민족 지도자로써 적당한 인물이냐는 질문에 두 사람이 같이 매국노라고 대답하여 묵시적으로 한지근에게 범의(犯意)를 사수 선동의 태도를 취한 것
나) 한국민주당 당수 고하 송진우 씨를 독립방해자라고 지정하고 송씨를 살해한 한현우를 사사하여 그 훈도를 받고 지금까지 그 유지를 계승하기 위하여 분투하며 한지근이 한현우의 공범자 백남륭(白南隆)의 소개로 한현우 집에 와 체류한 것
다) 금년 1월 살인미수 등 사건으로 징역 2년 3년간 집행유예의 언도를 받은 사실을 종합 고려할 때 본인은 본 사건에 관여함을 적극 부인하나 교사 이상으로 공범관계가 있을 것이 확인되어 한지근과 함께 송청되었다.

신동운이 구속된 날짜는 7월 30일로 보도되었다. 그는 해방직후 모 우익 청년 단장을 담당 살해하려던 혐의로 경찰에 문초를 받은 바 있었는데 송진우를 살해한 한현우의 일파로 추정되던 인물이었다. 이러한 전력을 가진 신동운은 여운형 암살사건 직후 2시간 만에 수도청 모 과장더러 진범인이 한지근이란 것을 일러주고 그 후 자취를 감추어 버렸던 수수께끼의 인물이라는 것이 기사 내용이다.[45] 그런데 한지근과 신동운이 공범으로 검찰에

45) 여운형 저격공범 신동운 체포, 「조선일보」, 1947.8.1

송치된 후 사건은 묘하게 흘러가기 시작했다.

8월 28일까지만 해도 신동운이 범행일체를 자백했다는 기사가 보도되었지만,[46] 9월 7일 기사에 의하면 한지근만 기소되고 신동운은 불기소 처분이 내려져 석방되고 만 것이다.[47] 이해되지 않는 검찰의 태도에 대하여 이의를 제기하는 언론은 없었다. 이 후 재판은 일사천리로 진행된다. 9월 27일 제1회 공판, 10월 8일 제2회 공판, 10월 21일 제3회 공판을 거쳐 같은 날 사형이 구형되고 11월 4일에 무기징역형이 언도되었다. 그리고 11월 7일 한지근 측은 불복하여 상고하나 다음 해인 1948년 1월 14일 돌연 상고를 취하해 버린다. 자유신문은 한지근의 상고 포기 이유를, 장덕수의 암살로 인하여 요인암살범에 대한 극형 여론이 비등해 진 탓으로 보도하였다.[48]

검찰, 변호인, 재판부 모두 짜여진 극본에 의해 움직이고 있는 희극 무대의 배우들 같다는 느낌을 지울 수 없는 재판이었다. 공판 과정에서도 별다른 사항이 나오지 않았다. 한지근은 범행동기에 대한 심문에 대하여 "나는 건국당의 취지인 자주독립 방해자와 매국노 민족분열의 책임자는 좌우를 막론하고 처치할 의사였었는데 여씨는 전기 3조건에 해당되기 때문에 감행한 것이다"라고 앵무새처럼 같은 말을 되풀이할 뿐이었다. 재판부는 한지근의 단독범으로 결론을 내렸다. 한지근이 범행의 배후라고 말한 김인천에 대해서도 유령인물인 것만 확인하고 더 이상 추적하지 않았다.

다만 제3회 공판에서 증인으로 나온 여운형의 경호원 박성복(朴性福, 38)

---

46) 呂運亨씨 저격범죄자 申東雲 범행 일체 자백,「자유신문」, 1947.8.28
47) 韓智根 기소, 申東雲은 불기소,「자유신문」, 1947.9.7
48) 韓智根씨 상고 취하,「자유신문」, 1948.1.17

이 피습전후의 경위를 자세히 진술한 후 모든 사실심리 사항을 시인하고 "범인이 김구의 전 숙소였던 이(李)모집에 도피한 사실이 이상합니다."라고 말하자, 민영수(閔泳壽)변호인으로부터 "박(朴)은 어떻게 그 도주경로를 알게 되었는가?"라는 요청이 있자 박은 "범행당일 경관과 같이 현장을 답사하였다"[49]고 대답한 것은 상당히 중요한 증언이었다. 하지만 검찰과 재판관은 이 증언이 더 이상 확대되길 원하지 않은 듯, 이어지는 질문과 답변이 없었다. 이 재판이 각본에 따라 진행되는 연극무대라는 방증의 한 예다.

상고 포기에 따라 1948년 3월 29일 한지근의 무기징역형이 확정되었다. 이에 따라 그는 개성 소년 형무소로 이감되었다. 송진우 암살범인 김인성·유근배·이창희 등과 함께 수감생활을 하던 한지근은 한국전쟁 와중 인민군에 의해 끌려갔다는 소식만 전해진 체 그의 생사여부는 지금까지 미궁으로 남겨졌다.

한지근의 생사여부와 마찬가지로 영원히 미제로 남겨질 것으로 여겨졌던 암살배후 문제가 여운형 사후 사반세기가 지나 갑자기 전기를 맞게 되었다. 사실 1973년까지도 여운형 암살 배후는 여전히 의문부호로 남아 있었다. 동아일보는 1973년 3월부터 '비화 제1공화국'이란 기획물을 연재했는데 여운형 암살사건은 7월 7일부터 17일까지 7회에 걸쳐 소개하였다. 물론 이 기획물에서도 한지근의 단독범설을 뒤집을 증거는 내놓지 못했다. 그런데 1974년 2월경, 몽양 암살범의 공범이라는 자들이 갑자기 나타났다. 김흥성(金興成 54세), 김영성(金永成 49세), 김훈(金勳 49세), 유용호(柳龍鎬 49

---

49) 여운형살해범 韓智根에 대한 3회 공판 개정, 「조선일보」, 1947.10.22

세) 등 4명이 바로 그들이다. 가장 먼저 보도한 곳은《일요신문》이다.

이들은 "역사를 바로잡고 원통하게 죽은 한 동지의 제사라도 떳떳이 지내기 위해 전모를 밝히는 것"이라고 버젓이 밝혔다. 당시 살인사건의 공소시효가 15년이었으니 27년이 지난 지금, 아무 거리낄 것이 없다는 태도였다. 일요신문의 보도 이후 장안의 대부분 언론들이 이 충격적인 사실을 경쟁적으로 보도하였

1974년 2월 3일자 일요신문

다. 사실 어떻게 보면 별다른 내용이 없는 폭로였다. 왜냐하면 가장 중요하며 모든 사람들이 궁금해 하는 실질적인 배후는 여전히 모호한 폭로였기 때문이다. 이들의 고백으로 새롭게 확인된 것은 한지근의 본명이 이필형(李弼炯)이며 당시 미성년자로 알려졌지만 실제로는 성인이었다는 것 그리고 단독범행인 아닌 5인조의 범행이었다는 정도다.

물론 취재 과정에서 새로운 인물들의 이름이 몇 명 등장하기는 했다. 사건 당시 불기소 되었지만 공범 혐의가 뚜렷했던 신동운 외 신일준, 김영철, 양근환, 염동진, 김구 등의 이름이 등장하지만 확실한 배후로 단정하기에는 뭔가 부족한 증언이었다. 그렇지만 여운형 암살의 커넥션을 파악하기 위한 기초적인 정보는 이들 공범들의 고백으로부터 어느 정도 얻을 수 있다. 그들이 처음 고백한 1974년의 보도기사보다는, 1992년 7월 현대사 연구가 손상대가 채록한 김흥성과의 인터뷰가 보다 잘 정리된 정보라 할 수 있다. 아래에 그 내용을 소개한다.[50]

---

50) 우남 이승만과 건국사, 여운형 암살범들의 최후 고백《다음 카페 http://cafe.daum.net/syngmanrhee/GTBz/64》

여운형 암살범, 한지근(본명 이필형)이 용문중학교에 다니던 시절의 모습

● 여운형을 왜 빨갱이로 생각했으며, 그렇게 생각하게 된 동기는 순수한 개인적 생각인가, 아니면 누구의 지시인가, 또 당시 언론은 어떠했는가.

○ 여운형을 빨갱이로 생각한 것은 순수한 개인적 생각이며, 뜻을 같이하는 사람들끼리 모여 여운형을 없애야겠다고 생각했었다. 배후도 없고 지시한 사람도 없다. 당시 여론은 여운형과 김일성이 모의해서 나라를 망쳐먹을 것이라는 목소리가 팽배했었다. 또 여운형은 빨갱이나 우익에서 포섭해야 한다는 여론이 고조됐었다.

● 당시 암살현장 상황이 경찰과 짜고 했다는 오해를 충분히 일으킬 수 있는 상태였다. 조작은 아닌가?

○ 조작은 아니다. 정말 우연의 일치다. 거짓말은 하지 않는다. 암살을 계획하고 부근에서 2일간 잠복하다 첫날은 실패하고 다음날 그 같은 일이 발생했다. 정말 우연의 일치라고 다시 한 번 강조한다. 우리는 경찰의 지시를 따를 사람들도 아니고 누구의 조종을 받을 사람도 아니다. 오로지 빨갱이는 없애야 한다는 의견이 일치, 암살을 계획하고 행동으로 옮긴 것뿐이다. 그리고 경찰인 노덕술이 어쩌고 하면서 모 잡지에 나오던데 노덕술은 우리와 상대할 인물도 아니며 그의 지시를 따를 우리도 아니다.

● 여운형의 암살은 한번 계획으로 이루어졌는가, 아니면 또 다른 계획을 했었는가?

○ 아니다. 사전에 계획을 세우고 있던 중 지금은 확실히 모르겠으나 우연한 기회에 수류탄을 하나 구했었다. 그래서 우리와 동지인 장일을 시켜서 여운형을 죽이라고 내 코트(외투)까지 입혀서 보냈다. 당시 장일이와 3~4명이 갔었는데 수류탄이 불발되어 실패했다. 장일은 우익청년으로 우리와 뜻을 같이했다. 하지만 실패로 끝났기 때문에 우리는 일을 잘못했다는 핀잔을 주고 그때 공주로 내려 보냈다. 이날 내 외투까지 현장에 벗어던지고 도망 온 것으로 기억하고 있다.

● 그 다음 계획은 어떠했나?

○ 장일이의 실패로 우리가 여운형을 암살하려 한다는 것을 신동운이가 알았다. 때문에 암살계획이 수포로 돌아갈까 싶어 신동운이 몰래 계획에 따

라 본격적인 실행에 옮긴 것이다. 믿었던 신동운도 알고 보니 여운형이와 내통하고 있었다. 엄격히 말하면 여운형의 끄나불이었다.

● 왜 암살장소를 혜화동 4거리로 택했는가?
○ 혜화동 4거리는 여운형이 가장 많이 다니는 도로이며, 도로 사정상 속도를 낼 수 없다는 것으로 판단 그곳을 택하게 되었다.

● 조직을 만들면서 명칭을 붙이지 않았다는 것이 이상한데 그 이유는 무엇인가?
○ 당시만 해도 임정상태의 결사대가 남한에 와서 많은 활동을 펼쳤다. 우익청년들은 이들과 유대강화를 맺고 나름대로 활동을 했었다. 빨갱이를 없애야 한다는 생각으로 대부분 동지라는 호칭을 썼으며, 마음만 일치하면 바로 결사대 형식의 조직을 만들어 실행에 옮기곤 했다. 조직의 명칭을 만들 이유도 없었다. 뜻을 같이하면 모두가 동지였기 때문이다.

● 활동한 것으로 보아 임정결사대와 상당히 친밀한 관계였던 것으로 생각되는데 이들과의 관계는 어떠했는가?
○ 임정간부들은 대부분 만주에 있었고 우리나라에는 결사대 조직이 내려와 주로 활동했다. 사실상 뜻이 비슷하다보니 자주 접할 기회가 있었고, 그 같은 우리 활동상황이 위에도 전해졌을 것으로 본다. 특별히 조직중의 일원으로 활동한 것은 아니고, 나라를 구해야 한다는 것과 빨갱이는 무조건 없애야 한다는 것 하나 만으로 우리는 뭉쳤다.

● 활동하기 위해서는 많은 자금이 필요했을 텐데 어떤 방법으로 충당했는가?
○ 활동자금의 대부분은 내가 부담했다. 또 신동운이도 조금은 도움을 주었다. 신동운이는 금성장군의 아들인 금우경(일명 금열이라고도 부름) 씨가 당시 은행에 근무했으며 상당한 부자였는데 그로부터 많은 도움을 받은 것으로 안다.

● 왜 몽양암살을 계획하게 되었으며 그 동기는 무엇인가?
○ 동생(김인성)이 고하 송진우 사건에 연루돼 투옥된 일이 있을 때다. 나는 옥바라지를 위해 형무소를 왕래하던 중 우연히 신동운을 알게됐고, 신동운은 나를 대한소년단을 창설한 전백이라는 사람한테 소개시켜주었다. 전

백의 사무실은 정확한 기억은 없지만 당시 신한은행골목 김현탁(김천 갑부 아들로 소문난 인물) 씨의 사무실 2층이었다. 전백이도 나중에 알고 보니 여운형의 끄나풀이었다. 그때부터 빨갱이는 모두 죽여야 한다는 생각을 하게 되었고 생각이 비슷한 사람들끼리 뭉치게 되었다. 임정결사대도 만났으며 좌익세력의 척결에 앞장서겠다고 개인적으로 마음먹었다. 때문에 여운형의 암살까지도 실행하게 된 것이다.

● 같이 활동한 사람들은 어떻게 뭉치게 되었으며, 주로 어떠한 계획아래 활동했는가?
○ 김훈, 유용호, 한지근(이필형)은 영변중학교 동기동창으로 공산당과 투쟁하다 우익단체사건으로 월남하게 되었다. 그리고 나의 동생 영성과 나 이렇게 우연한 기회에 만나게 되었다. 모두가 동지적 입장에서 같은 생각을 하고 있었고 특히 빨갱이는 모두 죽여야 한다는데 마음이 일치했다. 우리는 한결같이 반공정신이 강했다. 그래서 죽여 없애야 할 좌익분자들은 차례대로 암살할 계획이었다. 첫번째 계획은 박헌영을 없애는 것이었다. 당시 별다른 장비가 없었던 관계로 자갈을 이용, 죽이려고 했지만 장비부족으로 실패했다. 너무 분했다. 그 다음은 김일성이도 여러 번 암살을 계획하고 잠입했지만 경비가 철통같고 나들이가 일정치 않아 역시 실패했다. 그래서 여운형을 암살하기로 했고 그 뒤로 허헌, 김원봉 등 모조리 제거할 계획이었다.

● 여운형을 꼭 암살해야 했던 근본적 이유라면 무엇인가?
○ 여운형은 당시 여론을 말하지 않더라도 평양을 7번이나 갔다 왔고 또 김일성이 하고는 상당히 친했다. 그래서 남쪽의 좌익세력들은 모두 여운형에게 빨려 들어갔다. 워낙 달변가로 머리가 비상해 어지간하면 말려들어간다. 이것을 김일성이가 잘 알고 여운형을 근거로 남쪽을 공산화하려는 계획을 세웠다. 우리는 이것을 알고 있었고 그래서 여운형을 제거해야 김일성의 세력이 남한에 더 이상 발붙이지 못할 것이라고 생각했다. 그것은 몽양이 제거되자 김일성이 자신의 뜻대로 공산화가 되지 않는다는 것을 알고 무력침공을 결심하게 된 것이고, 또 6.25를 불러일으킨 것으로 보고 있다. 특히 엄연히 임정이 있는데도 여운형은 건국준비위원회와 조선인민공화국을 만들어 조직을 발표하는 등 임정자체를 무시한 독단적 행동을 했다.

● 정말 배후가 없는가. 4~5명의 의사일치로 계획을 세우고 실행한 것인가?
○ 우리는 누가 뭐라고 해도 할일을 했고 그렇기 때문에 비록 초라하게 살고 있지만 떳떳하다. 누구의 지시를 따를 사람들도 아니라는 것을 또 한 번 밝힌다. 항간에 일부 언론이 경찰, 이승만 등을 거론하는데 우리는 이런 사람들과는 근본적으로 사람이 틀리다. 설령 이런 사람들이 시켰다고 해도 우리는 말을 듣지 않는다. 이해해 달라. 맹세를 하지만 우리들의 의사일치로 몽양을 암살한 것이다. 안중근, 윤봉길도 누가 시켜서 그런 일을 한 것이 아니라고 본다. 내 마음이 국가의 장래를 위해서 꼭 없애야 되겠다고 마음만 먹으면 혼자서라도 해야만 하는 시대였다. 뜻을 같이하는 사람이 4~5명 되다보니 배후 이야기가 나오는데 우리들의 자발적 행동이었음을 맹세한다.

● 안두희 씨가 수십 년을 배후가 없다고 하다가 최근 자의건 타의건 간에 있다, 없다, 하면서 심경변화를 일으키고 있다. 혹 심경변화는 없는가?
○ 더 이상 이야기하지 마라. 내가 10년 전 중풍이 왔고 또 얼마 전 중풍이 와 쓰러졌다 일어났지만 기억을 핑계로 변명하지 않는다. 안두희는 말도 하지 마라. 소위로 하수인 노릇을··하고 그 대가로 대령까지 지냈으니 더 할 말이 있는가. 그의 소행은 우리와는 백팔십도 다르다, 자꾸 우리를 하수인처럼 보지 말기 바란다.

● 그렇다면 왜 범행일체가 조작되었다가 27년 만에 밝혀져 세상을 놀라게 했다고 보는가?
○ 이 사건은 당시 신동운이 노덕술과 짜고 단독범행으로 만들어 버렸다. 그래서 우리는 그대로 넘어간 것이다. 27년 후 이 사실이 알려졌을 때 우리 동지였던 한지근에게 너무 큰 짐을 지게 했다는 죄책감으로 자진 출두, 하나에서 열까지 숨김없이 소상하게 털어놓았다. 숨길 것도 없었고, 숨길필요도 없었다. 신동운과 노덕술의 단독범행 시나리오라는 것을 처음엔 몰랐지만 얼마 후 그 사실을 알게 됐다.

● 처음엔 단독이었다가 그것도 27년 후 공범이 있었다는 것으로 밝혀져 누가 들어도 의문시되는 점이 많다. 어떻게 생각하는가?
○ 당시 사건이 발생하자 미군정 사령관 하지가 수도청 노덕술에게 범인을 잡으라고 다그친 것으로 알고 있다. 그때 노덕술은 사건만 터지면 경찰에 붙잡혀가는 신동운을 불러 들였다. 이때 신동운 혼자가 아닌 김영철, 신

일준이도 붙잡혀 갔는데 신동운은 노덕술과 짜고 단독범행을 조작했다. 신동운은 경찰과 상당히 친했다. 알기로는 경찰에게 돈도 얻어 쓰는 비상한 인물이었다. 사건 당시 신동운은 우리가 했다는 것을 알면서도 우리 이름을 숨긴 채 어떠한 조건을 내걸었을 것으로 본다. 물론 이 사실을 노덕술도 신동운을 통해 알고 있었으리라 본다. 그러나 신동운은 노덕술과 짜고 조건부 약속을 한 후 단독범행 시나리오를 만들고 사건을 마무리한 것으로 안다. 그 조건부 약속은 그들 둘만이 알뿐 아무도 모른다.

● 암살당시 갑작스럽게 제1저격수를 제2저격수로, 제2저격수를 제1저격수로 바꾼 이유는?
○ 제1저격수는 누구보다 운동을 잘해야 한다고 했기 때문에 생각을 바꾼 것이다. 한지근은 운동도 많이 했으며, 특히 달리기에는 아주 능했다. 상황으로 보아 한지근이 적격이라고 생각, 택하게 된 것이다.

● 권총은 누가 구했는가?
○ 신동운이가 구해주었다는 말은 거짓말이다. 2정 모두 내가 구했다. 1정은 양근환 씨에게 또 한정은 염동진 씨에게서 구했다. 권총은 주로 천정 위에 숨겨놓고 필요할 때만 사용했다.

● 권총을 구할 때 무엇을 하겠다고 사전에 이야기하지 않았는가?
○ 여운형을 제거해야 되겠다고 했고, 그러기 위해서는 권총이 필요하다고 했더니 너희들 할 테면 해 보아라 하면서 선뜻 권총을 내놓았다. 그만큼 우리를 믿었던 것이다.

● 사건발생 후 만난 사람들은 없는가?
○ 있다. 당시 사건발생 후 김두한 씨를 만나 많은 도움을 받았다. 상당히 친하게 지냈으며 얻어먹기도 하고 물질적 도움도 많이 받았다.

● 소문에 국가에서 특혜를 주겠다는 제의가 여러 번 있었던 것으로 안다. 사실인가. 왜 끝까지 마다했는가. 그 이유는?
○ 27년 만에 입을 열고 보니 이범석(국무총리) 장군이 우리 4명을 헌병장교로 특채해 줄 테니 근무하겠냐고 하는 제의가 있었다. 또 박정희 정권 때는 청와대에서 나온 오 비서라는 사람이 어느 날 새벽 5시에 집에 찾아와 사진 찍으러 왔다며 조사할게 있으니 이야기 좀 하자기에 집앞 신길동

지서에 가서 구체적인 이야기를 나누었다. 그때 그는 청와대에 와서 일할 생각은 없느냐고 했다. 그러나 우리는 할 일을 했을 뿐이지 아무런 조건도 특혜도 필요 없다고 단호히 거절했다. 당시 우리가 누구의 지시를 받아 암살을 했다면 조건부암살을 했을 것이고 지금 이렇게 초라하게 살고 있지는 않을 것이다. 우리가 아무런 이유 없이 국가에서 주는 특혜를 누린다면 큰 누명을 덮어 쓰게 될 것이고 그 자리가 탐이 나 암살을 했으면 오히려 정당하게 한 일에 먹칠을 하게 될 것이기 때문이다. 우리는 분명 민족의 앞날을 위해 한 일이었고 아직까지 떳떳하게 생각하고 있다. 때문에 피나는 고생을 하며 살아왔다. 나의 이 같은 결백으로 그동안 처자식을 너무도 고생시켰다.

● 여운형을 떠나 사람을 죽였다는데 대한 죄책감은 없는가?
○ 물론 시대적 상황이 그를 죽이지 않으면 안 되었고 또 그렇게 했던 것이 사실이다. 하지만 사람을 죽였다는 것에 대해서는 항상 죄스러운 마음으로 살아왔다. 사람이 사람을 죽여 놓고 뻔뻔스럽게 산다는 것은 인간적 도리가 아닐 것이다. 때문에 온갖 특혜라는 회유에도 마다했고 이렇게 고생 속에 살아가고 있다. 사람을 죽였다는 죄의 대가는 한 인간으로서 충분히 받았다. 나도 인간인 이상 죄책감은 있다.

● 김구 선생은 잘 알고 있는가. 관계는?
○ 김구 선생은 여러 번 보았다. 직접 말을 건네지 않았지만 그분의 뜻을 충분히 아는 상태였다. 김구 선생이 암살되었을 때 나는 직접 찾아가 이범석 장군과 나란히 하관을 했다. 그때 동양극장에서 이 장면이 사진으로 방영됐다. 요즘도 당시 김구 선생 비서였던 사람을 찾아가 안부도 묻곤한다. 시간이 날 때면 묘소에 찾아가 참배도 드린다.

● 그토록 배후가 없다고 주장하는데 앞으로·어떠한 일을 할 것인가?
○ 이제 나이도 많고 건강도 좋지 않아 지난 세월을 들이켜 보며 살아 있는 동안 회고록을 쓸 계획이다. 중풍으로 몸이 마음대로 말을 듣지 않아 걱정이다. 그러나 꼭 해야 될 일이다. 또 아직까지 생존자가 4명이 있기 때문에 개인적으로 얼마씩 각출해 사업회를 하나 만들 예정이다.

● 계획하고 있는 사업회는 구체적으로 어떤 것인가?
○ 아직 구체적인 것은 나타나지 않았지만 개인의 힘이라도 모아서 독립운

동과 관련된 사람들을 돕거나 이와 유사한 일을 할 예정으로 있다.

● 앞으로 생존자 모두가 모여서 지난 일을 회고하는 공개적 증언을 할 생각은 없는가?
○ 물론 하고 싶다. 그러나 세상 사람들이 이를 믿으려 하지 않을 것이다. 답답한 심정뿐이다. 하지만 시간을 기다리고 있다. 언젠가는 우리의 진실됨을 알아줄 날이 분명 올 것으로 믿고 있다.

김흥성의 증언은 몇 가지 사항(신동운과 전백이 여운형의 끄나풀이라는 깃) 등을 제외하면 대체적으로 정확한 정보로 판단된다. 그의 주장은 한 가지로 요약된다. 자신과 동료 5명이 의기투합하여 여운형을 암살했다. 즉 "나라를 구해야 한다는 것과 빨갱이는 무조건 없애야 한다는 것 하나 만으로 우리는 뭉쳤다."

그는 일부 언론이 거론하는 경찰과의 야합이나 이승만 그리고 어떤 특정한 단체의 지시는 전혀 없었다고 강변하고 있다. 하지만 그의 말 중에는 자신도 모르게 중요한 정보를 흘리고 있다. 가장 핵심적인 사항은 범행에 사용된 권총을 양근환(梁槿煥, 1894-1950)과 염동진으로 부터 제공받았다는 증언이다. 김흥성의 주장에 의하면 여운형 제거에 권총이 필요하다고 하니 양과 염이 선뜻 내놓았다고 한다. 그렇다면 김흥성, 양근환, 염동진 이 세 사람은 어떤 관계일까? 뜻을 같이하는 젊은 청년들이기에 그들의 의기를 믿고 살상용 무기를 주었다는 것은 아무래도 어색하다.

그러나 양과 염 그리고 김흥성 사이에 누군가 중간 역할을 한 사람이 있다면 의문이 풀리게 된다. 김흥성에게 권총을 전달했다는 염동진은 바로 백의사의 총사령이다. 백의사의 부사령으로 알려진 박경구(朴經九, 1898-

1989)의 증언을 들어보자.[51]

　(여운형에게) 물었더니 이 양반 말이 뭐라고 하느냐하면 "과거 임시정부 시절은 이미 쓰레기이다. 지나갔다. 이제부터 우리나라는 사회주의 정부를 세워야 한다." 이런 말을 했어. "큰일 났구나." 그런데 청년들은 전부 이 사람을(따르고) 내 그래 그 이야기하던 것을 그냥 그대로 염 선생(염동진)에게 보고했어. 그러니까 염 선생이 탁 치면서 "그렇다니까. 그 틀림없다." "그렇다면 저 놈 없애 되지 않겠느냐." "그럽시다, 없앱시다."
　김영철 씨는 원래 만주에 있을 때 우리 중대장이야. 그런데 여기 나와서는 내가 (백의사) 부사령관이고 그 양반(김영철)이 집행부장 했단 말이야. 본래 김영철 씨 권총 잘 쏩니다. 그래서 그 집행부장(김영철)이 하수자를 선정했을 것 아닙니까.(하략)

　박경구의 증언에 의하면, 총사령 염동진이 백의사의 집행부장인 김영철(金榮哲, 1892-1969)에게 여운형의 암살을 지시했다고 한다. 만약 이 말이 진실이라면 모든 의문은 저절로 풀리게 된다. 왜냐하면 암살집행자-백의사-임시정부-경찰 등의 커넥션이 모두 연결되기 때문이다.

　이 김영철이란 인물은 김흥성의 증언에도 나온다. 사건 발생 후 하지의 명령에 의해 노덕술이 신동운을 조사차 불러들일 때 김영철과 신일준도 함께 소환했다고 김흥성은 말했는데, 그 뒤의 과정이 이해되지 않는 수순으로 진행된다. 그의 주장에 의하면, 신동운이 노덕술과 짜고 한지근의 단독 범행을 모의했다고 한다.

　하지만 이 진술은 도저히 믿기지 않는다. 왜냐하면 일개 행동대원인 신동운이 경찰과 모종의 거래를 했다는 것도 부자연스러운 진술이고, 게다

---

51) 백의사 부사령관 박경구의 녹취록, 1985년 8월 31일 작성 "이제는 말할 수 있다, 비밀결사 - 백의사", 《MBC》, 2002.1.20

가 신동운은 나중에 석방되기는 했지만 상당기간 경찰에 구금되었다가 검찰에 송치된 사실이 있다. 신동운이 경찰과 거래를 할 정도의 위치에 있었다면 경찰에 구금되거나 검찰에 송치되지 않았을 것이다. 이러한 의문점도 김영철을 대입하면 자연스레 풀리게 된다.

신동운·신일준·김영철 등이 경찰에 연행되었을 때 백의사 측도 그저 수수방관하지 않았을 터이다. 당시 백의사의 핵심인물 중의 한 명이었던 김영철과 경찰이 막후 거래를 했거나 아니면 염동진이 직접 나서 장택상 등 고위직과 협상을 했을 것으로 짐작된다. 필자가 구성한 사건의 전개과정은 다음과 같다.

- ■7월 19일: 여운형 암살
- ■7월 20일: 신동운·신일준·김영철 소환 후 귀가
- ■21·23일: 한지근의 단독범행으로 협의 결정, 단 감형을 위해 미성년자 행세를 하기로 함.
- ■7월 24일: 한지근 체포
- ■7월 30일: 신동운 구속
- ■8월 27일: 한지근과 신동운 검찰에 송치
- ■9월 07일: 한지근 기소, 신동운 석방

여운형 암살사건에 경찰이 깊숙이 관련되어 있었음은 분명하다. 이와 아울러 경찰 고위층에 영향력이 큰 극우 지도자가 관련된 것으로도 추측된다.[52] 물론 이러한 추정이 성립되기 위해선 전제조건이 따라야 한다. 백의사 혹은 임시정부가 경찰과 밀약을 할 정도의 능력을 가졌을까하는 의문에 대한 답변이 제공되어야만 할 것이다.

---

52) 고준석, 『민족통일투쟁과 조선혁명』, 도서출판 힘, 1988, p.111

사실 1947년 7월경의 임정과 미군정의 관계는 그리 순탄하지 않았다. 그러나 백의사는 달랐다. 후술할 '백의사와 김구 그리고 CIC와의 역학관계'에서 좀 더 자세히 다루겠지만, 1947년 2월경부터의 백의사는 CIC 산하기관이라고 보아도 무방했다. 어쩌면 여운형 암살 자체가 CIC의 작품일 가능성도 배제할 수 없다고 보아야할 것이다. 아무튼 그 무렵의 백의사는 여운형 암살사건의 진실을 조작할 정도의 힘을 가졌음은 분명했다. 한편, CIC와의 역학관계를 배제하더라도 이영신의 기록처럼 장택상·노덕술 등 경찰관계자들이 백의사의 무력 즉 암살·테러를 두려워했을 수도 있었을 터이다.[53)]

그다음으로 암살범과 임시정부와의 관련을 살펴보자. 김흥성은 "그때부터 빨갱이는 모두 죽여야 한다는 생각을 하게 되었고 생각이 비슷한 사람들끼리 뭉치게 되었다. 임정결사대도 만났으며 좌익세력의 척결에 앞장서겠다고 개인적으로 마음먹었다. 때문에 여운형의 암살까지도 실행하게 된 것이다."라고 임정결사대[54)]와의 연대를 인정했다. 그리고 "특히 엄연히 임정이 있는데도 여운형은 건국준비위원회와 조선인민공화국을 만들어 조직을 발표하는 등 임정자체를 무시한 독단적 행동을 했다."라고 임정봉대론을 추종하고 있었음을 고백했다.

사건 관련자로 거론한 신동운, 김영철, 신일준 등은 모두 임시정부와 깊은 관련이 있는 인물들이다. 그리고 김흥성은 "김구 선생은 여러 번 보았다. 직접 말을 건네지 않았지만 그분의 뜻을 충분히 아는 상태였다."라고 말함으로써 임시정부와의 연대 가능성을 재차 확인해 주고 있다. 사건 발

---

53) 이영신, 『비밀결사 백의사(하)』, 알림문, 1994, pp.303-317
54) 대한보국의용단(大韓輔國義勇團)일 것이다. 단장: 김석황, 참모장: 신일준

생 후 많은 도움을 주었다는 김두한 역시 백의사 요원으로서 임시정부와 무관하지 않은 자이다. 그러면 여기서 김두한의 증언을 잠시 들어보기로 하겠다.

● 여운형 씨를 살해하겠다는 것은 거기서 한 얘기가 아니고요?
○ 그건 계통이 다르죠. 그것은 내가 보기에 밑에 사람들이…, 백의사가 대한임시정부 계통이에요. 염동진 씨가 대한임시정부 계통이라고요. 그렇기 때문에 신익희 씨하고 전국의 대한임시정부 요원들이 늘 거기를 가요.[55]

김두한은 백의사 요원들이 김구의 직접 지령 없이 자의적으로 여운형을 암살했다고 주장했다. 여운형 암살 배후에 임정이 있었다는 것은 시인한 셈이다. 아무튼 여기저기에서 출몰하는 단체는 임시정부와 백의사이다.

백의사가 여운형 암살에 관련했다는 보다 확실한 증거가 있다. 〈실리보고서[56]〉에는 "2명의 저명한 한국 정치인 장덕수와 여운형의 암살범들도 이 지하조직의 구성원으로 알려져 있다."라고 함으로써 백의사의 역할을 분명히 직시해주고 있다. 다만 한지근 등 암살공범 5명이 백의사의 말단 조직원이었는지 혹은 피의 맹세를 한 '특공대' 소속이었는가는 불분명하다. 그리고 김구가 직접 암살 명령을 내렸는가하는 의문도 풀어야할 숙제다. 마지막으로 소개할 것은 여운형 암살사건을 보는 이승만 정권 하 경찰의 관점이다.

김구는 시종일관 '테러리즘'으로서 반대파를 숙청하는 동시 민족진영의

55) 제43화 김구선생과의 관계, '노변야화'《동아방송(라디오)》, 1969.12.6
56) 제25장 백의사와 김구 그리고 CIC의 역학 관계, 참조(전문을 소개했음)

인기를 독점키 위한 정략 하에 1947년 7월 19일 당시 근로인민당 당수 여운형을 암살할 것을 의용단에 지령하여 동 참모장 신일준은 시내 혜화동 로터리에서 그의 핵심 한지근으로 하여금 차(此)를 수행하였다.[57]

　여기서의 의용단은 김흥성이 거론한 바 있는 임정결사대 즉 대한보국의용단(大韓輔國義勇團)이다. 왜냐하면 신일준이 동 단체의 참모장이었기 때문이다. 흥미로운 것은, 당시 경찰의 시선이다. 그들은 지금까지 여운형 암살의 배후로 거론되고 있는 이승만·박헌영·김일성 등을 제외하고 김구가 직접 암살을 지령한 것으로 보았다.

---

57) 『한국정당사·사찰요람』, 서울대학교 한국교육사고, 1994, p.37

# 장덕수 암살 배후로 법정에 선 백범 김구

커밍스의 표현에 의하면 "1940년대부터 남과 북 양측으로부터 유일하게 존경받는 정치가로 남아 있는"[58] 여운형의 죽음, 그 충격이 여전했던 1947년 12월 2일 이번엔 우익 정치계의 핵심이었던 장덕수가 피살되었다. 여운형의 암살로부터 5개월, 송진우의 죽음으로부턴 2년이 흐른 시점이었다.

장덕수 암살사건이 앞의 두 사건과 뚜렷하게 비교되는 것은, 이 사건을 다루는 경찰과 언론의 태도였다. 무언가 감추고 축소한다는 느낌을 지울 수 없었던 송진우·여운형 사건과 달리, 장덕수 암살의 경우 사건초기부터 배후세력의 규명에 초점이 맞춰졌다. 배후의 힘이 떨어졌다는 증거다.

범인은 사건발생 이틀 후인 12월 4일 검거되었다. "범행 후 38시간 만에 범인을 체포·취박한 것은 수도청 범인체포 기록상 처음"이라고 당시 수도경찰청은 자화자찬하였다.[59] 현직 경사 박광옥(朴光玉, 23)과 연희대 3년생 배희범(裵熙範, 20)은 범행 일체를 자백하였다.[60]

경찰이 사건 배후의 탐문을 위해 모색 중이던 12월 5일, 동아일보에 묘한 기사가 실렸다. "암살행위는 용허(容許)할 수 없다"는 김구의 담화문 기사 바로 위에 "가슴에 쓰인 혈서, 장덕수 암살, 사건 의외방면에 확대"라는

---

58) Bruce Cumings, 『The Origins of The Korean War Volume Ⅱ』, 역사비평사, 2002, p.208
59) 장덕수살해범 朴光玉 일당 체포, 「서울신문·동아일보」, 1947.12.5
60) 장덕수씨 살해범 체포, 「동아일보」, 1947.12.5

활자가 묘한 대조를 이루고 있다. 박광옥의 집에서 발견된 한 장의 사진이 중요한 증거물로 주목받았는데 "박광옥과 배희범 두 사람이 가슴에 혈서로 장덕수 씨를 암살하겠다는 것을 써 놓고 의사(義士)의 풍채로 박은 것"이었다는 것이 기사 내용이다.

1947년 12월 5일자 동아일보 2면

누가 보더라도 이봉창·윤봉길 의사가 의거 직전 찍은 기념사진을 범인들이 모방했다는 것을 짐작하게 하는 기사였다. 동아일보는 사건 발생 즉시 임시정부가 범행의 배후라는 것을 확신했다는 증거이다.

사건발생 일주일 후인 12월 10일에는 공범 5명이 이미 체포되었다는 경무부장 조병옥의 담화가 발표되었다. 4단계로 구성된 배후관계 중 제1단계의 인물 1명이 아직 체포되지 않았으므로 범인의 신원을 밝힐 수 없다는 조병옥의 설명이 첨언되었다. [61]

사건이 자칫 장기화될지 모른다는 우려가 제기되던 12월 16일, 의외의 사태가 발생했다. 한독당의 핵심 중의 핵심이라고 할 수 있는 엄항섭과 조소앙이 소환되어 취조 중이라는 소식이 전해졌다.

설산 장덕수 살해 사건의 배후관계에 대하여 그동안 경찰에서는 이를 철저히 규명하고자 용의자 10여 명을 체포하여 엄밀히 취조 중인데 일반은 하루바삐 배후관계를 규명하여 이 세상에 발표해 주기를 바라고 있는 바, 동사건의 배후교사를 한 혐의로 김석황(金錫璜)을 목하 지명수배 중이나 행방을 감추어 이를 체포하지 못하고 있다 한다. 그러나 범죄수사상 아무런 지장이 없다고 전하고 있다. 한편 임정요인 엄항섭과 조소앙은 지난 13일부터 수도청에서 모종의 문초를 받고 있는데 계속하여 15일 아침부터 엄밀히

---

61) 경무부장 조병옥, 장덕수암살사건에 대해 견해 피력, 「서울신문·동아일보」, 1947.12.11

에 취조를 받고 있어 그 귀추가 자못 주목되고 있다.[62]

한독당으로서는 당황할 수밖에 없었다. 당의 중앙집행위원이자 대한보국의용단의 책임을 맡고 있는 김석황이 배후교사 혐의로 지명수배 중인 것만 해도 충격적인데 당의 두 기둥이라고 할 수 있는 조소앙과 엄항섭마저 소환, 취조중이라는 사실은 당 존립자체가 위협될 수 있는 사안이었다. 12월 16일 한독당은 성명을 발표하였다.

고 장덕수의 살해사건에 혁명선배들이 다수 검거되어 있다 하여 그 진상을 타진하고 책임당국의 답변을 듣고자 지난 15일 개최된 한독당 중앙상위에서 조각산(趙覺山)외 4명을 선출하여 하지 중장과 교섭하기로 되었다 하는데 동당 선전부장은 16일 대략 다음과 같은 담화를 발표하였다.
一. 혁명대선배를 반동, 파괴, 분열, 모략, 암살범과 관련 있는 듯이 문초운운은 절대로 관련 없는 명백한 사실이 판명될 것이다.
一. 애국지도자에게 체포령을 발하여 국민의 신뢰를 감하게 하던 당국은 전과를 거듭하지 않기를 바란다.
一. 국민의회가 암살을 결의하지 아니한 이상 국민의회를 중지케 함은 언론 집회자유란 기본권리를 약탈한 것이니 민주주의의 모독이다. 책임당국의 답변을 요구한다.

장덕수 사건으로 인해 한독당은 거의 공황상태에 빠졌던 모양이다. 경찰의 신문 후 귀가한 조소앙은 12월 20일 돌연 모든 정치적 사회적 관련을 끊고 은퇴한다는 성명서를 발표하여 정계에 큰 파문을 던졌다.[63] 경찰 소환에 대한 반발의 표시인지 혹은 수치감의 발로인지 아니면 장덕수 살해사건의 돌발로 인하여 민대·국대(民代·國議) 합동대회의 유회 때문인지 그

---

62) 장덕수 살해사건과 관련 엄항섭과 조소앙 취조, 「경향신문」, 1947.12.16
63) 조소앙, 정계사퇴 성명, 「서울신문·조선일보」, 1947.12.23

이유는 정확히 밝히지 않았다. 조소앙의 성명서 중 눈에 띄는 구절이 있어 아래에 소개한다.

무력과 테러로써 정권을 찬탈하는 것은 벌서 고대의 루습(陋習)이었다. 좌우를 막론하고 암투와 중상으로 정쟁을 도발코자 하는 자가 있다면 이는 현대국가로서 용인할 수 없고 분열과 요란은 국제협조를 받을 수 없는 것이다.

어쩌면 이 무렵부터 조소앙은 한독당과의 결별 수순을 밟기 시작했는지도 모른다. 한독당의 내부 상황과 관련 없이 수사는 계속 진행되어, 1948년 1월 16일 김석황(金錫璜, 54세, 한독당중앙위원, 국민의회정무위원 겸 동원부장, 대한보국의용단장)이 결국 체포되고 말았다.[64] 암살범 박광옥, 배희범 그리고 동범 및 배후의 인물 김석황의 체포까지 눈부시게 활동하던 경찰이 상당 기간 동안 침묵을 지켰다. 테러배후규명대책협의회, 여성연맹, 한민당 등에서 수차례에 걸쳐 진상공개를 요구했으나, 예전의 암살사건과 다르게 경찰의 사건전모 발표 없이 1948년 2월 21일 포고령위반으로 기소하였다.[65] 피고인은 김석황, 조상항, 신일준, 손정수, 김중목, 최중하, 박광옥, 배희범, 조엽, 박정덕 등 10명이며 혐의 내용은 다음과 같다.

一 김석황, 조상항, 신일준, 손정수, 김중목, 최중하, 박광옥, 배희범, 조엽, 박정덕 등은 공동행위로 또 공동의사에 의하여 김철 성명미상의 여러 사람과 함께 서울에서 작년 8월 14일에 혹은 그날 경에 고의적으로 부당히 불법적으로 장덕수, 안재홍, 배은희 및 기타 인사 약간 명을 살해하려고

--------

64) 장택상, 장덕수살해 관련혐의로 한독당중앙위원 김석황 체포, 「조선일보, 동아일보, 경향신문」, 1948.1.17
65) 고장씨 살해사건기소내용, 「경향신문」, 1948.2.27

음모하고 공공연한 행위를 혹은 상술한 음모에 의한 또는 그 실행의 행위를 행하였고

二 김석황, 조상항, 신일준, 손정수, 김중목, 최중하, 박광옥, 배희범 등은 공동행위로 또 공동의사에 의하여 서울에서 작년 12월 2일에 혹은 그날 경에 악의를 가지고 고의적으로 숙고적으로 불법적이며 계획적으로 장덕수를 다반 총으로 사격하여 살해하였다.

첫 공판은 3월 2일 오전 9시10분 과도정부 제1회의실에서 미국군사위원회 재판장 해발드 대좌 주심 아래 4명의 판사와 검사측으로는 스틸 소좌라만 대위가 입회하고 피고 10명에 대하여는 2명의 미국인 법정 변호인과 3명의 조선인이 변호 담당으로 개정되어 형식적인 절차를 마친 다음 스틸 소좌로부터 포고령 제2호에 대한 해설과 라만 검사로부터의 논고가 있은 다음 동 11시 반 일단 휴정하고 오후 1시 반부터 다시 속개되었다.

3개월가량 이 사건의 전모를 밝히지 않았던 것은 이유가 있었다. 1947년 연말부터 1948년 초, 이 기간은 한민족의 향후 운명을 결정짓게 되는 사건들이 일어난 중요한 시기였다. 제2차 미소공위의 기약 없는 휴회, UN 감시하의 총선거, 국민의회와 한국민족대표자대회의 합작문제, 입법의원의 과도정부 정무회의에 대한 불신임 결의, 딘 군정장관의 UN 감시하의 총선거를 통한 자주독립정부 발표에 유엔 소련대표의 UN한위 남한 파견 거부 반응, 유엔 한국임시위원단(UNTCOK)의 내한, 북한의 인민군 창군, 유엔 소총회의 가능지역 총선거안 가결, 조선총선에 대한 4월 초순 선거 실시…등 수많은 사건들이 숨 가쁘게 일어났다.

이러한 시기에 김구라는 거물이 관여된 정치적 사건을 처리한다는 것이 경찰과 검찰로서는 곤혹스러울 수밖에 없었을 터이다. 사건의 정황상 김구의 개입은 거의 확실했다. 하지만 그를 사법처리한다는 것은 모험일 수

밖에 없는 것이 또한 당시의 정치적 상황이었다. 아마 이러한 내부 갈등의 조정으로 인하여 사건 발표를 생략하고 재판 날짜를 잡았을 것이다. 김석황의 선정도로 끝내고 그 이상의 고위직은 참고인, 증인 정도로 끝내자, 이 정도로 합의했을 것으로 짐작된다.

장덕수 피살사건 피고인 중 김석황은 그 무렵 암살혐의로 체포된 정치인 중 가장 거물 인사 중의 한 명이었다. 공판 과정 중 김구와 관련된 부분만 발췌 소개한다. 1948년 3월 8일 오전 9시에 개정된 제5회 군사재판정에서의 발언이다.[66]

본인은 국민의회 동원부장이다. 중국 망명생활을 하는 동안 대한임시정부 주석인 김구 선생을 친히 1년 동안 모신 일이 있다. (조사관의 질문은 피고 김모(金某)와 김구와의 관계를 주로 진행되고 있다) 귀국 후는 별로 가까웁지 않았으며 1947년 11월31일 민대·국의(民代·國議)합동문제로 찾아갔었다. 장덕수를 살해한 박광옥을 본인은 모른다. 장씨 살해문제에 관해서는 신일준(피고)으로부터 1947년 7월경에 민족반역자를 숙청해야 한다는 말 가운데에 장덕수 배은희 안재홍을 죽여야 한다고 들었으나 말렸다. 그 후 신(辛)은 김중목(金重穆)이가 적임자라고 말했다. 며칠 후 김구 선생을 찾았을 때 이런 말을 했더니 "이놈들은 나쁜 놈이야"라고 했다. 이때 본인은 이 말이 장덕수를 죽이라는 직접명령은 아니나 원하고 있다는 것으로 알고 신·김(辛·金)에게 말했다. 그 후 살해계획을 김구 선생께 알렸더니 "아 그런가"라고만 하였다. 본인의 주머니속의 편지는 누구라고 이름은 안 썼으나 인편이 있으면 김구 씨에게 보내려고 한 것이다.

김석황은 직접명령은 아니지만 김구가 "장덕수, 배은희, 안재홍을 나쁜 놈"이라고 말했고, 살해 계획을 보고하니 "아 그런가" 즉 알겠다고 긍정의 표시를 했다고 진술했다. 그 후 김석황은 신일준과 김중목에게 명령을 하

---

66) 장덕수 살해사건 제5회 공판 개정, 「조선일보, 동아일보」, 1948.3.9

달했다. 김석황의 주장대로라면 김구는 장덕수 살해사건의 주범이 될 수밖에 없다. 그리고 주머니 속에 있던 편지는 당시 김석황이 김구를 어떻게 생각하고 있었고 자신의 신념이 어떠했던가를 알려주는 귀중한 증거이다. 내용은 아래와 같다.

선생님께서 대권을 잡으실 때까지 소생은 유리개걸(遊離丐乞)하기로 하였습니다. 복원(伏願) 선생님은 기어코 대권을 잡으십시오. 대권은 반드시 선생님에게 돌아갈 것입니다. 선생님은 천명을 받으셨으니 소생은 잡힐 리가 만무합니다. 이 박사와 한민당 찬역배가 음모를 하오니 선생님은 특별히 신변을 조심하십시오. 대권이 이 박사에게 가면 인민이 도탄에 빠지고 애국자의 살상이 많이 날 것입니다. 선생님은 이 대권을 추호도 사양치 마시고 기어코 대권을 잡으십시오. 운운[67]

동아일보는 당초 1월 17일자 신문에 "대권을 잡으시오—모 정계 요인에게 주는 괴이한 서한"이라는 제목으로 보도했으나 정작 편지의 내용은 싣지 못했다. 그러다가 1월 20일, 김석황의 체포경로를 보도하면서 중간에 삽입하였다. 전년도 12월 5일자의 혈서사진 보도를 비롯하여 상기의 김석황 편지 등을 보도하는 동아일보의 태도를 보면, 그들은 사건 발생 초기부터 김구를 주범으로 몰아가려고 작정했던 것으로 보인다. 아무튼 김구는 피의자 신분은 모면했지만, 재판정에 증인으로 서게 되는 수모를 당하게 된다.

재판정에 선 김구의 모습을 소개하기 전에 장덕수 암살의 원인 문제를 검토하기로 하자. 김석황이 1947년 11월31일 김구를 찾아간 이유는 민대

---

67) "대권을 잡으시오" 모 정계요인에게 주는 괴이한 서한, 「동아일보」, 1948.1.17.; 고장씨 사건연루자 김석황 체포경로, 「동아일보」,1948.1.20

· 국대(民代·國議) 합동문제라고 했다. 그런데 김구는 왜 장덕수를 나쁜 놈이라고 했을까? 그 해답은 "장덕수 안재홍 급(及) 배은희는 국민의회의 지도층에 속(屬)하였으니 어떠한 정치적 문제에 관하여 국민의회에 반대하였으며 국민의회와 민대 간(間)의 상이점을 사전에 해결치 않고는 양자의 합동(合同)을 원치 않았기 때문에 국민의회의 지도자들은 그들을 악질로써 지목(指目)하였던 것이다."라고 말한 검사의 기소이유를 보면 짐작이 간다.

사실 당시 한독당의 당면 과제는 민대·국대 합동 보다는 한민당과의 합당문제였다. 그런데 미소공위 참석여부부터 시작하여 합당·합동문제까지 사사건건 트집을 잡는 자가 바로 장덕수였다. 장덕수와 한독당과의 갈등은 아래에 소개하는 장덕수의 전기에 잘 묘사되어 있다.

한독당의 당명과 당시를 계승하고, 김구를 중앙집행위원장으로 추대하며 14개의 부서 중 핵심이라 할 총무, 재정, 선전, 조직은 한독당 측이 맡고, 나머지 10개 부서를 한민, 국민, 신한민족의 3개 정당 출신이 나누어 맡는다는 결론에 도달했다. 누가 보아도 대등한 입장에서의 합당이 아니라 한독당에의 흡수통합을 의미했다.

인촌은 그렇게 해서라도 범민족정당의 출범을 보려고 했던 것이다. 그러나 4월 9일에 개최된 한민당 중앙집행위원회는 이 '합당안'을 부결시켜 버렸다. "그것은 합당이 아니라 헌당이오!" 집행위원들은 거의 이구동성으로 한독당의 독존을 성토했다.

"설산이 교섭위원으로 갔으면서도 인촌의 지나친 아량을 제지하지 못했다니 참 모를 일이야!" 설산의 두뇌와 언변을 잘 아는 동지들은 이렇게 아쉬워했다.

한편 한독당 측에서는 색다른 반응을 나타냈다. "인촌은 백의종군이라도 하실 분인데 설산이 뒤에 돌아가서 부결공작을 꾸민 게 틀림없다. 합당을 깬 장본인은 장덕수다!"

김구는 이런 말을 믿으려 하지 않았으며, 설산은 자기 결백을 위해 변명을 하지 않았으나 결과적으로 백범과 설산은 일월 같은 사이면서도 월식현

상을 일으키게 되었다.[68]

　1946년 4월경 제1차 한독·한민당 합당추진 시 일어난 일이다. 아마 이 무렵부터 한독당은 장덕수를 합당에 가장 방해되는 인물로 경원시했을 것이다. 1947년 2월경 추진된 제2차 합당 논의에서 장덕수는 다음과 같은 발언을 했다. "한 가지 덧붙여야 할 것은 미군정에 대한 견해 차이를 어떻게 조화시키느냐 하는 것입니다. 우리 한민당은 미군정을 현실로 인정하고 협조하면서 독립을 쟁취하자는 것인데 비해 한독당은 협조를 거부하는 노선을 걷고 있으니 이 문제도 어떤 귀결을 지어야합니다. 이러한 노선상의 거리 차이를 단축시키지 않고서는…"[69]

　장덕수의 정치노선은 송진우와 거의 유사했다. 소위 훈정론의 재등장이었다. 임정법통론과 훈정론의 간격은 결국 두 사람의 죽음으로 귀결되었다. 서중석의 표현대로 "장덕수는 중경임시정부측의 우익 헤게모니 장악에 장애적 역할"[70]을 한 것이 그가 암살당한 가장 큰 원인이었다. 다시 재판정으로 돌아가자. 1948년 3월 12일 오전 9시경, 김구는 제8회 군률재판 공판정에 증인으로 출두했다. 그의 나이 73세였다. 1910년 안명근 사건 관련자로 체포된 후 38년 만에 서게 된 법정이었다.

　김구는 증인 신문 내내 살해교사를 부인했다. 간접적으로 지시한 사실도 없다고 했다. 왜 김석황 등의 진술과 틀리냐는 검사의 질문엔 고문에 의한 강요된 답변이라고 대응했다. 1차 신문은 4시간 반이나 걸릴 정도로 장시

68) 이경남, 『설산 장덕수』, 동아일보사, 1981, p.351
69) 이경남, 『설산 장덕수』, 동아일보사, 1981, p.352
70) 『서중석, 한국현대민족운동연구』, p.546

간 소요되었는데, 정작 해프닝은 제2차 신문 때 일어났다. 김구는 이날 김규식, 김창숙, 조소앙, 조성환, 조완구, 홍명희 등과 함께 총선불참을 공식 선언했다.[71] 오랫동안 이어져왔던 이승만과의 밀월이 완전히 깨어지는 순간이었다.

그리고 3월 15일 오전 9시, 김구는 두 번째 진술을 위하여 법정에 섰다. 비교적 평온했던 첫날에 비해 이 날은 김구의 진술거부, 퇴청소동, 박광옥의 난동 등으로 인해 재판자체의 정상적인 진행이 어려울 정도였다. 아래에 그 날 있었던 삽화를 소개한다.[72]


[제2차 김구 진술]
　15일 김구에 대한 두 번째 증인심문은 아침 아홉시부터 개정되었는데 벽두부터 김구가 답변을 거절하고 또 그 도중 피고인 박광옥의 흥분된 언동으로 일시 긴장된 장면을 이룬 바 있었다.

　　[라만 검사 문] 지난 금요일날 내가 심문한 데 대하여 선생이 답변한 내용 중에서 이 피고인들이 진술하되 모두 선생의 명령을 받아서 했다니 어떻게 생각하오? 하고 물은 바 그것은 선생은 모략에서 나온 것이라고 답변한 바 있었는데 그러면 그 모략이란 것은 뭣입니까?
　　[답] 대답을 못하겠소.

　　[문] 대답을 못한다는 것은 그 답변이 혹 피고인에 대하여 유죄가 되든 무죄가 되든 하여간 무슨 관련을 줄까 싶어 그러는 것입니까?
　　[답] 내가 할 말은 이미 다했오. 도대체 나는 국제예의를 존중해서 증인으로 나오라기에 여기 나와 앉은 바인데 마치 나를 죄인처럼 취급하는 셈이니 매우 불만하오. 내가 지도자는 못되더라도 일개 선배요 나라를 사랑하는 내게 대해서 법정에서 이렇듯 죄인 취급을 함에는 나로서 이 이상 말할 것이 없오. 이 사건에 대해서는 시종 아무것도 모른다고 했

71) 김구·김규식 등 7인, 총선불참 공동성명, 「동아일보」, 1948.3.13
72) 장덕수 살해사건 9회군률재판 개정, 「조선일보, 서울신문」, 1948.3.16

으니 바로 나를 죄인이라 보면 기소를 하여 체포장을 띠워 잡아놓고 하시오. 내가 증인이라면 더 말할 것이 없으니 나는 가겠오.

김구는 흥분된 어조로 일어서 물러나오랴 하는 것을 변호인 측에서 만류하였다. 이때 재판장이 가로채어

[재판장] 검사심문에 답변을 거절하는 것은 그 답변이 선생으로 하여금 죄가 될듯 싶어 그러는 것이요?
[답] 이 사건에 대해서 아무 것도 모르는데 죄여부를 어찌 논할 겁니까?

재판장은 다시금 똑같은 질문을 되풀이하니 김구는 한갓 흥분된 듯

[답] 장덕수가 죽은 데 대해서는 더 분하게 생각하는 나더러 검사는 마치 죄를 뒤집어 씌우랴고 하니 나 이것 참 기맥힌 일이 아니요?

이렇듯 김구는 답변을 굳이 거절하니 검사 재판장 변호인들은 제가끔 소근거리며 대책을 의논하느라고 5분간 휴정, 이윽고 재개되어 라만 검사가 다시 모략이란 무엇을 말한 것인가? 하는 질문을 되풀이하였으나 함구무언하였다.

마침 이때 피고석에서 하수인 피의자인 박광옥이가 불쑥 일어서며 "그럼 내가 말하지요 그것은 완전히 모략이다. 저분은 모른다."라고 외치자 MP가 달려들어 제지를 하나 박은 벅벅 대항하면서 "법정에 태극기를 달아라 ××먹을랴면 깨끗이 먹어라"는 등 소리소리 지르는 통에 장내는 소란해져서 김구도 잠시 퇴장하고 간신히 朴을 뒷구석으로 끌어 옮겼으나 판장을 격한 그 속에서도 통탕거리더니 이윽고 朴의 울음소리로 "나는 사형을 받더라도 저 사람(金九를 가리키는 듯)은 죄도 없는데 왜 붙들어다 놓고 야단이요"하는 등 혼잣말이 들려나왔다. 방청객들도 복잡한 흥분에 겨운 터에 어떤 방청객 한 사람은 얼굴이 새팔해서 입술을 부르르 떠는가 싶더니 "3천만은 인젠 다 ×××소"하고 외쳤다. MP가 한참 노리고 보다 복도에 불러내더니 몸조사를 했는지 다시 들어와 앉았다. 이리하여 부득이 휴정된 지 약 30분후에 다시 속개되어 종시 침착한 태도로 임하던 라만 검사는 약 두치 가량의 면도칼처럼 생긴 양철쪽 하나를 들고 두루 보이면서 '이것은 방금 박광옥의 품에서 나온 것입니다' 설명하고 박의 언동을 주의시킨 다음 심문을 계속했다.

[문] 아까도 묻든바 모략이란 무엇입니까?

이때 변호인측에서 그에 대한 답변은 증인의 위신문제니 질문을 반대했다.

여기서 다시 변호인은 재판장과도 의논하고 김구와도 타협한 후

[재판장] 증인은 자기 답변이 위신에 관계될 때, 또 하나는 어떤 죄가 될까 싶은 때는 답변을 거절할 권리가 있오.

이에 라만 검사는 한 번 같은 심문을 하니 김구는 선뜻

[답] 위신에 관계되니 답변 못하겠오.

이로서 검사심문은 끝나고 재판장으로부터 전일 왜놈 이외는 죽일 리 없다 말했는데 그것은 어디서 언제 일인 누구를 그리했는가? 물음에 대하여

[답] 왜놈을 죽이라는 말만은 아마 나로서 그친 적이 없을게요. 이 일을 할 때는 반드시 실행자와 나와 단둘이서 직접 명령을 주고받지 간접적으로 또 한 다른 사람을 시키는 일은 없오. 왜놈대장 수명쯤 살해했오.

[문] 애국자로서의 선생은 장덕수 씨를 애국자로 생각했오?
[답] 장 개인에 대해서 깊이 연구한 적은 없지만 환국이래 나와 같이 일한 사람이면 모두 애국자로 보니까 장씨도 애국자로 봤겠지요.

이로서 재판장은 검사와 변호인에 대하여 질문이 없느냐고 다짐을 한 후 김구더러 '돌아가시오' 하니 김구는 '고맙소'하고 퇴장하여 김구에 대한 증인 심문은 끝난 것이다. 뒤이어 변호인 측 증인 송정옥에 대한 증인심문이 오후까지 계속되었다.


김구의 제2차 진술의 핵심은 "나를 죄인취급하지 말라. 만일 죄가 있다고 판단되면 정식으로 구속하라. 그리고 일평생을 통하여 왜놈 이외 다른 사람을 죽이라고 명령한 적은 전혀 없다."라는 것이었다. 김구는 분명히

거짓말을 하였다. 이 책을 통하여 지속적으로 증거를 제시한 바와 같이 김구가 같은 동포의 살해에 관여한 사례는 한도 끝도 없을 정도였다. 한편, 상기 인용한 조선일보와 서울신문이 보도한 장덕수에 관한 진술부분을 경향신문은 조금 다르게 "국내에 들어와서 장씨를 애국자라고 말하였는데 나는 그 동안 장씨가 애국자 노릇을 못 했는지 했는지 모르며 조사해볼 생각도 없었다."라고 보도했는데, 이 진술은 분명 위증이었다.

친일 분자로 지목을 받는 자 중에서 일찍이 왜적 이상으로 왜국을 위하여 충견노릇을 한 무리는 감히 대두도 하지 못하며 혹 그 정상이 비교적 경한 무리로도 자숙하는 부분도 없지 아니하나 그러나 소위 황국의 성전을 위하여 글장이나 쓰고 연설쯤 한 것은 문제도 되지 아니한다고 하면서 도리어 발호하는 무리를 대할 때에는 구역이 나지 아니 할 수 없다.

이 글은 1946년 11월 23일, 서울신문 출범 1주년을 맞이하여 김구가 기고한 축하문의 일부다. 글의 맥락 그리고 입법선거 문제 등 당시의 상황을 고려해 보면, 그가 말하는 친일분자는 김성수와 장덕수가 틀림없었다. 그리고 1945년 12월 중순, 관수동 국일관에서 거행되었던 임시정부 환영회 석상에서 일어났던 친일파관련 소동에서 장덕수 역시 친일파라는 신익희의 발언에 김구는 장덕수를 전혀 변호하지 않았다. 어쨌든 김구는 더 이상 재판정에 서는 수모를 겪지 않았다. 공판은 계속 진행되었지만 남북연석회의라는 거대한 정치적 회오리 속에서 김구의 행동 자체가 역사가 되었기 때문이다.

3월 2일 개정된 이래 무려 21회에 걸쳐 진행되었던 공판이 완료되고, 1948년 4월 1일 김석황(54), 조상항(56), 신일준(36), 손정수(58), 김중목

(58), 최중하(24), 박광옥(24), 배희범(22) 등 8명에겐 교수형이 조엽(23)과 박정덕(25)에겐 10년형이 언도되었다.[73] 예상외의 판결이었다. 예전 송진우, 여운형 피살사건과는 너무나 다른 미군정의 조처였다.

1948년 4월 19일 김구는 38선을 넘어 북행을 했고, 남북연석회의 도중인 4월 22일 하지는 갑자기 장덕수 피살사건 피의자들에게 은총을 베풀었다. 박광옥 및 배희범의 사형은 승인하나 집행은 추후 재심할 때까지 보류하고, 김석황·신일준·김중목·최중하의 경우는 종신형으로 감형 그리고 조상항과 손정수는 10년형으로 감형, 조형 및 박정덕은 5년형으로 감형되었다.[74]

마지막으로 소개할 것은 이 사건을 바라본 당시 경찰의 관점이다. 1955년 8월경 경찰국 사찰과장 이상국 및 시경국장 변종현 이사관 등이 편찬한 《한국정당사·사찰요람》에는 장덕수 피살사건을 다음과 같이 기록했다.

김구의 수단과 방법을 가리지 않는 그의 당리적 의욕은 그칠 바를 모르고 동년(소年) 12월 2일 상기(上記) 의용단에게 지령하여 당시 한민당 정치부장 장덕수를 살해한 경위를 밝힌다면 장씨는 한민당 세력을 동원하여 이승만 박사를 장차 대통령에 추대할 공작을 추진한다는 단순한 동기였던 것이다. 그리하여 그의 하수인 박광옥을 위시한 동단장(소團長) 김석황 동참모장 신일준 및 최인, 배희범, 조엽, 손종수, 조상환, 김중목 등은 검거되어 미군정 재판에서 무기 또는 10년 체형 등을 언도받은 사실이 있는바 그 후, 김석황은 옥사하고 기타 인물 등은 그 후 감형령에 의하여 출감되었다.[75]

73) 장덕수살해사건 피의자 8명에게 사형 언도, 「조선일보」, 1948.4.2
74) 장덕수살해사건 군율재판에 대한 하지의 특별조치 발표, 「동아일보, 경향신문」, 1948.4.23
75) 『한국정당사·사찰요람』, 서울대학교 한국교육사고, 1994, pp.37-38

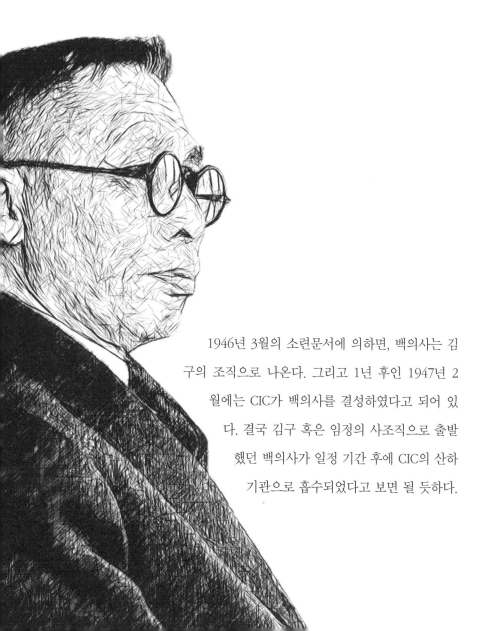

# 25
# 백의사와 김구
# 그리고 CIC의 역학관계

1946년 3월의 소련문서에 의하면, 백의사는 김구의 조직으로 나온다. 그리고 1년 후인 1947년 2월에는 CIC가 백의사를 결성하였다고 되어 있다. 결국 김구 혹은 임정의 사조직으로 출발했던 백의사가 일정 기간 후에 CIC의 산하기관으로 흡수되었다고 보면 될 듯하다.

# 백의사와 김구 그리고 CIC의 역학관계

한민당과 미 군정청으로부터 극진하게 환대를 받고 있던 1945년 12월경, 임정 측에 날개가 하나 더 달리게 된다. 백의사라는 비밀조직이 임정과 깊은 관계를 맺게 된 것이다. 백의사는 임정의 비밀암살조직이라는 기능을 했을 뿐 아니라 주한미군과의 연결고리 역할도 했다.

제2차 세계대전 당시 미국의 정보조직 활동은 OSS(Office of Strategic Service)가 주로 담당했지만 종전 후 해체되고 그 뒤를 이어 CIA가 대신했다. 한국에서 군정이 실시되던 무렵은 OSS로부터 CIA로 역할 이동 시기였으므로 한국 내의 정보활동은 미군 스스로 해결할 수밖에 없는 상황이었다.

1945년 한반도 상륙 이후 주둔한 미24군단의 예하에는 두 그룹의 정보기관이 있었다. 하나는 G-1, G-2, G-3, G-4 등 4개의 일반참모부 중 정보참모부로 알려진 G-2였고, 나머지는 CIC(Counter Inteligence Corps)로 불리는 방첩대였다. 1945년 9월 9일에 들어온 제224CIC파견대가 한국에 최초로 들어온 부대다. 1946년 4월 1일, 모든 CIC파견대는 971CIC파견대로 교체되고, 이 무렵부터 CIC는 한국 내 정치사찰과 공작, 대북정보 수집 등 본격적인 활동에 돌입했다. 초기 57명 정도였던 CIC요원 수는 971CIC파견대 출범 무렵에는 126명으로 증원되었다.[1] 미 군정청은 이들의 활약을 통해 한국 정치계의 이면을 손바닥 들여다보듯 파악했으며 때로는 조정하기도 했다. 1947년부터 1년가량 CIC에 근무했던 파넬(Marion R. Panell)소령의 회고는 CIC의 위세를 보여주는 대표적 사례다.

당시 주한미군 방첩대는 이승만·김구·김규식 등 우익의 3거두를 제외한 모든 한국 정치인들을 매주 사무실로 불러 활동경과를 보고하도록 했고, 마음만 먹으면 구금도 서슴지 않았다.[2]

한편, CIC는 남한의 우익반공단체들과 연대해 공작원을 파견하는 등 대북 공작을 벌였는데 가장 활발히 접촉한 곳이 바로 백의사였다. CIC가 가장 목말라했던 것 중의 하나는 38선 이북 쪽의 정보였다. 백의사 또한 CIC란 배경이 필요했을 터이다. 백의사와 CIC와의 관계는 상당히 오랫동안 비밀이 유지된 것으로 보인다. 그리고 적어도 1946년 상반기 무렵까지는 소련도 그 실체를 몰랐음이 분명하다.

보도에 의하면 테러단체 '백의사(白衣社)'가 조직되었다고 한다. 이 단체는 김구의 직접적인 지도하에 있다. 이 단체에는 중국에서 돌아온 조선인들과 일부 청단단체 회원들이 포함되어 있다. 이 단체의 목적은 공산당과 인민당의 당원들 및 인민위원회 지도자들을 살해하는 것이다.[3]

---

1) 정병준, 백범김구 암살배경과 백의사·《한국사연구(128)》, pp.263-265

2) "228-01 Panell, Marion R.-CIC during the Occupation of Korea (1947-1948)" interview on 18 Oct. 1954, p.3 RG 319, G-2(Intelligence) Counter Intelligence Corps Collection, Historian's Background Material Files concerning CIC History, Box no.6.《정병준, 백범김구 암살배경과 백의사, 《한국사연구(128)》, p.264 재인용

3) 러시아국방성 중앙문서보관소 문서군 172, 목록 614631, 문서철 12, 1~7쪽. № C-2, 1946년 3월 22일, ·《러시아연방국방성중앙문서보관소 소련군정문서, 남조선 정세 보고서 1946~1947》

이 문서가 작성된 시기는 1946년 3월 22일이다. 그 해 삼월의 북한은 무차별 테러로 인한 공포의 시기였다. 3월 1일, 김일성 암살 미수 사건이 시작이었다. 평양역 앞 광장에서 열린 3·1절 기념행사장에서의 수류탄 투척으로 인해 김일성은 무사했으나 소련군 장교 노비첸코는 오른 팔이 잘려나가고 한쪽 눈이 다치는 중상을 입은 사건이 발생했다. 이틀 뒤인 3월 3일 그리고 3월 5일 두 차례에 걸쳐 최용건의 집이 습격을 당했다. 3월 9일에는 김책의 집 차례였다. 폭탄테러는 그 정도로 끝나지 않았다. 3월 11일, 강양욱의 집이 습격당해 그의 아들, 딸과 식모, 경비보초 등이 암살당했다.[4]

테러범 중 이희두는 총격 중 사살되었으며, 최기성과 김정의는 현장에서 북한 인민군에게 체포되었다. 이성렬만이 살아서 월남했다. 이들이 숨어있던 아지트에는 임정포고문 제1·2호가 발견되었으며, 암살단은 임정 내무부장 신익희 명의로 1946년 2월 15일에 발급된 '승차권의 공여에 관한 의뢰장'과 '신임장'을 갖고 있었다.[5] 북한 당국에서 김구·이승만을 "파쇼 테러 강도단의 두목"이라고 맹렬히 비난한 연유다.[6] 이러한 일련의 테러 사건을 겪은 소련 군정 당국이 정리한 문서가 앞에서 소개한 보고서이다.

---

4) 이 다섯 차례의 테러 사건에 대해선, 사건 당사자인 조재국, 이성렬 등의 증언이 남아있으며, 특히 이영신은 비밀결사 백의사란 책을 통하여 당시의 상황을 실감나게 표현한 바 있다. 이영신, 『비밀결사 백의사-중』, 알림문, 1993, pp.149-210

5) "소련방무력정비사령부제7국부국장샤포쥐니코프가소련방중앙위원회수슬로프동지에게보내는전문," 1946년8월22일; 도진순, 『한국민족주의와남북관계: 이승만·김구 시대의 정치사』, 서울대학교 출판부, 1997, p.79.《이완범,『백의사와KLO의활동을통해서본남한대북정보활동의원류』(1945-1953)》재인용

6) 북조선5-1기념공동준비위원회(편),『팟쇼-반민주분자의정체』,(평양: 동회, 1946.5.1); Освобождение КОРЕИ : ВОСПОМИНАНИЯ И СТАТЬИ(Москва : НАУКА, 1976); Ivan Chistiakov, "제25군의전투행로,"『조선의해방』, 국토통일원(역)(서울: 통일원, 1988);『레닌그라드로부터 평양까지』(서울: 함성, 1989); 박명림, 『한국전쟁의 발발과 기원 I: 기원과 원인』(서울: 나남,1996), p.158; 도진순, 『한국민족주의와남북관계: 이승만·김구시대의정치사』(서울:서울대학교 출판부, 1997), p.79.《이완범, 백의사와KLO의활동을통해서본남한대북정보활동의원류(1945-1953)》재인용

1947년에 들어서면 소련도 CIC와 백의사와의 관계를 어느 정도 파악하게 된다. 1947년 2월 25일, 로마넨꼬가 쉬띄꼬브 대장에게 보낸 남조선 정세에 대한 정보자료에 다음과 같은 내용이 기록되어 있다.

미육군 방첩대는 테러단체 "백의사(白衣社)"를 결성하였다. 이미 200명이 이 단체에 가입하였다. 그리고 29명이 북조선으로 파견되었다.[7]

1946년 3월의 소련문서에 의하면, 백의사는 김구의 조직으로 나온다. 그리고 1년 후인 1947년 2월에는 CIC가 백의사를 결성하였다고 되어 있다. 결국 김구 혹은 임정의 사조직으로 출발했던 백의사가 일정 기간 후에 CIC의 산하기관으로 흡수되었다고 보면 될 듯하다.

인용문서는 1990년대 소련 해체 후 공개된 기밀문서 중의 일부다. 그리고 차츰 소개하겠지만 백의사 관련 미국 기밀문서인 실리보고서가 작성된 시기는 1946년 6월 29일이지만 우리에게 알려진 것은 2001년경이다. 사실, 실리보고서와 소련 기밀문서가 공개되기 전에 백의사 관련논문이 발표된 사례는 전혀 없었다. 염동진, 백의사 등에 관한 정보가 없었던 것은 아니었으나 소설 수준의 야담 정도로 취급받았던 것이 또한 사실이다. 북한에서 발생한 테러를 먼저 소개했지만, 해방공간에서의 4대 암살사건이라고 할 수 있는 송진우, 여운형, 장덕수, 김구 암살 사건에도 백의사는 깊숙이 연관되어 있다. 하지만 백의사에 대한 정보는 너무나 오랫동안 닫혀있었다는 것을 지적하면서 글을 계속 하기로 한다. 이제 이 글을 전개하면서

---

7) 로마넨꼬가 쉬띄꼬브 대장 동지에게 보낸 남조선 정세에 대한 정보자료, 1947년 2월 25일,《러시아 연방국방성중앙문서보관소 소련군정문서, 남조선 정세 보고서 1946~1947 Ⅶ.러시아연방국방 중앙 문서보관소 문서군 172, 목록 614632, 문서철 34》

조금씩 진실에 접근하게 될 것이다.

언론 역시 백의사에 대한 보도는 인색하기 짝이 없었다. 해방공간에서 백의사 관련 기사는 1947년 6월 6일, 백의사 간부에 징역 2년이 언도되었다는 동아일보의 보도가 거의 유일하다. 아래에 기사 전문을 소개한다.

백의사 선전부장 선우봉(鮮于鳳, 24)과 김융기(金隆基, 22)는 지난 2월 12일 조선정기주식회사 지배인 유재룡 씨의 자택인 돈암동을 방문하여 전기 백의사의 운동자금으로 약 10만원이 꼭 필요하다는 구실로 권총으로 공갈하였다는 사건은 서울 지방 검찰청에서 취조를 받아오던 바 6월 2일 이영섭 심판관으로부터 전기 2명에 대하여 각기 징역 2년의 언도를 하였다고 한다.[8]

백의사 관련 인물이 공갈, 협박 사건으로 연루되었다는 점이 흥미롭다. 선우봉은 해방 후 최초의 정치인 살해라고 할 수 있는 현준혁 암살사건에 백관옥, 박진양 등과 함께 연루된 인물이다.[9] 백의사의 초창기 핵심인물 중의 한 명이었다는 뜻이다. 그러한 자가 조직의 운영자금 획득을 위해 강도모의를 했다는 것을 보아 1947년 6월 무렵 백의사의 자금 사정은 그리 신통치 않았던 모양이다. 아무튼 이 보도를 끝으로 백의사에 관한 기사는 더 이상 등장하지 않는다. 백의사란 단어가 다시 등장하는 것은 20여년이 지난 1969년 12월, 김두한의 입을 통해서다.

지금은 사라진 동아방송(라디오)에 '노변야화'라는 프로그램이 있었다. 김두한은 1969년 10월 14일부터 1970년 1월 26일까지 이 프로에 출연해, 종로 주먹에서 국회의원으로 활약하기 까지 인생 역정을 고백했다. 물론

---

8) 백의사 간부에 징역 2년 언도, 「동아일보」, 1947.6.6
9) 이영신, 『비밀결사 백의사-상』, 알림문, 1993, pp.103-117

그 내용은 검증이 필요한 부분이 많다. 하지만 관련 비화를 김두한이 발설함으로써 백의사란 단어가 신화에서 역사로 편입되는 계기가 되었음은 부인할 수 없는 사실이다. 김두한이 언급한 내용은 다음과 같다.

■ 제42화 이박사와의 관계(1969.12.05 방송)
● …그런데 당시 서울에는 어떤 단체가 있었느냐 하면, 함경남북도하고 평안남북도하고 황해도 일부에서 공산당한테 재산과 생명을 빼앗기고 학살당한 이북 5도 동포가 모여서 만든 '백의사'라는 단체가 있었어요. 장개석 총통 밑에 있는 건 '남의사'인데 이 단체는 군통국장(군사위원회 조사통계국장) 대립이라고 하는 육군 중장이 만들어 장개석 총통의 생명을 지킨 겁니다.

여기에서는 백의사라고 만들었는데 공산당 두목을 죽이려는 5도 단체의 청년들이 모였죠. 그 백의사가 사령부로 되어 있어요. 지하사령부인데 사령관이 누구냐면 염동진 씨라고 평양분인데, 장개석 총통 밑의 군통국에 있다가 육군 중장 계급장을 달고 평양에 들어왔지만 밀렸거든요. 항일 투쟁을 했으니 어쩌랴 싶었는데 공산당 본부에 끌려가 척추뼈가 부러지고 장님이 됐어요. 중국이 항일 전쟁 할 때 모택동이가 염동진은 장개석 편이라고 두들겨 팼단 말이야.

그래서 옛날에 항일 투쟁하던 동지들이 그 분을 업고 38선을 넘어왔어요. 이름을 한국말로는 염동진 씨고 중국말로는 요 모씨라고 썼대요. 그런데 백의사 사령부는 비밀 결성인데 남쪽 사람이라고는 나 하나예요. 그건 왜 그러냐면 독립 운동을 한 민족주의자로서 대한독립군 총사령관이고 항전총연합회 주석으로 있던 백야 김좌진 장군이 제 아버님 아닙니까? 아버님께서 국제공산당한테 암살을 당해서 돌아가셨으니까 일급 거물이거든요. 우리 한국의 거물이 국제공산당한테 제일 처음으로 암살당한 거예요. 그러니까 나는 그 연유로 해서 백의사의 참모가 됐어요. 이북에서 넘어온 사람들이 돈이 없으니까 무기, 돈, 정보, 이걸 원하는 사람들이 나하고 합작을 원해요. 그런데 이박사와 뜻을 맞춘 염동진 씨가 나를 들어오라고 해요. 들어가니까 염동진 씨가 인사를 하고……

○ 그 분은 어디 있었는데요?
● 그때 낙원동에 있었어요. 낙원동 한양목욕탕이라고 하는 큰 집에 있었는데 나중에 이인직이 살던 효자동의 집으로 옮겼지만. 아무튼 나를 오라고 했단 말이야. 그래서 갔죠. 그랬더니 암만해도 여운형 씨를 패야 된다고 해

요. 그러니 김동지가 정보와 돈과 무기만 우리한테 제공해줬으면 좋겠다고 말이야. '그거 좋은 말씀입니다. 그렇게 하죠.' 아니 사람 죽이고 싶어 하는 사람 어디 있어요? 나라를 위해서 할 수 없이 하는 일이지 개인적으로 무슨 감정 있습니까? 사적 감정은 없거든요. 그런데 '누가 할 겁니까?' 그랬더니 염동진 씨가 '저기 쟤다.' 이래요. '어떻게 됐습니까?' '쟤가 이북에서 어머니, 아버지가 학살당했소. 그래서 철천지 원한을 가지고 있지.' '그쪽은 나이가 몇 살입니까?' 그랬더니 18살이라고 합니다. 저런 아이가 한다 이겁니다. 그럼 이름은 뭐냐고 하니까 한지근이라고 그래요. '한지근. 좋습니다. 그러면 거행합니까?' 못 하면 내가 하려고 생각했어요. '총을 어떻게 구입해서 줘야겠네.' '알았습니다' '총, 제가 드린 것은 다 어떻게 하셨습니까?' 했더니 가지고 38선을 넘어갔다고, 이북공작으로 들어가서 탄환하고 총이 없다는 겁니다. '그러면 제가 그 총을 갖다 드리겠어요.' 라고 말하고 총을 갖다 주었어요.

■ 제43화 김구 선생과의 관계(1969.12.06 방송)
　○ 여운형 씨를 살해하겠다는 것은 거기서 한 얘기가 아니고요?
　● 그건 계통이 다르죠. 그것은 내가 보기에 밑에 사람들이…, 백의사가 대한임시정부 계통이에요. 염동진 씨가 대한임시정부 계통이라고요. 그렇기 때문에 신익희 씨하고 전국의 대한임시정부 요원들이 늘 거기를 가요.
　○ 여운형 씨 살해와는 직접 관계를 안 했지만 그 뒤로는 어떻게 됐습니까? 그날 혜화동 로타리에서인가 자동차를 타고 지나가는 걸 저격했나요?
　● 혜화동 로타리에서 지나가는 것을 3명이 망보다가 한지근이가 자동차 뒤를 턱 치고 올라가면서 뒤에서 그냥 갈겼죠. 여운형 씨 목과 뒤통수에 맞았죠. 그분은 거기서 숨졌죠.
　○ 그 후에 백의사라는 것은 어떤 활동을 했습니까?
　● 백의사는 순전히 좌익 거물급만 죽이는 데 주력한 거죠.
　○ 그런데 몇 사람이나?
　● 내가 봤을 때 죽인 것은…… 1급, 2급, 3급…… 잘 기억이 안 나는데. 잘 기억이 안 나요.
　○ 그 후에 백의사를 했던 염동진 씨, 그 분은 어떻게 됐습니까?
　● 6.25때 납치당했죠.

　내용은 주로 여운형 암살사건에 관한 건이다. 여운형의 암살은 백의사가 주관했으며 살해범은 한지근이다. 김두한은 염동진에게 거사용 총을 전달했다. 염동진이 이승만과 뜻을 맞추었다. 김구는 관계가 없고 밑의 사람들이 모의했을 것이다 등의 내용이다. 물론 김두한 자신의 일방적인 주장이다. 그럼에도 불구하고, 김두한의 발언은 백의사에 대한 정보를 꽤 많이 제공해주고 있다. 아무튼 '노변야화'는 그 후 이영신이《비밀결사 백의사》를 저술할 때 많은 참고가 되었을 것으로 짐작된다.

지금까지 염동진이란 인물이 여러 번 등장했는데, 그러면 이쯤에서 염동진은 과연 어떠한 인물인가를 추적해보기로 하자. 사실 그에 대한 정보는 빈약하기 짝이 없다. 일단 입수할 수 있는 자료를 토대로 구성한 염동진의 이력은 다음과 같다.

백의사 총사령 염동진

● 염동진의 본명은 염응택(廉應澤)이다.
● 1909년(명치42년) 2월 14일생이며 본적은 평남 중화군 중화면 초현리 82번지이며 염도열(廉道悅)의 3남으로 태어났다.
● 본적지에서 중화(中和)공립보통학교를 졸업하고, 1926년(대정15년) 4월 1일 경성 선린상업학교 본과 제1학년에 입학했으며 1931년(소화6년) 3월 졸업했다.
● 이후 파주군 임진면 문산리 54번지에 잠시 머문 뒤, 상해로 건너가서 중국 군관학교 낙양분교를 졸업하고 남경(南京)에 머물고 있다.
● 키는 171.2cm정도다.
● 주로 방문하는 곳은 김창일(金昌一, 평남 안주군 연호면 룡오리)과 김시필(金時必, 신의주부 항구정룡풍상회)의 집이다.[10]

---

10) 洛陽軍官學校 졸업 조선인의 신원 및 수배에 관한 건(1935.12.12), ·京高특비 제3210호, 발신; 경기도지사, 수신; 경무국장, 上海 총영사, 각도지사, 上海 특파원, 관하 각 경찰서장·《대한민국임시정부 자료집 9》

이 자료는 낙양분교 졸업생인 왕위(王偉, 본명 엄창복嚴昌福)가 검거된 후, 그의 진술에 의해 파악된 동교 졸업생 9명(노수근, 최룡도, 정희동, 장사충, 장걸, 장중진, 전봉남, 주신화, ·렴웅택)의 수배를 요망하는 경기도 지사의 공문에서 발췌한 것이다. 그러므로 어느 정도의 오류는 있을 것으로 짐작된다. 염웅택이 일제의 기밀문서에 다시 등장하는 것은 임병웅(林炳雄) 살해사건의 피의자로 구속된 황국주(黃國柱) 현철진(玄哲鎭) 등과 관련하여 1936년 8월, 낙양분교 출신 9명(라사행, 정성언, 김령, 정빈, 김상희, 이성춘, 이경우, 명희조, 최문식)이 체포 혹은 자수한 뒤 작성된 문서에서다.

이 자료에는 정성언(鄭成彦)이 기술한 낙양군관학교 동기생 명부가 첨부되어 있는데, 염웅택은 이청천파의 일원으로 기록되어 있다. 본적지와 나이는 앞에 소개한 자료와 동일하다. 문제의 소지가 있는 것은 비고란에 있는 "소화 11(1936)년 3月 산성진 헌병분대 검거, 현재 동(同) 부대의 밀정을 하고 있다함"이란 내용이다.[11]

이 자료를 근거로 염웅택이 일제 헌병에 잡힌 후 밀정으로 변신한 전력이 있다고 하나, 이러한 주장은 좀 더 면밀한 검토가 필요하다. 왜냐하면 상기 내용은 정성언의 일방적인 진술일 가능성이 크고, 무엇보다 염웅택의 밀정 활동에 관한 구체적인 자료가 더 이상 없기 때문이다. 다만 그가 1936년 3월경 일제에 의해 체포된 것은 확실한 것으로 보인다.

염웅택에 관한 보다 자세한 정보는 의외의 자료에서 나온다. 앞에서 인용한 '낙양군관학교 졸업 조선인의 신원 및 수배에 관한 건'에는 남일봉(南

---

11) 金九일파 특무대원 검거에 관한 건(1936.8.17), 평남고비 제13168호, 발신; 平安南道 지사, 수신; 朝鮮總督府 경무국장, 각 도 지사, 上海 총영사, 南京 총영사, 奉天 총영사, 濟南 총영사, 間島 총영사, 平壤 지방법원 檢事正, 재외 각 파견원, 平壤 헌병 분대장, 관할 각 경찰서장 《대한민국임시정부자료집 9》

一峰) 즉 전봉남(全奉南)의 이력이 간략하게 기술되어 있는데[12] 전봉남 역시 1936년경 체포되었던 모양이다. 그의 신문조서를 보면 염응택에 관한 내용이 비교적 구체적으로 나온다.

전번 김구가 낙양분교에 왔을 때 재학 조선인 학생 전부를 모아놓고 너희들은 자기를 맹주로 받들어 절대 복종하라고 선언했으므로 그 전황에 분개하고 있던 이청천은 김구의 이 파면책동에 더욱 분개했으며, … 그래서 김구파의 염응택, 이청천파의 이영식, 고운기 등이 중심이 되어 책동한 결과 제17대 해산 반대 결의를 하고 재학 조선인 학생 전부가 연서하고, 고운기가 대표자로서 서면을 학교본부의 주임 축소주(祝昭周)에게 제출했다. …그래서 불만이 가득한 우리는 애국단에 잔류할 필요가 없다고 생각하게 되었다. 같은 생각인 염응택은 이청천의 간부 박남파가 추천해서 애국당에 당적을 둔 사람인데, 김구, 이청천의 불화관계에서 염응택은 이미 이청천파의 신한독립당에 몰래 들어가서 나를 권유하여 그의 권유로 결국 나도 신한독립당에 들어갔다. 이 관계는 뒤에 다시 자세히 말하겠다.[13]

전봉남의 증언에 의하면 염응택은 원래 박남파(박찬익)의 추천에 의해 낙양분교에 입학한 김구파의 일원이었다. 하지만 이청천과 김구의 갈등 과정에서 이청천파의 일원이 되었으며, 그 후 전봉남 등 김구 계열의 인물들을 이청천의 신한독립당에 가입시키는데 큰 역할을 했던 모양이다. 그리고 1935년 5당 통일운동의 결과물로 민족혁명당이 창립될 때 자연히 당원이 되었다. 이 무렵 신익희는 신한독립당에 속했으며, 이 때 염응택과 인연이 닿았을 것이다. 낙양분교에서 일부 김구파가 이청천파로 전향한 것은 김구에게 대단한 충격을 준 사건이었다. 그 당시 주동 역할을 한 염동진(염응택)

---

12) 본적 함북, 소화 8(1933)년 7월경 京城기독교청년학교 통학중, 李福仁 등과 함께 스트라이크(파업)의 주모자가 되어 뒤에 金鐵男을 연줄로 삼아 渡寧하여 洛陽분교를 졸업한 자(별도 수배 마침)

13) 全奉南 신문조서(제三회)·《韓民族獨立運動史資料集 44(中國地域獨立運動 裁判記錄 2)》

은 김구에게 두고두고 잊지 못할 상처를 준 셈이다. 김구와 염동진의 악연은 이때부터 시작된 것으로 보인다.

그 후 염응택의 행로는 분명하지 않다. 다만 전봉남은 "염응택, 박진양 양인은 작년 10월 중순경에 탈주하여 북경에 있는 박진양의 친형 집으로 갔다는 것을 박진양의 아우 태양에게서 들었다."고 말함으로써 민족혁명당 출범 후 북경으로 활동 공간을 옮겼음을 알려주고 있다. 염동진은 북경으로 이주하기 전 남경에서 잠시 머무른 흔적도 있다.

전봉남의 증언에 따르면, 1935년 4월 1일 낙양분교를 졸업한 후, 이청천 계열 34명은 남경성국부로(南京城國府路)의 태산여관에 집결했다고 한다. 그후 김구, 김원봉 계열의 졸업생이 모두 모인 뒤 각자의 진로에 대하여, 중앙육군군관학교(17명), 중앙대학(1명), 중학교(1명), 보병전문학교(1명), 중앙정치학교(2명), 실무공작(10명) 등을 희망했다.

염응택은 중앙대학 진학을 염두에 두었던 모양이다. 하지만 그가 희망했던 중앙대학 입학은 이루어지지 않았다. 거의 무위도식으로 세월을 보내다가 6월 경 신한독립당 군사부라는 조직이 만들어졌을 때 염응택은 외교부부장 역할을 한 것으로 전봉남은 진술했다.[14]

그 후 10월 중순경 북경으로 이동했으니, 그렇다면 염응택이 남경에 머문 것은 대략 6개월 정도가 된다. 이영신 등의 주장에 따르면 이 무렵 장개석 직속의 남의사 소속이 되어 첩보공작을 위해 만주에 밀파되었다가 일본 관동군 헌병대에 체포되었다고 하는데 관련 자료는 없다. 전봉남의 증언과도 일치하지 않는다. 그러나 백의사 단원들의 증언은 염응택이 분명히

---

14) 全奉南 신문조서(제四회)·《韓民族獨立運動史資料集 44(中國地域獨立運動 裁判記錄 2)》

남의사에 근무한 경력이 있다고 입을 모으고 있다.[15] 이제 실리보고서를 소개할 차례다.

[실리보고서]
  1949년 6월 29일(보고일) 제목 : 김구-암살관련 배경정보
  정보요약 : 본인은 방첩대(CIC)의 일원으로 한국에서 근무하는 동안, 업무를 통해 다수의 한국인들과 접촉하였다. 이들 가운데 흥미롭고도 분명 가장 악질적인(the most malignant) 인물은 염동진 혹은 일반적으로 '맹인장군(Blind General)'으로 알려진 한국인이다.
  이 사람은 중국에서 중국공산당 정보부의 고문을 받는 와중에 눈이 멀었는데, 같은 나라 사람이자 당시 강력한 적이었던 사람에 의해 그들의 손으로 넘겨졌다. 그 배신자는 오늘날 가장 막강한 한국 정치인 중의 하나이며, 가장 사랑 받는 한국 애국자의 한 사람인 김구 씨인데, 이 사람의 인기는 한국군 내 일단의 장교파벌이 주로 조종하는 그의 정당이 저지른 무책임한 활동에도 불구하고 빛바래지 않았다.
  염씨는 조직의 규모나 구성이 단지 추측만 할 수 있을 뿐인 조직의 지도자이다. 그는 자기 견해 표명과 추종자의 구성에 대해 말을 아끼는 것을 원칙으로 삼아 왔다. 실제로 그는 자신이 통제할 수 있는 범위를 넘어선 사람들에 의해, 즉 '암살자', 청부살인자, 국수주의적 광신도들로 구성된 방대한 지하조직의 대장으로 인정받는다.
  염씨는 본인을 신뢰해서 보고된 수많은 정보 가치를 지닌 사항들 및 그 원천의 민감성과 미검증 여부로 인해 보고서에 기재될 수 없었던 수많은 정보 가치를 지닌 사항들을 털어놓았다. 염씨는 파시스트 성향의 반공 지하조직을 설립했다. 그의 추종자들의 대부분은 김구 씨의 추종자이다.
  이 지하조직은 남한·북한·만주와 중국 전역에 뻗어있다. 작금의 사태에 비추어 어디까지 그의 공작이 행해지고 있으며 어떤 통신망이 그가 유지하고 있고 이용가능한 지는 알려지지 않았다. 이 지하조직의 주요 목적은 모든 '공산주의자들'과 '반정부' 정치인들을 암살하는 것이다.
  조직에는 한국인의 모든 계층의 직업군인, 해안경비대, 세관원, 경찰관, 소방관, 모든 정부부처의 직원, 모든 정당의 정치인, 상인, 산업가, 밀수꾼,

---

15) 백관옥, 선우길영, 최의호, 박경구, 조재국 등이 증언을 남겼다. 단 이들 중 낙양분교 출신은 없다. 그러므로 만주시절, 염응택의 이력은 좀 더 검토가 되어야할 사안이라고 본다.

농부, 그리고 평범한 일상 시민 출신자들이 들어있다. 조직의 대다수는 청년들로 구성되어 있는데, 이들은 좌우익 양측의 수많은 청년단체의 회원들이기도 하다. 이 조직 내부에는 혁명단이라고 불리는 '특공대(Special Attack Corps)'가 존재한다.

이 그룹은 각 소조에 4명으로 구성되어 있고, 모두 5개의 소조가 존재한다. 각소조의 구성원들은 민주한국과 한국민족주의의 부활을 방해하는 자는 누구든 암살하라는 명령이 내려오면 애국자로 죽겠다는 피의 맹세를 하였다. 안두희(원문에는 AhnTok Hi로 표기됨)는 한국인 청년으로 이 비밀조직의 구성원이자 이 혁명단 제1소조의 구성원이다.

나는 그를 (한국 주재 CIC의) 정보원(informer)으로, 후에 한국 주재 CIC의 요원(agent)으로 알고 있었다. 그 역시 염동진이 명령을 내리면 암살을 거행하겠다는 피의 맹세를 했다. 확인하거나 부인하는 그 어떤 보고서도 없지만, 2명의 저명한 한국 정치인 정덕수와 여운형의 암살범들도 이 지하조직의 구성원으로 알려져 있다.

나는 대략 20개월간 염씨와 긴밀한 관계를 유지해왔으며 신뢰를 저버린 적이 없었다. 나는 그가 영어, 독일어, 프랑스어, 일본어, 중국어를 자유자재로 구사한다는 사실을 알고 있었으며, 때때로 그가 미국인과 인터뷰를 가질 때 동석한 바 있는데 인터뷰 내내 그는 통역을 활용했다.

그는 나를 제외한 그 누구에게도 영어로 말한 적이 없는데, 이는 그 스스로 인정한 바일 뿐만 아니라 그와 가까운 여러 사람들의 관찰로도 그러하다. 그가 지휘하는 조직은 백의사 혹은 'White Clothes Party' 혹은 'White Clothes Society'로 알려져 있다.

한국인들은 흰색으로 된 묘한 옷을 전통복장으로 하고 있기 때문에 백의민족으로 알려져 있다. 또한 이 조직명에는 한국인의 모든 계층에 이 조직원이 존재하고 있다는 의미도 내포하고 있다. 침투하거나 모집되는 조직원들은 부여받은 각각의 개별적 활동과 임무에 관해 비밀을 지킬 것을 맹세한다.

나와 관계를 유지하는 동안에도 염씨는 여러 차례 생명의 위협을 당했으나 결코 이런 사실이 공표되거나 경찰에 보고되지는 않았다. 염씨를 보호하며 그를 대신해 그를 보호하기 위해서 죽기로 맹세한 일단의 청년들이 그를 경호하고 있다. 이 경호대는 60명의 청년들로 구성되어 있으며 하루 24시간 그를 경호하고 있다.

염씨는 김구 씨와 비밀 연락과 접촉관계를 갖고 있다. 염씨는 한국군 내부에 존재하는 우익 반대파(Rightist dissidents)의 통신을 김구 씨에게 전달해

주는 매개자역할을 해왔다. 이 군대내 파벌은 고급 장교로 구성되어 있었다. 한국 내 CIC 사령부에 제출되는 보고서들은 비밀로 분류되었다. 한번은 제출되는 정보들을 보호하기 위한 보안장치들을 확인하기 위한 목적으로 한국인 요원들을 매개로 해서 내 자신이 점검을 해본 일이 있었다.

한 건의 비밀보고서가 실질적으로 한국경비대(국군) 정보참모부(G-2)에 뿌려졌고 김구 씨에게 전달되는 과정에서 발견되었다. 그 후에 문서화된 보고서들이 전달되지는 않았으나, 구두 보고들이 한국주재 CIC 사령부 정탐과 책임장교와 전라남도 지구 CIC 사무소 광주 책임장교에게 이루어졌다.

김구 씨의 암살에 비추어, 북한의 황해도, 평안남도, 평안북도에서 소요와 폭동이 있은 직후 우익 군사파벌이 쿠데타를 일으켜 이승만 정부를 전복하려는 음모의 형성 단계에 김구 씨와 염동진 씨가 관여했음을 보여주는 아래의 편지 사본을 제출한다.

남한내 우익활동
1. 1948년 11월 9일자 서한, 제목 : 남한내 좌익활동, 추정 계획의 제 3단락 참조. 이하의 정보는 서울에 거주하는 영향력 있는 민간인들이 지도하고 지원으로 한국군 장교들이 계획 중인 가능성 있는 '쿠데타'에 대한 진행 정보를 획득하면서 요원이 신용을 잃을 경우에 기대할 수 있는 공식 지원의 정도를 확증하기 위하여 제출되었다. 그 집단들은 좌익 성향은 아니지만 파시스트 유형의 배경을 지니고 있다.
2. 광주지구사무소의 한 요원은 이전 CIC 작전 중에 서울의 한 민간인과 친하게 되었으며, 광주지구 사무소로 전근가게 되었을 때 그 민간인이 광주 주둔 국군 제5여단 제4연대 연대장에게 개인적 추천서를 써줄 정도로 신임을 얻게 되었다.
3. 그 민간인은 김구의 개인적 친구라고 스스로 말하지만, 일부 사람들 사이에서는 김구에 대한 그의 증오가 한국독립을 위한 중국에서의 그의 활동이 인정받길 바랬으나 거부한 이승만 정부 인사들에 대한 증오만을 넘어서지 못한다고 알려져 있다.

그 민간인은 여러 차례에 걸쳐 이승만이 수반인 정부보다는 더 강력하고 군사적인 유형의 정부를 선호한다고 하였다. 그 요원은 현재 국군 제 4연대 연대장을 매개로하여 그 민간인으로부터 서신을 받고 있다.
4. 제4연대 장교들의 참모회의 과정에서 김구를 수반으로 하는 보다 군사적 유형의 정부가 수립되었으면 좋겠다는 의견이 여러 차례 토로되었으며, 그럴 가능성이 존재한다. 이에 따르면 이 정부는 김구의 파시스트형 정부

에 합류할 북한군 내부의 모든 친소장교들에 대하여 즉각적인 배척을 야기할 것이라고 주장한다. 많은 장교들과 경찰관리들과의 대화를 통해서 그 요원은 이승만 배후에 미국의 세력, 권력과 위신 때문에 비록 현재는 이승만 정부가 요구되지만, 이러한 유형의 정부는 결코 한국의 통일문제를 해결하거나, 한국이 재건하고 군사적 기반을 통하여 국가들 중의 국가가 되도록 할 수 없다는 것을 확인하게 되었다.

5. 여기서 언급하는 그 민간인은 한국 주재 CIC의 일부 인사들에게 잘 알려진 인물이다. 그의 가장 명백하고 독특한 특징은 이승만 대통령에 대해 토론하길 꺼리며, 때때로 김구 씨에 대해 격렬한 비난을 가하며 동시에 군사적 견지에서 김구의 장점과 가능성을 격찬한다는 점이다. 그 민간인은 김구가 한국의 지도자가 되면 일본과 미국이 훈련시킨 200만의 한국군을 갖게 될 것이며, 필요한 경우 이 한국 군인들은 그를 따라 38선을 넘을 것이라고 말했다. 그 민간인은 과거에 CIC에 복무를 잘 했으며, 군사과학과 전술에 조예가 깊다. 그는 클라우제비츠의 저작을 숙독하고 연구했다.

그는 중국 충칭(重慶)군사대학을 졸업했으며 1935년 현재 조직의 핵심을 형성하였다. 그는 모든 정치조직, 육군 및 해군뿐만 아니라 모든 직업 분야에 조직원을 침투시켰고 모집하였다. 이들 요원들의 다수는 1947-1948년 동안에 CIC 임무를 추진하기 위해서 활용되었다.

이 편지가 한국인의 손에 들어갈 가능성을 배제하기 위해서 그 민간인의 이름은 언급하지 않았다. 그 민간인의 이름은 백의사의 대장인 염동진 씨이다.

주한미군사령부에 수많은 한국인과 여타 외국인들이 통역관, 번역관, 고문관의자격으로 고용되어 있기 때문에, 이 정보는 기록물로 작성되지 않았으며, 관련 요원들이 1948년 12월 미국으로 귀환함에 따라 전체 조직망은 해체되었다.

1949년 6월 현재, 한국주재 971CIC파견대에 근무 중이었던 실리(Gorge E. Cilley) 소령은 김구 암살 3일 뒤인 1949년 6월 29일 '김구-암살관련 배경정보'란 한 건의 비밀문서를 남겼다. 이 문서는 김구와 염동진의 관계부터 시작된다. 실리에 의하면, 염동진은 김구의 밀고에 의해 중국 공산당으로 넘겨졌고, 고문을 받는 중에 눈이 멀게 되었다고 한다.

실리는 김구를 배신자로 표현했고, 임정과 한독당을 무책임한 활동을 한 정당으로 묘사했다. 그럼에도 김구는 "오늘날 가장 막강한 한국 정치인 중의 하나이며, 가장 사랑 받는 한국 애국자의 한 사람"이라고 비꼬는 투로 말했다. 바로 이 내용이 많은 학자들이 곤혹을 느끼고 있는 부분이다. 아쉽게도 실리의 주장은 출처가 불분명하다. 대부분의 학자들은 실리보고서의 이러한 한계 때문에 이영신의 주장 즉 일본 관동군에 의한 고문설에 무게를 두고 있는 모양이다. 이영신의 주장은 다음과 같다.

중일전쟁이 일어나자 군사위원회 조사통계국에는 남의사 사원들이 대거 참여해서 활동을 하기 시작했다. 염응택은 이 조사통계국 소속으로 첩보 공작을 위해 만주에 밀파되었다가 왜국 관동군 헌병대에 체포되지만, 어디서 어떤 활동을 하다가 언제 체포되었는지에 자료는 입수하지 못했다.
분명한 것은 그는 관동군 헌병대에 체포되어 심한 고문을 당했고, 고문에 못 이겨서 그랬는지 또는 왜군의 정보기관을 역이용하기 위해 위장 전향을 했는지는 분명치 않으나, 헌병대에 체포당한 얼마 뒤에는 관동군 정보기관의 첩보원이 되어 있었다.
행인지 불행인지 관동군 헌병대에서의 고문 후유증으로 염응택은 점차 시력을 잃어 가고 있었다. 덕분에 그는 고향인 평양으로 돌아올 수가 있었다. 시력 회복을 위한 치료를 받고자 해서였다.[16]

하지만 관동군 고문설 역시 확실한 근거자료는 없다. 발굴된 자료를 중심으로 구성된 염응택의 행적은 다음과 같다.

- 1935년 4월 1일: 낙양분교 졸업
- 남경성국부로(南京城國府路)의 태산여관에 집결
- 1935년 6월: 신한독립당 군사부 외교부장

---

16) 이영신, 『비밀결사 백의사-상』, 알림문, 1993, pp.68-69

- 1935년 7월 5일: 민족혁명당 창립
- 1935년 10월: 박진양(朴震陽)과 함께 북경에 있는 박의 친형 집으로 이동
- 1936년 3월: 산성진(山城鎭) 헌병(憲兵)분대에 의해 검거

이상의 이동 경로를 검토해보면, 염응택은 민족혁명당의 당원으로서 모종의 임무를 부여받고 박진양과 함께 북경을 거쳐 만주 지역으로 파견되었다가 일본 헌병에 검거되었다고 볼 수 있다. 이러한 추정에 뒷받침되는 자료로 박진양에 대한 기록이 있다.

박진양에 대한 공훈 기록을 보면 "1934년 중국군관학교낙양분교(中國軍官學校洛陽分校)에 특설된 한국인 훈련반에 들어가 1년간 군사교육을 받았다. 그 뒤 북경(北京)에서 군자금의 모집, 일본인 암살, 군사기밀의 탐지 등을 위하여 활약하다가 일본경찰에 잡혀 신의주로 압송되어 1936년 10월 신의주지방법원에서 징역 2년형을 선고받고 신의주형무소에서 복역하였다."[17]라고 기록되어 있다. 그러나 염응택의 복역관련 자료가 없는 것으로 보아, 그 무렵 일제에 전향했다고 볼 수도 있다.

사실 염응택의 시력상실 원인은 그리 큰 문제는 아니다. 다만 자신의 철저한 반공노선의 합리화를 위하여 공산당의 고문에 의해 실명되었다는 점을 실리뿐 아니라 주위의 몇 몇 동료들에게도 얘기한 것은 사실로 보인다. 김두한의 증언에도 "항일 투쟁을 했으니 어쩌랴 싶었는데 공산당 본부에 끌려가 척추뼈가 부러지고 장님이 됐어요."라는 구절이 있다. 백의사의 주요 활동을 정리해 보기로 하자.

---

17) 『대한민국독립유공인물록(大韓民國獨立有功人物錄)』(국가보훈처,1997), 『독립운동사』6(독립운동사 편찬위원회, 1975)

첫 번째는 대북테러·암살활동이다. 이 부분은 김일성 암살 미수 등 앞에서 거론한 바 있다.

두 번째는 남한 내에서의 반공테러·정적제거 등이다. 상세한 내용은 송진우·여운형·장덕수 등의 암살사건을 다룰 때 이미 소개한 바 있다.

세 번째로 들 수 있는 것은 CIC와의 연대 혹은 통제 하에 각종 첩보·정보 수집활동이다. 실리보고서에 의하면, 백의사 조직은 "한국인의 모든 계층의 직업군인, 해안경비대, 세관원, 경찰관, 소방관, 모든 정부부처의 직원, 모든 정당의 정치인, 상인, 산업가, 밀수꾼, 농부, 그리고 평범한 일상 시민 출신자들이 들어있다."고 했으며, 실리는 1946년부터 1948년까지 약 20개월 간 긴밀한 관계를 유지했다고 기록했다. 즉 정치·군·경제·노동계뿐 아니라 보통 시민들의 일상생활까지 백의사를 통하여 정보를 수집했다는 뜻이다.

그 외 김구·이청천·이범석 등과 백의사가 함께 추진했던 '만주계획'이 있지만 이 글에선 생략하기로 한다.[18] 실리보고서는 지금까지 다룬 주제 외에도 김구 암살의 배경, 김구의 쿠데타 계획설 등 대단히 민감한 부분도 언급하고 있다.

---

18) 정병준의 논문, 백범김구 암살배경과 백의사 《한국사연구(128)》 참조.

# 이승만·김구의 합작품, 우익청년단체의 정치테러

장덕수 암살사건의 공판이 한창 진행되고 있던 1948년 봄, 미 군정청이 김두한에게 사형을 언도하였다. 사건 관련자뿐 아니라 일반 시민들까지 모두 놀란 의외의 판결이었다. 대한민주청년동맹(대한민청)과 조선청년전위대 세력이 부딪쳐 정진용이 피살된 소위 시공관 사건의 전개과정을 살펴보면, 보편적 상식으로는 도저히 이해할 수 없는 일이 수없이 일어난다. 당시 보도기사를 중심으로 이 사건이 어떻게 처리되었는가를 살펴보자.

■1947년 4월 20일

4월 21일 수도청은 다음과 같은 특별발표를 하였다.[19] "20일 오후9시경 씨·아이·씨 통고에 의하여 수도청장 직접 지휘 하에 무장경관 70명이 남산동 대한민총본부를 습격하여 시체 1(정진룡 32)과 부상자 10명을 발견하였다. 부상자는 백인제병원과 세브란스병원에 입원시키고 대한민청 김두한 이하 32명을 포박 취조중인데 시체는 타박상을 입은 것이 판명되었다."

■1947년 4월 24일

4월 24일 수도경찰청에서는 그 속보를 발표하였는데 내용은 대략 다음과 같다.[20]

가해자 등은 대한민청원으로서 실력행사의 중심적 인물인 바, 해방 후 좌우익이 분립되자 가해자 등은 김두한을 중심으로 우익전위대의 역할을 하고 피해자 등은 신불출 산하에서 정진룡을 중심으로 하여 좌익전위대의 역

---

19) 수도경찰청에서 대한민청본부를 급습, 「경향신문」, 1947.4.22
20) 수도경찰청, 대한민청의 테러사건 진상 발표, 「서울신문, 조선일보」, 1947.4.25

할을 해왔던 관계상 항상 그 의견과 행동이 대립되어 오던 차 금번 국제극
장에서 피해자 등과 우호관계에 있는 태극흥업공사 주최로 악극 '청춘의
봄'을 상연케 되어 동 극장 부근에 피해자 등이 출입함을 기회로 지난 19일
오후 8시경 김두한과 정진룡 간에 일대 쟁투가 있었다. 그 복수책으로 김두
한은 부하를 동원하여 국제극장에 나아가 피해자 등을 납치 구타하였다.

　-구타사실

　20일 오후 1시경 가해자 홍만길 조희창 김영태 등 10여 명이 김두한의
명령으로 피해자 정진룡 외 9명을 2명 내지 3명씩 대한민청본부에 납치하
고 곤봉으로 난타하여 동일 오후 5시반까지에 사망자 1명 중상자 2명 경상
자 7명의 부상자를 내게 한 폭력행위를 감행하였다.

　-경찰의 조치

　경찰의 조치는 전번 발표와 같으며 대한민청 유진산은 이 사건을 직접 지
휘한 형적은 없으나 최고 책임자이므로 그 소재수사에 전력중이다.

　-가해자씨명

　　김두한(29)(감찰부장) 조희창(23)(별명상해) 양동수(22)(제4별동대과장) 홍
　　만길(29)(제2별동대과장) 김영태(27)(동원부장) 신영균(31)(조사과장) 김태
　　수(33)(맹원) 고경주(30)(맹원) 이창성(20)(맹원)

　-피해자씨명

　1) 사망자 정진룡(29)(태극흥업공사원)

　2) 중상자 김천호(29) 장윤수(27)(야채행상)

　3) 경상자 이송근(22) 이상오(25) 김봉산(23) 이김성(20) 성광석(24) 이희
　　수(26)

■ 1947년 5월 19일

　대한민청 본부에서 일어난 살인사건에 관련되어 그 동안 경찰당국과 CIC
에서 취조를 받아오던 대한민청원 30여 명은 취조가 끝나 19일 주범 김두
한(29) 김영태(27) 외 13명이 검찰청에 송청되고 나머지 20여 명은 CIC의
지시로 석방되었다 한다.[21]

■ 1947년 7월 3일

　전 대한민청원 김두한 외 13명에 대한 상해치사죄에 관한 공판은 3일 오
전 11시부터 심리원 대법정에서 신언한 검찰관 입회 아래 이필빈 심판관 주

---

21) 대한민청 살인사건 관련 김두한 등 송청, 「경향신문」, 1947.5.20

심으로 개정되어 각기 다음과 같은 언도가 있었다.[22]

　　김영태 징역 7년(구형 5년)
　　신영균 징역 5년(구형 5년)
　　홍만길 징역 2년(구형 1년)
　　김두한 김두윤 이련근 문화태 고경주 송기현 벌금 2만원 조희창 무죄
　　기타 3명 1만5천원

■ 1948년 3월 16일

1월22일 이래 미군 제24군단 군사위원회에 의하여 재판을 받아오던 김두한 외 15명에 대한 군사재판은 이미 끝난 지 오래였으나 결과가 발표되지 않고 있던 바 16일 공보부에서는 판결내용을 다음과 같이 발표하였다.[23]

▷공보부 발표

김두한 외 15명에 관한 군사위원회의 재판은 1948년 2월12일 종결되었으나 동 위원들은 그 판결내용을 발표하지 않았는데 남조선주둔군사령관 하지 중장은 3월15일 다음과 같이 발표하였다. 동 위원회는 2명의 살해 폭동 사형 기타 신체에 대한 고문을 감행한 피고들에게 유죄를 판결하여 다음과 같이 언도하였다.

교수형=김두한·김영태·신영균·홍만길·조희창·박기영·양동수·임일택·
　　　　김두윤·이영근·이창성·송장환·고경주·김관철 (이하 14명)

종신형=문화춘·송기현 (이상 2명)

이상의 판결문과 증거사실을 재심한 후 하지 중장은 다음과 같이 감형을 선언하였다.

교수형=김두한

종신형=김영춘·신영균·홍만길·조희창

30년징역=박기영·양동수·임일택·김두윤·이영근·이창성·송장환·고경
　　　　주·김관철

20년징역=문화춘·송기현

이상과 같이 감형되어 수감하도록 명령되었는데 하지 중장으로부터 수감장소가 명령될 때까지는 제7사단 구금소에 임시 유치되고 있다. 그리고 김두한 사형에 대하여서는 교수형집행 전에 극동사령부 총사령관의 승인이 있어야 한다고 한다.

---

22) 대한민청사건 언도공판,「조선일보」, 1947.7.4
23) 공보부, 군률재판에서 김두한에 사형언도발표,「동아일보」, 1948.3.18

사망자 1명을 비롯한 10여 명의 사상자가 발생한 사건이다. 민간인에 의한 살인·폭행 사건을 미군의 정보기관인 CIC의 통보를 받고 수도청장이 직접 지휘하여 범인 체포에 나섰다는 것이 현재의 시각으론 도저히 이해되지 않는다. 게다가 검찰에 송치되지 않은 20여 명은 CIC의 지시로 석방되었다 한다. 단순한 폭력사건이 아니고 좌우익 정치단체간의 무력충돌로 판단했기 때문에 CIC가 개입한 것으로 짐작되지만, 아무튼 경찰이 외면하고 있던 사건을 미국 군인이 직접 개입했던 것이다. 당시 미군정하 한국 경찰의 위상을 보여주는 대표적인 사례였다.

정말 기막힌 일은 재판 과정과 결과다. 첫 재판에서 벌금 2만원에 그쳤던 김두한의 형량이 두 번째 재판에선 갑자기 교수형이 언도되었다. 다른 피의자들도 마찬가지였다. 무죄에서 사형으로 변경된 조희창을 비롯하여 대부분의 피의자들에게 교수형이 언도되었다. 문화춘·송기현 등 단 두 명만이 종신형에 처했을 뿐이었다.

판결 번복은 이것으로 끝나지 않았다. 이번엔 조선주둔 미군총사령관 하지 장군이 은총을 베풀 차례다. 김두한을 제외한 다른 피의자들은 사형을 면하고 종신형, 30년형, 20년형으로 감형되었다. 사람의 목숨을 가지고 어떻게 이런 일이 일어날 수 있었을까? 도대체 그 당시 법이 있긴 있었는지 궁금하지 않을 수 없다. 문제의 CIC가 작성한 보고서를 중심으로 이 사건의 전개과정을 다시 검토해보기로 하자.

1947년 4월 20일, 밀정 한 명이 서울 CIC 본부로 와서 대한민청단원들이 악단제일선 단원들을 감금했고 심한 매질로 인해 1명이 사망했다고 보고했다. CIC는 즉시 약 15명의 요원으로 구성된 체포조를 보고 된 범행 장소인 대한민청 본부로 투입했다. 밀정의 보고는 정확한 것으로 판명되었다. 주검은 악단제일선의단원인 정진용으로 밝혀졌다. 동 본부에서 폭행으로 인한 부상으로 고통 받는 10명을 발견했다. 피해자들은 악단제일선단원임을 부정했고 그들이 맞은 이유는 모른다고 진술했다. 범행 현장에는 우리가 몇 번에 걸쳐 감옥에 집어넣었던 폭력배이자 우익 청년조직의 테러리스트 두목으로 활동하였던 우리의 오랜 친구 김두한이 있었다. 그는 정진용과 개인적인 원한이 있는 것으로 알려졌고 아마 이것이 사건의 일 요인이었을 것이다. 김두한은 다른 이유를 제시 한다: 악단제일선은 반이승만 유인물을 배포했고 우익을 모욕했으며 학교파업을 선동했다는 것이다. 이것은 흥미로우면서도 중요한 사건이 될 것이다. 김두한과 대한민청은 강력하고 경찰과 매우 밀접한 관계에 있었다. 그들은 경찰로부터 특혜를 받아왔고, 경찰의 기능을 수행해왔으며, 경찰관과의 협력 하에 일해 왔다. 우익 청년단체들의 장님 지도자인 염동진은 이미 우리에게 김두한의 석방을 청원했다; 그러나 우리는 이들에 대한 재판부가 확립될 때까지 김두한을 구치시킬 것이다.[24]

이 보고서는 많은 정보를 우리에게 제공해 준다.

첫째, CIC는 국내 정치 동향을 파악하기 위해 수많은 밀정을 운영했다.

둘째, 김두한과 CIC는 오래 전부터 깊은 교류가 있었다.

셋째, 경찰과 대한민청은 매우 밀접한 관계였다.

넷째, 백의사 총사령 염동진은 CIC에게 김두한의 석방을 청원했다.

이 자료로서 CIC-백의사-대한민청-경찰의 커넥션이 실재했음을 확인할 수 있다. 문제는 그동안 대한민청의 테러행위를 조장내지 묵인해왔던 미군정이 왜 칼날을 들이 내었나 하는 의문이다. 정확한 연유는 알 수 없다. 다만 주한 미군정 CIC의 역사를 기록한 아래의 문서를 통해 그 당시 미군정의 입장을 엿볼 수 있다.

CIC에 의해서 조사된 사건 중 가장 어렵고 길게 끈 사건은 김두한과 그의

---

24) HQ, USAFIK, "Weekly Information Bulletin", No.1(23 April 1947), p.13

강력한 우익청년조직인 대한민주청년동맹에 관한 사건이었다. 그 사건의 중요성은 미군정이 심지어 정적에 대해서까지 정의를 추구했다는 것을 한국 사람들에게 보여 주었다는 사실이다. 이 사건에서 CIC는 미국인의 적이기도 한 공산주의와 맞서 싸우는 와중에 죄를 범한 사람들에게 벌을 주어야한다는 것에 대해 엄청난 고통을 느꼈다.[25]

"미국인의 적이기도 한 공산주의와 맞서 싸우는 와중에 죄를 범한 사람들에게 벌을 주어야한다는 것에 대해 엄청난 고통을 느꼈다."라고 고백함으로써, 김두한을 수장으로 한 대한민청이 그들을 위해 오랫동안 더러운 일들을 처리해왔음을 미군정 스스로 인정한 셈이다. 그리고 "미군정이 심지어 정적에 대해서까지 정의를 추구했다는 것을 한국 사람들에게 보여 주었다"라고 그들 나름대로 합리화했다. 어떻게 보면 토사구팽(兎死狗烹)의 전형적인 예라고 볼 수 있다. 하지만 잔치는 끝나지 않은 상태였다. 랭던 보고서에 의한 그들의 최소한의 목표는 38도선 이남에서의 친미 혹은 괴뢰정권 수립이었다.

김두한이 구속된 1947년 4월 20일부터 교수형이 확정된 1948년 3월 15일까지, 그 무렵의 한반도 정세를 살펴보면 미군정의 의도가 짐작된다. 무엇보다 중요한 사항은 미소공위의 재개와 파행 그리고 유엔감시하의 총선으로 이어지는 국내외의 정세였다. 그 와중에 여운형과 장덕수가 피살되었다. 외국의 눈길이 한반도에 집중되던 시기였다. 미군정 역시 언론의 눈치를 보지 않을 수 없었을 터이다. 엄청난 고통을 감수하고 김두한으로 상징되던 우익테러단체에게 제재를 가할 수밖에 없었던 연유다.

대한민청은 미군정의 의도를 모를 수밖에 없었다. 그들은 김두한에게 극

---

25) History of the Counter Intelligence Corps, pp.92-93

형이 선고되리라고는 전혀 생각하지 않았고, 오히려 구속 자체에 대하여 불쾌감을 표시했다. 자신들은 미군정과 경찰의 지시에 의한 행동대일 뿐인데 부당하게 탄압당한다고 생각했다. 김두한이 구속된 일주일쯤 후 대한민청은 아래와 같이 공식반박문을 발표했다.

모든 시민들에게
대한민청 감찰위원회로부터,
남산 정에 있는 대한민청 사무실에서 벌어졌던 1947년 4월 20일 밤의 사건에 대하여, 대한민청 단원의 한명으로 나는 사실을 말할 것이다. 대한민청은 테러 조직도 아니고 공산주의자들이 사람들에게 선전하는 바와 같이 사기꾼 집단도 아니다. 우리 청년단은 미군정과경찰의 협조 하에 모두가 진실된 보수청년(공산주의자 청년을 제외한)으로 조직된 특별청년돌격대이다. 따라서 지금까지 우리 특수청년돌격대는 미군정과 국립경찰(특히 CIC의 비밀협조와 더불어)의 도움과 협조와 더불어 독립 선상에서 평화를 유지하기 위해 자위적으로 행동해왔고 앞으로도 예전과 같은 노선을 견지할 것이다. 전 날에 발생했던 불미스러운 사건, 즉 우리 청년단이 국제극장을 포위하여 정진용과 10여 명(그들은 대한민청을 테러조직이라고 불렀다)을 체포한 것은, 대한민청이 개인적으로 행한 것이 아니라 국립경찰의 승인 하에서 이루어 진 것이다. 우리가 극장을 포위하기 전에 우리의 감찰부장인 김두한은 "오늘밤 우리는 경찰본부장 장택상 씨의 협조와 지도에 따라 몇 몇 청년들을 쓸어버려야 한다. 혼신의 힘을 다해 최선을 다하라"고 말했다. 그들을 붙잡아 올 때, 우리는100여 명의 대한민청 단원과, 모 경찰서의 김모 형사반장, 그리고 무장한 사복차림의 30여 명의 형사의 도움을 받았다. 따라서 우리는 이 사건의 모든 책임을 대한민청과 김두한 그리고 10여 명의 단원에게만 미루고 자신은 책임을 면하려는 장택상 씨의 행위에 대하여 의심을 품지 않을 수 없다. 우리는 CIC의 행동도 이해할 수 없다. 그러나 우리는 우리가 젊은이들을 때려서 죽인과오를 인정한다. 따라서 우리는 많은 시민들의 도움을 희망하며 대한민청으로 하여금 테러를 자행하게 한 다음 우리들을 배신한 장택상 씨의 축출을 희망하는 바이다. 김두한 부장과 다른 단원들을 즉시 석방하라.[26]

26) HQ, USAFIK, Counter Intelligence Corps, "CIC Semi-Monthly Report", No. 9(1 May 1947), pp.2-3

앞에서 소개한 CIC 문서를 통하여 대한민청과 경찰 그리고 CIC와의 관계에 대하여 설명했지만 이 반박문은 그 커넥션을 다시 확인해주고 있다. 시공관 사건은 경찰과 대한민청의 합동작전이었다는 뜻이다. 장택상의 해임을 촉구하는 그들의 심정이 한편으론 이해된다. 대한민청의 요구가 모두 수용된 것은 아니지만 한국인 재판관으로 구성된 1심 재판에서 김두한 및 사건 관련자들은 이미 언급한 바와 같이 대부분 가벼운 처벌에 그쳤다. 하지만 군사재판으로 변경된 2심 재판부터 미군정이 무엇을 의도하고 있는지 들어나기 시작했다. 재판이 진행되면서 달라지고 있는 김두한의 돌출 행위는 많은 것을 시사해 준다.

김두한은 법정에서 졸도한 적이 있으며,[27] 모든 책임을 자신이 지겠다고 진술하기도 한다.[28] 하지만 검사의 구형이 내려진 공판에선 할복을 기도하고 재판을 거부하는 희대의 해프닝을 연출하였다. 당시 상황을 아래에 일부 소개한다.

대한민청 사건의 책임을 지겠다고 고백한 김두한이 법정에서 할복을 기도하였다. 대한민청 사건에 대한 군정재판은 12일도 속개되어 오전 9시부터 최후적인 검사의 논고가 시작되어 엄벌에 처해야 되겠다는 대목에 이르자 김두한은 군정재판을 받을 수 없다고 외치면서 몸에 감춰 가지고 있던 깡통조각으로 배를 세 번 그었다. 이에 재판정은 일시 혼란을 이루었었는데 이미 폐정이 되고 말았다. 김의 상처는 약간 뱃가죽을 벗겨 피가 좀 났을 뿐 대단치는 않은 모양이라 한다.[29]

---

27) 金斗漢 법정에서 졸도, 「자유신문」, 1948.2.4
28) 責任지겠다 金斗漢陳述, 「동아일보」, 1948.2.11
29) 법정서 김두한 할복을 기도, 「경향신문」, 1948.2.13

김두한의 사형이 하지에 의해 최종적으로 판결되자 이번엔 전국의 우익 청년단체들이 들고 일어났다. 대동청년단 등 18개 청년단체들이 공동명의로 김두한의 교수형을 반대한다는 성명서를 낸 바 있다.[30] 그러나 미군정은 한인우익단체들의 이러한 항의쯤 전혀 아랑곳하지 않았다. 그러면 그 후 김두한은 어떻게 되었을까? 물론 그는 다시 화려하게 부활한다. 구속되기 전 주로 김구계열 즉 백의사를 축으로 대한민청과 경찰 사이를 오가며 테러활동을 하던 김두한은 출옥 후, 대통령 이승만의 손발노릇을 하게 된다. 김두한의 폭력조직은 신생 공화국에서도 여전히 유용했던 것이다. 김두한의 인생유전에 대하여 CIC는 다음과 같은 기록을 남겼다.

1심 직후, 미군정장관은 한국재판정에 의해서 정의가 무너졌다고 판단하고 재심을 명령했다. 어쨌든 경찰이 물적 증거를 '둔 곳을 잊어버렸기' 때문에 재판은 열리지 않았다. 그렇게 되자 하지 장군은 군사위원회(Military Commission)에서의 재심을 명령했고 CIC에게 증거확보와 재심문을 위한 준비의 업무가 떨어졌다. 심문을 담당한 두 사람은 신참이었고 그들의 작업이 완성되기 직전에 통역자들은 김을 보호하기 위해 증거를 은폐하는 사태로 발전했다. 심문은 완전히 다시 이루어져야 했다. 재판은 1948년 3월 한 달 내내 행해졌고 연기가 사라질 때 즈음 김은 사형 선고를 받았으며 그것은 뒤에 맥아더 장군에 의해서 종신형으로 감형되었다. 1948년 4월 초, 그의 범죄일 1년 후 김두한은 감옥으로 보내졌다. 5월에 국민투표가 행해졌고 1948년 8월 15일 한국은 이승만 정권 하의 독립국가가 되었다. 곧이어 김은 석방되었다. 김두한은 교육의 기회를 갖지 못했고 그의 이름을 정확하게 쓸 수 없을 만큼 무식했다. 이승만 정권에 의해 출옥했을 때, 어느 부유한 한국 여인의 보호 하에 들어갔고 그녀는 그에게 한국 고전과 한국 기사도를 가르쳤다. 한국전쟁 후, 김두한은 대한청년단의 감찰부장이 되었고 이승만의 개인 보디가드가 되었다.[31]

---

30) 18개 청년단체, 김두한 교수형 반대 성명, 「동아일보」, 1948.3.26
31) History of the Counter Intelligence Corps, p.95

해방공간에서 테러로 악명을 떨친 대표적인 단체를 꼽자면 아무래도 대한민청과 서청(서북청년회)을 꼽을 수밖에 없다. 1946년 9월 총파업과 10월 항쟁의 진압에 대한민청이 결정적 역할을 했다면 1948년 4월경부터 시작된 제주 4·3사건의 민간인학살에는 서청이 주도했기 때문이다. 이 두 단체를 비롯한 우익단체의 개요를 정리해 보았다.

## [우익청년단체 목록]

| | |
|---|---|
| 조선건설<br>치안총본부 | • 설립일: 1945.8.16 |
| | • 본부장(오병철) |
| | • 조직부장(박세동) 총무부장(이현) 외사부장(이원국) 문화부장(여준구, 여운형 조카) |
| | ※3,000명의 단원 확보 |
| | ※미군정령에 의해 해체 후 조선건국청년회로 재조직 |
| 조선건국청년회 | • 설립일: 1945.9.29 |
| | • 위원장(최홍택) 2대, 오정방(병철) |
| | • 부위원장(오정방) 위원(조원근 외 17명) |
| | • 총무부장(이현) 조직(박세동) 재정(김정주) 문화(한문홍) 선전(김용호) 체육(김은배) 정보(김은배) 감찰(김민수) 사업(원유형) 여성(신경옥) 외부(이원국) 후생(전석붕) 특별대장(박명선) |
| | ※3만 회원 확보 |
| | ※이현, 박세동계(대한독립청년단) 오정방(조선청년당) |
| 독립촉성<br>전국청년회 | • 설립일: 1945.10.28 |
| | • 위원장: 이선근 |
| | ※고려청년회, 상록회, 구국청년회 등 10개 단체 통합 |
| 대한국군<br>준비위원회 | • 설립일: 1945.11.1 |
| | • 위원장(유동열) |
| | • 부위원장(전성호, 유각산) 비서장(김의인) |
| | • 총사령(오광선) 참모부장(김승학) 부관(정이형) 헌무(장두권) 군수(최관용) 군기(김기동) 군의차장(조리섭) 경비(김기환) |
| 양호단 | • 설립일: 45.9.30 |
| | • 일제 때 김성(金星) 장군에 의해 원산에서 조직된 양호단을 계승함 |
| | ※약 100명 정도의 대원으로 구성 |
| | ※김성 작고(48.1.12), 제2대 단장(이용신) 취임 후 몰락 |

| | |
|---|---|
| 대한혁신청년회 | • 설립일: 1945.10.30 |
| | • 위원장(유진산) |
| | • 부위원장(신균) 서기장(백시영) |
| | • 조직부장(박현영) 선전(신균) 훈련(조영진) 동원(한철민) 재정(노지언) 섭외(이명재) 학생반장(박갑득) |
| | ※1946.11.30. 서북청년회로 통합 |
| 대한민주청년동맹 | • 설립일: 1946.4.9 |
| | • 명예회장(이승만, 김구) |
| | • 고문(신익희 외 6명) |
| | • 참의(설의식 외 26명) |
| | • 회장(유진산) |
| | • 부회장(김창형, 김근찬) |
| | • 총무부장(유우석) 재정(박정래) 조직(조권) 선전(박용직)교도(유약한) 사업(김후옥) 정보(장우극) 지방(김후옥) 감찰(김두한) |
| | ※김두한 투옥 후 1947년 3월 5일, 청년조선총동맹으로 개편 |
| 청년조선총동맹 | • 설립일: 1947.7.5 • |
| | • 회장(유진산) |
| | • 사무국장(김헌) |
| | • 총무부장(김후옥) 조직(박용직) 선전(진시헌) 정보(김철주) 동원(박기영) 재무(신흥국) 외사(오찬권) 문화(양상권) 조사(정현석) 감찰(김응천, 차팔수) |
| | ※대동청년당 합류 문제로 내분 |
| 한국광복청년회 | • 설립일: 1946.4. |
| | • 총재(이승만) |
| | • 부총재(김구) |
| | • 회장(오광선) |
| | • 부회장(이복원, 조각산) |
| | • 총무부장(윤익헌) 기획(오중환) 조직(이창준) 선전(채택룡) 훈련(장두권) 감찰(최해, 최덕신, 장흥) 서울조직책(윤재욱) 지방조직책(진복기) |
| | ※대동청년단의 주류가 됨 |
| 대동청년단 | • 설립일: 1947.9.21 |
| | • 위원장(이청천) |
| | • 부위원장(이선근, 유진산, 이성수, 선우기성) |
| | • 총무(김후옥, 김성주, 김붕장, 최천옥, 김규룡, 임서영) |
| | • 선전(한철민, 박영희, 이복원, 신영순) |
| | • 조직(장창원, 채택룡, 이남규, 조장수) |
| | • 섭외(유화청, 오찬권, 이민국, 김재황) |

| 대동청년단 | • 재정(오광선, 기성도, 이근영, 권중진) |
|---|---|
| | • 문안기초(구자흥, 손창섭, 이규섭, 신균, 박용직) |
| | ※참가단체: 대한독립촉성전국청년총연맹, 서북청년회, 한국광복청년회, 한국청년회, 조선청년동맹, 민화자강청년단, 반탁청년회, 창의단, 애국청년단, 국민회청년대. 청상동지회, 여자청년단, 간성청년단 |
| | ※1948.12.19. 설립된 대한청년단의 주력이 됨 |
| 서북청년회 | • 설립일: 1946.11.30 |
| | • 중앙집행위원장(선우기성) |
| | • 부위원장(장윤필, 조영진) |
| | • 총무부장(김성태) 조직(전두열) 선전(손창섭) 정훈(강시룡) 훈련(반성환, 김홍렬) 사업(김성주) 정보(이주효) 학생(송태윤) 2차(김주룡) 여성(김경배) 감찰위원장(이영호) 감찰부위원장(차종연) 감찰부장(박상준) 심사부장(손달수) |
| | ※대한혁신청년회, 함북청년회, 황해회청년부, 북선청년회, 평안청년회 등 이북 출신 청년회를 통합하여 결성되었다. |
| | ※대동청년단 합류(47.9.21) 문제로 분열 |
| (재건)서북청년회 | • 설립일: 1947.9.26 |
| | • 위원장(문봉제) |
| | • 부위원장(김성주, 송병무, 한관제, 홍성준) |
| | • 사무국장(고성훈) 부국장(김응준) |
| | • 총무부장(이수복) 조직(이영민) 선전(김광택) 사업(김경신) 정보(김영권) 훈련(김홍렬) 문화(김종벽) 원호(김봉조) 감찰위원장(강종철, 김재주, 이영순) |
| | ※1948.12.19 대한청년단으로 흡수·통합됨으로써 해체 |
| 조선민족청년단 | • 설립일: 1946.10.6 |
| | • 단장(이범석) |
| | • 부단장(이준식, 김형원) |
| | • 총무부장(김웅건, 강인봉) 조직(노태준) 선전(송면수, 조일문) 재정(백두진, 유창순) 감찰(김근찬) 훈련(안춘생) 학생(유해준, 장준하) 여성(최이권, 김현숙) |
| | ※창설 당시 300명에 불과했으나, 1년 뒤인 1947년 11월에는 30만 명으로, 2년 후에는 8월 115만 명, 그해 가을 120만 명으로 늘어났다. |
| | ※1949년 모든 청년단체를 통합, 단일화라는 이승만 대통령의 지시에 의해 대한청년단에 흡수, 해체됨 |
| | ※대한청년단과의 흡수 과정에서 이승만의 명령에 단계적인 합류안을 내놓는 등 저항을 하자, 이승만은 49년 1월 5일 담화문을 내 족청의 해산을 공식 촉구하였다. 49년 2월 족청은 해산되었고 이범석은 국방장관에서 해임되었다. |

| | |
|---|---|
| 대한독립촉성전국<br>청년총연합 | • 설립일: 1945.12.31 |
| | • 총재(이승만) |
| | • 부총재(김구) |
| | • 위원장(전진한) |
| | • 부위원장(이찬우, 백석기, 유진산) |
| | • 총무부장(한민홍) 조직(한국동) 선전(신균) 청년(金龜) 훈련(장두권)<br>원호(이일청) 지방(배창우) 감찰(김윤근) |
| | ※참가단체: 고려청년회, 애국청년회, 국민당청년부, 건국청년회, 상록<br>회, 대동단결본부, 광복청년회, 대한혁신청년회, 정의청년<br>회, 불교청년회, 기독교청년회, 북한청년회, 만주동지회 |
| 조선청년동맹 | • 설립일: 1945.12.28 |
| | • 책임위원(유진산, 이선근, 오광선, 엄요섭, 선우기성, 오정방) |
| | ※참가단체: 광복청년회, 대한민주청년동맹, 한국청년회, 조선건국청년<br>회, 독립촉성중앙청년회, 서북청년회) |
| 대한독립청년단 | • 설립일: 1946.9.12 |
| | • 총재(이승만) |
| | • 부총재(김구) |
| | • 단장(서상천) |
| | • 부단장(황학봉) |
| | • 기획위원장(박세동) 위원(유성갑, 원석산, 김종회, 김성주, 이현, 서문<br>식, 이정승) |
| | • 총무부장(이현) 조직(이성수) 선전(임서정) 정보(이영, 이종호) 재정<br>(김은배) 문화(이종익) 훈련(김윤근) 여성(신경옥) 외사(김경환) 후생<br>(전석붕) 사업(원유형) 감찰(김민수) |
| | ※1948년 12월 19일, 대한청년단에 흡수 |
| 대한독립<br>촉성국민회 | • 설립일: 1946.2.8 |
| | • 총재(이승만) |
| | • 부총재(김구, 김규식) |
| | • 고문(권동진, 김창숙, 함태영, 조만식, 오화영) |
| | • 참여(김려식, 김관식, 김위한, 김성수, 김법린, 남상철, 이규갑, 이규<br>채, 이중환, 이극로, 민승기, 이충복, 서세충, 배은희, 신백우, 안재홍,<br>최규동, 최태용) |
| | • 회장(오세창) |
| | • 부회장(방응모, 이갑성) |
| | • 총무부장(홍순필) 조직(채규항) 선전(이을규) 재정(오건영) 문교(유<br>엽) 산업(유재기) 근로(권영규) 농민(전공우) 부인(황기성) 청년(이중<br>근) 후생(최성장) 감찰(이규채) |

| | |
|---|---|
| 독촉국민회청년단 | • 설립일: 1946.3.1 |
| | • 단장/부단장: 초대(진헌식/유화청) 2대(유화청/김창만) |
| | ※6월 10일 신익희의 정치공작대와 통합 |
| 대한독립촉성<br>노동총연맹<br>(대한노총) | • 설립일: 1946.3.10 |
| | • 고문(이승만, 김구, 김규식, 안재홍, 조소앙) |
| | • 위원장(홍윤옥) |
| | • 부위원장(이일청, 김구金龜) |
| | • 총무부장(김종률) 후생(김재희) 조직(배창우) 서북사무국장(권밀빈)<br>동원과장(김제성) 사업과장(이병옥) |
| | ※좌익의 전평(全評)과 맞섬. |

대부분의 단체들이 이승만과 김구를 경쟁적으로 모시고 있음을 확인할 수 있을 것이다. 어쩌면 이승만과 김구, 이 두 사람이 경쟁이나 하듯 이들 청년단체를 이용하려고 했는지도 모른다.

송진우, 여운형, 장덕수 등 정치테러의 대표적 희생자에 대해서 이미 거론했지만, 1947년 7월경에는 특히 좌우합작을 추진했던 중도파 정치인들이 테러의 표적이 되었던 모양이다. 김규식·안재홍·원세훈·김호 등이 그들이다.[32]

언론기관과 언론인 역시 극우테러의 표적에서 벗어날 수 없었다. 1946년 6월에서 1947년 8월까지 11개의 언론기관이 습격·파괴되었고, 55명 이상의 언론인들이 피습된 것으로 집계되었다.[33] 그 외 노동조합테러, 정치집회에 대한 투석 등이 비일비재하게 일어났다. 물론 좌익에 의한 테러도 그치지 않았다. 좌익은 경찰서와 지서를 습격했고 우익분자들을 구타했다.[34] 야만의 시대였다. 테러의 대명사였던 김두한이 옥중에 있는 중에도

32) 『남조선과도입법의원속기록』3, 312~325, 326쪽 《서중석, 『한국현대민족운동』)p.560에서 재인용
33) 『서중석, 한국현대민족운동』, p.560
34) 조병옥, 경찰관서 피습사건에 대해 담화 발표, 「경향신문」, 1947.7.5

테러가 그치지 않았던 것은 상기 표를 참조하면 이해되리라 본다.

앞에서 소개한 CIC 문서에서 이미 거론했지만, 경찰은 이들 테러분자들과 같이 일하고 조정했으며 이들이 구속되면 곧 풀어주었다.[35] 러치 군정장관이 몇 번 서북청년회의 해체를 지시했지만, 조병옥은 그들에게 다소 불법성이 있다고 해서 서청과 같은 열렬한 반공우익단체를 해체시켜서는 안 된다고 주장하고, 서청을 해체할 경우에는 경찰만으로 치안을 유지할 수 없다고 말하였다.[36]

경찰과 테러단체 등은 김구와 이승만이라는 든든한 배후의 비호 아래 활동했다. 이들 두 명이 미래 권력의 기대감으로 인해 권력을 행사했다면, 조병옥은 실질적인 힘을 가진 경찰총수로서 우익테러단체에게 권력을 나누어 준 경우다. 김구는 이들 폭력·테러단체에 이름만 빌려준 것이 아니었다. 각종 중요한 집회에는 거의 빠짐없이 참가하여 격려를 했다. 몇 가지 사례를 살펴보자.

■ 1946년 3월 5일(서청 전신 평안청년회 결성대회 참석)
1946년 3월 5일 문봉제(文鳳濟) 등 월남 청년들이 주도한 집회가 성공하고, 이에 힘입어 평남동지회가 조직되고, 다시 평남동지회는 평남북 조직을 합친 평안청년회로 확대되었다. 결성대회에는 북한 지역 연고자(이윤영, 김병연, 강기덕)는 물론 김구도 참석했다.[37]

■ 1946년 4월 9일(대한민청 결성식)
대한민주청년동맹(大韓民主青年同盟) 결성식은 9일 오후 2시부터 서울 종로 기독교청년회관에서 김구를 비롯하여 신익희, 조소앙, 엄항섭, 조경한,

---

35) G-2보고 4, 1947.8.29. 559쪽·《서중석, 『한국현대민족운동』)p.564에서 재인용

36) 서중석, 『한국현대민족운동』, p.564

37) 역사문제연구소, 『제주 4.3 연구』, 역사비평사, 1999, p.209; 평안청년회의 결성식은 1946년 5월 7일이었다.(平安青年會結成式, 「동아일보」, 1946.5.7)

정인보 등 제씨의 임석 하에 박용직의 개회사로 시작되었는데 김후옥의 취지 설명이 있은 다음 내빈축사가 있고 뒤이어 규약통과와 임원선거가 있고 미소공동위원회와 민주의원(民議), 민주주의민족전선(民戰)에 보내는 메시지를 낭독하고 동 4시 폐회하였다.[38]

■1946년 11월(서청에 자금 지원)
1946년 11월 우익단체들이 통합하여 서북청년단이 결성되자 김구는 이승만·한민당과 함께 서북청년단에 자금을 지원해 주었다.[39]
■1947년 9월 26일(재건 서청 창립식에 참석)
1947년 9월 26일 천도교 대강당에서 이승만 박사, 김구 주석 임석 하에 대의원 500여 명이 참석하여 서청제건대회를 성대하게 거행했다.[40]


해방공간에서 발생한 수많은 정치테러의 양상은 1948년 8월 15일 단정수립 전후로 구분해 보아야 한다. 왜냐하면 무력을 실질적으로 행하던 우익청년단체가 차츰 정치단체 혹은 압력단체로 변모하는 것에 대통령 이승만은 부담을 가졌기 때문이다. 특히 김구를 추종하는 단체 즉 백의사. 대한민청, 서북청년회(서청) 일부 그 외 대동청년단(대청)과 조선민족청년단(족청) 등이 이승만의 통제범위에서 벗어날 수 있는 단체들이었다.

결국 이승만은 칼을 빼들었다. 1948년 12월 19일, 우익 청년단체를 통합한 대한청년단(한청)이 설립된다. 대청(大靑)·서청(西靑)·독청(獨靑)·국청(國靑)·청총(靑總)등 그밖에 군소 청년단체를 규합한 명실상부한 통합단체였다. 그리고 이승만을 총재로 하는 준국가기구적 성격의 단체였다.

부총재는 보류되었으며, 단장 신성모(申性模), 부단장 이성주(李成株)·문봉제(文鳳濟), 최고지도위원 이청천(李靑天)·유진산(柳珍山)·강낙원(姜樂遠)·서

38) 대한민주청년동맹 결성,「조선일보」, 1946.4.10
39) 역사문제연구소,『제주 4.3 연구』, 역사비평사, 1999, p.213
40) 건국청년운동협의회,『건국청년운동사』, 1889, p.1308

상천(徐相天)·장택상(張澤相)·전진한(錢鎭漢), 중앙집행위원 황학봉(黃鶴鳳)·김성주(金聖柱)·김건(金鍵)·윤익헌(尹益憲) 등으로 임원을 구성하였다.[41] 특별히 눈에 띄는 것은 부총재를 보류했으며 김구의 이름이 보이지 않는 점이다. 문제의 김두한은 1949년 1월 7일 한청의 각 부서장을 발표할 때 감찰부국장으로 복귀했다.[42] 이제 정부가 폭력·테러단체를 직접 조정하는 시대가 된 것이다. 개인적으로 폭력단체를 유지하며 권력을 휘두르던 김구 시대의 종언이었다.

41) 청년단체 통합으로 大韓靑年團 발족, 「평화일보」, 1948.12.21
42) 大韓靑年團 각 부서 발표, 「독립신문」, 1949.1.8

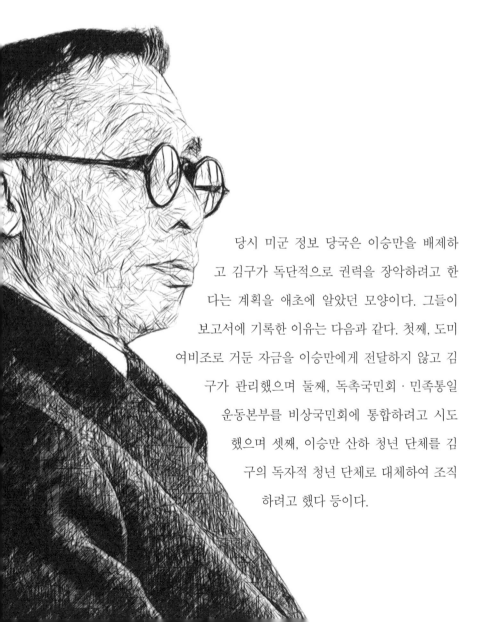

# 26
## 미소공동위원회 파괴공작과
## 김구의 역할

당시 미군 정보 당국은 이승만을 배제하
고 김구가 독단적으로 권력을 장악하려고 한
다는 계획을 애초에 알았던 모양이다. 그들이
보고서에 기록한 이유는 다음과 같다. 첫째, 도미
여비조로 거둔 자금을 이승만에게 전달하지 않고 김
구가 관리했으며 둘째, 독촉국민회 · 민족통일
운동본부를 비상국민회에 통합하려고 시도
했으며 셋째, 이승만 산하 청년 단체를 김
구의 독자적 청년 단체로 대체하여 조직
하려고 했다 등이다.

# 미소공동위원회는 어떻게 무산되었나?

데이비드·콩드는 한반도에서 신탁통치를 둘러싼 대립이 거세지는 가운데 미국과 소련이 합의의 실천을 위해 개최한 미소공동위원회를 탁상공론이라고 표현하였다.[1] 맞는 말이다. 미국과 소련 두 나라는 '신생한국'이 상대국의 위성국이 되는 것을 허락하지 않겠다는 서로 간의 뚜렷한 목적 하에 회의를 진행했으니 피차 평행선을 달릴 수밖에 없었다.

그 무렵 소련의 목적을 살필 수 있는 구체적인 문서는 아직 발견되지 않았다. 그러나 미국 정책의 목표는 아래에 소개하는 비망록을 통해 알 수 있다.

장시간 동안 소련의 지배에 항거할 수 있는 독립되고, 민주적이며, 안정된 한국 정부를 낳는 것이다. 미국의 관점에서는 소련 지배로부터의 자유가 완전한 독립보다 더 중요하다.…한국의 독립이 제2차적 목표이므로 금후 수년 내에 완전한 독립을 하게 될 한국 정부의 구성이 미국에 맞는 것으로 믿어지지는 않는다.…따라서, 어떠한 한국 임시정부의 구성도 미국이 상당한 기간 동안 적어도 최고위 수준에 있어서 어떤 형태의 위장된 지배권을 행사한다는 전제 조건에 기초를 두어야 할 것이다. [2]

이 문서의 작성 시기는 제1차미소공동위원회가 개최된 1946년 3월 20

---

1) 데이비드·콩드 『분단과 미국 1』, 사계절, 1988, p.143
2) HUSAFIK, 제2권, 제4장, pp.154-155에 수록된 "공동위원회 문서철, 미국 문서 제3호" 참조

1946년 4월 19일자 동아일보, 미소공위 공동성명 5호가 실려 있다.

일이며 작성자의 이름은 밝히지 않았다. 하지만 문서의 내용을 검토해보면 1945년 11월 20일에 작성된 랭던의 보고서[3]와 맥을 같이 한다는 것을 알 수 있을 것이다. 분단이 고착화되더라도 한반도는 미국의 영향력 하에 있어야한다는 것이 미국의 기본 정책이라는 뜻이다. 실제로 역사는 그렇게 흘러갔다.

그래도 기회는 몇 번 있었다. 미소공동위원회가 무기 휴회되기 20일 전인 1946년 4월 18일, 미국과 소련은 공동성명 5호를 발표하였다.

공동위원회는 목적과 방법에 있어서 진실로 민주주의적이며 또는 하기(下記)의 선언서를 시인하는 조선 민주주의 제정당 급(及) 사회단체(社會團體)들과 협의하기로 함.

우리는 모스크바 삼상회의결의문중(三相會議決議文中) 조선에 관한 제1절에 진술한 바와 같이 그 결의의 목적은 지지하기로 선언함. 즉 조선의 독립국가로써의 재건설조선이 민주주의원칙으로 발전함에 대한 조건의 설치와 조선에서 일본이 오랫동안 통치함으로 생긴 손해 막대한 결과를 속히 청산할 것. 다음으로 우리는 조선민주주의림시정부 조직에 관한 삼상회의 결의문 제2절 실현에 대한 공동위원회의 결의를 고수하기로 함.

다음으로 우리는 공동위원회가 조선민주주의림시정부와 같이 삼상회의 결의문 제3절에 표시한 방책에 관한 제안을 작성함에 협력하기로 함.

---

3) 랭던(William R. Langdon, 1871-1960?) 주한미군사령관 정치고문, 미소공동위원회 미국 측 대표 역임. 미군정은 모스크바 3상회의가 열리기 전부터 단독정부 수립을 염두에 둔 "랭던 구상"을 수립했다. "랭던 구상"은 신탁통치 대신 미군정을 중심으로 한 "정무위원회"를 조직, 발전시켜 과도정부를 세우고, 이후 과도정부에서 선거를 실시하고 수반을 선출하여 정식 정부를 발족시킨다는 내용이었다. "랭던 구상"은 또한 정무위원회의 권한을 38선 이북으로 확장시키기 위해 소련과 논의하고, 소련의 참여가 여의치 않을 경우 38선 이남에 대해서 만이라도 이 계획이 실행되어야 한다고 밝혔다. "랭던 구상"은 1945년 11월까지만 해도 신탁통치를 염두에 두었던 미 국무부에 의해 거부되었다고 알려졌으나 이후 미국의 행보를 보면 "랭던 구상"에 따라 미군정의 정책이 진행되었음을 알 수 있다.

이상 조선민주주의 각 정당대표와 각 사회단체대표를 초청하여 공동위원회와 협의하는 순서는

공동위원회 제1분과위원회에서 작성하는 중으로 이 순서의 세목이 완성되면 곧 공중에게 발표할 것이다.

공동위원회 제2분과회는 협의할 각 민주주의 정당 급 사회단체의 제안을 참고하여 각층을 망라한 조선민주주의임시정부 조직의 기구 급(及) 조직원칙에 관한 헌장(憲章)을 작성하여 공동위원회에 제출할 것이다. 이 헌장은 정부의 각 기관 급 행정·입법·사법기관의 직책과 기능을 제정할 것이다. 제3공동분과위원회는 장래 조선민주주의임시정부의 정강, 기타 적의한 법규문제를 작성할 것이다. 이 제3분과위원회는 또한 조선민주주의 각 정당과 사회단체와 협의할 것이니 그 정강은 임시조선민주주의정부의 정치·경제·문화방면에 대한 목적과 희망을 서술한 문헌이 될 것이며 이 정강은 산업·농업·교통·재무·교육 언론출판의 자유 등을 포함할 수 있도록 된 것이다.[4]


미국수석대표 육군소장 A.V 아놀드와 소련수석대표 육군중장 T.F 스티코프가 합의한 공동성명 제5호 중 가장 핵심 사항은, 지금까지 반탁투쟁을 해왔어도 3상회의 결의에 지지를 표명하는 사인을 하면, 임시정부를 수립하는 데 협의의 대상으로 삼겠다는 것이다. 과거의 반탁투쟁 단체에게도 문호를 개방하겠다는 것으로서 미소공위 주요 목적 중의 하나인 임시정부 수립의 성사를 위한 돌파구가 마련된 셈이었다.

그동안 반탁투쟁에 동참했던 우익인사들도 즉시 찬의를 표명하였다. 김규식, 김병로 등이 대표적 인사들이다. 하지만 김구, 조소앙, 김창숙, 정인보 등 우익진영의 원로들은 공동성명 5호에 동의하지 않았다. 특히 김구는 "공동위원회에 협력하여 정부를 수립하는 것은 신탁통치에 굴복하는 것이고, 탁치에서 굴해 가면서라도 정권을 잡아야 한다는 것은 곧 나라를 팔아

---

4) 미소공위 공동성명 제5호 발표, 「조선일보, 동아일보」, 1946.4.19

먹는 것"이라고 주장하며 공동위원회에 대한 협력을 거부하였다.[5]

이후 김구의 노선은 갈짓자 행보를 보여준다. 계기는 하지의 담화였다. 4월 22일 하지는 공동성명 5호 선언에 서명하기를 촉구하는 성명서를 발표했다. 그 후 4월 23일에 이승만이 찬의를 표명했고 뒤이어 한민당을 비롯한 우익의 각 정당 단체와 비상국민회의 및 산하단체 등이 서명수속을 하였다. 김구가 총리로 있던 민주의원의 경우, 김창숙을 제외하고 김구가 최후로 동의함으로써 선언의 서명에 동참하였다. 하지만 우익단체의 서명 참여는 조건부 서명이었다. "미소공동위원회에 참가하되 탁치를 전제로 한 일체 문제는 절대 배격한다."는 등 조건을 제시하고 참여한 것이다. 결국 이러한 제 문제를 안고 서명한 단체들을 포함한 명부를 미국 측이 제출하자, 소련 측은 제동을 걸었다. 미소공위는 휴회에 들어 갈 수밖에 없었다.

**[미소공동위원회 주요일정]**

| 날짜 | 내역 |
|---|---|
| 1945.12.16 | 모스크바3상회의 개막 |
| 12.27 | 〈한국 문제에 관한 4개항의 결의서〉 발표. |
| 1946.01.16 | 미소공동위원회 예비회담 개최 |
| 02.05 | 예비회담 폐막 |
| 03.20 | 1차 미소공동위원회 개최 |
| 04.18 | 미소공동위원회에 협력하면 과거 반탁운동을 불문에 붙이고 협의대상으로 참여시키겠다는 공동성명 5호 발표 |
| 05.06 | 무기 휴회 |
| 1947.05.21 | 2차 미소공동위원회 개최 |
| 06.13 | 추가위원확대 |
| 06.23 | 남북 재 정당 사회단체의 청원서 제출 |
| 07.01 | 평양 회의 개최 |

5) 「조선인민보」, 1946.4.20·《서중석, 『한국현대민족운동연구』, p.378》 재인용·

| 날짜 | 내역 |
| --- | --- |
| 08.28 | 미국, 한국 문제를 미·소·영·중 4개국 회담에 맡기자고 제안 |
| 09.17 | 한국 문제 국제 연합 상정 |
| 09.26 | 소련, 미·소 양군의 동시 철군 제안 |
| 10.18 | 미국, 미·소공동위원회의 휴회 제안 |
| 10.21 | 소련의 대표단 철수로 미소공동위원회 해산 |

　친일파가 포함된 극우의 반탁투쟁은 신탁통치의 성격이나 내용, 기간 그 외 조선의 현실을 반영한 합리적인 내용의 유무에 관계없이, 중경임시정부를 추대하려는 운동이었고 반소·반공을 표명했기 때문에 미소공위에서 임시정부를 조직한다는 모스크바3상회의 결정과 본질적으로 충돌할 수밖에 없었다. 미소공위가 휴회된 직접적인 이유는 어쨌든 반탁문제였다. 역사에는 가정이 없다. 그러나 김구 및 우익진영이 중경임정봉대론을 포기하고, 새로운 임시정부가 수립된 이후로 반탁투쟁을 미루었다면 역사는 어떻게 흘러갔을까?

　미소공위의 무기한 휴회 이후 미군정의 좌익탄압과 전국에 걸친 봉기과정은 앞 장에서 이미 설명하였다. 민중들의 저항이 어느 정도 봉합된 1946년 연말 반탁운동이 다시 타올랐다. 12월 27일 반탁운동 제1주기를 맞아 이번에는 이승만과 김구의 합작으로 시작되었다.[6]

　이승만이 먼저 포문을 열었다. 이승만의 민족통일총본부는 1946년 12월 26일 반탁운동 전개에 관해 담화를 발표했다.[7] 그리고 12월 27일 김구의 강경한 반탁 성명 이후 한민당, 한독당 등 우익정당을 비롯하여 전국학련, 민주의원, 비상국민회의, 독촉국민회 등 대부분의 우익단체들이 반탁대열

---

6) G-2 Weekly Summary, no.68(1947.1.3.)

7) 민족통일총본부 선전부, 반탁운동 전개에 관해 담화 발표, 「동아일보」, 1946.12.27

에 가세했다. 가장 압권은 지난 4월에 서명했던 미소공동위원회 참가 약속을 전면적으로 뒤집은 일이다. 아래에 관련 기사를 소개한다.

16일 하오 3시부터 한국민주당회의실에서 민족진영의 35정당 단체대표가 참집하여 자주독립 급(及) 반탁운동에 관한 협의회를 개최하였는데 명제세(明濟世) 사회로 먼저 김구의 회합 취지 설명이 있은 다음 전원기립으로 반탁결의를 표명하고 13일 경교동 김구 숙소에서 선정된 위원들이 기초한 반탁공동성명서를 결정하고 토의사항에 들어가 독립운동에 관한 여러 가지 발언이 있은 후 조소앙 명제세 백홍균 김준연 양우정 등 9씨를 임시위원으로 선정하고 김구를 보좌하여 반탁과 독립운동을 적극적 추진시킬 것을 결정하였다.

이어서 5호 성명 서명취소문제에 관하여 5호 성명 급(及) 작년 하지 중장 성명에는 모스크바 결정 중의 의사표시자유의 원칙에 의하여 반탁을 주장한다는 전제하에 서명하였음에도 불구하고 금반의 하지 중장의 서한은 반탁자와는 협의를 않겠다 하였으니 이러한 미측 태도의 변환에 대하여 반탁자는 5호 성명 서명을 취소하자 하여 서명취소를 만장일치로 가결하고 끝으로 합작위원회에 대한 다음과 같은 결의를 한 다음 김구 선창으로 독립만세 삼창 후 하오 5시반에 산회하였다.

결의
1) 미소공위 제5호 성명에 대한 서명을 취소함
2) 하등 지반과 근거가 없이 한갓 민족을 분열과 의혹으로 유도하는 소위 좌우합작위원회를 단호 분쇄할 것

당일 참석한 단체는 다음과 같다.
광청(오광선) · 우로(서광전 · 김교홍) · 외교협(명제세) · 노동자협회(임기동) · 한독당(김구) · 한민당(김성수) · 독청(원석산) · 여성단체연맹(신경옥) · 조민당(이윤영) · 미협(정홍련) · 문협(박종화) · 음협(채동선) · 중앙문화협회(이헌구) · 애국부맹(박정신) · 서북청년(강신룡) · 민중당(이종영) · 독촉(양우정 · 김석영) · 대한노동(이각수 · 전진한) · 건설청년회(신욱균) · 애국문화회(이창덕) · 유도회(최석영) · 여자국민당(박현숙) · 학련(이철승) · 건청(이명학) · 외교후원회(김량수 · 이창환) · 독촉청련(한국동) · 조청당(박문) · 민의(김도연) · 비상국의(백관수) · 민통(홍성하) · 대한

노조(오희구) · 대의청년당(박고병) · 대한독립청련(이병옥 · 강병학)[8]

1947년 1월 14일, 김구 · 조소앙 · 유림이 하지를 방문했다. 이 자리에서 김구는 "작년 반탁운동 때는 귀하가 아직 신탁은 오지 않았으니 앞으로 반탁운동을 할 기회가 있다고 해서 참았지만 이제는 생명을 걸고 반탁을 하겠다."라고 했다고 한다.[9]

「Time/Life」지의 사진기자였던 호레이스 브리스톨(Horace Bristol 1909-1997)이 1947년경 찍은 김구와 이승만의 다정한 모습

여기까지는 김구와 이승만의 합작품이었다. 두 사람은 1월 18일부터 20일까지 폭동을 일으켜, 한인 중에 순교자를 발생시키고 혼란을 야기해서, 군정으로 하여금 김구나 여타 우익 지도자를 투옥하게 할 계획이었던 모양이다.[10]

그러나 이 계획은 '은밀하고 신뢰할 만한' 제보자들에 의해 1월 10일경 미군정에 포착되어 무위로 끝나게 된다. 하지의 급전(急電)을 받은 굿펠로우의 설득에 의해 결국 이승만은 태도를 바꾼다. 아래는 이승만의 변심에 대한 신문기사이다.

[워싱턴 16일발 AP합동]
"조선에는 여하한 데모도 전개되지 않아야 한다. 그 이유는 여사(如斯)한 행동이 외국배척운동으로 오해될 염려가 있기 때문이다.
그리고 당지 우(又)는 조선에 있는 우리의 적들은 마치 내가 조선의 배외

---

8) 우익진영, 반탁운동에 관한 협의회 개최, 「동아일보, 조선일보, 경향신문」, 1947.1.18
9) 「동아일보, 경향신문」, 1947.1.17 《정병준, 『우남 이승만 연구』, p.643》 재인용
10) G-2 Weekly Summary, no.70(1947.1.16.)

감정을 선동하고 있는 것 같은 인상을 주려고 기도하고 있다. 그러므로 우리는 전 세계에 대하여 우리가 자치할 용의를 가지고 있는 동시에 반미 급반조선 선동분자들과 계속 투쟁할 것을 천명할 결의를 하고 있다. 우리는 오해를 받을 원인을 만들어서는 안 된다."

한편 이박사 언명의 우(右) 타전은 서울로부터의 '조선전국학생총연맹 산하의 학생들이 래(來) 1월 18일 데모를 전개시키고자 계획하고 있다'라는 래전(來電)의 답전(答電)이라 한다.[11]

반면 김구는 이승만의 변심과 하지의 설득에도 아랑곳하지 않고 독자적으로 세력 확장을 시도했다. 이번에는 아예 자신을 수반으로 하는 임시정부의 수립이었다. 3월 5일에 막을 내린 김구의 작은 쿠데타 과정을 짚어보기로 한다.

① 1월 18일
민주의원은 좌우합작위원회에 파견했던 민주의원 대표인 김규식·원세훈·안재홍·김붕준 등의 소환을 결정한다.[12]
② 1월 20일
입법의원, 한민당의 주도로 찬성 44표, 반대 1표로 반탁결의안을 통과시킴[13]
③ 1월 21일
남조선과도입법의원 반탁결의안반대 대의원들, 군정청 방문[14]
한민당과 민주의원, 남조선과도입법의원의 반탁결의안 가결에 대해 담화 발표함[15]
④ 1월 19일·22일

11) 이승만, 반탁데모를 경고하는 전문을 민주의원에 송달, 「동아일보, 경향신문, 조선일보, 서울신문」, 1947.1.17
12) 민주의원,좌우합작위원회에 파견한 위원 소환 결의,「동아일보, 조선일보, 경향신문」, 1947.1.18
13) 입법의원 제12차 본회의에 반탁결의안이 제출,「가결입의속기록 제16호」
14) 남조선과도입법의원 반탁결의안반대 대의원들, 군정청 방문,「동아일보」, 1947.1.24
15) 한국민주당과 민주의원, 남조선과도입법이원의 반탁결의안 가결에 대헤 담화발표,「동아일보」, 1947.1.22

경교장에서 김구, 김성수, 조성한, 이시영, 유림, 조경한, 김관식, 엄항섭, 이운, 조완구 등이 회합하여 비상국민회의, 민족통일운동본부, 독촉국민회 등의 통합문제가 논의됨[16]

민족통일운동본부와 독촉국민회는 이승만의 회답을 기다려야한다고 주장함[17]

⑤ 1월 24일

반탁독립투쟁위원회(반탁투위) 조직, 위원장(김구) 부위원장(조소앙, 김성수)[18]

⑥ 2월 8일

김구, 임정법통론을 재차 거론하고 비상국민회의, 민족통일운동본부, 독촉국민회를 통합한 독립운동의 최고기관 설립을 주장하나, 실제적으론 이승만의 조직을 흡수한 뒤에 비상국민회의를 확대하고 강화하고자 함[19]

⑦ 2월 14일·17일

비상국민회의 제2차 전국대의원대회 개최

민통·독촉국민회·비상국민회 등 3단체의 통합안을 거수가결하고 그 실현을 신임 상임위원회에 일임키로 결정함. 이어서 동 단체를 국민의회로 개칭하여 조직하기로 결정함.[20]

⑧ 2월 26일

한독당과 한민당의 합당문제를 토의함.

김구, 합당실현이 불가능할 때는 퇴임할 의사까지 밝힘.[21]

⑨ 3월 1일

독촉국민회, 대한민국임시정부가 한국의 주권을 계승한지 이미 30년이 된 법통정부이므로 우리는 이 정부를 봉대하고 천하에 공포하며 오직 그 명령 밑에 복종할 것을 결의함[22]

전국학생총연맹(全學聯), 29년 전에 전 국민의 총의로써 수립된 대한민국임시정부를 봉대하여 그 명령에 복종할 것을 결의함[23]

---

16) 비상국민회의, 민족통일총본부, 독립촉성국민회 통합을 위한 연석회의 개최, 「경향신문」, 1947.1.21

17) G-2 Periodic Report, no.436(1947.1.22.)

18) 반탁독립투쟁위원회 정식 결성, 「동아일보, 조선일보」, 1947.1.26

19) 반탁독립투쟁위원회위원장 김구, 독립운동최고기관 설치 성명서, 「동아일보, 조선일보, 서울신문」, 1947.2.9

20) 비상국민회의 제2차 전국대의원대회 개최, 「동아일보, 조선일보, 경향신문, 서울신문」, 1947.2.18,19

21) 한독당, 반탁방법과 한민당과의 합당문제토의, 「조선일보」, 1947.2.28

22) 독촉,임정을 법통정부로 봉대할 것을 국민의회에 건의, 「경향신문, 동아일보」, 1947.3.2

23) 전국학생총연맹,임정 봉대 결의, 「조선일보」, 1947.3.1

⑩ 3월 3일

국민의회, 대한임시정부 주석에 리승만 부주석에 김구를 추대하는 동시에 국무의원에 장건상 김붕준 차리석 김원봉 김성숙 성주식 등 6씨 대신에 오세창 김창숙 박렬 이청천 조만식 이을규 등 6씨를 보선함.[24]

엄항섭, 3·1절의 무허가시위 끝에 발생된 충돌에 대한 책임자로서 수도 경찰청에 구금됨.[25]

중경임시정부를 봉대하려는 김구의 시도는 1947년 3월 5일에 막을 내렸다. 1945년 12월말 그리고 1946년 8월 15일경에 이어서 세 번째의 실패였다. 돌이켜보면 무모하기 짝이 없는 계획이었다. 중경임정의 법통을 인정하지 않는 좌익계열은 물론 김규식, 안재홍 등 중도 우익계열의 동의조차 얻지 못한 극우 세력만으로 임시정부를 구성하겠다는 발상자체가 도무지 이해 못할 행위였다.

더욱이 애초에 동참하기로 했던 한민당이 불참하였고, 형식상 혹은 예우 차원에서 주석으로 추대했던 이승만의 동의도 얻지 못했다. 당시 미국에 머물고 있던 이승만은 "내가 도착할 때까지 기다리라"고 김구의 쿠데타 시동에 제동을 걸었다고 한다.[26]

무엇보다 미군정이 용납하지 않았다. 당시 미군 정보 당국은 이승만을 배제하고 김구가 독단적으로 권력을 장악하려고 한다는 계획을 애초에 알았던 모양이다. 그들이 보고서에 기록한 이유는 다음과 같다. 첫째, 도미 여비조로 거둔 자금을 이승만에게 전달하지 않고 김구가 관리했으며 둘째, 독촉국민회·민족통일운동본부를 비상국민회에 통합하려고 시도했으며 셋

---

24) 국민의회,임정주석에 이승만,부주석에 김구를 추대하고 국무위원을 보선, 「동아일보, 조선일보」, 1947.3.5

25) 기미독립선언기념대회위원장 엄항섭 구금, 「동아일보, 조선일보」, ··1947.3.5

26) G-2 Weekly Summary, no.78(1947.3.13.); G-2 Periodic Report, no. 473(1947.3.7.)

째, 이승만 산하 청년 단체를 김구의 독자적 청년 단체로 대체하여 조직하려고 했다 등이다.[27)]

특히 1947년 3월 5일 덕수궁에서 이루어진, 미소공위 수석대표였던 브라운((A.E Brown. 소장) 군정장관과 김구의 면담은 미군정의 입장과 김구의 입장이 얼마나 간격이 큰가를 여실히 보여주고 있다. 아래는 요담 내용이다.

[브라운] 소위 포고령발포는 귀하들이 한 일이 아닌가?

[김구 등] 절대 우리는 그러한 일은 한 일이 없다.

[김구] 정권을 대한임정에게 이양해 주지 않겠는가?

[브라운] 할 수 없다.

[김구] 해방 직후 우리가 중국에서 웨드마이어 사령관을 회견하고 미국이 대한임정을 조선의 정식정부로 승인해줄 수 없는가 하는 우리의 질문에 대하여 웨사령관은 국무성에 알아보겠다고 대답하고 그 후 국무성의 회답이라 하여 동(同) 사령관은

1) 해외정권을 승인한다면 국내에도 당신들과 같이 또 다른 정부가 수립될 터이니 그것을 어찌할 것이며 따라서 양개정부(兩個政府)를 다 승인해 줄 수 없으니 대한임정을 승인할 수 없고,

2) 해외의 임정을 국내인사들이 전적으로 지지한다고 할 수 없으니 대한임정은 승인할 수 없다고 하였다. 그러나 우리가 국내에 들어와 보니 입국 이래 조선국민이 임정을 절대 지지하고 있는 것을 보면 국무성에서 내세운 양개조건(兩個條件)은 해소된 것으로 보며 따라서 임정을 승인해 주어야 되지 않겠는가?

[브라운] 사실이 그러하다 하더라도 그 당시의 미국 견해와 현재의 정세와는 다르니 승인해 줄 수 없다.[28)]

조선국민이 임정을 절대지지하고 있다는 김구의 자신감은 어디서 나온

---

27) · G-2 Weekly Summary, no.72(1947.1.30.); G-2 Periodic Report, no. 444(1947.1.31.)

28) 김구 등,브라운소장과 임정승인에 관해 의견 교환,「경향신문, 동아일보, 조선일보」, 1947.3.7.09

것인지 궁금하다. 그리고 김구는 포고령 발표를 절대 한 적이 없다고 주장했으나, 미군 CIC와 경찰은 운현궁 내의 독촉국민회본부와 민주의원 그리고 서대문 죽첨장(경교장) 등을 수색해 '대한민국특별행동대사령부 포고령 제1호(大韓民國特別行動隊司令部 布告令 第1號)' 등을 이미 압수한 상태였다. 동 포고령의 내용은 국가존망을 좌우할 때가 오늘이니 본 특별행동대사령부의 포고령을 준수하라고 전제하고

1) 현 군정청관공리로서 대한민국임시정부의 명령에 위반한 자
1) 대한민국임시정부에 대하여 불온한 언사와 문서로써 비방 또는 반대하는 자 등의 다섯 가지 조목에 범한 자는 엄중히 처단한다는 것이다.[29]

등의 내용이었다. 1945년 12월 31일 발표된 국자 1, 2호의 재탕이었다. 이에 수도경찰청에서는 이 인쇄물에 대한 책임자를 추궁하는 한편 수도경찰청장은 남조선에는 미군 군정부가 있을 뿐 이런 것은 "아희장난"같은 것에 불과한 것이니 이런 것에 민중이 속아서는 안 된다는 담화를 발표하고 또 담화내용을 총장이 직접 방송하였다.

한편, 미군정은 3·1절 불법 시위 건으로 엄항섭과 김석황을 이미 구금한 바 있으며, 임정의 쿠데타 시도가 계속 진행될 경우 조소앙·조성환·조경환을 체포하라는 브라운 소장의 명령이 내려진 상태였다.[30]

김구의 쿠데타 시도는 "아희장난"으로 치부되며 김구의 체면만 손상된 결과로 끝났으나, 그 결과는 그리 만만치 않았다. 우선 많은 사상자가 발생

29) 수도경찰청, 임정봉대문제로 독촉 수색, 「조선일보, 서울신문」, 1947.3.6
30) G-2 Weekly Summary, no.77(1947.3.6.), no.78(1947.3.13.)

하였다. 경무부장 조병옥의 발표에 의하면, 전국적으로 사망자 16명 부상자 22명 합계 38명의 희생자를 내게 되었다.[31] 그 다음으로 큰 문제는 미소공위 파행의 빌미를 주게 된 점이다.

31) 경무부장 조병옥,3·1절 소요사건에 대해 담화 발표,「경향신문, 조선일보」, 1947.3.4

# 27

## 남한단독정부 찬성에서 좌우합작으로, 김구의 노선 변화 이유

반소·반공·임정봉대를 추진했던 김구의 노선보다 반소·반공·남한단 정을 주장하는 이승만의 노선이 보다 현실 성 있는 대안으로 떠오르게 되었다. 한민당 선 전부장 함상훈은 미국무장관보 힐드링의 연설 을 부연하는 담화에서 "남조선에 조선인에 의 한 자치정부가 수립되고 UN의 일원이 되어 그 정부 가 조선 문제를 UN에 호소하여 남북통일의 주 동체가 될 것을 고대 한다"며 아예 남한의 단독정부 수립의 희망을 표시하기도 했다. 힘의 추는 급격히 이승만에게로 기울고 있는 중이었다.

# 반탁진영의 분열과 김구의 몰락

1947년 3월 12일 미 상-하 양원 합동회의 석상에서 추후 '트루먼 독트린'으로 명명되는 연설을 하는 트루먼 대통령

김구와 임정요인들의 정부수립 선포가 또 한 번의 해프닝으로 봉합될 무렵인 1947년 3월 12일, 미국 대통령 트루먼은 상하의원 합동회의 석상에서 중요한 연설을 했다. 소위 트루먼 독트린의 발표였다. 트루먼은 이 연설에서 "공산주의를 뿌리로 한 전체주의는 희망이 사라지고 결핍이 만연한 상태를 토양삼아 자라난다."며 "이를 막기 위해서 자유민주주의 체제를 유지하고 있는 국가들을 미국이 적극적으로 지원해야 한다."는 메시지를 분명히 했다.

그리고 이 선언에 따라 그리스와 터키의 반공 정부에 군사적, 경제적으로 원조할 것을 의회에 요청했다. 당시 공화당이 지배하고 있던 의회가 민주당 출신 대통령의 지원요청에 대해 당을 초월하여 적극적으로 승인-지지한 것은 새로운 시대가 열렸다는 징표였다. 미국과 소련을 축으로 하는 길고 긴 동서냉전시대가 시작된 것이다.

이날의 연설 이후 미국의 외교정책은 소련과 공산진영 위성국가들의 팽창 기도를 봉쇄하는 본격적인 행보에 나서게 된다. 북대서양조약기구(NATO)의 설립과 '마셜 플랜'의 실행이 모두 이 날에 선언된 트루먼 독트린에 정책기조를 두게 된 것은 물론이다.

트루먼 독트린은 당시의 국내 언론에 거의 보도되지 않았지만 정계 내부의 움직임은 달랐다. 한민당 당수 김성수는 트루먼 대통령에게 찬사와 동의를 표하는 전보를 보냈으며,[1] 이승만과 김구는 트루먼이 전 세계 자유애호 인민에게 새 희망을 주었다는 내용의 서한과 메시지를 보냈다.[2]

이 무렵 이승만이 미국에 머물고 있었다는 것은 그에게 행운이었으며 절호의 기회를 제공한 셈이 되었다. 동반자이자 경쟁자였던 김구에게 그동안 정국의 주도권을 빼앗겼던 이승만은 4월 21일 귀국 이후 우익진영의 확실한 지도자로 자리 잡게 된다. 소련 기밀문서는 당시의 상황을 다음과 같이 표현했다.


반동의 공세는 작년 인민항쟁 이후의 그들의 공세와는 다른 조건 속에서 실현되고 있다. 프러시아와 터키를 원조하겠다는 트루먼의 발언과 남조선에서 독자적인 정부수립에 대한 계획이 지금 반동들의 공세를 고취하고 있다.

---

1) G-2 보고3, 1947.3.18. p.622
2) 임홍빈,「이승만·김구·하지 下-신동아」, 1983.12, p.221·《서중석,『한국현대민족운동연구』, p.536》 재인용

이 공세는 견고하지 못한 분자들을 좌익들에게서 이탈시키려는 선전을 동반하고 있다. 이승만의 '외교적 승리'가 지금 선전의 핵심 주제이다.[3]

반소·반공·임정봉대를 추진했던 김구의 노선보다 반소·반공·남한단정을 주장하는 이승만의 노선이 보다 현실성 있는 대안으로 떠오르게 되었다. 한민당 선전부장 함상훈은 미국무장관보 힐드링의 연설을 부연하는 담화에서 "남조선에 조선인에 의한 자치정부가 수립되고 UN의 일원이 되어 그 정부가 조선 문제를 UN에 호소하여 남북통일의 주동체가 될 것을 고대한다"[4]며 아예 남한의 단독정부 수립의 희망을 표시하기도 했다. 힘의 추는 급격히 이승만에게로 기울고 있는 중이었다.

트루먼 독트린의 힘은 알게 모르게 한반도의 정세를 움직였다. 1947년 5월 21일 미소공동위원회가 다시 열리게 되었지만 1차 미소공위와 다르게 우익의 분열현상이 일어났다. 특히 한독당의 분열은 당의 존립자체를 뒤흔들었다. 당시 한독당은 조소앙·안재홍·권태석·김구 등 4대 계파로 구성된 정파였다. 1차 미소공위가 열릴 때 한독당(김구·조소앙), 국민당(안재홍), 신한민족당(권태석) 등 3당이 한독당 이름으로 통합하였으나, 제2차 미소공위가 열리면서 한독당과 신한국민당(안재홍), 민주한독당(권태석)으로 3분되어 원래의 상태로 돌아가고 말았다. 다음은 한독당의 분열과정이다.

① 1946년 4월 18일
한독당, 국민당, 신한민족당 등 3당 합당을 선언함.[5]

---

3) 러시아국방성 중앙문서보관소 문서군 172, 목록 614632, 문서철 34, 182~188쪽.《1947년 5월 6일, 꼬로뜨꼬브, 레베제브가 꼬로뜨꼬브와 레베제브가 소련 원수 메레츠꼬브 동지와 쉬띄꼬브 대장 동지에게 보낸 남조선 정세에 대한 정보자료》
4) 한국민주당, 미국무장관보 힐드링 연설에 대해 담화 발표, 「경향신문」, 1947.3.15
5) 3당합동(한독당,국민당,신한민족당 위원 명단), 「동아일보」, 1946.4.20

② 1946년 12월 20일

김구, 당의 분열설에 대하여 부인하는 담화를 발표함.[6]

③ 1947년 1월 18일

한독당 중앙집행위원회에서 권태석이 3상회의 결의안 지지를 제안함. 권태석과 안재홍을 감찰위원회에 회부하기로 함.[7]

④ 3월 29일

한독당 각파 대표자회의에서 권태석계는 3상결의의 총체적 지지를 주장하고, 안재홍계는 3상결의는 지지하나 탁치문제는 임정수립 후에 논의할 것을 주장함.[8]

⑤ 4월 12일

김구를 비롯한 조소앙 조완구 엄항섭 황학수 등 당내 갈등으로 사표를 제출함.[9]

⑥ 5월 12일

권태석 김일청, 제명 처분됨.[10]

⑦ 5월 13일

중앙집행위원회를 소집하여 정·부위원장을 선거한 결과 위원장에 김구와 부위원장에 조소앙이 각기 당선됨.[11]

⑧ 5월 25일

공위참가문제에 있어서 참가하자는 국내파와 참가를 보류하자는 해외파의 양론이 격돌함.[12]

⑨ 6월 2일

공위참가를 주장하는 중앙위원 박용희, 이의식 외 80여 명이 성명서를 발표함.[13]

⑩ 6월 17일

한독당혁신파에서는 中執 소집에 관하여 常委와 누차 교섭하였으나 결국

---

6) 한독당 김구, 민주의원 존폐문제와 동당 분열설에 대해 담화 발표, 「경향신문」, 1946.12.21

7) 「독립신보」, 1947.1.22

8) 「독립신보」, 1947.4.1

9) 한독당 김구 등 5인 간부 당내갈등으로 사표제출, 「서울신문, 동아일보」, 1947.4.12,15

10) 한독당 전당대회에 참석한 김구, 임정요인 무시행위에 분격, 「서울신문, 동아일보」, 1947.5.14

11) 한독당 중앙집행위원회 개최, 「동아일보」, 1947.5.15

12) 한국독립당,공위 참가·보류로 양분, 「서울신문, 동아일보」, 1947.5.28

13) 한독당, 일부 중앙위원 미소공위 참가 표명, 「서울신문, 조선일보, 동아일보」, 1947.6.3

합의치 못하고 17일 간담회에서 신당으로 발족할 것을 결정함.[14]
⑪ 6월 19일
민주·혁신파 중앙위원의 제명처분을 단행함.[15]
⑫ 6월 22일
한독당, 공위 참가여부문제로 3당으로 분립됨.[16]
⑬ 7월 20일
한국독립당 서울시당부위원장 신익희, 탈당.[17]

제2차 미소공위 개최를 전후하여 발생한 한독당 분열상태를 알아보았다. 현저하게 세력이 약화된 김구의 한독당에게 또 다른 악재가 발생하였다. 이번에는 당 밖에서 일어났다. 반탁진영의 든든한 버팀목 역할을 했던 독촉국민회가 분열된 것이다. 한민당 계열인사들이 앞장을 섰다. 이유는 미소공위 참가였다. 물론 모든 이들이 참가를 주장했던 것은 아니다. 장덕수·백남훈·서상일·함상훈 등은 참가를 지지했으나 김성수와 김준연 등은 참가 불가를 주장했다고 당시 언론은 분석하였다.[18]

1947년 5월 17일 한민당 선전부장 함상훈은 "이번 공위재개는 미소양국의 합의로 성립된 것이다. 정부수립 문제를 토의한 후 신탁에 대한 협의가 시작될 것이니 우리는 이에 반대할 이유가 없다." 그리고 공위에 관한 제5호 성명 서명취소는 어떻게 되는가 하는 질문에 대하여 "마샬 국무장관이 조선임정수립에 있어 공위와 협조할 의사를 가진 단체는 협의에서 제외하지 말자는 서한 제2절을 신임하는 만큼 문제가 안 된다"고 말하였

---

14) 한독당, 혁신파에서 신당발족 결정, 「경향신문」, 1947.6.19
15) 한독당, 민주파와 혁신파 제명, 「서울신문, 조선일보, 동아일보」, 1947.6.21
16) 한독당, 공위 참가여부문제로 3당으로 분립, 「조선일보, 동아일보」, ··1947.6.22
17) 신익희, 한독당 탈당, 「동아일보」, 1947.7.20
18) 「독립신보」, 1947.5.22

다.[19]

여러 논란 끝에 6월 10일 한민당은 미소공위 참가를 공식적으로 공표하였다.[20] 이로써 우익진영은 미소공위 참가여부를 두고 크게 분열된다.[21] 어떻게 보면 한민당의 미소공위 참가 지지는 의외라고도 볼 수 있다. 왜냐하면 이승만과 김구 모두 공위불참을 공언했기 때문이다. 해방 이후 동지적 관계라고 믿었던 한민당의 표변에 대해 이승만과 김구는 크게 분노하였다.[22] 김구 계열에 의한 장덕수의 암살과 1948년 5·10 총선 이후 이승만과 한민당의 갈등 등은 이 무렵의 앙금이 작용했을 것으로 짐작된다.

한편, 김구와 이승만은 느슨한 형태의 결합을 시도하였다. 이승만의 도미로 그의 부재 시 임정봉대를 위한 쿠데타 시도로 잠시 불편한 관계였던 두 사람이 미소공위 타도를 위해 다시 힘을 합쳤던 것이다. 그들은 '6·23' 봉기를 계획하여 다시금 반탁의 물결이 일어나길 기도했다.[23] 하지만 미군정과 경찰의 적극적인 도움이 없는 반탁시위는 애초부터 무기력할 수밖에 없었다. 6월 23일 서울 등 몇 개 도시에서 벌어진 반탁시위에 관해 미군정 장관 브라운이 발표한 성명서를 아래에 소개한다.

미소공동위원회는 예정대로 그 업무를 진행하고 있는데 6월 23일은 조선 제민주정당 급(及) 사회단체가 청원서를 제출함으로서 공위와의 구두협의에 참가하겠다는 의사를 표시하는 마감일이었다. 그러나 일부 무책임한 분자들에 의하여 발생된 소동으로 인해 방해되었다. 세계 제강국이 조선국민을 위

---

19) 공위재개에 대한 한민당,남로당의 성명, 「서울신문, 경향신문」, 1947.5.17

20) 한민당, 공위참가에 대해 성명서 발표, 「조선일보, 동아일보」, 1947.6.12

21) 大韓勞總 靑年朝鮮總同盟 全國靑年總同盟 西北靑年會 光復靑年會 女子國民黨 獨促婦人會 全國女性團體總聯盟 愛國婦女同盟 등의 단체가 한민당과 같은 노선을 걸었다. 「조선일보」, 1947.6.13

22) G-2 보고4, 1947.7.9. p.347

23) G-2 보고4, 1947.6.17. p.265

하여 조선국민의 정부를 수립하고자 진정으로 노력하고 있는 이 시기에 있어서 어떠한 소동의 발생은 외국에 대한 우호정신에 중대한 의문을 느끼게 한 것이다. 일부 청년층의 무질서한 행동은 그들의 진정서나 성명서 등에 그들의 조선의 최대복리를 위해서가 아니라 개인세력 획득을 기도하는 개인을 위해서 일하고 있다는 것이 판명되었으므로 조선국가를 위하여 대단히 불행한 것이었다.

작일 서울시청 앞 시위운동에 참가한 인수는 결코 많지는 않았다. 한국국민은 그들 자신이 이러한 당파적 행동으로 국가의 위신을 손상시켜도 좋은가 아닌가를 판단하여야 할 것이다.

정오 덕수궁 정문에서 시위운동을 개시한 우익청년들은 하오 1시 20분경 덕수궁으로 돌아왔다. 오후 2시 30분경에 본관은 이 군중 가운데서 지도자 3인이 본관과 상의할 의사를 가지고 있다는 것을 알았다. 그들과의 회담은 약 45분간 계속하였는데 그 3인의 대표자는 약 23세 가량의 청년으로서 매우 흥분된 표정으로 고성으로 오만한 태도로 말하였다. 이 청년은 4개 요구조건을 제시하였다. 즉

1) 신탁을 즉시 철폐하라
2) 총선거 실시에 대한 보장을 할 것
3) 김구 씨에 의하여 수립될 독립정부를 조선의 정부로 인정할 것
4) 우리들은 이승만 김구의 노선을 지지하고 있으며 폭력을 행사하거나 공위를 방해하라는 것은 아니다.

3인의 청년대표자 중 2명은 말하기를 "우리는 이승만 박사와 김구 씨의 지도를 대표하는 바이다"라고 하였다.

500여 개의 정당과 사회단체가 이미 공위에 협력하고자 등록하였다는 것을 알게 되었다. 이 청년들은 주장하기를 이박사는 반탁통일운동에 있어 조선인을 지도하고 있는 바이며 또 만일 신탁이 기어이 실시된다면 죽음을 결행할 것이며 각 요인을 살해할 것이라고 하였다. 본관은 그들에게 신탁은 지금 즉시 철폐할 수 없으며 임시정부와 협의할 공동위원회는 조선에 대한 협조를 안출(案出)하게 될 것으로 실제에 있어 그때에라야 조선에 적용될 신탁의 정의를 한정하게 될 것이라고 말하였다. 최후 결론에 이르러 청년대표자는 시위군중의 해산을 명령하겠다고 말하였다. 시위행동 중 공위의 소련위원에 대한 상당한 불경을 범하였던 것이다. 쉬티코프 장군은 본관에게 불만의 의(意)를 표하였는데 수대의 소련자동차에게 흙과 돌을 던졌고 발

라사노프 위원이 탄 자동차는 미병(美兵)의 참가로 보호되었노라고 하였다. 본관은 동 장군에게 이 청년폭도들이 소련대표에게 불편을 주고 위협을 하고 방해를 한 데 대하여 유감의 뜻을 표하였다. 그리고 본관은 서울 체재중인 소련대표의 신변보호에 대한 조치를 즉시 강구할 것을 동 장군에게 확언하였다. 당 시위운동에 참가한 청년들은 그들의 불법적 행동을 계속하는 일 방법으로 김구 씨가 서명한 미소공동위원회 보낸 진정서를 대중 앞에서 낭독하였다. 결국에 있어서 본관은 조선국민에게 전조선을 위하여 임시정부를 수립하고자 현존하는 대부분의 애국적 정당과 협력하여 위대한 미소공동위원회의 업무를 계속할 것이라는 것을 알리고자 하는 바이다. 23일 업무 방해를 기도한 소수의 무사려한 분자들과 반대로 공위와의 협의에 참가하려고 대다수의 단체가 청원한 것은 본관으로 하여금 조선국민 통일조선을 위하여 임시정부수립에 있어서 공위가 하루바삐 기업무(其業務)를 성공하기를 갈망하고 있다는 사실을 절실히 느끼게 한다.[24]

1945년 11월 23일 환국 후 김구의 일관된 노선은 반소·반공·반탁 그리고 임정봉대였다. 그동안 수차례의 쿠데타를 시도했고 셀 수 없는 반탁시위에 직간접으로 관여했다. 그러나 이제 그의 노선은 대중들로부터 외면받기 시작했다. 1947년 6월 23일의 시위에는 어느 정도 호응이 있었으나, 6월 29일 서울에서 재차 시도한 공동위원회 반대 반탁시위는 겨우 200여명이 모였을 뿐이었다.[25] 7월 4일의 시위 역시 초라하기는 마찬가지였다.[26]

미소공위 무력화를 위한 김구의 마지막 선택은 역시 암살과 테러로 귀결되었다. 제2차 미소공위가 개최되면서 가장 주목을 받은 인물은 중도파인 여운형과 김규식이었고, 실제 이들이 가장 중요한 테러·암살 대상자였다.

1947년 5월 12일 여운형은 혜화동 로터리에서 권총저격을 받았다.[27] 그

---

24) 브라운 반탁시위에 관해 성명, 「조선일보, 서울신문, 동아일보, 경향신문」, 1947.6.25

25) G-2 보고4, 1947.6.30. p.319

26) G-2 보고4, 1947.7.5. p.338

27) 여운형의 피습사건 발생, 「동아일보」, 1947.5.14

리고 6월 16일에는 3명 이상의 괴한이 삼청동 김규식의 자택 침입을 시도하다가 경비대에게 발견되어 도주하는 사건이 발생하였다.[28] 게다가 미소 공위 회담을 위해 평양을 방문 중이던 브라운 소장을 암살한다는 정보가 미군정에 입수되기도 했던 모양이다.[29]

특히 익명의 독촉국민회 회원이 6월 19일자로 CIC에게 보낸 편지는 소문으로 떠돌던 극우계열의 테러계획을 확인시켜주는 결정적 문건이었다. 이 정보에 의하면 한독당·독촉국민회·반탁투쟁위원회 내의 김구 추종 세력과 일부 한민당 세력이 좌익 지도자를 암살하고, 경찰과 우익 무장단체의 지원 하 7월 1일에 임시정부를 선포할 계획이었다. 그 외 탄광에서 이미 다이너마이트를 입수했고, 영등포에서 무기를 만들고 있다는 등의 정보가 접수되었다.[30] 이와 같은 정보를 입수한 하지는 6월 28일, 이승만에게 아래와 같은 경고 서한을 보냈다.

귀하의 정치의 기구 상층부에서 나온 줄로 짐작되는 보도에 의하면 귀하와 김구 씨는 공위사무에 대한 항의수단으로서 조속한 시기에 테러행위와 조선경제교란을 책동한다 합니다. 고발자들은 이런 행동에는 기건(幾件)의 정치암살도 포함하기로 되었다 함은 중복 설명합니다. 이러한 성질의 공연한 행동은 조선독립에 막대한 저해를 끼칠 터이므로 이러한 고발도 사실이 아니기를 바랍니다.
조선의 애국심 전부가 건설적 방도에 발양되고 아름다운 조선대중에게 유혈 불행 재변을 의미하며 조선의 독립할 준비가 아직 안되었다 하면 세계에 보여주는 케케묵은 방식을 통하여 발현되지 않기를 나는 과거에도 바랐고 또 계속하여 바랍니다.[31]

28) 김규식 자택에 괴한 침입, 「경향신문, 조선일보」, 1947.6.17
29) G-2 Periodic Report, no.569(1947.6.30.)
30) CIC Weekly Information Bulletin, no.11(1947.7.3.), no.14(1947.7.15.)
31) 돈암장,이승만과 하지사이에 왕래한 서한내용 발표, 「조선일보」, 1947.7.2

상기 인용 편지가 이승만과 김구 모두에게 발송되었는가에 대해선 확실하지 않다. 다만 이승만은 하지의 항의 내용을 모두 공개함과 동시에 자신은 테러행위와 전혀 관계가 없으며 고발자의 신원을 밝히라고 하지를 압박하였다. 물론 김구도 동일한 내용의 항의 서한을 하지에게 보냈다.[32] 하지가 김구와 이승만에게 밀고자에 대한 정보를 제공했는지 여부는 알 수 없다. 다만 하지의 경고에 대한 응답인지 이승만은 7월 10일에 "혹 무슨 언사나 행동에 과격하거나 폭력에 가까운 상태는 일절 폐(廢)하여 민족전도(民族前途)의 대업에 방해가 되지 않기를 거듭 부탁"한다는 성명을 발표했다.[33] 그러나 이 성명이 발표된 지 열흘이 되지 않은 1947년 7월 19일, 여운형은 한지근 등에 의해 암살되었다. 미소공위를 통한 남북한 통일정부 수립의 가느다란 끈마저 사라진 순간이었다.

이해할 수 없는 것은 미군정의 태도다. 미소공위의 참가를 분명히 반대했고 더욱이 암살, 테러 행위까지 시도했던 김구 및 이승만 계열의 단체인 비상국민회의, 독촉국민회, 민족통일총본부 등의 극우단체 마저 협의 대상 명부에서 제외시킬 수 없다고[34] 한 미국의 진정한 의도는 과연 무엇이었을까?

당연히 소련은 미국 측의 제안을 거절할 수밖에 없었다. 결국 미소는 미소공위 최초협의에 초청할 정당 및 사회단체 명부에 반탁투위에 참여한 단체의 포함 여부를 둘러싼 의견 차이를 좁히지 못했다. 8월 20일로 예정된 제54차 본회의에 소련 측 대표가 참가를 거부함으로써, 제2차 미소공위

---

32) 김구, 하지에게 서한 전달, 「서울신문」, 1947.7.4
33) 이승만, 난동을 삼가하고 공론을 환기하자는 성명서 발표, 「동아일보」, 1947.7.11
34) 브라운, 협의대상문제에 대한 양측의 대립논점을 발표, 「서울신문, 조선일보, 동아일보」, 1947.7.17

는 사실상 결렬되고 말았다.[35]

　1945년 12월 모스크바 삼상회의부터 1947년 8월 제2차 미소공위의 결렬과정을 되짚어 보면 보편적 상식으로 이해하기 어려운 일들이 너무 많이 일어났다. 어쩌면 미국과 소련은 애초부터 남북분단을 염두에 두고, 서로의 명분 쌓기로 미소공위라는 가설무대를 준비하지 않았나하는 의심도 든다. 양국의 의도가 어쨌든, 김구를 중심으로 한 반탁시위가 미소공동위원회가 파괴되는데 명분을 준 것만은 사실일 것이다. 미소공위가 허무하게 종료됨으로써 통일국가 수립이라는 민족의 염원은 이루어질 수 없는 꿈이 되어 버린 셈이다. 아울러 임정정통론을 주장했던 김구의 꿈도 함께 무산되었다.

---

35) 미소공위는 공식적으론 1947년 10월 18일 미국의 휴회 제안 그리고 1947년 10월 21일 소련의 대표단 철수로 미소공동위원회가 해산되지만 7월 1일 평양 회의가 마지막 회의였다고 봐야한다. 왜냐하면 1947년 8월 28일 미국이 한국 문제를 미·소·영·중 4개국 회담에 맡기자고 제안하고, 1947년 9월 17일 한국 문제를 국제 연합에 상정하는 과정을 보면, 평양회의 후 미소공위 종료라는 미국의 방침이 확실해졌기 때문이다.

# 단정찬성에서 좌우합작, 김구는 왜 노선을 변경했나?

　1946년 6월 3일 소위 정읍발언 이후 반소·반공·반탁·친미·단정수립이라는 이승만의 노선은 비교적 일관성을 유지했다. 이승만은 자신의 신념을 관철하기 위해 좌익·중도좌익뿐 아니라 중도우익마저 철저히 배제하였다. 그렇지만 한민당, 한독당 등 극우세력과는 결합과 분리를 되풀이하면서 자신의 세력 확장에 몰두하였다.

　이승만에 비해 김구의 노선은 갈짓자 행보였다. 그의 노선은 반소·반공·반탁·임정봉대로 요약할 수 있다. 그러나 무엇보다 그에게 중요했던 것은 임정정통론이었다. 이 목적을 위해서라면 정적 제거 작업을 망설이지 않을 뿐 아니라 정적과의 제휴 역시 기피하지 않았다. 김구의 노선 중 가장 이해할 수 없는 것은 단정에 대한 그의 처신이다. 이승만이 단정론자라면 김구는 통일론자라는 것이 보편적 인식이다. 그러나 이승만의 단정노선에 김구가 적극적으로 반대하였는가하는 것은 의문의 여지가 많다. 1947년 11월 26일 이승만은 대단히 중요한 성명을 발표하였다. 아래에 일부 내용을 먼저 소개한다.

　…소위 해방이후 모스크바 삼상결정이 변할 수 없는 법이요 신탁통치가 독립의 유일한 노선이며 공산파와 합작하지 않으면 정부를 수립치 못한다는 등 무조리(無條理)한 언론을 우리가 다 거부하고 민족자결주의를 발휘하여 분투한 결과로 지금 이것이 다 삭제되고 말았으니 우리 독립전선에 많은

성공이다. 소위 미소공위가 재차 실패된 후는 즉시 총선거를 실시하여 남한에 독립정부를 세워서 정권을 우리에게 맡기고 우리와 합작하여 소련군의 철퇴를 도모할 것이어늘 하지 중장은 종시 자기 주장을 버리지 못하고 백방으로 펑계하여 총선거를 막으며 민의를 불원하고 중간파를 지지하여 민족분열의 색태(色態)를 세인 이목에 보이게 되며 괴뢰정부를 연장하여 자기들의 권위를 공고케 하려는 중이다.…[36]

민족자결주의를 발휘하여 분투한 결과로 모스크바 삼상결정의 무력화와 미소공위의 무산을 이루어냈다고 주장하고 있다. 그리고 미군정은 이제 좌·우합작파 지지를 중단하고, 즉시 총선거를 실시하여 남한에 독립정부를 세워 정권을 우리(이승만)에게 맡기고 우리와 합작하여 소련군의 철퇴를 도모해야만 한다고 주문했다.

이와 같은 이승만의 주장 후, 김구는 11월 30일과 12월 1일 이화장을 방문하여 긴밀히 요담을 하였고, 회담 내용은 "동포는 시급히 한데 뭉치어 남조선총선거로 정부를 수립하여 국권을 회복한 후 남북통일을 한다."라는 것이 골자였다고 당시 언론은 보도하였다.[37] 김구가 이승만과의 회담 후인 11월 30일 발표한 담화 내용은 다음과 같다.

◆ 정부수립문제

우리는 자신으로서 즉시에 절대적 자주이며 남북을 통한 통일적인 독립정부를 우리나라에 수립하기를 요구한다. 그러나 우리가 원(願)하지 않는 국제적 제재가 있는 이상 우리가 우리의 요구를 달성하는 데 있어 국제적 제재를 합법적으로 제거하는 것이 제1조건이 되지 않을 수 없다. 그러므로 우리는 유엔에 한국문제를 제기하여 정당히 해결할 것을 주장한 것이다. 그런데 유엔이 한국문제를 정식으로 상정하여 토의한 결과 UN 감시하에서 신탁

---

36) 이승만, 단독선거 긴급실시 역설「경향신문, 서울신문」,1947-11-27

37) 이승만과 김구, 독립정부수립에 의견 일치「조선일보」,1947-12-02

없이 또 내정간섭 없는 남북을 통한 총선거로써 자주통일의 정부를 우리나라에 수립하도록 협력하자고 결정하였다. 그러므로 우리는 그들이 아직까지 한국의 정식대표를 참가시키지 아니 하는 것을 유감으로 생각하지 아니 하는 바는 아니나 대체로 유엔 결의안을 지지하는 바이다.

혹자는 소련의 보이코트로 인하여 유엔안이 실시 못된다고 우려하나 유엔은 그 자신의 권위와 세계평화의 건설과 또 장래의 강력의 횡포를 방지하기 위하여 기정방침을 변하기가 만무(萬無)다. 그러면 우리의 통일정부가 수립될 것은 문제도 없는 일이나 만일 일보를 퇴(退)하여 불행히 소련의 방해로 인하여 북한의 선거만은 실시하지 못할지라도 추후 하시(何時)에든지 그 방해가 제거되는 대로 북한이 참가할 수 있게 하는 것을 조건으로 하고 의연히 총선거의 방식으로서 정부를 수립하여야 한다. 그것은 남한이 단독정부와 같이 보일 것이나 좀 더 명백히 규정한다면 그것도 법리상으로나 국제관계상으로 보아 통일정부일 것이요 단독정부는 아닐 것이다. 우리 독립을 전취하는 효과에 있어서는 그 정부로 인정받은 것이 훨씬 좋을 것이다. 이승만 박사가 주장하는 정부는 상술한 제일의 경우에 치중할 뿐이지 결국에 내가 주장하는 정부와 같은 것인데 세인이 그것을 오해하고 단독정부라 하는 것은 유감이다. 하여튼 한국문제에 대하여 소련이 보이코트하였다고 하여 한국자신이 UN을 보이코트하지 않은 이상 유엔이 한국에 대하여 보이코트할 이유는 존재치 아니할 것이다.

◆ 전민족단결문제

"전민족적 단결은 시간과 공간의 여하를 불문하고 필요한 것이다. 그러므로 우리가 좌우합작에 실패하였다고 전민족적 단결공작을 포기할 이유는 없는 것이다. 이러한 의미에서 금차 한독당의 발론(發論)으로 12정당이 공작을 개시한 것은 당연한 일이요 필요한 일이다. 그러나 시간이 부족하였든지 기술이 부족하였든지 혹은 노력이 부족하였든지 좌우 양측에서 거대한 부분이 적극적으로 참가치 아니하고 도리어 방관하며 심하면 중상까지 하는 듯하다. 그리하여 통일공작은 도리어 역효과를 보이고 있는 형편이니 이러한 경우에는 잠시 그 공작을 보류하고 민중의 여론에 호소하는 일방 피차간에 원만한 양해를 성립하기 위하여 좀 더 노력함이 당연할 것이다. 아무리 초급(焦急)할 지라도 욕속부달(欲速不達)이 되면 도리어 해가 있을 것이다. 그러나 보류가 포기는 아니다.[38]

---

38) 한독당 김구, 정부수립과 민족단결 문제에 관해 담화 발표, 「동아일보, 조선일보」, 1947.12.2

1947년 12월 3일자 경향신문, 우측의 기사는 좌측 하단에 있는 기사다. 동아일보·조선일보 등과 다르게 이승만·김구·김규식 등 3영수가 의견일치를 보았다고 보도했다. 하지만 아래 기사에서는 이승만과 김구의 의견일치만 소개되어 있다.

김구는 이 담화에서 두 가지 중요한 사항을 발표하였다. 첫째, 소련의 방해로 인해 남한에서만 선거를 실시하더라도 총선거의 방식으로 정부를 수립한다면 결코 단독정부가 아니다. 둘째, 한독당이 제안하여 중도파 정당과 통일공작을 벌여오던 각 정당협의회의 활동을 보류한다.

좌우합작, 민족통일 등 각종 현안을 일단 접어두고 게다가 임정정통론도 포기하고, 오직 이승만과 협력하여 남한 단독정부 수립에 매진하겠다는 뜻에 다름 아니다. 김구와 이승만은 12월 1일 열렸던 국민의회 제44차 임시대회에서도 치사의 형식을 빌려 위와 동일한 내용을 전달했다. 아래는 두 사람의 발언 내용이다.

"동포는 시급히 한 덩어리로 뭉쳐서 조속히 남조선총선거로서 우리 정부를 수립하여야 할 것이며 이로써 국권을 회복한 후 남북통일을 할 것이다" (이승만)

"과거 남조선총선거를 군정수립이라 하여 다르다 하였으나 우리 민족이 전체 통일방향으로 나가는데 있어서는 다를 점이 없으며 이박사의 주장하는 바와 조금도 다를 점(點)이 없으니 이 길로 우리는 가야 한다"(김구)[39]

---

39) 국민의회에서 이승만과 김구가 남조선총선에 의한 정부수립 촉구,「경향신문, 조선일보」, 1947.12.2

1947년 11월 말부터 12월 초, 짧은 기간이지만 그 무렵 김구의 노선은 분명히 남한단정론의 인정이었다. 자신의 생각이 이승만의 주장과 조금도 다름이 없으니 남조선총선거로서 정부를 세워야한다고 말했다. 여기서 주목해야할 것은 김구가 일종의 항복 선언을 했다는 점이다.

환국 후 2년 가까이 우익진영의 영수로 활동하면서 임정법통론을 언급하지 않고 남한 단정론을 공식적으로 언급한 것은 1947년 11월 30일의 담화가 처음이었다. 더욱이 불과 1주일 전인 11월 24일의 발언을 완전히 뒤집은 주장이었다. 그날 김구는 다음과 같은 담화를 발표했었다.

❶ 남조선단독선거
가) 군정하에 대의원선거는 결의권이 없는 이상 아무 효과가 없을 뿐더러 그 결과는 민족분열을 초래한다.
나) 국련(國聯)결정의 소련측 거부로 인한 남한만의 선거는 국토를 양분하는 비극이다.
❷ 국련조선문제(國聯朝鮮問題) 결정(決定)
우리 대표의 참가가 없어 자세한 내용을 알 수 없으나 구체적 표시가 있을 때까지 태도를 보류하겠다.
❸ 각정당협의회에 대해 앞으로 각정당단체간의 합의가 있을 때까지는 구체적 기구를 조직할 필요가 없다고 본다.[40]

무엇이, 어떤 상황이 김구의 태도를 돌변하게 만들었을까? 오락가락했던 김구의 노선을 이해하기 위해선 1947년 11월에 추진되었던 12정당협의회(정협)의 활동이 참고가 된다. 1947년 10월 21일 제2차 미소공위가 파행으로 끝난 후 김구는 거의 탈진 상태였다. 그동안 반소·반탁운동을 하면서 투쟁했지만 그가 진정으로 원했던 임정정통론은 거의 소멸돼가고 있었

---

40) 한독당 김구, 단독선거의 분단성 경고, 「조선일보」, 1947.11.25

다. 대신 조기 총선에 의한 남한 단독 정부 수립 제안이라는 이승만의 제안이 점차 힘을 얻고 있는 중이었다.

실제로 1947년 9월 17일에 한국 문제가 유엔으로 이관되었고 11월 14일에는 유엔한국임시위원단의 파견이 결정되었다. 이 무렵 김구를 대신하여 조소앙이 한독당 대표 자격으로 12정당협의회를 발족했다. 참가 정당은 한독당, 근로인민당, 인민공화당, 민주한독당, 민중동맹, 신진당, 조선공화당, 보국당, 조선민주당, 민주독립당, 사회인민당 등이었으며, 중요 합의 사항은 다음과 같다.

◆ 원칙의 요지

조국의 모든 인민이 정권을 잡고 인민 자신을 위한 경제문화를 계획하고 실현할 수 있는 자주독립 자유번영의 민주주의 국가를 건설하기에 민족의 총력을 집중하여야 할 것이며 친일잔재를 배제하고 자주자결의 방법으로서 완전독립의 민주주의 통일정부를 수립하고 관계우방에 대하여 평등호조(平等互助)의 우의를 촉진하여 국제안전 급(及) 평화를 보장할 것이다.

◆ 방략요지(方略要旨)

❶ 자주독립의 민주주의 통일정부를 수립하기 위하여 민족자결의 민주주의 선거기구를 중앙 급(及) 지방에 조직하고 자유 평등 직접의 방법에 의한 보선(普選)으로써 국민의 총의를 기초로 한 국회를 창설할 것.

❷ 38선의 양군분리장벽 철폐로 우리 민족의 자주적 남북의 교류를 보장하여 전국적 총선거를 실천케 하되 그 전제조건으로 미소양군을 즉시 철병케 하고 일절 정권을 우리 민족에게 남기게 할 것.

❸ 보선실시방법(普選實施方法)과 양군 철퇴절차와 남북의 당면 긴급사항과 철병후의 치안확보문제 등을 협의하기 위하여 남북정당대표회의를 구성할 것.

❹ 남북대표회의의 구성준비로서 위선(爲先) 이남 각정당협의회를 구성할 것.[41]

---

41) 유엔감시위원회 내조에 대비해 각정당협의회 구성, 「조선일보, 경향신문」, 1947.11.6,7

친일잔재 청산, 통일정부 수립, 미소양군 철수, 남북정당대표회의 등이 정당협의회의 주요 목적이었다. 이러한 목적을 달성하기 위해 우선 남한 내의 각 정당협의회가 필요하다는 것이다. 당연히 한민당과 이승만의 반발이 있을 수밖에 없었다. 물론 미군정 당국도 촉각을 곤두세웠다. 극우 세력의 반발뿐 아니라 남로당 역시 부정적인 입장을 표명했다.[42]

조소앙은 정협의 조속한 결집을 위해 자신의 견해를 피력하고(11월 8일)[43] 자주통일정부수립방안을 발표하는(11월 18일)[44] 등 전력을 다했으나, 자신이 대표를 자임한 한독당으로부터도 승인을 받지 못했다.(11월 19일)[45] 김구는 최초에 정협의 활동을 방관했으나 결국 자파 내 경쟁자인 조소앙의 야심을 좌절시키고 이승만과의 제휴를 선택하고 말았다. 이로써 정협의 활동은 물밑으로 잠복할 수밖에 없었고 이승만의 단정론이 더욱 탄력을 받게 되었다.

물론 이승만과 한민당이 정협의 활동을 방관하지 않고 나름대로 대책을 세웠기 때문이다. 이승만은 중도파와 한독당의 연대를 우려해, 11월 15일에 독촉국민회 주최 '총선거촉진국민대회'를 개최했으며 같은 달 21일에는 임협(臨協)산하 100여 정당·단체대표가 한민당 회의실에서 회의를 개최하고 소위 각 정당협의회에 대한 규탄성명을 발표하기로 결의하는 등 한독당과 김구, 조소앙 등을 압박하였다.[46] 그 결과가 11월 30일에 발표된 김구의 항복 선언이다.

---

42) 각정당협의회에 대한 한민당과 남로당의 태도 부정적임, 「조선일보」, 1947.11.7
43) 한독당 조소앙, 각정당협의회 촉진 역설, 「조선일보」, 1947.11.9
44) 각정당협의회, 자주통일정부수립방안 발표, 「조선일보, 동아일보」, 1947.11.19
45) 한독당, 각정당협의회에 참가보류 결정, 「조선일보」, 1947.11.21
46) 우익단체, 각정당협의회의 미소철병·남북회담론 규탄성명 발표, 「서울신문, 동아일보」, 1947.11.23

그러나 이승만의 그늘로 들어가겠다는 김구의 결심은 의외의 사건으로 성사되지 못한다. 국민의회 제44차 임시대회에서 이승만과 김구의 단합을 과시했던 그 다음날인 1947년 12월 2일, 한민당의 핵심 장덕수가 피살된 것이다. 장덕수 암살은 결과적으로 김구에게 더욱 타격이 컸다.

증인으로 재판정에 출두하는 등 개인적 위신의 추락은 별개로 하더라도, 합당을 추진하던 한민당과의 관계는 완전히 단절되었고 이승만과의 제휴도 물거품이 되어 버렸다. 김구는 12월 9일, 정협(政協)에 참가한 상무위원 성낙훈·정형택, 정보부장 김경태 등을 제명하고 상무위원 민대탁을 정권키로 결정하였지만 자신의 수족을 자르는데 불과했다. 게다가 12월 20일에는 조소앙 마저 정계사퇴를 발표하고 말았다. 이로써 김구는 거의 고립무원의 처지가 되어 버린 셈이다. 이쯤에서 환국 당시 임정의 국무위원 급 인물들이 2년이 지난 1947년 연말경에는 김구와 어떤 관계에 있었는지 알아보기로 하자.

[임시정부 요인들의 행적]

| 이름 | 1945년 11월 | 1947년 12월 |
|---|---|---|
| 김구(70) | 주석 | 한독당, 국민의회 |
| 김규식(65) | 부주석 | 민족자주연맹 주석 |
| 신익희(54) | 내무부장 | 한독당 탈당(47.7.20) |
| 조소앙(59) | 외무부장 | 정계 사퇴(47.12.20) |
| 조완구(65) | 재무부장 | 국민의회 |
| 김상덕(54) | 문화부장 | 5·10선거 참가, 반민특위위원장 |
| 엄항섭(48) | 선전부장 | 국민의회 |
| 김원봉(48) | 군무부장 | 민주주의민족전선 |
| 최동오(54) | 법무부장 | 민족자주연맹 중앙집행위원 |
| 홍진(69) | 의정원의장 | 사망(46.9.9) |
| 이시영(78) | 국무위원 | 국무위원, 의정원의원직 사퇴(47.9.26) |

| 이름 | 1945년 11월 | 1947년 12월 |
|---|---|---|
| 유동열(67) | 참모총장 | 군정청 통위부장 |
| 조성환(71) | 국무위원 | 임정 국무위원 사퇴(47.3.28) |
| 황학수(67) | 국무위원 | 국민의회 |
| 장건상(63) | 국무위원 | 민전, 근로인민당 부위원장 |
| 김붕준(58) | 국무위원 | 민족자주연맹 중앙집행위원 |
| 성주식(55) | 국무위원 | 민전, 남한 조선최고인민회의 대의원 |
| 유림(51) | 국무위원 | 독립노동당, 국민의회 |
| 김성숙(48) | 국무위원 | 민전, 근민당, 민족자주연맹 |
| 조경한(46) | 국무위원 | 국민의회 |
| 이청천(58) | 광복군총사령 | 대동청년당(47.9.21) |
| 이범석(46) | 제2지대장 | 조선민족청년단(46.10.12) |
| 김학규(46) | 제3지대장 | 1948년 4월 16일 귀국 |
| 안미생(32) | 주석비서 | 1947년 7월경 가출, 미국 거주 |
| 장준하(28) | 주석비서 | 조선민족청년단 참여 |

1945년 11월 23일 환국했을 때 김구의 위상은 임시정부와 광복군으로
부터 나왔다고 볼 수 있을 것이다. 그러나 김구를 받쳐주었던 두 가지 기
반은 불과 2년 만에 철저히 붕괴되어 버렸다. 먼저 등을 돌린 것은 광복군
관련 인물들이다. 광복군 신화가 조작된 허상이라는 증거가 알게 모르게
알려진 것과 별도로, 광복군의 두 축이었던 이범석과 이청천은 애초부터
김구와 다른 길을 걸었다.

1946년 6월 22일 귀국한 이범석이 가장 먼저 찾은 사람은 김구가 아닌
이승만이었다. 그리고 1946년 10월 9일 '국가지상, 민족지상'이라는 캐치
프레이즈를 내건 우익청년 단체인 조선민족청년단(약칭 족청)을 창설했다.
김구의 힘이 되기는커녕 김구의 비서였던 장준하를 빼내가는 등 자신의
세력 증대에 몰두하여 오히려 김구의 세력을 약화시키는데 일조했다.[47] 이

...................................................................................................................

47) 박경수,『장준하(민족주의자의 길)』, 돌배개, 2006, p.226

청천 역시 비슷한 길을 걸었다.

1947년 4월 21일 귀국한 이청천은 이승만
의 권유에 의해 1947년 9월 우익계열의 32개
단체를 통합, 결성하여 대동청년단(대청)을 결
성하고 단장에 취임하였다. 대청 초기에는 김
구 계열과도 가까웠으나 남북연석회의를 전
후하여 주로 이승만 노선에 맞추어서 활동하
였다. 어쨌든 이청천은 이범석과 마찬가지로

1947년 4월 미국에서의 활동을 마
치고 귀국한 이승만. 중국에 있던
이청천(가운데 꽃다발을 든 사람)
과 귀로에 동행했으며, 비행장에는
김구·김규식이 영접을 나갔다.

1947년 연말경, 최대의 시련을 맞고 있는 김구에게 전혀 도움이 되지 않았
다.

임정내부의 사정 역시 만만치 않았다. 김규식과 김원봉은 환국하자마자
별도의 길을 걸었고, 장건상·성주식·김성숙은 김원봉과 함께 민전에 참가
하였다. 그 외 최동오·김붕준 등은 김규식과 행동을 함께해 민족자주연맹
의 핵심으로 활동했다. 사실 따지고 보면 해방공간에서 김구와 노선을 함
께했던 임정요인이라야 신익희, 조소앙, 조완구, 엄항섭, 조경한 정도였다.
몇 명되지 않은 이들조차 신익희는 탈당했고 조소앙은 정계 은퇴를 선언
해버렸다. 게다가 최고령 원로였던 이시영도 국무위원과 의정원의원직을
사퇴함으로써 김구와의 연결고리를 끊어버렸다.

그러면 젊은 청년들은 어떻게 행동했을까? 주로 비서직으로 김구를 보
좌했던 청년들 역시 1947년 연말경에는 거의 찾아볼 수 없다. 겨우 남은
사람은 안우생과 선우진 정도였다. 더욱이 김구의 맏며느리이자 비서 역할
그리고 경교장의 안살림을 맡아했던 안미생의 도미 행은 김구에게 경악에
가까운 충격을 주었으리라 짐작된다. 긴급 수혈된 안재홍과 권태석 계열의

인물들이 출당 혹은 자진 탈당한 것은 이미 설명한 바 있다. 당시 김구의 심정은 어떠했을까?

장덕수 피살 이후 김구의 행동은 어떻게 보면 안쓰러울 정도였다. 한민당과의 합당 결렬이 문제가 아니었다. 한민당과 동아일보는 노골적으로 김구를 공격하기 시작했다. 이제 김구가 기댈 수 있는 곳은 오직 이승만 뿐이었다. 장덕수의 죽음 이후 김구의 행적을 정리해 본다.

■ 1947년 12월 4일
나와 이승만 박사는 조국의 자주독립을 즉시 실현하자는 목적에 완전한 합의를 보았다. 나도 이박사를 존경하는 한 사람이므로 양인 간에는 본래 다른 것이 없는 것이다.[48]

■ 12월 7일
지금까지 이승만이 주장하던 남조선단독선거에 대하여 김구는 견해를 달리한 것은 사실이나 이번에 김구가 이승만의 정견을 지지하게 된 것은 UN 결의안에 의한 남북총선거가 소련의 보이코트를 예상할 때 사실상 불가능한 것으로 인정한 까닭이 아닌가 하고 보인다.[49]

■ 12월 9일
한독당에서는 과반래(過般來) 거듭 발표된 김구의 이승만 노선 지지성명과 아울러 국의·민대 합동추진으로서 우익진영의 재강화를 노력하여 오던 바 금반 제26차 상무위원회에서는 돌연히 정협(政協)에 동당대표로 참가한 상무위원 성악훈 정형택 정보부장 김경태 3씨를 제명하고 상무위원 민대탁을 정권키로 결정하였다 한다.[50]

■ 12월 15일
한국독립당에서는 15일 상오 10시부터 동당회의실에서 제6회 제3차 중앙집행위원회를 개최하였는데 주로 UN위원단 입국 후에 실시될 남북통일 총선거에 관한 건이 토의되었는바 동 총선거 참가와 그에 대비하여 시국대

48) 한독당 김구, 국내정세에 대해 담화 발표,「서울신문, 동아일보」, 1947.12.5
49) 유엔감시하 총선을 앞두고 국내 각 정당의 동향 주목,「경향신문, 동아일보」, 1947.12.7
50) 한독당, 동당소속 각정당협의회 대표 제명,「서울신문」, 1947.12.9

책위원회를 특설할 것이 가결되었다 한다.[51)

■12월 17일

최고영도자 이승만 영사(領士)와 김구 선생이 우선 남한에서 총선거를 급속히 실시하려는데 의견이 일치되었으므로…[52)

■12월 21일, 22일

지난 21·22 양일 동안 김구의 이화장 방문과 동 대표단에 관여한 사실을 부인한 동씨의 22일부 성명을 비롯하여 민의 한민 한독 등 민족진영 중요 정당의 미온적 태도로 인하여 동 대표단은 다소의 동요를 보이고 있을 뿐 아니라 간부급의 사표문제까지 대두하고 있어 그 귀추가 자못 주목되고 있다. 그런데 이 난국을 타개하고자 23일 오전 10시 이화장에서 이승만과 김구의 입회하에 국의 측 대표 박원달 외 5씨와 민대 측 대표 이윤영 외 4씨가 일당에 모여 회의하였으나 대표자격문제로 일단 산회하였는데 26일에는 오후 1시부터 이화장에서 양측 대표 각 15명이 출석하여 최후 결정을 짓기로 되었다 한다.[53)

1947년 12월 17일까지 김구의 행적을 보면 이승만 노선의 절대적 지지 즉 남한에서의 조속한 총선거 실시가 분명했다. 그런데 채 일주일도 지나지 않은 12월 22일, 갑자기 폭탄선언을 했다. 아래는 문제의 기사 내용이다.

우리는 미구(未久)에 래조할 UN위원단을 충심으로 환영하는 동시 그들로 하여금 우리에 대한 정당한 인식을 가지고 우리가 원하는 자주독립의 통일정부를 수립하는 임무를 완수하도록 우리의 최선을 다하여야 할 것이다. 우리가 원하는 바도 자주통일정부요, 그들이 우리를 위하여 독립하여 주겠다는 정부도 남북을 통한 총선거에 의한 자주독립의 통일정부다. 그러므로 우리는 여하한 경우에든지 단독정부는 절대 반대할 것이다. UN위원단의 임무

51) 한독당중앙집행위원회, 전국총선거참가 결의, 「서울신문, 동아일보」, 1947.12.17
52) 소련 거부하면 단독선거도 가(可), 「동아일보」, 1947.12.17
53) 한국민족대표단 구성에 대해 물의 분분, 「경향신문, 동아일보」, 1947.12.25

는 남북총선거를 감시하는 데 있다. 기(其) 감시는 외력의 간섭을 방지하는 것만이 아니라 내부의 여하한 간섭이라도 방지할 것이다.

그러므로 일반 동포는 절대로 자유의사에 의하여 투표를 행할 수 있을 것이다. 우리가 국제적 귀빈을 맞이함에 있어 우리 민족의 통일적 의사를 표현하여야 할 것이니 국의와 민대의 합동에 있어 일시적 외부의 장해로써 완료하지 못하였을지라도 합동에 대한 결의는 의연히 유효한 것이다.

그런데 일전에 수모(誰某)의 소위인지 민대의 부서며 또 무슨 보조위원단 운운과 수백인의 명단까지 발표한 것을 보았다. 이것은 통일에 방해가 될 뿐 아니라 사전 사후에 본인으로서는 주지한 바 없으니 기 현상 위에서는 여하한 책임도 본인은 질 수 없다.[54]

며칠 전까지만 해도 이승만을 찬양하며 남한에서의 총선거를 지지했던 김구가 돌연 "우리는 여하한 경우에든지 단독정부는 절대 반대할 것이다." 라고 선언했다. 도대체 그동안 무슨 일이 일어났을까?

갈등의 요인은 장덕수 암살문제와 국민의회(國議)와 한국민족대표자대회 (民代)의 통합문제, 두 가지였다. 어떻게 보면 한독당과 한민당의 헤게모니 쟁탈전으로 볼 수 있다. 왜냐하면 이 시기 정국의 주도권은 누가 뭐래도 이승만이 장악하고 있었기 때문이다. 민족의 운명에 중차대한 영향을 끼칠 남한 단정론의 찬반여부가 본질이 아니고 우익 정파 내의 권력다툼으로 볼 수 있는 흔적은 여기저기에서 들어난다. 다시 정리해 보자.

1947년 11월 30일 김구가 이승만에게 투항한 후, 이승만은 민대(民代)의 국의(國議) 합류를 지시했다.[55] 이에 따라·12월 2일 오후 1시에 양 단체 간의 합동회의가 속개할 것이 결의되었다.[56] 두 조직의 통합은 12월 12일로

---

54) 김구, 단정수립 반대 성명 발표, 「조선일보, 서울신문」, 1947.12.23

55) 국민의회·한국민족대표자대회, 합작을 결의하고 공동 협상서 발표, 「조선일보」, 1947.12.4

56) 국민의회·한국민족대표자대회, 합작을 결의하고 공동 협상서 발표, 「동아일보, 경향신문」, 1947.12.4

예정되어 있었고, 이승만은 이 새로운 조직이 한국민을 대표해 한국문제에 관해 유엔임시한위와 상의할 수 있을 것이라고 보았다.[57] 김구 역시 12월 4일, 7일 등 수차례에 걸쳐 이승만과 완전한 합의를 보았다고 발표했다.[58]

그러나 분명히 통합하는 것으로 보도되었던 국민의회와 한국민족대표자대회와의 합동은 결렬되고 말았다. 장덕수의 피살로 인해 12월 2일의 회의가 무산되었고, 12월 12일에 예정되었던 합동회의도 수도경찰청장 장택상의 지시에 의해 집회 허가가 취소되었다. 이유는 국민의회 관계자 중 장덕수 암살에 관련자가 있다는 것이다.[59]

통합을 무산시킨 민족대표자대회 측은 12월 13일 하오 2시부터 민대대회 제25차 회의를 개최하고, 12월 20일에는 일방적으로 한국민족대표단 및 보조위원회를 결정해 발표해 버렸다.[60] 다음은 동 기구의 구성원이다.

- 고문: 이승만(李承晩), 김구(金九)
- 의장단: 오세창(吳世昌), 이시영(李始榮), 명제세(明濟世), 이윤영(李允榮), 김성수(金性洙), 신익희(申翼熙), 배은희(裵恩希)
- 사무총장: 최규설(崔圭卨)
- 대표: 이청천(李青天), 조소앙(趙素昻) 외 48명
- 보조위원:
  1) 남송학(南松鶴) 외 343 외 (민대 대의원 급 동 선거위원회 중앙위원 전원 포함)
  2) 애국단체 대표로 서정희(徐廷禧) 외 20명
  3) 기외 37명

57) 유엔한국임시위원단 내조와 관련하여 한민족대표자대회·임의 등의 합동 모색, 「서울신문, 경향신문」, 1947.12.6
58) 한독당 김구, 국내정세에 대해 담화 발표, 「서울신문, 동아일보」, 1947.12.5; 유엔감시하 총선을 앞두고 국내 각 정당의 동향 주목, 「경향신문, 동아일보」, 1947.12.7
59) 수도경찰청장 장택상, 장덕수 살해범 배후 등에 대해 기자회견, 「경향신문」, 1947.12.11
60) 우익진영 정당단체, 유엔한국임시위원단 래조에 대비 한국민족대표단구성, 「조선일보」, 1947.12.20

유의해 볼 것은 의장단 명단이다. 얼핏 보면 한독당, 한민당 주요 관계자가 모두 망라된 것으로 보인다. 하지만 실제로는 김구 계열의 사람은 단한 사람도 끼어있지 않았다. 앞글에서 거론했지만, 이 무렵 신익희는 이미한독당을 탈당했었고 이시영 역시 국민의회 국무위원과 의정원 의원직을사퇴한 상태였다. 같은 날 조소앙은 모든 정치적 사회적 관련을 끊고 은퇴한다는 성명서를 발표하였다. 이승만 및 한민당 계열은 예우차원에서 김구란 이름을 고문직에 올렸을 뿐이었다. 이상이 1947년 12월 22일에 발표했던 김구의 단정불가 선언의 배경이다.

어쩌면 그 날의 선언은 정치적 제스처였을 지도 모른다. 왜냐하면 그 후로도 김구와 이승만의 협력시도는 상당기간 지속되었기 때문이다. "단독정부는 절대 반대할 것이다."라고 발표한 그 다음 날인 12월 23일부터 김구는 수차례에 걸쳐 이승만을 방문했다. 묘한 것은 김구의 폭탄선언에 대한 언급은 일체 없었고 회담 주제는 오로지 국의와 민대의 통합문제뿐이었다.[61] 이승만과 김구는 통합단체의 간부 진영과 선거법 문제 등에 관해12월 말 내내 협의했다.

결국 이승만은 김구와 결별하고 만다. 한민당과 한독당이 결합되지 못할경우, 수족이 다 잘린 김구보단 돈과 조직이 건재한 한민당이 보다 필요했을 터이다. 정치가 이승만의 당연한 선택이었다. 유엔조선임시위원단 일행이 동경에 도착한 1948년 1월 6일, 한민당·조선민주당·민의(民議) 등이 남한에서만이라도 총선거를 3월 말일 이내로 완료케 해달라는 성명을 발표

---

61) 이승만과 김구간에 우익진영 통일 노력 모색, 「동아일보, 조선일보」, 1947.12.26

하는 가운데 이승만은 아래와 같은 담화를 발표함으로써 김구와의 관계를 정리했다.

지금 우리 형편으로는 각 정당이나 사회단체의 합동여부를 문제삼아서 쟁변(爭辯)이나 토의를 할 시기가 아니요 …우리가 주장하는 바는 우선 과도선거를 몇 주일 내로 실시해서 우리 민선 몇 대표와 유엔 대표의 합작으로 대업(大業)을 완성하기를 바라는 바이다. 경향(京鄉)에서 청년 각 단체의 합동과 국의 민대 합동에 대해서만은 문제가 되고 있으나 나로는 이 문제에 좌우간 간섭코자 아니하며 오직 나의 주장하는 바는 각각 자원(自願)으로 정신적 통일이 되기 어려운 경우에는 내가 위에 말한 바를 준행(遵行)하면 다같이 목적지에 도달할 첩경이 될 것이다.…[62]

이승만의 의중은 1948년 1월 8일로 예정되었던 국의와 민대의 합동대회가 집회허가를 받지 못하여 무산됨으로써 보다 명확히 들어났다. 1월 11일, 정식 대회를 경유치 못한 소의회에서 의장 조소앙 부의장 명제세를 증선(增選)한 것은 정치적 제스처 그 이상도 이하도 아니었다.[63]

명분과 실리를 모두 놓친 김구는 그때서야 이승만 및 한민당과 결별하고 그 대안으로 좌우합작을 모색하게 된다. 아마 이 무렵 북쪽에서 파견된 김일성·김두봉의 밀사를 접견했을 것으로 짐작된다.[64]

1948년 1월 26일 오전10시반부터 12시반까지 2시간에 걸쳐 삼청동으로 김규식을 방문하고 UN조위(朝委)에 진술할 의견통일에 대하여 회담하였다. 내용은 남북정치요인의 협상과 남북통일총선의 주장이었다.[65] 그리고 28

---

62) 각 정당 단체에서 유엔조선임시위원단 來朝에 대해 담화 발표, 「동아일보」, 1948.1.7
63) 國議와 民代 합동 일단락으로 의장 조소앙, 부의장 명제세 增選, 「조선일보」, 1948.1.11
64) 이 문제에 관해선 다음 장에서 다시 다룰 예정이다.
65) 김구, 김규식을 방문하여 유엔조선임위에서 개진할 의견 협의, 「경향신문」, 1948.1.28

일에는 유엔임시위원단에 6개항의 의견서를 보냄으로써 이승만 및 한민당과 완전히 결별했다.

의견서의 주요 내용은 "미소 양군이 철퇴(撤退)하지 않고 있는 남북의 현상태로서는 자유스러운 분위기를 가질 수 없다. 양군이 철퇴한 후 남북요인이 회담을 하여 선거준비를 한 후 총선거를 하여 통일정부를 수립하여야 할 것" 등이다.[66] 지금까지 살펴본 바와 같이 김구는 1947년 11월 30일에는 남한만의 단독정부를 찬성하는 성명을 발표했다가, 한 달 후인 12월 22일경에는 단정불가를 외친다. 그러다가 1948년 1월 28일 최종적으로 이승만과 결별하게 된다. 임정정통론을 포기하고 난 뒤 김구의 정책은 이처럼 갈피를 잡을 수 없는 모습을 보여줬다.

---

66) 한협, 서청동 각단체, 유엔조선임위에서 개진한 김구 견해 반박,「동아일보」, 1948.1.30,31

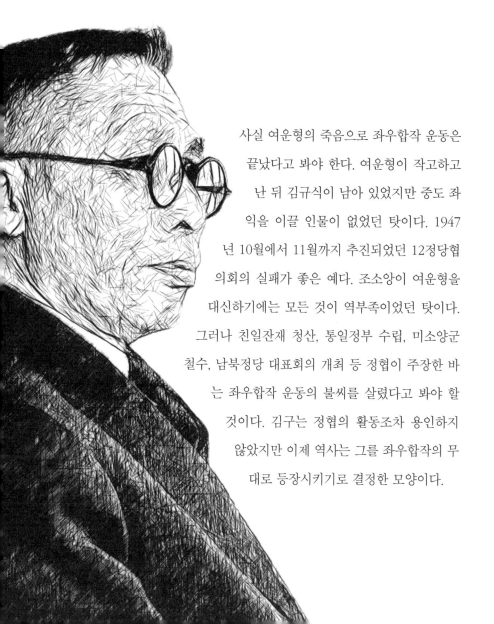

# 28
# 김구는 왜 남북연석회의를 선택했나

사실 여운형의 죽음으로 좌우합작 운동은
끝났다고 봐야 한다. 여운형이 작고하고
난 뒤 김규식이 남아 있었지만 중도 좌
익을 이끌 인물이 없었던 탓이다. 1947
년 10월에서 11월까지 추진되었던 12정당협
의회의 실패가 좋은 예다. 조소앙이 여운형을
대신하기에는 모든 것이 역부족이었던 탓이다.
그러나 친일잔재 청산, 통일정부 수립, 미소양군
철수, 남북정당 대표회의 개최 등 정협이 주장한 바
는 좌우합작 운동의 불씨를 살렸다고 봐야 할
것이다. 김구는 정협의 활동조차 용인하지
않았지만 이제 역사는 그를 좌우합작의 무
대로 등장시키기로 결정한 모양이다.

# 좌우합작 노선에 대한 이해

김구가 미소양군 철퇴·남한 단독 선거 반대·남북지도자 회담을 제안함으로써 이제 명분은 얻게 되었다. 하지만 잃은 것도 많다. 무엇보다 그의 지지 기반이었던 우익단체들이 김구의 주장을 반박하기 시작했다. 서북청년회, 독촉국민회, 국민청년대, 여자 국민당 등은 김구의 발언을 믿을 수 없다며 이승만과의 재결합을 촉구하는 정도였지만, 한민당이 주축이 되어 만든 한협(韓國獨立政府樹立對策協議會), 한민당, 청총(靑年朝鮮總同盟) 등은 공산주의자들의 주장과 동일하다며 김구에게 맹폭격을 가하였다. 특히 한협은 "우리는 금후에는 김구를 조선민족의 지도자로는 보지 못할 것이고 크레물린궁의 한 신자라고 규정하지 아니할 수 없음을 유감으로 생각한다."고 김구를 아예 좌익으로 몰아버렸다.[1]

김구가 발표한 6개항 의견서의 파장은 심각했다. 우익 진영 내의 성명서 공방이 치열했고 한독당 내에서도 남한총선을 둘러싸고 내분이 일어났다.[2] 이러한 와중에 김구는 그 유명한 "삼천만동포에게 읍고(泣告)함"이란 성명서를 1948년 2월 10일에 발표하였다.

"나는 통일된 조국을 건설하려다가 삼팔선을 베고 쓰러질지언정 일신에 구차한 안일을 취하여 단독정부를 세우는 데는 협력하지 아니하겠다."라

---

1) 한협, 서청 등 각 단체, 유엔조선임위에서 개진한 김구 견해 반박, 「동아일보」, 1948.1-.0,31
2) 한독당, 남한총선을 둘러싸고 내분, 「동아일보」, 1948.2.8

고 선언한 김구의 주장은 전형적인 좌우합작파의 모습이다. 그리고 "우리는 첫째로, 자주독립의 통일정부를 수립할 것이며 이것을 완성하기 위하여 먼저 남북정치범을 동시 석방하며, 미·소 양군을 철퇴시키며, 남북지도자회의를 소집할 것이니…"라는 발언 역시 중도파의 노선이었다. 게다가 미군주둔 연장을 주장하는 자들을 박테리아가 태양을 싫어하는 것에 비유하고, 미군정에 협력하는 자들을 일진회라고 칭하는 모습은 그동안 좌우합작파와 좌익들이 즐겨 사용하던 공격 수단이었다.

지금까지 이 책을 통하여 살펴본 김구는, 자신이 박테리아 혹은 일진회의 재현이라고 표현한 한민당 세력과 협력하는 극우강경노선을 걸었다. 앞글에서 지적했듯이 '삼천만동포에게 읍고함'이란 선언발표를 전후하여 김구는 좌우합작파로 변신하게 된다.

하지만 변신한 김구의 행적을 더듬기 전에 김구보다 앞서 민족의 단결과 화합을 부르짖었던 지도자들을 먼저 검토해보는 것이 순서일 것이다. 해방공간에서 남·북한의 통일 문제 해결을 위한 남·북한 정치지도자들 간의 합작(협상)을 가장 앞장서 주장했던 정치지도자는 여운형이다. 그는 1946년 2월 12일의 기자회견에서 다음과 같이 말했다.

북에는 북조선임시인민위원회가 있고 남에는 미군정이 있는데 자율통일정부가 있을 수 없을 것이다. 설혹 남조선에만 단독정부가 실현된다면 그 결과는 조선 인민을 분열로 오도하고 이 형태로는 1·2년만 경과한다면 10년이라도 고칠 수 없는 민족분열의 병근(病根)이 될 것이다. 그러니 나는 이 단독정부에 참가치 않을뿐더러 적극적으로 반대하겠다.… 좌익이나 우익이 단독으로 정권을 장악할 수는 없는 것이고 공산당만 빠져도 안 될 것이다.… 좌우를 망라한 연립정권만이 있을 수 있다.[3]

...............................................................................................................................
3)「조선인민보」, 1946.2.22; 몽양여운형선생전집발간위원회,『몽양여운형전집1』, 한울, 1991, p.358

이 글에서 유의해볼 것은 북조선인민위원회와 미군정을 동격의 통치체재로 보는 여운형의 시각이다. 알다시피 소련은 북한에서 군정을 실시하지 않았고 1946년 2월 8일에 수립된 인민위원회를 인정했다. 반면 건국준비위원회, 인민공화국, 인민위원회 등을 불법화한 미군은 자신들이 직접 남한을 통치했다. 어쨌든 남북 양쪽의 정치 현실을 그대로 인정한 여운형은 좌우를 망라한 연립정권의 수립을 주창했다. 그리고 남조선에서의 단독정부를 예견하고, 만일 남조선에 단정이 실시된다면 참가치 않을뿐더러 적극적으로 반대하겠다고 분명히 그의 입장을 밝혔다. 김구가 단정을 반대하며 '삼천만동포에게 읍고함'을 발표한 시점보다 정확히 2년 전의 일이다. 같은 해 7월 여운형은 보다 구체적인 좌우합작 구상을 발표했다.

이번 좌우합작의 선(先)단계에서는 우선 각 정당과 단체의 주요 책임자가 개인 자격으로 하나의 연석협의체를 구성하고 그것이 격의 없는 이해와 성의를 보임으로써 구체적 합작의 제2단계로 들어가야 할 것이다.…이러한 협의체는 우선 서울에 있는 주요 정당세력을 포괄할 수 있는 범위로 구성하여 그것이 사절을 북조선으로 보내어 38이북의 제(諸)주요 정치세력까지 이에 합류될 구성으로 확대하면서 소련 대표단과도 접견하여 공위 속개를 촉진할 것을 의도한다. 이렇게 하여 좌우남북의 민주주의 주요 정치세력을 대표할 수 있는 요인들이 이해와 의견의 일치를 보게 될 때에는 다시 구체적으로 공위와 보조를 맞추면서 각 정당과 단체의 대표로서 임시정부 수립을 할 수 있는 회의를 구성할 준비에 착수할 것을 의도한다.[4]

남한에서의 좌우합작으로 구성된 연석협의체가 38이북의 제(諸)주요 정치세력을 합류시키고 그 후 좌우남북의 민주주의 주요 정치세력을 대표할 수 있는 요인을 선출하여 미소공동위원회와 협력하여 임시정부를 수립한

---

4) 「현대일보」, 1946.7.2.; 『몽양여운형전집1』, pp.302-304

다는 것이다. 미소공위와의 관계만 제외하면 1948년 남북연석회의에서 논의된 사항과 하등 다를 바 없다. 여운형의 좌우합작 노선은 1947년 신년사에서 밝힌 김규식의 입장과 맥을 같이 한다.

특히 남북에 있어서 친일파, 민족반역분자, 악질모리배 등의 발호는 심하여 민생은 극도의 도탄에 빠지고 한편으로는 이러한 정세를 이용하는 비애국자의 진영으로서 계획적으로 남한에 있어서 공전의 소요사건을 양출하게 되었습니다.

이와 같은 국제적 및 국내적 정세 하에서 과거 1년간 우리 민족내부의 정치운동은 자주적 민족입장을 망각한 편파한 노선을 걸어오게 되었습니다. 즉 일부노선은 국제에 있어서 친소 및 반미의 행동을 취하는 동시에 국내에 있어서 자기네의 독립정권의 수립을 기도하였다고 평하는 이가 있으며 또 일부노선은 국제에 있어서 친미반소의 행동을 취하는 동시에 국내에 있어서 일부 독점정권의 수립을 몽상한다고 비판하는 이도 있습니다. 그런데 정치적 훈련과 각성이 부족한 우리 민중은 이들 편파한 지도하에서 서로 편을 가르고 민족상잔의 투쟁을 계속하여 왔습니다. 이 두 노선은 그 주관적 의도 여하를 막론하고 우리 민족의 자주적 입장을 망각한 것이며 민족적 통일단결을 파괴하는 것이며 좌우양익의 협조에 의한 민주주의 임시정부의 수립을 저지하는 것이며 미소양국의 조선 문제에 관한 진정한 협조를 방해하는 것입니다. 우리는 이러한 편파한 노선이 있다면 이를 철저히 청산하는 데서 비로소 민족적 자주독립을 목표로 한 민주단결노선을 확립할 수가 있다고 생각합니다.[5]

사실 좌우합작노선은 극우와 극좌 양쪽으로부터 비난을 받았다. 친일모리배가 주축인 극우의 주장은 별개로 하더라도 좌익으로부터도 기회주의적 혹은 계급적 기반이 약하다고 비판을 받았다. 그 무렵 가장 강력한 조직을 가진 것은 조선공산당(후의 남로당)이었다. 하지만 그들이 대다수 민중

---

5) 김규식의 연두사, 「조선일보」, 19407.1.4

으로부터 폭넓은 지지를 받았던 것은 아니다.

지식인과 중간층은 물론 농민·노동자 등 대다수의 민중들은 좌우연합에 의해 민족자주국가를 건설하려는 민족통일전선노선을 지지했다. 당시 미군정 당국이 실시한 여론조사 결과가 이점 참고가 된다. 1946년 8월 13일 동아일보는 조선공산당, 인민당, 신민당 등 좌익3당의 합당을 앞두고 대대적인 여론조사를 했다. 그 중 군정청 여론국에서 조선국민이 어떠한 종류의 정부를 요망하는지에 대한 조사 설문 중 일부를 소개한다.[6]

[문] 1) 일신상의 행복을 위하여 가장 중요한 것은 어느 것이라고 생각합니까?
　(가) 생활안정을 실현할 기회 3,473인(41%)
　(나) 정치적 자유 4,669인(55%)
　(다) 모릅니다 311인(4%)

[문] 2) 귀하께서 찬성하시는 일반적 정치형태는 어느 것입니까?
　(가) 개인독재(민의와는 무관계) 219인(2%)
　(나) 수인독재(민의와는 무관계) 323인(4%)
　(다) 계급독재(타계급의 의지와는 무관계) 237인(3%)
　(라) 대중정치(대의정치) 7,221인(85%)
　(마) 모릅니다 453인(5%)

[문] 3) 귀하의 찬성하는 것은 어느 것입니까?
　(가) 자본주의 1,189인(14%)
　(나) 사회주의 6,037인(70%)
　(다) 공산주의 574인(7%)
　(라) 모릅니다 653인(8%)

해방공간에서 조선 민중들은 정치적 자유를 원했고 독재체재를 배격했

6) 정치자유를 요구, 「동아일보」, 1946.8.13

으며 극단적인 공산주의나 자본주의 보다는 대중(대의)정치에 기반을 둔 사회주의 정체를 원했음을 확인할 수 있다. 극좌와 극우를 배제하고 민주적 변혁을 지향한 여운형 등 중도파들이 대중적 지지를 획득한 것은 당연한 귀결이었다. 제2차 미소공위가 열리고 있을 무렵인 1947년 7월, 조선신문기자협회가 실시한 임시정부 정체에 관한 여론조사결과 역시 조선민중들의 염원을 알려주는 좋은 지표가 된다.[7]

1) 6월 23일 반탁(反託)테러 사건은?
   A 독립의 길이다:651표(26%强)
   B 독립의 길이 아니다:1,736표(71%弱)
   C 기권:72표(3%弱)

2) 미소공위와의 협의에서 제외할 정당 사회단체?
   A 있다: 1,787표(72%强)
   · 한민당 1,227표, 한독당 922표, 독촉국민회 309표, 남로당 174표, 민전 9표, 대한로총 91표, 전평 14표, 건청 19표, 광청 30표
   · 기타: 유령단체, 반탁정당단체, 친일단체, 신한국민당, 근로인민당, 립법의원, 좌우합작위원회, 독청, 청총, 학련, 애국부인회
   B 없다: 341표(14%弱)
   C 기권: 331표(13%强)

3) 국호(國號)는?
   A 대한민국(大韓民國): 604표(24%强)
   B 조선인민공화국(朝鮮人民共和國): 1,708표(70%弱)
   C 기타: 8표(1%弱)
   D 기권: 139표(4%弱)

4) 정권형태(政權形態)?
   A 종래제도(從來制度): 327표(14%强)

7) 조선신문기자회, 임시정부 政體에 대한 여론조사 결과 발표,「조선일보」,1947.7.6

B 인민위원회(人民委員會): 1,757표(71%强)
C 기타: 262표(10%强)
D 기권: 113표(5%弱)

5) 토지개혁방식?
 A 유상몰수 유상분배: 427표(17%强)
 B 무상몰수 무상분배: 1,673표(68%强)
 C 유상몰수 무상분배: 260표(10%强)
 D 기권: 99표(5%弱)

이 여론조사 결과는 많은 정보를 제공해준다. 먼저 지적할 것은 당시 민중들은 김구 계열이 주동이 되었던 1947년 6월 23일의 반탁테러 사건을 혐오했을 뿐 아니라 다시 재개된 제2차미소공위의 결과에 큰 기대를 하고 있었다는 점이다. 이에 따라 새롭게 구성될 임시정부(과도정부)에 한민당과 한독당이 참여해서는 안 된다는 여론을 보여 주고 있다.

홍미로운 것은 당시 한민당의 경우, 미소공위 참가를 표명했지만 민중들은 한민당의 참여를 부정적으로 보았다는 점이다. 그리고 무상몰수 무상분배에 의한 토지개혁을 원했으며, 종래제도 즉 미군정보다는 미군정이 불법화한 인민위원회로의 복귀와 조선인민공화국이란 국호를 선호했음을 알려주고 있다. 불행하게도 미군정은 이러한 여론조사의 결과를 완전히 무시했다. 그들이 선택한 것은 조선민중들이 배격하고 있는 한민당과 한독당 등 극우세력이었다.

시간을 조금 앞으로 돌리겠다. 1946년 10월 7일, 좌익의 5원칙과 우익의 8대책을 절충하여 김규식과 여운형 명의로 좌우합작7원칙을 다음과 같이 발표하였다.[8]

---

8) 좌우합작위원회, 합작7원칙과 입법기관에 대한 건의문 발표, 「동아일보」, 1946.10.8

[좌우합작원칙]

본위원회의 목적(민주주의 임시정부들 수립하여 조국의 완전 독립을 촉성할 것)을
달성하기 위하여 기본원칙을 하(下)와 여(如)히 의정(議定)함

1) 조선의 민주독립을 보장한 3상회의 결정에 의하여 남북을 통한 좌우합
   작으로 민주주의 임시정부를 수립 할 것
2) 미소공동위원회 속개를 요청하는 공동성명을 발할 것
3) 토지개혁에 있어 몰수 유조건 몰수 체감매상 등으로 토지를 농민에게
   무상으로 분여(分與)하여 시가지의 기지 및 대건물을 적정 처리하며 중
   요산업을 국유화하여 사회 노동법령 및 정치적 자유를 기본으로 지방
   자치제의 확립을 속히 실시하며 통화 및 민생문제 등등을 급속히 처리
   하여 민주주의 건국과업 완수에 매진할 것
4) 친일파 민족반역자를 처리할 조례(條例)를 본 합작위원회에서 입법기
   구에 제안하여 입법기구로 하여금 심리 결정케 하여 실시케 할 것
5) 남북을 통하여 현 정권하에 검거된 정치운동자의 석방에 노력하고 아
   울러 남북 좌우의 테러적 행동을 일절 즉시로 제지토록 노력할 것
6) 입법기구에 있어서는 일절 그 권능과 구성방법 운영 등에 관한 대안을
   본 합작위원회에서 작성하여 적극적으로 실행을 기도할 것
7) 전국적으로 언론 집회 결사 출판 교통 투표 등 자유를 절대 보장되도
   록 노력할 것

좌우합작 임시정부 수립, 미소공위 재개, 친일파부일배의 숙청, 몰수 유
조건 몰수 체감매상 등으로 토지를 농민에게 무상으로 분여(分與)하는 토
지개혁, 정치범의 석방⋯ 만약 이 7개 원칙이 그 당시 지켜졌다면 우리민
족의 역사는 어떻게 바뀌어졌을까?

예상대로 좌우합작 7개 원칙이 발표되자 정가는 엄청난 후폭풍에 휩싸
이게 된다. 지주 자본가 출신이 다수인 한민당이 반대하는 것은 당연했다.
의외로 조선공산당, 조선신민당, 인민당 일부, 민전 일부 등도 강경하게 반
대의사를 표시했다. 그들이 문제로 삼은 것은 민전의 5개 원칙에 위배된다
는 것이었다. 아래는 1946년 7월 27일 발표된 민전의 좌우합작 5개 원칙

이다.[9]

1) 조선의 민주독립을 보장하는 삼상회의 결정을 전면적으로 지지하므로
써 미소공동위원회 속개촉진운동(續開促進運動)을 전개하여 남북통일의
민주주의임시정부 수립을 매진하되 북조선민주주의민족전선과 직접 회
담하여 적극적 행동통일을 기할 것
2) 토지개혁(무상몰수 무상분여) 중요산업 국유화 민주주의적 노동법령 급
(及) 정치적 자유를 위시한 민주주의 제기본과업(諸基本課業) 완수에 매
진할 것
3) 친일파 민족반역자 친팟쇼 반동거두(反動巨頭)들을 완전히 배제하고 테
러를 철저히 박멸하여 검거(檢擧) 투옥(投獄)된 민주주의 애국지사의 즉
시 석방을 실현하여 민주주의적 정치운동을 활발히 전개할 것
4) 남조선에 있어서도 정권을 군정으로부터 인민의 자치기관인 인민위원
회에 즉시 이양토록 기도할 것
5) 군정고문기관(軍政顧問機關) 혹은 입법기관(立法機關) 창설에 반대할 것

전체적으로 보면 민전의 5원칙과 좌우합작위원회의 7개 원칙은 그리 다
르지 않다. 그러나 각론을 따져보면 토지개혁의 방법론과 입법기관 문제
등에서 차이가 있다. 1946년 3월에 단행된 북의 토지개혁과 비교하면 보
다 온건한 정책이다. 그렇지만 안재홍, 김규식 등 중도 우익을 끌어들이기
위해서라도 이 정도의 양보는 해야 하지 않았을까? 어쩌면 북과 남의 좌익
이 선명성 경쟁을 한 것으로 보여 안타깝다.

한편, 김구 및 한독당의 경우 이해할 수 없는 행로를 보여 준다. 좌우합
작 원칙이 발표되었을 때 침묵을 지킨 이승만[10]과 달리 한독당과 김구는

9) 민전, 좌우합작 5개 원칙 발표, 「서울신문」, 1946.7.27
10) 좌우합작 7원칙과 입법기관의 설치에 대한 각계 견해, 「동아일보, 서울신문」, 1946.10.9

좌우합작 7원칙을 분명히 지지했다.[11] 문제는 그 후의 행보다. 여운형과 인민당이 민전 및 조공·신민당 등과의 갈등으로 인해 운신의 폭이 좁아진 가운데, 김구와 한민당은 좌우합작 자체에 그리 관심을 보이지 않았다. 오히려 좌우합작 배척의 대상인 한민당과의 합당을 추진했고 그들과 연대하여 미소공위 파괴에 앞장을 섰다. 더욱이 좌우합작의 주체이자 상징인 여운형 암살에 관여한 것은 그들의 정체성이 무엇인지 의문이 들지 않을 수 없다.

사실 여운형의 죽음으로 좌우합작 운동은 끝났다고 봐야 한다. 여운형이 작고하고 난 뒤 김규식이 남아 있었지만 중도 좌익을 이끌 인물이 없었던 탓이다. 1947년 10월에서 11월까지 추진되었던 12정당협의회의 실패가 좋은 예다. 조소앙이 여운형을 대신하기에는 모든 것이 역부족이었던 탓이다. 그러나 친일잔재 청산, 통일정부 수립, 미소양군 철수, 남북정당 대표회의 개최 등 정협이 주장한 바는 좌우합작 운동의 불씨를 살렸다고 봐야할 것이다. 김구는 정협의 활동조차 용인하지 않았지만 이제 역사는 그를 좌우합작의 무대로 등장시키기로 결정한 모양이다.

---

11) 한독당, 좌우합작 7원칙지지, 「서울신문」, 1946.7.9; 민주의원 총리 김구, 좌우합작 찬성, 「조선일보」, 1946.10.12

# 남북연석회의, 누구의 작품인가?

김구는 1947년 12월 중순까지 유엔총회결의안을 지지하고 소련이 제안한 미소양군 동시 철퇴와 남북협상에 대해 반대하고 있었다. 더불어 이승만의 남조선총선거에 의한 정부수립 안을 지지했다. 이러한 김구의 입장이 같은 해 12월 22일 갑자기 바뀌게 된다. 그는 이승만의 남한단정노선을 절대 반대한다고 성명을 발표했다. 그리고 이듬해 2월 10일 "삼천만동포에게 읍고함"을 발표하면서 좌우합작노선으로의 전향을 분명히 했다.

김구의 노선 변경 이유에 대해선 여러 가지 요인을 생각해 볼 수 있다. 먼저 검토할 것은 1948년 1월에 방한하게 될 유엔임시조선위원단을 상대할 우익진영의 대표단에 김구 지지 세력이 전혀 포함되지 않았다는 점이다. 그리고 장덕수 암살사건의 배후자로 자신이 지목되었을 때 한민당과 동아일보가 김구를 집요하게 공격했다는 것도 생각해 볼 수 있다. 이러한 때에 이승만이 김구를 변호하거나 보호해주지 않았다는 것은 극우세력이 이제 김구를 동지로 여기지 않았다는 것으로 보여 진다.

대개 이 정도다. 그러나 김구의 노선 변경을 이해하기에는 뭔가 허전하다. 1947년 11월 30일, 이승만의 노선을 따르겠다는 항복 선언 이전 즉 다시 임정정통론으로 돌아갔다면 상기 이유 정도로 납득할 수 있다. 하지만 김구는 임정정통론 복귀를 선택하지 않고 좌우합작으로 돌아섰다. 게다가 남북협상까지 거론하고 있다. 대부분의 매체들은 남북연석회의가 성립되

는 과정을 다음의 순서로 기록하고 있다.[12]


■ 1947년 2월 4일
민족자주연맹(민련), 남의 김구·김규식 북의 김일성·김두봉이 회담을 갖
자는 4김요인회담을 결의함. 김구·김규식 명의로 김일성·김두봉에게 서
신을 보냄(2월 16일)
■ 2월 26일
유엔소총회에서 미국이 제안한 남한총선거안이 통과됨
■ 3월 1일
주한미군사령관 하지 중장, 5월 9일 총선거 실시를 공표함
■ 3월 12일
김구·김규식·홍명희 등 7거두 성명을 발표하며, 국토를 분단시키는 남한
만의 선거에는 불참하겠다고 선언함.
■ 3월 25일
평양방송을 통해 전조선정당사회단체대표자연석회의를 4월 14일 평양에
서 열자고 제안함. 별도의 서신을 통해 4월 초에 4김 지도자연석회의를
평양에서 열자고 제안함
■ 4월 19일
김구 서울 출발
■ 4월 21일
김규식 서울 출발


그러나 이 순서에 의하면 몇 가지 의문에 부딪히게 된다. 과연 누가 먼저
회담제의를 했을까 그리고 김구·김규식의 제안에 전조선정당사회단체대
표자연석회의가 포함되었을까하는 점 등이다. 여기서 잠깐 김구의 아들 김
신의 회고를 들어보기로 하자.

가다보니 도로변의 전신주나 담벼락에는 공산당들의 표어가 즐비하게 붙

---

12) 서중석, 『한국현대사』, 웅진 지식하우스, 2005, pp.59-60

어 있습디다. '미제국주의 때려 부수자'는 표어는 짐작할 만하다고 할망정. 그 중에서 '김구, 리승만 타도하자'는 것도 있었습니다. '김구' 두 글자는 급히 횟가루로 지웠는데, 그게 말라붙으니까 본래의 글자가 나와 있더라고요. 그걸 본 아버님이 "당신네들은 나를 미워했구면" 이랬습니다. 비서실장은 어쩔 줄 몰라 하면서 "죄송합니다" 소리만 연발하는 거여요.[13]

한 장면 더 인용하고 계속 진행하기로 하겠다.

백범 선생이 평양에 머물고 있는 동안 메이데이 행사가 벌어졌다. 9·28 수복 후 이승만 대통령이 연설을 했던 시청 앞 광장의 식전에 초대된 백범 선생은, 시청 베란다에 김일성, 김두봉과 함께 나란히 서 있었다. 그 앞을 지나가던 행진대열은 여러 구호를 외치는 가운데, "김구, 리승만 타도하자"는 소리도 외쳐댔다. 그 구호는 빼라했는데도 "이 놈들이 너무 그런 식으로만 훈련을 받아, 그 말이 몸에 배어 있던 까닭"이라는 게 김 장군의 말이다. 그날도 아버지 뒤에 바짝 서 있던 그는, 백범 선생이 그걸 듣고 싱글싱글 웃으며 김일성을 바라보자, 김일성은 얼굴이 홍당무가 되었다가 붉으락푸르락 했다가 하면서 어쩔 줄 몰라 하는 것도 놓치지 않았다.[14]

북조선의 대중들이 김구를 증오하고 있는 장면을 목격했다는 김신의 회고는 사실일 것이다. 왜냐하면 이와 비슷한 예화나 증언이 수없이 많기 때문이다. 몇 가지 예를 들겠다.

재미있는 것은 그전까지 북한 곳곳에 "김구 이승만 타도하자"는 팻말이 붙어 있었어요. 왜 그랬는지는 모르겠는데 그때 북한에서는…[15]

사실 그때 평양에 있는 관청 건물이라든지 거리, 골목, 남의 집 담장에까

---

13) 김신, 백범은 왜 단정을 반대했는가, 「신동아 323호」, 1986년 8월호, p.335

14) 김신, 같은 책, pp.337-338

15) 김병희, 『신인섭』, 새로운 사람들, 2010, p.28

지 "김구 이승만 타도하자!"라는 선전표어가 숱하게 붙어 있었어요. 그런데 어느 날 보니까 이승만은…[16)

　아아앗 식은땀이 흘렀다. 김구 선생님 남산에서 무슨 생각 하시나요 한때는 저도 김구 이승만을 타도하자 외치다가 월남한 놈입니다. 어머님 안 그렇습니까 식은땀이 흘렀다. 꿈 깨니 미국이…[17)

　그 당시 북녘의 담벼락에는 "리승만, 김구를 타도하자"가 아닌 "김구, 리승만을 타도하자"라는 표어가 흔하게 붙어있었던 모양이다. 그런데 왜 김구의 이름이 앞에 붙었을까? 남북통일을 방해하는 원흉으로 타도하자라는 구호를 붙였다면 당연히 리승만, 김구 순이어야 했다.

　하지만 1946년 3월 1일 평양역 앞에서의 김일성에 대한 폭탄테러, 아들과 딸을 죽게 한 강양욱의 집에 던진 폭탄테러 그 외 최용건과 김책의 집 습격 등을 주도한 백의사의 실질적인 수뇌가 김구라고 단정했었다면 그 순서가 이해되리라 본다. 그 무렵 북한의 출판물에서는 김구의 이름으로 '개 구자', '김구(金狗)'로 부르며 매도하였다 한다.[18)

　바로 이 문제를 풀어야했다. 아무리 정치가라고 하지만 얼마 전까지 암살, 테러를 사주했던 처지에 그 대상자에게 회담을 제의하는 것은 결코 쉽지 않았을 것이다. 그러나 북쪽에서 먼저 회담을 제안했다고 보면 대부분의 의문은 풀리게 된다. 이제 그 과정을 다시 짚어보자. '유엔임시한국위원단'이 서울에 도착한 것은 1948년 1월 8일이다.[19) 먼저 이들을 맞아들이는

16) 문제안 외, 『8·15의 기억』, 한길사, 2005, p.102

17) 이만주, 『이만주 분단시 전집』, 한국문학도서관, 2008, p.84

18) 김삼웅, 『백범평전』, 시대의 창, 2004, p.531

19) 과정 공보부, 유엔조선임위 일행 8일 도착 발표, 「경향신문」, 1947.1.8

남한 내 각 정당, 단체들은 다음과 같은 반응을 보였다.[20]


▶ 한민당(韓民黨)

우리는 유엔위원단의 안착을 기뻐하여 그 전도(前途)를 축복한다.…


▶ 민주의원(民主議員)

3천만 동포와 함께 우리는 유엔위원단의 안착을 기뻐하여 그 전도를 축복한다. 소련의 교섭에 많은 일자를 허비치 말고 조속히 총선거를 실시하여 하루라도 더 속히 우리 정부가 수립되도록 동 위원단이 노력하여 주기를 우리는 갈망하는 바이다. 북에서 선거에 응(應)치 않는 경우에는 남에서만이라도 총선거를 실시하여 정식 정부를 수립하는 것은 사리상(事理上) 당연한 일이니 그때 그 절차에 관하여서도 민속(敏速)히 활동하여 주기를 우리는 동 위원단에 요청한다.


▶ 독촉청년단(獨促靑年團)

금반 남북총선거를 실시하여 한국의 자주독립을 협조하기 위하여 래조(來朝)한 유엔한국위원단을 충심으로 환영하는 동시에 그 성공을 바라는 바이다.…


▶ 근로당(勤勞黨)

조선 독립문제에 대한 유엔결정은 미소(美蘇) 협조로 이루어진 것이 아니며 우리의 민족자결권을 무시하는 것으로 이는 조국의 통일 독립을 지연시킬 것이다. 그러므로 조선통일의 유일한 첩경(捷徑)은 외력(外力) 간섭없는 남북통일 총선거를 실시하므로서만 가능한 일이다.


▶ 남로당(南勞黨)

유엔 결정은 조국의 민주독립을 복잡 지연화(遲延化)시키고 유엔탁치의 길로 유도하는 것을 규정하기 때문에 우리는 동 결정을 반대한다. 그러므로 미소(美蘇) 양군(兩軍)은 즉시 철병(撤兵)하여 우리 민족에게 외국의 간섭없이 조국의 운명을 자유로 결정할 수 있는 기회를 줄 것을 요청한다.


▶ 민주독립당(民主獨立黨)

---

20) 유엔조선임위에 요망하는 정당 단체의 견해 발표, 「동아일보」, 1948.1.11

우리의 남북통일정부 수립을 원조하기 위하여 원로(遠路) 래조(來朝)한 유엔위원단에 대하여 만강(滿腔)의 사의를 표하는 바이다. 항간에는 유엔위원단의 북조선 입경(入境)을 소측(蘇側)이 거부할 것은 기정사실이니 유엔위원단의 수고도 허사라고 속단하는 경향도 있는 듯한데 나는 남북통일을 열원(熱願)하는 나머지 일루의 희망을 가지고 있다. 만일 소련측이 남북총선거를 보이코트한다면 유엔의 조선독립에 대한 노력은 필경 수포로 돌아가게 될 것으로 보이는데 일이 그렇게 되고 보면 유엔(소총회)은 남조선에서만이라도 선거를 시행하여 정부를 수립하게 하느냐의 여부는 지금 예측을 불허하는 바이며 만일 조선의 단선(單選)이 시행된다 하더라도 우리는 이에 추호의 흥미도 느낄 수 없다. 왜 그런고 하니 남조선 단선(單選)에 의해서 우리의 정부가 수립되더라도 주권(主權)의 회수(回收)와 민생문제의 해결은 난기(難期)한 까닭이다."

유엔의 방한을 두고 좌익과 우익사이에 극도로 큰 견해차가 있음을 발견할 수 있다. 이것은 이미 예견된 일이었다. 미소공위가 파행으로 끝난 1947년 9월 중순경, 미 국무장관 마샬이 유엔총회에서의 조선독립안 제의를 하고,[21] 유엔소련수석대표 비신시키가 마샬의 제의를 반박한[22] 이후부터 좌익과 우익은 출구를 닫은 채 서로 마주보는 열차의 운명을 선택한 것처럼 행동했다.

사실 한국문제가 유엔에 상정된 것 자체가 유엔헌장에 위배되는 일이었다. 한국문제의 유엔 이관은 두 가지 관점에 모두 어긋난다. 종전 후 미·소의 정책은 한국을 패전국으로 다루었다. 식민지였던 한국을 일본의 일부분으로서 패전국으로 보느냐하는 문제의 당위성은 별개로 하고, 일단 승전국의 관점으로 한국을 패전국으로 보면 한국문제는 유엔에서 관여할 수 없는 사안이 된다. 왜냐하면 전후처리 관련 분쟁에는 유엔이 관여해서는 안

---

21) 공보부, 마샬이 유엔총회에서 행한 연설내용 전문 발표, 「서울신문」, 1947.9.20
22) 유엔소련수석대표 비신스키, 마샬의 제의를 반박, 「조선일보, 동아일보, 서울신문」, 1947.9.20

된다는 '유엔헌장 제107조'[23]의 규정을 위반하는 것이 되기 때문이다. 독일이나 베를린 분할 문제를 유엔에서 토의할 수 없었다는 것이 좋은 예가 된다.

한국을 패전국이 아니라고 보면 문제는 더욱 심각해진다. 유엔헌장 제2조 7항[24]에 국내사항 불간섭의 원칙이 명시되어 있으며, 이것은 국제적인 관행이기도 하다. 7항의 단서조항[25] 역시 당시 한반도의 정세와는 무관하다. 그렇기 때문에 소련은 한국문제를 유엔으로 이관하겠다는 미국의 제안을 강력히 반대했던 것이다.

그러나 미국의 방침은 어느 나라도 막을 수 없었다. 1947년 11월 20일 유엔결의안 전문이 공개되었고,[26] 22일에는 유엔한국임시위원단 9개국의 윤곽이 들어났다.[27] 군정장관 딘이 남한에서의 단독선거나 단독정부는 없을 것이라고 성명을 발표했지만,[28] 이것은 미군정의 연막전술이거나 아니면 미 국무성의 정책을 미군정이 아직 확실히 몰랐다고 보아야 할 것이다.

안타까운 것은 미국의 정책을 많은 한국인들이 정확히 파악하지 못하고 있었다는 점이다. 한민당, 이승만 등 단정을 원하는 일부 세력을 제외하고

---

23) "이 헌장의 어떠한 규정도 제2차 세계대전중 이 헌장 서명국의 적이었던 국가에 관한 조치로서, 그러한 조치에 대하여 책임을 지는 정부가 그 전쟁의 결과로서 취하였거나 허가한 것을 무효로 하거나 배재하지 아니한다."

24) "이 헌장의 어떠한 규정도 본질상 어떤 국가의 국내 관할권한에 있는 사항에 간섭할 권한을 유엔에 부여하지 아니하며, 또는 그러한 사항을 이 헌장에 의한 해결에 맡기도록 회원국에 요구하지 아니한다. 다만, 이 원칙은 제 7장에 의한 강제조치의 적용을 해하지 아니한다."

25) 내란에는 유엔이 개입하지 않는 것이 원칙이나 내란이 '국제평화와 안전을 위협하거나 국제평화를 파괴하는 단계에 이른 경우는 유엔헌장 제2조 7항의 단서 및 제7장(특히 제39조, 제40조, 제42조 등)에 의거해 유엔도 개입할 수 있다"

26) 조선문제에 대한 유엔결의문전문, 「조선일보, 동아일보」, 1947.11.21

27) 來朝할 유엔한국임시위원단 9개국의 윤곽 드러남, 「조선일보」, 1947.11.22

28) 군정장관 딘, 유엔감시하 선거 실시 전 남한단선은 없을 것을 언명, 「경향신문, 서울신문, 조선일보」, 1948.11.28

김구, 김규식을 포함한 나머지 민족세력이 좌익과 함께 처음부터 한국문제의 유엔이관을 반대했다면 우리의 역사는 어떻게 흘러갔을까? 대중의 지지를 가장 많이 받았던 여운형이 그 무렵까지 생존해 있었다면 하는 아쉬운 가정을 접어두고, 실제로 흘러갔던 역사의 움직임을 계속 추적하기로 한다.

김구가 남한단정노선 반대로 입장을 바꾼 1947년 12월 22일을 전후한 북조선과 남로당 등 좌익의 움직임은 남북연석회의를 이해하는 중요한 열쇠다. 고영민(본명 고준석)에 의하면 그 무렵의 남한에는 소위 '권위있는 선'이라는 비밀조직이 있었던 모양이다. 이 '권위있는 선'은 북한 권력의 핵심 즉 김일성과 직접 연결이 되는 지하서클이었고 구성원의 대부분은 남로당의 박헌영 일파에서 배제된 '정치낭인'들이었다. 아무튼 이들과 남로당 등 좌익들의 정치공작의 주목표는 이승만 집단과 한민당 일파를 남한의 정계에서 고립시켜 남한 단독선거를 분쇄하는 것에 두어졌다. 그리고 한국의 독립문제는 한국민중 자신의 손으로 해결하지 않으면 안 된다는 것을 중간파와 우익의 각 정당·사회단체에 선전하는데 힘을 쏟았다고 고영민은 증언했다.[29]

이들 지하조직과의 연결 외 김구·김규식의 측근과 직접 접촉했다는 증언도 있다. 1986년 평양 외문출판사에서 간행된《민족대단합의 위대한 경륜: 남북연석회의와 백범 김구 선생을 회고하며》란 책에서 김종항(金鍾恒)[30]은 김일성의 방침을 지니고 남으로 내려와 성시백(成始伯)을 만났다고

---

29) 고영민, 『해방정국의 증언』, 사계절, 1987, pp.176-177

30) 북한은 1990년 7월 25일 조국통일상을 제정하여 김종항, 안우생, 김구 등에게 수여하였다. 김종항은 ·조선로동당 강원도위원회 위원장을 역임했으며, 1964년 동경 올림픽 당시 북한 올림픽 선수단장이었다.

했다.[31] 그 후 성시백이 만난 사람은 김구의 최측근 비서 안우생이다.

당시 남조선에 있던 나(安偶生)는 중경 시절부터 교우관계를 갖고 있던 구면 친지인 성시백 선생을 재회하였다. 그는 나의 아우(安之生)를 대동하고 찾아와 남창동에 있는 우리 집에 보름가량 묵으면서 어지럽게 변천되는 시국관을 나누기도 했다. 우리들 사이에 의기상통할 수 있었던 것은 아마 공통된 우국지심(憂國之心) 때문이었을 것이다. 마침내 우리는 민족의 출구에 대한 일치된 결론에 도달할 수 있었다. 그것은 일체 외국군대를 철거시키며 단정·단선음모를 저지·파탄시키기 위하여 북의 공산주의자들과도 제휴·합작해야 한다는 것이었다. 우리는 능동적으로 작용하기로 했다. 제반 사정을 타산하여 성시백 선생은 홍명희와 협의하기로 했고, 나는 조완구 선생과 협의하기로 했다. 우사 김규식 선생의 측근인 신기언과도 상통하여 우사 주변에 반발이 일지 않도록 대책을 세우기로 하였다.[32]

김종항, 성시백, 안우생은 남한에서 작성된 남북연석회의 관련 글에선 거의 등장하지 않는 인물들이다.[33] 그러나 김구와 김규식이 북행을 결심을 하는데 있어서 이들이 주도적 역할을 했음은 사실로 보인다. 특히 성시백의 활약은 괄목할 만한 성과라 평가할 수 있으나 이 글에선 생략하기로 한다.

좌로부터 김두봉 비서(추측), 안신호, 김구, 김신, 김종항(추측)

김종항과 안우생에 의하면 1월경 김일성이 김구에게 서신을 보냈다고 기록되어 있다. 소위 1월 서신이다. 하지만 이 주장은 좀 더 검토할 사안이

---

31) 金鍾恒·安偶生,『民族大團結的偉大經綸 : 回憶南北聯席會議和白凡金九先生』, 1986, p.6

32) 金鍾恒·安偶生,『民族大團結的偉大經綸 : 回憶南北聯席會議和白凡金九先生』, 1986, p.7

33) 다음 인용 글에 김종항이 등장한다. "남북 연석회의에 참석하기 위해 평양을 방문한 김구 선생은 1948년 4월 26일 대보산(大寶山) 영천암(靈泉庵)을 아들 김신, 김종항, 안신호, 김두봉 비서와 함께 다시 찾았다. 이 영천암은 독립운동 초기에 김구 선생이 승려의 모습으로 피신한 곳이기도 하다."《김우전,『김구주석의 남북협상과 통일론』, 도서출판고구려, 1999. 화보집》에서 재인용

다. 왜냐하면 1월 서신의 내용이 아직 발견된 바 없고, 무엇보다 그 무렵 북한의 정책은 지도자 연석회의가 아니고 남한과 북한의 제 정당 사회단체 대표가 모인 연석회의였기 때문이다.

이것은 1948년 3월 15일 김일성·김두봉이 김구·김규식에게 보낸 아래의 내용과도 일치한다. 소위 1월 서신은 김구·김규식에게 단독으로 보낸 것이 아니라 남한의 제 정당 사회단체 대표에게 보낸 공동서신이라는 뜻이다.

우리는 우리들이 벌써 내세운 강령(綱領)과 목적을 끝까지 실현하려는 정치적 입장에서 국토를 양단(兩斷)하고 민족을 분열하는 남조선 반동적 단독선거를 실시(實施)하려는 유엔 결정을 반대하는 대책을 이미 세우고 그 투쟁방침(鬪爭方針)을 토의(討議)하기 위하여 남조선 어떤 정당 사회단체들에게 남북회의(南北會議)를 소집(召集)하는 서신(書信)을 벌써 보내었읍니다. 양위(兩位) 선생(先生)은 이 대책(對策)을 찬동(贊同)하리라는 것을 우리는 확신(確信)하고 싶습니다.[34]

정리근의 주장도 거의 동일한 내용이다.[35] 그 외 김일성도 1956년 4월 8일 개최된 조선노동당 제3차 대회에서 남북연석회의 문제로 북반부에서 직접 사람을 파견하여 공작하였다고 말한 바 있다.[36]

이러한 자료를 모두 취합해 보면, 결국 1948년 1월 중순경 김일성은 남북 연석회의의 소집을 제안하는 서신을 김종항 등을 통해 김구·김규식을 비롯한 남한의 제정당·사회단체 등에 보냈다는 결론에 도달하게 된다. 그

34) 도진순, 『백범어록』, 돌베개, 2007, pp.408-410
35) 정리근, 『력사적인 4월남북연석회의』, 평양: 과학백과사전종합출판사, 1988, p.30
36) 국토통일원 편, 『조선노동당 대회자료집 1』, p.347

리고 소집 목적은 단독선거를 저지하기 위한 투쟁방침의 토의였다.

김일성의 방침을 전달받은 김구는 상당히 당황했을 것으로 짐작된다. 김규식 역시 마찬가지였을 터이다. 1948년 1월 중순까지 김구의 한독당과 김규식의 민련 측은 유엔감시하의 총선거에 대하여 갈피를 못 잡고 있을 무렵이었다. 남북을 통한 총선거로 통일정부 수립을 모토로 하지만, 남한만의 단독 선거는 응할 수 없다는 정도의 분위기였다. 이 무렵 외군철퇴와 남북협상이란 용어가 튀어나오게 된다. 당시 보도된 기사를 살펴보자. 내한한 국제연합위원단의 활동에 대한 각 정계의 반응이다.[37]

　▷ 우익진영(국의와 민대)
대한민국임시정부 법통을 어디까지나 고집하는 동시에 전국 총선거로서 남북통일정부 수립을 주장하는 국민의회와 미소공위 좌우합작 실패 이래(爾來) 당초로부터 남조선 총선거로써 정부를 수립할 것을 주장하는 독촉국민회를 중심으로 구성한 한국민족대표자대회가 합동으로써 우익진영의 단일화를 기도하고 재삼 합동공작을 추진하였으나 구체적 방법에 이르러서는 역시 영도권(領導權) 문제와 이념의 차이로 상금(尙今) 원만한 합동을 보지 못하고 교착상태(膠着狀態)에 봉착(逢着)하고 있다. 하여튼 어떠한 형식으로 합동이 된다 하여도 국의측에서 법통을 고집하고 민대측에서 헤게모니를 장악하려 함은 부동한 쌍방의 근본 주장인 만치 전도(前途)는 예측난(豫測難)일 것이다.

　▷ 한민(韓民)과 한독(韓獨)
미군정하 남조선 현상에서 여당화(與黨化)하고 있는 한민당은 공고한 지반을 배경으로 여하한 형태의 선거를 실행할지라도 적극적으로 호응하여 현기성세력 유지에 부동(不動)한 태도로 임하고 있으나 성격을 달리하는 독촉국민회를 중심으로 한 민대 급 한독 등 우익진영의 재야 각 계열과는 장래(將來)할 선거에 있어 상호 투쟁이 전개될 것으로 예상된다. 한편 남조선 선거를 반대로 남북을 통한 총선거로써 통일정부 수립을 주장하는 일방 대한

37) 유엔조선임위의 활동에 따른 각 정당단체의 동향, 「조선일보」, 1948.1.16

민정 법통을 절대 지지하는 한독당은 국련 결의를 절대 지지하는 동시 국련 감시하의 남북통일선거에는 물론 북조선 선거가 불가능케 될 때의 남조선 선거에 참가키로 결정한 것을 보아 동당(同黨)의 의도를 추측할 수 있다. 그러나 자체내(自體內) 일부의 정당협의회 추진파의 태도가 주목되는 바이다.

▷ 중간노선(민련·민독·근민)

좌파에서는 우로 몰고 우파에서는 좌로 몰아 좌우 견제의 민중의 조직적 세력에 저항치 못한 세칭(世稱) 중간파는 현정세하에서는 적지 않은 난항이 예상된다. 첫째 민족자주연맹에서는 현재는 남북을 통한 총선거로 통일정부 수립을 모토로 하고 있으나 부득이 남조선만이 선거가 시행될 경우에 있어 민련내의 우익적 일부에서는 이에 호응할 것이라 하며 좌익적 일부에서는 불응할 것이라 한다. 민독당 역시 합당 전 민주통일당 계열에서는 남조선 선거에는 불응할 것이나 신한국민당 급 민중동맹 등의 일부 계열에서 호응할 것이라 하며 근민당에서는 남조선 선거에는 전적으로 불응하는 반면 오당 캄파를 중심으로 과반(過般) 실패한 정당협의회 재추진을 기도할 것으로 관측된다.

▷ 좌익진영

남로당 인민공화당 등을 위시한 민전 산하(傘下)계열에서는 남조선 선거를 반대하는 동시 남조선 현상하(現狀下)의 국련사업(國聯事業)조차 반대하고 외군(外軍) 즉시철퇴를 주장하며 자주적 입장에서 혹은 미소타협에 의한 통일정부 수립을 기도하고 지하연락(地下連絡)을 전개하고 있으나 국련 결의에 의한 남북을 통한 선거가 시행할 경우에는 참가할 것이나 그렇지 못할 경우에는 이를 반대하는 고집을 계속할 것으로 관측된다. 여하튼 국내 정계는 결정적 단계에 직면하였다 할 것이니 속단할 바는 아니나 국련사업(國聯事業) 귀추(歸趨) 여하에 따라 각당 각파의 분리 통합 등으로 정계의 재편성이 예상되는 바이다.

좌익진영의 반응은 국제연합의 활동을 부인할 뿐 아니라 미소양군이 철퇴하고 자주적 입장에서 혹은 미소타협에 의한 통일정부 수립 등으로 정리되고 있는 듯했으나 중도파 측은 아직 뚜렷한 결론을 내리지 못하고 있는 것으로 보도되었다. 아마 이 무렵 북에서 내려온 밀사가 북쪽의 방침을 설득하고 있었을 것이다. 앞에서 소개한 안우생의 증언에서 살펴본 바와 같이 김구도 김일성 등 북쪽의 제안을 검토했음에 틀림없다. 유의해서 볼 것은 이승만을 배제하고 김구와 김규식 사이에 활발한 접촉이 시작되었다는 점이다.[38]

주 내용은 남북정치요인의 협상과 남북통일총선거의 주장 등에 합의했다는 것이다. 이제 두 사람의 입에서도 남북협상이란 용어가 나오기 시작했다. 이러한 상황전개는 아무래도 북쪽의 밀사와 접촉한 결과 이외는 다른 요인을 상상할 수 없다. 결국 김구·김규식 두 사람은 세인들이 전혀 예상하지 못했던 내용이 포함된 의견서를 유엔조선임위에 제출했다. 아래는 기사전문이다.

26일 하오 2시에 덕수궁(德壽宮)에서 UN 위원단(委員團)과 회담한 김구는 28일 UN임시조선위원단에게 보내는 동씨(同氏)의 의견서를 발표하였는데 그 전문은 아래와 같다. 그리고 동씨는 26일 조조(早朝)에 이박사를 방문하여 약 30분간 요담한 바 있었다 하며 동일 정오에는 김규식을 방문하여 3자간의 공동한 의견을 구하기에 노력하였다 한다.

❶ 우리는 신속한 총선거에 의한 한국의 통일된 완전자주적 정부만의 수립을 요구한다. 그러므로 현 군정의 연장이나 혹은 현 군정을 독립 강화하게 되는 소위 남조선 현정세에 관한 시국대책요강(이것은 현재의 군정의 한인 고관들이 작성한 것이다)의 전폭적 실현이나 또는 임시적으로 군정을 연장시키는 우려가 있는 소위 남한 단독정부도 반대하는 것이다.

❷ 총선거는 인민의 절대 자유의사에 의하여 실시할 수 있게 되기를 요구한다. 북한의 소련당국자들은 북한의 선거는 가장 민주적으로 되었다 성언(聲言)하며 남한의 미당국자들은 이것을 긍정하지 아니하는 동시에 남한에서는 가장 자유로운 민주적 선거를 실시할 수 있다고 성언하지만은, 기실

38) 김구, 김규식을 방문하여 유엔조선임위에서 개진할 의견 협의, 「경향신문」, 1948.1.28

소련군정의 세력을 등지고 공산당이 비민주적으로 선거를 진행한 것과 같이 남한에서도 미군정하에 모 1개정당이 선거를 단(斷)하리라는 것은 거의 남한의 여론이 되어 있다. 그러므로 우리는 현정세에 대한 하등의 실질적 개선(인민이 자유롭게 선거할 수 있는 자유로운 환경의 건설 등)이 없이 구두로나 문자로만 자유로운 선거를 할 수 있다고 성명하고 현상(現狀) 위에서 그대로 형식적으로만 선거를 진행한다면 이것은 반대하지 아니할 수 없다.

❸ 북한에서 소련이 입경을 거절하였다는 구실로써 UN이 그 임무를 태만히 하지 아니할 것을 요구한다. 북한에서의 소련의 입경 거절로 인하여 완전 자주독립의 통일적 한국정부를 수립하는 과업을 UN이 포기하거나 혹은 그 과업에 사호(些毫)라도 위반되는 다른 공작을 전개하려 한다면 반드시 여좌한 반향(反響)이 발생할 것이다.

1) 파시스트 일본과 수십 년 동안 혈투(血鬪)를 하였고 그로 인하여 가장 큰 희생을 당한 한국은 일본을 적으로 하는 동맹국의 승리로 인하여 동맹국 중에서 중요한 지위를 점(占)하고 있는 미소 양국의 분할점령(分割占領)을 보았으며 도리어 그 받은 대우와 처(處)한 환경(環境)은 일본보다 비열(悲劣)한 바 있은즉 그로 인하여 파시스트 일본을 고무(鼓舞)하는 것이 적지 않을 것이다.
2) 강력 제1정신을 배양할 것이니 전세계의 정의와 평화를 애호하는 자의 분노를 야기할 것이다.
3) 약소국가와 민족에게 실망을 줄 것이다.
4) 한국을 분할하는 책임을 미소로부터 UN이 인계하게 될 것이다.
5) UN의 위신(威信)이 추락될 것이며 이로 인하여 세계의 질서는 다시 파괴될 것이다.

❹ 현재에 남조선에서 이미 구금(拘禁)되어 있으며 혹은 체포하려는 일체 정치범을 석방하기를 요구한다. (북한에서 연금되어 있는 조만식의 석방도 포함)
우리는 남한에서만이나 북한에서만의 정치범 석방을 요구하는 것이 아니라 양지역(兩地域)에서 동시에 석방하기를 주장하는 바입니다.

❺ 미소 양군은 한국에서 즉시 철퇴하되 소위 진공상태로 인한 기간의 치안책임은 UN에서 부담하기를 요구한다. 한국의 독립적 통일정부를 수립하기 위하여 미소 양군이 즉시 철퇴하고 한인으로 하여금 자유로운 입장에서 민주적으로 총선거를 실시하여 통일정부를 수립케 하자는 소련의 주장은

원칙적으로 정당한 것이다. 그러나 양군 철퇴로 인하여 발생할 소위 진공 기간에 어떠한 혼란이 야기될 것을 예측하고서 양방 점령군은 한국정부 수립 후에 철퇴하자는 미국의 주장도 무리한 것은 아니다. 그러나 미소 양국이 피차에 모순되는 주장을 고집함으로써 한국을 이보다 더 희생한다면 이것은 자못 거대한 과오일 것이다. 그러므로 여기에는 일개의 절충안이 없지 못할 것이다. 그 절충안이야말로 미소 양군을 즉시 철퇴시키고 한국의 치안 책임을 UN이 담당하는 것이다. 한국문제의 해결이 미소 양군으로부터 UN에 옮긴 이상 그 책임을 지는 것이 합리할 것이다. 미소 양군이 철퇴하고 UN이 치안의 임(任)에 당하는 당시의 남북에 현존한 군대 혹은 반군사단체의 무장을 전부 해제하여서 일반 평화로운 국면을 조성하면 UN은 한국의 목적을 달성한 것이요 한인도 자유스러운 선거를 할 수 있게 될 것이다. 이와 같은 민주적 방식에 의하여 수립되는 통일정부가 성립되는대로 즉시 국방군을 조직하게 하고 국방군이 조직되는 대로 UN이 부담하였던 치안책임을 해제함이 합당할 것이다.

❻ 남북 한인지도자회의를 소집함을 요구한다. 한국문제는 결국 한인이 해결할 것이다. 만일 한국 자체가 한국문제 해결에 관하여 공통되는 안(案)을 작성하지 못한다면 UN의 협조도 도로(徒勞) 무공(無功)할 것이다. 그러므로 하시(何時)든지 남북 지도자회의가 필요한 것이다. 그러나 현재와 같이 비열한 환경에서는 도저히 그 목적을 달성할 수 없는 것이다. 그러므로 우리는 미소 양군이 철퇴하는 대로 즉시 평화로운 국면을 조성하고 그 평화로운 국면 위에 남북지도자회의를 소집하여서 조국의 완전독립과 민족의 영언 해방의 목적을 관철하기 위하여 공동노력할 수 있는 방안을 작성하자는 것이다.[39]

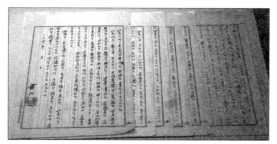
김구가 김두봉에게 보낸 편지, 경교장에 전시되어 있다.

39) 김구, 유엔조선임위에 보내는 의견서 발표, 「서울신문」, 1948.1.29

상기 내용을 담아 보낸 편지가 1948년 2월 16일, 김구가 김두봉에게 보낸 편지이다. 아래에 전체 내용을 인용하였다.

[김구·김규식이 김두봉에게 보낸 편지(1948.2.16.)][40]
백연(白淵) 인형(仁兄) 선생(先生) 혜감(惠鑑)

1944년 10월 16일 연안(延安)서 주신 혜찰(惠札)을 배독(拜讀)한 이후(以後) 미구(未久)에 인형(仁兄)은 명록(鳴綠)을 건느고 제(弟)는 황해(黃海)를 건너서 각각 그립든 고국을 차저오게 되었나이다. 그때에 있어서야 누가 한나라 한 울 밑에서, 34년의 긴 세월을 경과하면서도 서로 대면하지 못할 것을 뜻하였으릿가. 아아 이것이 우리에게는 해방(解放)이라 합니다. 이 가운데에 묻치어 있는 쓰라리고 설은 사정을 말하면 피차(彼此)에 열루(熱淚)만 방타(傍沱)할 뿐이니 찰알히 일컽지 아니하는 편(便)이 헐신 좋을 것입니다.

하여간 우리는 자유롭게 고국의 땅을 밟었음니다. 우리의 원수(冤讐) 루구(樓寇)를 구축(駒逐)해 주고 우리로 하여금 환국할 수 있는 자유를 준 두 동맹국의 은혜를 무한히 감사하지 아니하면 아니 되겠음니다.

사갈(蛇蝎)의 독구(毒口)를 버서난 우리 삼천만 동포도 두 동맹국의 은혜를 깊이깊이 감사하고 있음니다. 그러나 우리에게는 환희(歡喜)에 넘치는 광명한 정면이 있는 동시에 우리에게 은혜를 준 두 동맹국 자체간의 모순으로 인하여 암견(暗遣)한 반면도 없지 아니함니다.

인형(仁兄)이여 이것을 엇지하면 좋겠음니가. 제(弟)는 가슴이 답답하고 인형(仁兄)이 보고 싶은 때마다 때묻은 보따리를 헤치고 일즉이 중경에서 받었든 혜찰(惠札)을 재삼(再三)읽고 있음니다. 그 중에는 나에게 보냈다는 이러한 중문(重文)도 기록되여 있음니다. "今年三月先生給學武君的(금년삼월선생급학무군적) 貴函(귀함) 今十月初方收到(금십월초방수도), 我們今日(아문금일)—切以民族利益爲基準(절이민족리익위기준). 不應有些毫成見(불응유사호성견),我們對先生來延一次的意向無任歡迎(아문대선생래연일차적의향무임환영)"[41]. 또 나와 각(各) 단당(團糖)로 보냈다는 이러한 전문(電文)도 기록되여 있음니다. "我們不問地域南北(아문불문지역남북),

40) 도진순, 『백범어록』, 돌베개, 2007, pp.405-407

41) 금년 3월 선생이 학무 군 편에 보낸 편지는 10월초에 받았습니다. 우리들은 오늘날 모든 것을 민족의 이익을 기준으로 조그만 자기 주견도 있을 수가 없습니다. 우리는 선생이 연안에 오신다는 의향을 환영해 마지않습니다.

派別異同(파별이동), 誠心團結(성심단결), 實事連格(실사련격), 如能促進會師鴨綠之實現(여능촉진회사압록지실현), 諸位若能同意(제위약능동의), 淵可以從中幹旋(연가이종중간선)"[42]

또 이러한 것이 기록되어 있습니다. "선생금차신중(先生今次信中) '연락(連絡)과 통일(統一)을 위하야 노신(老身)이 일차(一次) 부연(赴延)하면 중한(中韓) 양방면(兩方面)이 환영(歡迎)할 가망(可望)이 있겠는지?' 여긔 대하야 우리가 성심으로 환영할 뿐 아니라, 중방면(中方面)에서도 물론 환영합니다."

인형(仁兄)이여, 금일(今日) 우리의 환경은 그때와 방불(彷佛)한 점(點)이 많습니다. 우리 조국의 통일이 실현되고 자주독립이 완성될 때까지는 우리의 임무를 태만히 할 수 없는 것이 아닙니까. 책무방대(責無旁貸)인데야 제(弟)도 여생이 진(盡)하기 전에 최후의 노력을 다하려니와 인형(仁兄)도 우리에게 현안(懸案)이 되어 있는 그 문제해결을 위하여 심각(深刻)히 귀임(貴任)을 느끼실 줄로 확신합니다.

인형(仁兄)이여 아모리 우방(友邦) 친우들이 호의로써 우리를 도아주려 한다 하여도 우리 자체가 지리멸렬(支離滅裂)하여 그 호의를 접수할 준비가 완료되지 못하면 엇지 그것을 접수할 수 있으랴가. 그리하여 미소공위도 성과를 보지 못한 것입니다.

금차(今次) 유엔 위원위의 공작도 하등의 효과를 걷울 희망이 보이지 아니합니다. 그러면 엇지 하겠음니까. 자연에 매끼고 약속된 독립을 포기하겠음니까.

인형(仁兄)이여 지금(只今) 이곧에는 삼팔선 이남 이북을 별개국으로 생각하는 사람도 많습니다. 그렇게 맨들랴고 노력하는 사람도 많습니다. 그쪽에도 그런 사람이 없지 아니하리라고 생각됩니다. 그 사람들은 남북의 지도자들이 합석하는 것을 희망하지도 아니하지만은 기실(其實)은 절망하고 이것을 선부(宣傳)하는 사람도 많이 있습니다. 인형(仁兄)이여 이리해서야 되겠나있가. 남이 일시적으로 분할해 논 조국을 우리가 우리의 관념이나 행동으로써 영원히 분할해 놓을 필요야 있겠음니까.

인형(仁兄)이여, 우리가 우리의 몸을 반쪽에 낼지언정 허리가 끊어진 조국이야 엇지 참아 더 보겠나있가. 가련한 동포들의 유리개걸(流離丐乞)하는 꼴이야 엇지 참미 더 보겠나있가.

인형(仁兄)이여, 우리가 불사(不似)하지만 애국자임은 틀림없는 사실이 아

---

42) 우리들은 지역의 남북과 파별의 다름을 묻지 말고, 성심으로 단결하고 참되게 연락하여 능히 압록강에서 군대를 만날 수 있도록 실현하는 것을 촉진시키는 일에 제위들이 동의한다면 나는 중간에 알선해 드리겠습니다.

님니가. 동포의 사활과 조국의 위기와 세계의 안위가 이 순간에 달렸거늘 우리의 양심과 우리의 책임으로써 편안히 앉아서 희망없는 외력에 의한 해결만 꿈꾸고 있음니가.

그럼으로 우사(尤史) 인형(仁兄)과 제(弟)는 우리 문제는 우리 자신만이 해결할 수 있다는 것을 확신하고 남북지도자회담을 주창하였음니다. 주창만 한 것이 아니라 이것을 하기로 결심하였음니다. 그리하여 이 글월을 양인(兩人)의 연서(連署)로 올리는 것입니다. 우리의 힘이 부족하나 남북에 있는 진정한 애국자의 힘이 큰 것이니 인동차심(人同此心)이며 심동차리(心同此理)인지라 반드시 성공되리라고 확신합니다. 더구나 북쪽에서 인형(仁兄)과 김일성(金日成) 장군(將軍)이 선두에 서고 남쪽에서 우리 양인(兩人)이 선두에 서서 이것을 주창하면 절대다교의 민중이 이것을 옹호할 것이니 엇지 불성공(不成功)할 리(理)가 있겠나있가.

인형(仁兄)이여 김일성 장군께는 별개(別個)로 서신을 보내거니와 인형(仁兄)께는 수십 년 한 곳에서 공동사투(共同奢鬪)한 구의(舊誼)와 4년 전에 해결하지 못하고 둔 현안미해결(懸案未解決)의 연대귀임(連帶責任)과 애국자가 애국자에게 호소하는 성의와 열정으로써 조국의 땅 우에서 남북지도자회헌(南北指導者會獻)을 최속(最速)한 기간내에 성취(成就)식히기를 간청(懇請)함니다. 남쪽에서는 우리 양인(兩人)이 애국자들과 함께 이것의 성취를 위하여 최선을 다하겠나이다. 지단어장(紙短語長)하야 미진소회(未盡所懷)하니 하로라도 일즉 회음(回音)을 주사이다.

조국의 완전독립과 동포의 자유행복을 위하야 인형(仁兄)께서 노력자애(努力自愛)하시기를 축도(祝禱)하면서 불원(不遠)한 장래(將來)에 우리에게 면피(面被)할 기회가 있기만 갈망하고 붓을 놋나이다.

1948년 월 일
김구


그 당시 이 편지는 공개되지 않았지만, 1월 26일에 개진한 6개항의 요구만으로도 김구는 우익진영으로부터 혹독한 비난을 받았다.[43] 더욱이 2월 4일에 발표된 남북요인 회담 제안으로 인해 김구·김규식 두 사람으로 하여금 우익진영과 건널 수 없는 다리를 건넌 셈이 되어 버렸다.[44]

---

43) 한협, 서청동 각 단체, 유엔조선임위에서 개진한 김구 견해 반박,「동아일보」, 1948.1.30,31
44) 민의, 김구와 김규식의 남북요인회담 반박 담화,「동아일보」, 1948.2.8

하지만 두 사람의 견해는 북쪽의 의견과도 본질적으로 달랐다. 앞에서 언급했지만 김일성 서신의 내용은 단독선거를 저지하기 위한 투쟁방침의 토의를 위해 김구·김규식을 비롯한 남한의 제 정당·사회단체를 초청·소집한 것이다. 양김으로서 선뜻 받아들이기엔 무리한 제안일 수도 있었다. 여기서 김구·김규식의 역제안 즉 남북지도자회담을 제안을 발상한 것으로 보인다.

북한 역시 양김의 제안에 고민이 많았을 것이다. 도진순의 연구에 의하면, 허가이 등 소련파는 '미군정의 입김'이라며 부정적인 입장을 표명했으나 김두봉·최창익 등 연안파와 김일성·김책 등 빨치산파는 '애국적 결단'이라고 김구·김규식의 남북지도자회담을 환영하였다고 한다.[45]

북쪽의 답변이 지연되고 있는 가운데 김구·김규식이 북조선의 김일성·김두봉 양인에게 남북정치요인회담을 개최할 것을 제의하는 서한을 공동 명의로 2월 25일 전달하였다는 소문이 나돌았던 모양이다. 아래는 김구의 회견 장면이다.


[문] 남북회담 개최를 제의하는 서한을 김일성·김두봉 등에게 전달하였다는 설이 있는데 사실인가?
[답] 사실이다.

[문] 일부 보도에 의하면 북조선으로부터 이를 거부하는 회한(回翰)이 도착(到着)하였다는데
[답] 아직 회답이 없다.

[문] 일부 권위측(權威側)에서 선거에 협조할 것을 종통(慫通)하고 있다는데?

---

45) 도진순, 《1948년 남북연석호의와 남한 민족주의 정치세력의 동향》「국사관논총 제54집」 p.124

[답] 이에 대하여는 더 말한 필요가 없다.

그리고 김박사(金博士) 측근자 모씨(某氏)도 서한 전달에 대해서는 시인하였으나 회한(回翰) 도착설(到着說)에 대해서는 부인하였다.[46]

이제 양김이 양김에게 남북회담 개최를 제의했다는 것은 분명해졌다. 김구의 기자회견을 전후한 역사의 흐름은 알려진 바와 같다. 2월 26일에는 유엔소총회에서 남한총선거안이 통과되었고, 3월 1일에는 하지 중장이 총선거 실시 일정을 발표했다. 그리고 김구·김규식 등이 남한만의 선거에 불참하겠다는 소위 7거두 성명이 발표된 날짜는 3월 12일이었다. 남한단독선거를 거부하는 세력이 분명해졌다. 좌익과 중도 외 극우세력으로 분류되던 김구 계열이 남한단정불가 세력에 동참한 것이다.

이 무렵 북쪽으로부터 기다리던 답신이 도착했다. 좀 더 정확하게 말하면 방송을 통해 남북연석회의를 제안하고 서신은 며칠 후 도착했다고 보아야 한다. 1948년 3월 25일 저녁, 북조선민주주의민족통일전선은 평양방송을 통하여 '남조선 단독정부 수립을 반대하는 남조선정당·사회단체에고함'이란 성명서를 발표했다.[47]

여기서 분명히 알아야할 것은 북조선의 방침이다. 원래 그들의 일정에는 4김 회담 등 남북지도자 회의가 없었다. 그러나 예상하지 못했던 김구·김규식의 제안을 두고 논의했고 앞서 설명한 바와 같은 과정을 거쳐 별도로 양김에게 답신을 보냈을 것이다. 즉 주 회담은 '남북정당·사회단체 연석회의'이고 예비회담 성격으로 '소규모 지도자회의'를 제안했다는 뜻이다.

---

46) 김구, 북한에 남북회담 제의, 「조선일보, 서울신문」, 1948.3.9
47) 정리근, 『력사적인 4월남북연석회의』, 평양; 과학백과사전종합출판사, 1988, pp.37-40

그러나 남한의 언론들은 주 회담보다는 김구·김규식이 참여하는 요인회담에 초점을 맞추었다. 남북요인회담설에 대한 정계의 반응이 보도되고[48] 남북회담에 관한 정식서한이 북조선민전으로부터 전달되었다는[49] 기사가 연일 터져 나오자 1948년 3월 31일, 김구는 그동안 공개하지 않았던 남북회담관련 서신 내용을 기자회견이라는 형식을 빌려 일부 공개하였다.[50]

남북협상에 관한 남북조선간의 기간 경위는 기보한바 같이 김구·김규식 양씨는 지난 28,9 양일간에 긍(亘)하여 북조선측으로부터 래한(來翰)을 검토 협의하고 31일 그 서한 왕래에 대한 요지 급 이에 대한 소신을 공동명의로 여좌히 발표하였다.

남북간에 내왕한 우리의 서한은 개인간의 사찰(私札)이니 본래 공개할 것이 아니나 조국의 통일과 독립을 갈망하는 동지 동포들의 이에 대한 관심이 클 뿐 아니라 신문지상의 보도가 구구한 까닭에 항간에 억측이 불무(不無)함으로 이에 우리는 좌기(左記)와 여히 그 요지만을 피력한다.

❶ 송함(送函) 2월 16일
**가.** 김일성 장군에게 보낸 것
요지
1) 우리 민족의 영원 분열과 완전 통일을 판가름하는 최후의 순간에 민족 국가를 위하여 4·50년간 분주치력(奔走致力)한 애국적 양심은 수수방관을 허(許)하지 않는다는 것
2) 아무리 외세의 제약을 받고 있는 우리의 현실일지라도 우리의 일은 우리가 하여야 할 것이라는 것
3) 남북정치지도자간의 정치협상을 통하여 통일정부수립과 새로운 민주 국가의 건설에 관한 방안을 토의하자는 것
4) 북쪽 여러 지도자께서도 가지실 줄 믿는데서 위선(爲先) 남쪽에 있어서 남북정치협상을 찬성하는 애국정당대표회의를 소집하여 대표를 선출하려 한다는 것

---

48) 남북요인담설에 대한 정계의 반응, 「동아일보, 조선일보, 경향신문」, 1948.3.27,28,31
49) 남북회담에 관한 정식서한이 북조선민전으로부터 전달, 「조선일보, 동아일보」, 1948.3.31
50) 김구·김규식, 남북정치회담에 대한 왕복서신 내용 발표, 「조선일보, 서울신문, 경향신문」, 1948.4.1

**나.** 김두봉 선생에게 보낸 것

요지

1) 우리에게 해방을 준 미소양국의 은혜는 감사하나 아직도 독립이 되지 못하여 우리는 암담하다는 것
2) 과거 중경(重慶)과 연안(延安)간에서 민족의 이익을 위하여 성견(成見)을 버리고 지역의 남북과 파벌의 이동을 불문하고 조국의 독립을 위하여 분투하자는 전함(電函)의 내왕을 중제하여서 피차의 통일공작을 추진하자는 것
3) 자체가 지리멸렬하면 우방의 호의도 접수하지 못한다는 것.
4.) 우리 문제는 우리 자신만이 해결할 수 있다는 것을 확신하고 남북지도자회담을 실현하도록 노력하자는 것.

**다.** 코롯코푸 장군에게 보낸 것(蘇文)

요지

1) 상술한 양김 씨에게 여하한 취지로 송함(送函)하니 편의와 협조를 요망한다는 것(이 편지를 전달하여 주겠다는 방면에서는 우리의 서한을 2월 1일까지로 될 듯하다고 말하였다.)

❷ 래함(來函, 3월 15일에 김일성·김두봉 양씨의 연서로 우리에게 보내 온 것)

내용 요지

1) 2월 16일자의 우리의 서한을 받았다는 것
2) 해방된 지 2년 반이나 지나도록 우리가 남북으로 분열되어 완전한 통일독립국가가 되지 못한 것이 유감이라는 것
3) 북조선은 자기 손으로써 자기의 운명을 개척할 수 있으나 남조선은 주권이 미국사람에게 있기 때문에 정신상 물질상 곤란을 받는다는 것
4) 이에 대하여 모스크바 삼상회의 결정과 미소공위사업을 적극 반대한 이들에게 책임이 있다는 것
5) 금차(今次) UN의 결의 더욱 UN 소총회의 행동은 찬성할 수 없다는 것
6) 소련이 UN 총회에 제의한 바와 같이 양주둔군철퇴 조선대표참가 그리고 조선문제해결은 순전히 남북조선인에게 맡기어서 자의자처(自意自處)하자는 것
7) 미국의 주장으로써 소(蘇)의 제의가 부결되고 UN 위원단감시하에 총선거를 실시하려는 것은 찬성할 수 없다는 것

8) 우리의 일은 우리가 해결하려는 본지에서 남북조선 소범위(小範圍)의 지도자연석회의를 1948년 4월초에 평양에서 소집할 것을 동의한다는 것

9) 해(該) 회의에 참석할 성원범단(成員範團)는 남조선에서는 김구(金九) · 김규식(金奎植) · 조소앙(趙素昻) · 홍명희(洪命憙) · 백남운(白南雲) · 김봉준(金朋濬) · 김일청(金一淸) · 이극로(李克魯) · 박헌영(朴憲永) · 허헌(許憲) · 김원봉(金元鳳) · 허성택(許成澤) · 유영준(劉英俊) · 송을수(宋乙秀) · 김창준(金昌俊) 북조선측에서는 김일성(金日成) · 김두봉(金枓奉) · 최용건(崔鏞健) · 김달현(金達鉉) · 박정애(朴正愛) 외 5명

10) 토의할 내용은 A. 조선의 정치현상에 관한 의견교환 B. 남조선단독정부수립을 위한 반동선거실시에 관한 UN총회의 결정을 반대하며 투쟁할 대책수립 C. 조선통일과 민주주의조선정부수립에 관한 대책연구 등등 H. 만일 우리 양인이 동의할 때는 1948년 3월말일 내로 통지하기를 희망한다는 것

■ 김구와 문답

김구는 3월 1일 경교장에서 기자단과 회견하고 남북협상에 관하여 다음과 같은 문답이 있었다.

[문] 북조선측에서 제의한 예비회담 개최에 대하여 견해여하?
[답] 찬성하는 바이다.

[문] 북조선과의 예비회담에 대한 복안은?
[답] 아직 없으나 불일 중으로 남쪽의 각 정당단체든지 개인간에 의논할 예정이다.

[문] 미당국과의 교섭여하?
[답] 아직 없으나 앞으로 당국의 원조도 필요할 것이니 교섭할 예정이다.

[문] 북조선측 내한 내용에 대한 견해여하?
[답] 내용에 있어서 찬 불찬을 운위할 것이 아니라 남북요인의 회담을 하자는 것이니 이는 상대방과 만나서 의논할 것이다.

[문] 3월말일 내로 회한을 요청하는데 송한(送翰)하였나.

[답] 아직 못보냈다.

[문] 남북회담이 성공할 것으로 보는가?
[답] 성공할 것을 확신한다.

사실 보도내용은 원문과 비교해 읽으면 뉘앙스가 상당히 차이가 난다. 최대한의 예의를 갖춰 보낸 김구의 편지에 비해 김일성·김두봉의 답신은 보기에 따라 불손한 느낌이 들 정도로 사무적인 글월이었다. 아래에 전문을 소개한다.

[김일성·김두봉이 김구·김규식에게 보낸 답신(1948.3.15.)][51]

　　김구·김규식 선생 공감(共鑑)

　　2월 16일일 보내신 혜함(惠函)은 받았읍니다. 귀(貴) 서한중(書翰中)에 제기(提起)된 문제에 관하여 회답코저 합니다.

　　조선이 일본통치로부터 해방된 지 이미 2년반이 되였으나 우금(于今) 조

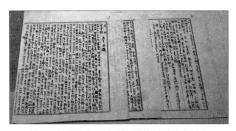

김일성·김두봉의 답신, 경교장에 전시되어 있다.

선 민족은 자주 독립의 통일정부를 수립하지 못하고 인민은 남북 조선의 판이한 정치 조건하에서 부동한 생활올 하고 있읍니다. 다 아시는 바와 같이 북조선 인민들은 자기 손으로서 자기 운명을 해결하는 모든 창발성(創發性)을 발양(發揚)하고 있읍니다. 그러나 남조선에는 모든 주권이 미국(米國) 사람의 손에 있기 때문에 남조선 인민들과 당신들은 아모런 권리와 자유가 없이 정신상과 물질적으로 곤란을 당하고 있읍니다.　'

51) 도진순, 『백범어록』, 돌베개, 2007, pp.408-410

이것이 누구의 잘못입니까. 그것은 조선에 관한 모스크바 삼상결정과 쏘미공동위원사(쏘米共同委員舍) 사업을 적극 반대하며 출마한 그들에게 책임이 있다고 우리는 재삼 언명합니다. 만일 모스크바 삼상결정을 황시(黃施)하였다면 벌써 조선 민족은 통일된 자주독립정부를 가졌을 것을 다시금 확신하여 마지 안습니다.

양위(兩位) 선생이 중국으로부터 조국땅에 들어설 때에 우리는 당신들의 활동을 심심(深深)히 주목(注目) 하였읍니다. 당신들은 평범한 조선사람이 아닌 일정(一定)한 정치단체(政治團體)의 지도자들로서 조선 인민의 기대와 배치되는 표현이 있을 때마다 우리는 비분(悲憤)하게 생각하였읍니다. 당신들은 조국땅에 돌아온 후에 금일까지 민족입장에 튼튼히 서서 조선이 부강한 나라로 발전하여 나갈 수 있는 정확한 강령과 진실한 투쟁을 문헌으로나 실천으로 뚜렷하게 내놓은 것이 없읍니다. 당신들은 조선에 관한 모스크바 삼상결정과 쏘미공동위원회(쏘米共同委員會)를 적극적으로 반대하여 거듭 파열(破裂)식히었읍니다. 당신들은 조선에서 쏘미 양군이 철거(撤去)하고 조선 문제 해결은 조선인 자체의 힘에 맥기자는 쏘련 대표의 제의(提議)를 노골적으로 반대하기도 하였으며 혹(或)은 무관심한 태도로 묵(默)평하기도 하였읍니다. 더욱 유감스러운 것은 조선에 대한 유엔 총회의 결정과 소위 유엔 조선위원 단(團)의 입국을 당신들은 환영(歡迎)하였읍니다.

이제야 당신들은 청천백일하(靑天白日下)에서 조선 국토의 양단(兩斷), 조선 민족의 분열을 책모(策謀)하는 유엔 조선위원단과 미국사령관(米國司令官)의 정치 음모를 간파한 듯 합니다. 그러나 아직도 당신들의 애국적 항의는 미온적이고 당신들의 입장은 명백하지 못합니다. 민족자주독립이 위급(危急)에 봉착(逢着)한 금일에 당신들은 또 무엇을 요망(要望)하고 애국적 항쟁을 실천(實踐)에 옴기지 않습니까.

다 아는 바와 같이 우리는 조국의 자주독립을 위하여 모든 출판물과 군중대회를 통하여 국토의 양단 민족의 분열(分裂)을 음매(陰媒)하는 유엔 결정을 반대하며 조선에서 쏘미 양군이 철거하고 조선 인민 자체의 힘으로 조선의 운명을 해결하자는 쏘련 제의를 실현하려는 거족적(擧族的) 항쟁을 전개하고 있읍니다. 이 투쟁은 목적을 달성할 때까지 말로서가 아니라 사업으로서 끝까지 투쟁할 것입니다.

이제 우리는 양위(兩位) 선생이 제의하신 남북 조선 지도자 연석회의의 소집을 본시(本是)는 반대하지 않읍니다. 그러나 당신들은 어떤 조선을 위하여 투쟁하시려는지 그 목적과 기원(企圓)를 충분히 알 수 없기 때문에 우리는 연석회의의 성과에 대하여 완전한 확신을 가질 수 없읍니다.

양위 선생은 우리의 실천(實踐)에서 나타난 우리의 정치강령과 우리의 투쟁목적을 혹은 출판물로써 혹은 사업면에서 충분히 간파하였을 줄로 믿습니다. 우리는 앞으로도 조선민족의 정당한 입장에서 우리의 강령과 우리의 목적을 떠나지 않고 조선의 애국자로 자기의 노력과 생명을 애끼지 않고 국토의 양단과 민족의 분열을 반대하며 통일된 민주주의 자주독립을 위하여 투쟁할 것이며 또 우리 조국을 외국 제국주의자들에게 팔아먹으려는 모든 반역자들올 반대하여 투쟁할 것입니다.

우리는 우리들이 벌서 내세운 강령과 목적을 끝까지 실현하려는 정치적 입장에서 국토를 양단하고 민족을 분열하는 남조선 반동적 단독선거를 실시하려는 유엔 결정을 반대하는 대책을 이미 세우고 그 투쟁방침을 토의하기 위하여 남조선 어떤 정당 사회단체들에게 남북회의를 소집하는 서신을 벌써 보내었읍니다. 양위 선생은 이 대책을 찬동하리라는 것을 우리는 확신하고 싶습니다. 남북조선 소범위(小範圍)의 지도자 연석회의에 관하여서는 1948년 4월 초에 북조선 평양(平壤)에서 개최할 것을 동의합니다. 우리의 의견(意見)으로는 이 연석회의에 참가하는 성원 범위를 다음과 같이 제의합니다.

남조선에서는 김구 김규식 조소앙 홍명희 백남운 김붕준 김일청 이극로 박헌영 허헌 김원봉 허성택 유영준 송을수 김창준 등 15명과 북조선에서는 김일성 김두봉 최용건 김달현 박정애 이외 5명으로 예상(豫想)합니다.

(一) 조선의 정치현세에 대한 의견교환
(二) 남조선 단독정부수립을 위한 반동 선거 실시에 관한 유엔 총회의 결정을 반대하며 투쟁할 대책 수립
(三) 조선 통일과 민주주의 조선 정부 수립에 관한 대책 연구 등등

만일 양위 선생이 우리의 제의를 동의하신다면 1948년 3월 말일 내로 우리에게 통지하여 주실 것을 바랍니다.

1948년 3월 15일


이 글에서 주목되는 내용은 광복이후 김구와 김규식의 노선에 대한 통렬한 비판이다. 해방된 지 2년 반이 지났으나 아직도 통일된 자주독립정부를 수립하지 못한데 있어서 두 사람의 책임을 묻고 있다. 모스크바 삼상결

정과 미소공위를 파열시켰으며, 미소 양군이 철수하여 조선인 스스로 조선 문제를 해결하게하자는 소련대표의 제의를 묵살하거나 반대했을 뿐 아니라 조선 문제를 유엔에 이관시킨 미국의 결정에 따름으로서 민족통일의 기회를 잃게 하는 데 일조했다는 지적이다.

또한 작금의 행위도 신뢰하지 못하겠다고 가혹한 잣대를 두 사람에게 들이대었다. 너무나 늦게 이제야 미국의 정치 음모를 간파했다고 보이나, 아직도 두 사람의 애국적 항의는 미온적이고 입장이 명백하지 못하다고 냉혹하게 지적한다. 한마디로 말해 당신들을 믿을 수 없다는 뜻이다. 한편, 두 사람이 제안한 연석회의의 성과에 대해 확신할 수는 없으나 개최자체는 반대하지 않겠다. 다만 염려스러운 것은 두 사람이 투쟁하는 목적과 의도를 아직도 잘 모르겠다고 김구와 김규식 양인에 대한 불신을 노골적으로 표시하고 있다. 그 다음, 연석회의 일정과 참여 인물을 일방적으로 통보하고, 3월말까지 회신해달라는 말로 서신을 마무리했다.

누가 읽어도 치욕적인 답신이다. 하지만 이러한 모욕이 그들에게 주어진 것은 자업자득이었다. 하나하나 검토해 보라. 틀린 지적이 어디 있는가? 물론 김규식의 경우 어느 정도 억울한 면이 있었을 터이다.

3월 25일의 평양방송과 며칠 후 답신을 전달받은 남북협상파들은 분주히 움직이기 시작했다. 김구와 김규식도 이제는 정치인이었기 때문일까, 무례한 회신에 대하여 일체 언급하지 않고 남북정치협상의 성립에 최선을 다하는 모습을 보여주었다. 김구, 김규식, 김붕준, 이극로 등이 회합한 4월 1일 회의에서 평양에 연락원을 파견하기로 결정했고,[52] 4월 7일에는 김구

---

52) 남북협상파 평양에 연락원 파견 결정, 「조선일보, 서울신문」, 1948.4.4

의 특사 안경근과 김규식의 특사 권태양이 평양을 향해 출발하였다.[53] 이 두 사람은 4월 10일 개성을 거쳐 서울에 도착했다.[54] 두 특사의 귀경 이후, 김구와 김규식 두 사람의 입북이 순조롭게 진행된 것은 아니다.

조소앙, 김규식 등이 불참을 표명했다가 결국 그들도 대세에 순응하여 조건부 북행을 결심하게 된다. 이 과정에서 생산된 것이 '남북협상 5원칙'이다. 우여곡절 끝에 김구·홍명희는 4월 19일 평양으로 출발했으며, 20일 에는 조소앙과 한국독립당 당원, 민주독립당 당원, 민족자주연맹 일부 등이 출발했다. 마지막으로 4월 21일에는 김규식을 비롯한 최동오, 박건웅, 김붕준, 원세훈 등 민족자주연맹 관련자들이 입북하였다. 좌익계열은 이들보다 열흘 먼저 북으로 갔다. 민전 산하 각 단체는 4월 9일까지 평양으로 출발했다고, 4월 12일에 민전은 발표했다.[55] 다음은 그 명단이다.

남로당(허헌 박헌영 양씨 외 18명), 인공당(김원봉 외 7명), 유련(김응섭 외 2명), 기맹(김창준 외 2명), 전평(허성택 외 9명), 전농(송을수 외 9명), 청년(고찬보 외 8명), 여맹(류영준 외 9명), 문련(임화 외 6명)

미군정과 경찰은 이들의 입북을 막지 않았다. 그러나 실제로는 우익인사들에 대해서는 회유·협박을 하여 북한행을 저지하려 했고, 좌익인사들의 경우는 검거·투옥함으로써 북한행을 방해했다고 한다.[56] 자동차로 당당히 38도선을 넘은 이들이 있은 반면, 목숨을 걸고 은밀히 38도선을 월경(越境)한 경우도 있었다. 고영민의 체험담을 아래에 일부 소개한다.

---

53) 김구·김규식, 남북협상연락원 2명 북조선에 파견, 「동아일보」, 1948.4.9
54) 남북협상연락원 귀로에 오름, 「조선일보, 서울신문」, 1948.4.11
55) 민전 산하 각 단체대표 80명이 남북협상참석차 평양출발 발표, 「서울신문」, 19148.4.12
56) 고영민, 『해방정국의 증언』, 사계절, 1987, p.177

나는 남북정당·사회단체연석회의가 열리는 것을 알고 있었다. 당시 나는 민족자주연맹의 김규식 일파·사회대중당·신한독립당·근로인민당 등에 대한 프락치공작에 분주해 있었다. 이는 '권위 있는 선'의 지시에 따른 것이기도 했다.…

1948년 4월 중순의 어느 날, 내가 38도선을 넘기 위해 개성 시내에 있는 비밀연락소에 가서 잠시 있노라니 한 중년 남자가 와서

"선생 한 분입니까. 한 사람으로 38도선을 넘는 것은 위험합니다. 어젯밤에는 성주식 선생 등 4·5명이 와서 야간에도 괜찮았지만, 선생 한 분으로는 위험합니다. 어떻습니까? 오늘 낮에 떠나시지요."

라고 했다. 나는 이 남자의 말을 듣고 왠지 불안한 생각이 들었지만, 야간에 위험하다고 하는데 구태여 주간에 결행하는 것을 싫다고 할 수 없었다.

"한낮에 어떻게 넘습니까? 미군의 38도선 경계가 심하지 않습니까?"

"선생은 대장부입니다. 저 Y산의 산록에 사슴을 키우는 목장이 있습니다. 우리들은 술을 한 병 늘어뜨리고 꽃구경 가는 차림으로 그 목장에 갑니다. 선생은 그곳에서 산의 꼭대기를 향해 단번에 오르십시오. 산의 중턱 이상을 오르면 아래쪽에서 경비대가 총을 쏘아도 맞지 않지요."…

내가 Y산의 중턱 정도까지 올랐을 때 그 산 곳곳에서 밭을 일구고 있던 농민들과 산나물을 캐고 있던 아낙네들이 내 모습을 보더니 "저기 빨갱이가 이북으로 간다!"라고 소리쳤다.

나는 술을 약간 마셨기 때문에 숨쉬기가 힘들고 살았다는 기분이 도무지 들지 않았다. 그래도 나는 전신의 힘을 다하여 Y산의 꼭대기까지 올랐다. 그러나 나는 불안과 공포로 머릿속이 뒤죽박죽되었는지 그 남자에게서 배웠던 길을 벗어나 Y산 북쪽에 있는 봉우리들을 오르락내리락하고 있었다. 마침 이때 산나물을 캐고 있던 모녀를 만났다. 나는 불안했으나 용기를 내어 38도선이 어디냐고 물었다. 그러자 낭자가 놀란 표정을 하면서

"아이고, 지금 당신이 가고 있는 길은 미군 캠프가 있는 곳입니다. 아이고, 위험천만이었습니다. 맞은편이 이북입니다."

라고 가르쳐 주었다. 나는 산나물 캐는 이 낭자의 말을 듣고 적이 안심했다.…

나는 앞쪽 산꼭대기에 우뚝 서 있는 남자 곁에 다가가서 일부러 당당한 태도로

"38도선이 어디입니까?"

하고 물었다. 그 남자는 나의 갑작스런 출현에 잠깐 놀라는 듯했으나, 나의 얼굴을 빤히 쳐다보면서 다음과 같이 말했다.

"지금 제가 서 있는 곳입니다. 어디로 가십니까?"

"이북에 있는 가족들이 월남해 온다고 해서 기다리고 있었는데 이제는 기다리다 못해 데리러 가는 일입니다."

"그러면 낮에는 위험합니다. 밤이 될 때까지 기다리시는 게 어떻겠습니까? 저쪽 신작로에 검은 옷을 입은 경비대원 셋이 나란히 걸어가고 있는 것이 보이지요. 지금은 위험합니다."

이렇게 말하고서 이북 쪽을 향하여 막대기로 어떤 의미의 신호를 보냈다. 내가 그쪽 방향으로 눈을 돌려보니 수십 명의 여성들이 북한지역 내에서 땔감나무를 도벌하다가 그 남자가 신호를 보내자 급히 몸을 숨겼다.

당시 북한에서는 산림녹화운동이 왕성하게 전개되고, 땔감나무 벌채가 금지되었기 때문에 산에는 수목이 무성했다.

나는 이러한 사실을 본 순간, 도벌하던 남자의 '위험하다'라는 말에 스며 나오는 웃음을 억누르며 38도선을 넘어 북한지역으로 달려갔다. 38도선을 넘는 순간부터 나는 그때까지의 긴장감이 사라지고 언제 검거·투옥·학살될지 모르는 불안에서 벗어날 수 있었다.[57]


인용문이 조금 길었다. 평양의 모란봉 극장에서 열린 연석회의에는 46개 정당·사회단체와 545명의 대표들이 참석하여 4월 19일부터 개회되었다.[58] 뒤늦게 참석한 단체를 포함하여 정리하면 남북 대표자연석회의에는 남한의 41개 정당·사회단체와 북조선의 15개 정당·사회단체에서 선출된 695명의 대표자들이 참석했다. 그 중 남한 대표는 395명(56.6%)이다. 이들 중 우익 및 중도계열은 167명, 좌익계열이 230명 정도였다.[59] 김구 및 김

57) 고영민, 『해방정국의 증언』, 사계절, 1987, pp.178-180
58) 조선일보 평양특파원 이동수, 연석회의 경과보고, 「조선일보」, 1948.4.29
59) 남북협상차 북행한 정당 단체별 인원수 보도, 「조선일보」, 1948-04-21; 民聯(18) 韓獨(8) 民獨黨 (10) 南勞黨(20) 人共黨(8) 基督民同(3) 儒聯(3) 全評(10) 全農(10) 民愛(9) 女盟(10) 文聯(7) 民 衆同盟(5) 新進黨(6) 勤民黨(15) 民主韓獨黨(5) 社民黨(12) 獨黨(6) 均靑(3) 新化黨(3) 大韓學聯 (6) 民主學生同盟(3) 興論協會(2) 發明協會(2) 靑友黨 儒敎靑年黨 獨立運動同盟 朝鮮勞農黨 健民會 自主女盟 科學技術政協 記者會 大韓義烈黨 靑年愛智黨 佛敎聯盟 産業建設法曹會 農民黨 勤勞大衆黨 民主學聯 苦學生共演會 大韓學聯(6) 自主學聯(3) 以北學聯 建設學聯 民主學院 建靑 民衆俱樂部 在日 聯盟 工業技聯 反日革後援會(3) 新藝術硏究會 敵産對策協議會(5) 戰災民失業者委員會(5) 勞農靑年 歸還同胞協會 南北統一促成會

규식으로 대표되는 우파만 따지면 전체의 15%정도인 100명 정도인 것으로 파악되고 있다.[60]

남북연석회의에 참석한 사람들 중 다수가 앞에서 소개한 고영민처럼 목숨을 걸고 38도선을 월경했을 것이다. 통계는 없지만 상당히 많은 사람들이 목숨을 잃었을 것으로 짐작된다. 그렇다면 민족의 통일이라는 대의명분 하에 순수한 마음으로 대회에 참석한 이들 이름 없는 이들이야말로 1948년 4월 개최된 남북연석회의의 실질적인 주인공으로 불러야 마땅할 것이다.

---

60) 도진순·《1948년 남북연석호의와 남한 민족주의 정치세력의 동향》「국사관논총 제54집」, p.136

# 29
## 남북연석회의 이후 김구의 행적

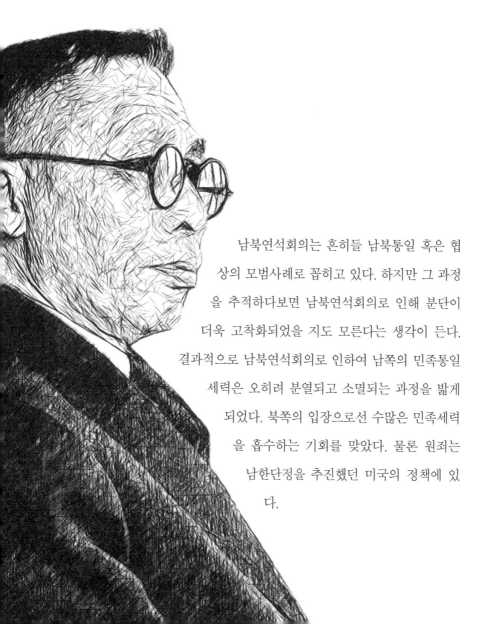

남북연석회의는 흔히들 남북통일 혹은 협상의 모범사례로 꼽히고 있다. 하지만 그 과정을 추적하다보면 남북연석회의로 인해 분단이 더욱 고착화되었을 지도 모른다는 생각이 든다. 결과적으로 남북연석회의로 인하여 남쪽의 민족통일세력은 오히려 분열되고 소멸되는 과정을 밟게 되었다. 북쪽의 입장으로선 수많은 민족세력을 흡수하는 기회를 맞았다. 물론 원죄는 남한단정을 추진했던 미국의 정책에 있다.

# 남북연석회의 이후 1년 2개월, 김구는 무엇을 했나?

전조선제정당사회단체대표자 연석회의(全朝鮮諸政黨社會團體代表者連席會議)
또는 남북연석회의는 조선민주주의인민공화국 정권의 수립에 이용만 되
었다는 평가와 비록 실패로 끝나기는 하였으나, 통일운동의 한 지침을 제
공했으며 한민족의 통일의지를 발산시킨 것으로 해석하는 견해가 양존하
고 있다. 그 외 남조선노동당지하당 총책을 역임한 박갑동은 "남북제정당
사회단체연석회의 자체가 김일성에게 이용당한 행사이며, 김일성이 주창
한 단독선거반대투쟁은 분명히 실패했다"라는 견해를 남겼다.[1]

그러면 북한에서는 어떻게 평가하고 있을까? 김종항·안우생은 민족대
단합의 위대한 경륜이라며 김일성과 김구의 업적을 칭송했다.[2] 그리고
1958년에 발간된 북한의 역사서적에서는 다음과 같이 남북연석회의를 평
가하고 있다.

4월 남북연석회의는 해방 후 처음으로 천여만 명의 당원과 맹원을 망라한
남북조선의 제 정당, 사회단체 대표들이 한자리에 모여서 미제의 민족분열
정책을 반대하고 조국의 평화적 통일을 달성하기 위한 대책을 강구한 역사
적 회합이었다. 이 연석회의에 참가한 모든 정당, 사회단체들은 노동당이 제
기한 평화적 조국통일 방책을 일치하게 지지 찬동하고 그의 실현을 위하여
공동으로 투쟁할 것을 결의한 사실은 노동당의 통일전선정책의 승리를 실

---

1) 朴甲東, 『金日成との鬪爭記』, 成甲書房, 1991, pp.107-115
2) 金鍾恒·安偶生, 『民族大團結的偉大經綸 : 回憶南北聯席會議和白凡金九先生』, 平壤外文出版社, 1986

증하는 것이며 앞으로 조선노동당의 영도 하에 광범한 민주주의적 애국적 역량의 통일단결을 가일층 강화할 수 있는 기초를 축성하였다는 것을 의미한다. 동시에 4월 남북연석회의는 남조선 우익진영의 분열을 조성함으로써 반동세력을 일층 약화시켰으며 미제와 그의 주구도당을 인민들로부터 더욱 더 고립시켰다.

이리하여 4월 남북연석회의 이후 남북조선의 전체 인민들은 조선노동당의 영도 하에 '5·10 망국단선'을 파탄시키기 위한 투쟁에 더욱 힘차게 궐기하였다.[3]

이렇게 다양한 평가를 받고 있는 남북연석회의의 올바른 실정을 알기 위해선 연석회의 참석자들의 이후 행적에 대한 추적이 필요할 것이다. 이 책은 김구의 노선변화에 초점을 맞추었다.

1948년 4월 19일부터 30일까지 남북연석회의는 세 차례의 공식회의와 그 외 비공식 회담 몇 차례로 진행되었다. 공식회의는 첫째, 남북조선제정당·사회단체대표자 연석회의. 둘째, 남북조선제정당·사회단체 지도자협의회. 셋째, 김구·김규식·김두봉·김일성의 4김회담 등이 그것이다.

가장 비중이 컸던 남북조선제정당·사회단체대표자 연석회의는 세 가지 공식 문건을 남겼다. 4월 26일 밤 평양방송은 전조선정당사회단체대표자연석회의대표자격심사위원회의 심사보고에 대한 결정서와 동 회의에서 '미소양국에 보내는 요청서'를 발표하였다. 요청서내용 요지는 다음과 같다.[4]

전조선정당사회단체대표자 연석회의에서 사회주의 소비에트연방공화국과 북미합중국에 보내는 남북정당사회단체대표자연석회의의 요청서;

---

3) 과학원 역사연구소, 『조선통사(하)-1958년판』, 오월, 1988, p.352
4) 남북연석회의에서 결의된 미소양국에 보내는 요청서, 「동아일보」, 1948.4.28

1천만 명의 당원과 맹원을 망라한 남북조선 56개 정당사회단체를 대표한 우리가 오늘 한 자리에 모여서 우리의 조국에 조성된 정치정세를 토의하고 소비엣연방공화국과 북미합중국에 이 서한을 보내고 전조선인민의 의견을 호소하나이다. 동맹국의 승리로서 우리 조국이 반세기에 걸친 일제정치의 압박에서 해방된 지 벌써 3년이 되었습니다. 일제정치 하에 식민지 노예생활에서 해방된 우리 조선민족은 우리 조국의 자립적 민주국가가 되리라고 확언하면서 만장의 환호와 무한한 축복으로서 우리 민족은 조국의 해방을 경축하였습니다. 그러나 우리 조국의 자립적 민주독립국가가 되리라고 확신하던 우리 민족의 역사적 기원은 아직까지 실현되지 못하고 있습니다. 우리 조국은 오늘까지 두 부분으로 분리되어 있습니다. 이것은 우리 민족의 정치 경제 문화생활에 막대한 지장을 주고 있습니다. 우리 조국에 조성된 현하의 정치정세를 우리는 신중히 분석 토의한 결과 다음과 같은 공동일치한 결론에 이르게 되었으며 또 우리 조국이 오늘날과 같이 참을 수 없는 정치적 사태의 일체 책임을 양군주둔 시에 임시적 계선으로 된 38선을 침략적 수단으로 이용하여 우리 조국을 영원히 분열하려고 하고 있다.

　남북조선제정당사회단체대표자 연석회의는 어떠한 조건 어떠한 환경 어느 때든지 남조선단독정부를 절대로 승인하지 않을 것이며 반드시 저지할 것을 우리들의 명의로 또 책임으로서 성명하는 것입니다. 3천만 조선인민의 명예로 우리는 남조선단독선거실시를 반대하여 항의하며 조선인민의 대표도 참가함이 없이 조선인민과 배치되는 소위 UN총회와 UN소총회의 비법적 결정을 반대합니다. 남북조선의 전체인민은 통일과 민주주의를 요구합니다. 우리 인민은 외국의 간섭 없이 자기의 손으로 통일적 민주정부를 수립할 능력이 있습니다. 우리의 현하의 정세로 보아서 이러한 조건하에서 가장 현명하게 정당하게 해결할 길은 조선에서 외국군대가 동시 철거하고 조선인민에게 자기의 손으로 자기의 국내문제를 해결할 권리를 주자는 제의를 실현함에 있다고 확인합니다. 남북정당사회단체연석회의는 우리 조선에서 외국군대를 동시철거하고 외국의 간섭없이 조선인민의 자기 뜻대로 자기의 민주주의적 선거를 전국적으로 실시하여 통일적 민주주의 국가를 창설하여 우리 조국이 진정한 민주주의적 독립을 가지게 되어 전세계자유애호국가대열에의 동등한 일원으로 될 것을 소미 양국정부에게 요청하나이다.


　이에 앞서 4월 25일에는 평양방송을 통해 '조선정치정세에 관한 결정서'와 '전조선동포에게 보내는 격문'을 발표했는데 대략적인 내용은 아래와

같다.[5]

■ 결정서 내용

"우리 조국이 일제통치에서 해방된 후 처음으로 한자리에 모인 우리 남북 조선 정당사회단체대표들은 우리 조국의 정치정세에 관한 보고를 청취 토의하고 우리 민족이 소미 양군 진주 시에 임시적 조치의 38선으로 말미암아 아직까지도 남북이 분리되어 있다는 것을 지적한다.(略) 미국정부는 조선인민의 대표도 참가함이 없이 또한 조선인민의 의사에도 배치되는 조선문제를 비법적으로 UN총회에 상정시켰던 것입니다. 조선인민의 절대다수가 다같이 UN위원단 그 자체를 단호 거부하며 그 행동을 배격함에도 불구하고 미국정부는 UN소총회를 이용하여 남조선단독선거를 실시하고 남조선단독정부를 수립할 것을 정하였다.(略) 이러한 조국의 가장 위기가 임박한 이 시기에 남조선에서는 우리 조국을 분할하고 외국에 예속시키고(略) 조국을 팔아먹는 매국노들이 발악하고 있다. 또 우리는 그들과 같이 야합하는 분자들도 단호히 용서함이 없을 것이다. (略) 우리 조국을 분할하여 남조선인민을 예속화시키는 것을 용인하지 않기 위하여 남조선정당 사회단체대표들은 자기의 사명을 다하기 위하여 이에 총집된 것입니다. 남조선단독선거배격운동을 적극적으로 전개함으로써 남조선단독선거를 파탄시키어 조선에서 외국군대를 즉시 철퇴시키어 조선의 통일적 민주주의독립국가를 수립할 권리를 반드시 실현시키기 위하여 강력히 투쟁하여야 할 것이라고 인정한다."

1948년 4월 23일<br>남북조선정당사회단체대표연석회의

■ 격문 내용

"친애하는 동포 형제자매 여러분 남북조선의 16개 정당과 40개 사회단체를 대표하여 평양에서 남북협상회의를 개시한 우리는 구국의 사명을 다하는 친애하는 여러분에게 드린다.

그 동맹군의 승리로서 우리 민족을 살육 약탈하던 왜놈들은 몰파구축되어 3천만 민족은 해방과 조국의 회복의 광영을 축복하였던 것이다. 그리고 우리민족의 진로를 명시해준 모스크바삼상회의 결정이 발표된 지도 약 3년이 지났다.(略)

---

5) 남북연석회의에서 통과된 조선정치정세에 관한 결정서와 격문,「조선일보」, 1948.4.27

미국은 조선인민의 대표도 참가시키지 않고 또 조선인민의 의사에 배치하여 강압으로서 UN조선위원단을 파견하고 소위 남조선단선실시를 결정하였다. 이 결정은 우리 조선은 정치적 경제적으로 완전히 분리시키며 조선인민의 기본적 권리를 침해하는 것 이외의 아무 것도 아니다.(略)

조선민족은 죽지 않았다. 우리 조선민족은 또 다시 외국의 노예로서 암흑의 길을 결코 밟지 않을 것이다. 우리 민족은 하나며 우리 조국도 하나다. 조선인민은 누구를 불문하고 한 사람도 선거에 참가하지 않을 것이다. 우리 민족은 통일독립을 요구한다.(略)"

당시 신문에 보도된 격문은 주로 온건한 내용을 보도하였으나 실제로는 과격한 표현도 많았던 모양이다.[6] 그 중 일부를 소개한다.

식민지노예의 새 철쇄로 우리 민족을 얽어 놓으려 하는 미제국주의의 정책을 배격하자!
미제국주의의 주구이며 충복으로서 조국을 팔아먹는 변절자들과 민족반역자들을 타도하자![7]

1948년 4월 남북연석회의 때 김구, 김규식을 수행했던 측근들이 평양 상수리 특별호텔 정원에서 기념촬영을 했다. 앞줄 왼쪽부터 송남헌 민족자주연맹 비서처장, 엄항섭 한국독립당 선전부장, 선우진 김구 수행비서, 윗줄 왼쪽부터 권태양 민족자주연맹 비서처 비서, 여운홍 사회민주당위원장.

다음에 소개할 것은 남북전정당사회단체가 서명한 공동성명서이다. 4월 23일 〈남북조선정당사회단체대표연석회의〉가 끝난 후 김일성·김두봉·김구·김규식 등 소위 4김회의가 4월 26일, 30일 두 차례 열렸다. 그리고 홍명희·허헌·백남운·조소앙·엄항섭 등 남북의 요인 15명은 4월 27일, 30일에 남북지도자협

6) 남북연석회의에서 채택된 결정서와 격문에 문제, 「경향신문」, 1948.4.27

7) 『남북조선제정당사회단체대표자 연석회의 자료』, p.49·《도진순, 1948년 남북연석회의와 남한 민족주의 정치세력의 동향 「국사관논총 제54집」, p.138》재인용

의회를 열었다. 이 네 차례의 회담 결과를 정리한 것이 공동성명서다. 이 성명서 역시 평양방송을 통하여 5월 1일 공표되었다. 내용 전문은 다음과 같다.[8]


■성명서내용
　남조선단독선거에 반대하는 조선정당·사회단체대표연석회의에 뒤이어 평양시에서 4월 30일 남북 조선정당·사회단체지도자들의 협의회가 진행되었다. 이 협의회에서는 상정된 문제를 충분히 토의한 결과 다음과 같은 제 문제에 대하여 협의가 성립되었다.

　1) 소련이 제의한 바와 같이 우리 강토에서 외국군대가 즉시에 철거하는 것은 우리 조국에서 조성된 곤란한 상태 하에서 조선 문제를 해결하는 가장 정당하고 유일한 방법이다. 미국은 이 정당한 제의를 수락하고 자기군대를 남조선에서 철퇴시킴으로써 조선독립을 실지로 원조하지 않으면 안 된다. 일제가 우리 조국에서 구축된 이후 우리 조선인민은 자력으로 외국의 간섭 없이 우리 문제를 우리 민족의 힘으로 능히 해결할 수 있을 만큼 장성되었으며 우리 조국에는 이것을 해결하기에 충분한 간부들이 다수 있다.

　2) 남북정당사회단체지도자들은 우리 강토에서 외국군대가 철퇴한 후에 내전이 발생할 수 없다는 것을 확인하며 또 그들은 통일에 대한 조선인민의 지망에 배치하는 여하한 무질서의 발생도 용허하지 않을 것이다. 남북정당사회단체들 간에 전취 약속은 우리 조국의 완전한 질서를 확보하는 튼튼한 담보이다.

　3) 외국군대가 철퇴한 이후 좌기 제 정당·단체들은 공동명의로써 전조선정치회의를 소집하여 조선인민의 각층각계를 대표하는 민주주의임시정부가 즉시 수립될 것이며 국가의 일체 정권은 정치 경제 문화생활의 일체 책임을 갖게 될 것이다. 이 정부는 그 첫 과업으로 일반적 직접적 평등적 비밀투표로서 통일적 조선입법기관을 선거할 것이며 선거된 입법기관은 조선헌법을 제정하여 통일적 민주정부를 수립하여야 할 것이다.

　4) 상기 사실에 의거하여 본 성명서에 서명한 제 정당 사회단체들은 남조선단독선거의 결과를 결코 승인하지 않을 것이다. 또 이러한 선거로서 수립되는 단독정부를 결코 인정하지 않으며 지지하지 않을 것이다.

........................................................................................................

8) 남북요인회담 공동성명서 발표, 「조선일보, 경향신문, 동아일보」, 1948.5.3

제1차 남북연석회의에서 합의된 것은 단선·단정반대와 외국군대 철퇴 후 '전조선정치회의'를 소집하여 조선인민의 각층각계를 대표하는 민주주의임시정부가 즉시 수립될 것, 이 두 가지가 핵심사항이다. 여기에 덧붙여 내전 발발에 대한 우려를 없애는 것이다.

문제는 이러한 목적을 위한 구체적 실행방법이 협의되지 않았다는 점이다. 그리고 남북협상 이전에 남한지역의 좌익과 우익이 어떻게 행동통일을 할 것인가에 대한 합의가 없었다는 것도 큰 문제였다. 구호만 요란했지 실질적인 정책이 따르지 않았다는 뜻이다. 이후의 과정을 짚어보면 남북연석회의에서 추구했던 통일운동의 한계가 뚜렷하게 들어난다.

실질적인 행동방안으로 거의 유일하게 합의했던 '남조선단독선거반대투쟁전국위원회'의 경우를 보자. 이 기구는 대표자 연석회의 마지막 날인 4월 23일, 남로당 대표 허헌에 의해 제기되어 결성된 조직이었다.[9] 김구는 1948년 5월 6일 김규식과 공동명의로 성명서를 발표한[10] 다음날인 5월 7일의 기자회견에서 다음과 같이 발언했다.

[문] 남북정당사회단체대표자연석회의에서의 결정에 대한 실천방략 여하
[답] 연석회의 결정에 의하여 남조선 단선 단정을 반대하는 투쟁위원회를 설치하고 운동을 전개하기로 한 바 남조선에서 종래로 합법적 투쟁을 계속하던 정당단체는 앞으로도 합법적으로만 투쟁할 것을 언명하였다.[11]

9) 남북연석회의, 남조선 대책을 報告, 「자유신문」, 1948.4.29
10) 김구·김규식, 남북회담의 성과에 대해 공동성명서 발표, 「조선일보, 경향신문, 동아일보」, 1948.5.7
11) 김구와 김규식, 남북회담에 대해 공동기자회견, 「서울신문, 조선일보」, 1948.5.8

기자회견에서 '남조선 단선단정을 반대하는 투쟁위원회' 즉 허헌이 제안했던 '남조선 단독선거반대투쟁전국위원회'의 존재와 합의사항을 언급했던 김구는 그 이후 이 조직의 활동에 어떠한 역할도 하지 않았다. 물론 시간이 촉박했다. 하지만 '남조선단선단정반대투쟁총파업위원회'라는 조직이 구성되었고, 단선단정 중지·국련위원단 철거·외국군대 즉시 철퇴·남조선 미군정을 즉시 폐지하는 동시에 북조선과 같이 정권을 인민위원회에 넘길 것 등 그 밖에 수리조건을 합하여 8개 요구조건을 남조선 미주둔군사령관에 5월 8일 각서로 제출하는 동시에 동일 오전 8시부터 단선반대총파업을 개시할 것을 선언하였다.[12]

이러한 움직임에 김구와 김규식은 어떤 힘도 보태주지 않았다. 기자회견 등을 통하여 남북연석회의의 성과에 대해선 여러모로 홍보를 하였지만, 실질적인 행동은 보여주지 않았던 것이다. 김구의 이러한 행보는 5월 3일 발표한 하지의 특별성명과 밀접한 관계가 있는 것으로 보인다. 하지는 이 성명서에서 남북연석회의에 참가한 단체를 다음과 같이 분류하였다.

첫째, 소련 당국의 후원을 받고 또 전적으로 승인을 받은 정당 즉 남로당
둘째, 남조선에서 폭동 살인 방화 및 파업을 지령 또는 감행하여 왔던 자 즉 남조선민전의 산하 정당
셋째, 공산당이 조종하고 그 강령정책에 있어서 공산당의 노선을 성실히 받고 있는 그들의 여당(餘黨)
넷째, 유일한 예외로 공산당의 모략에 빠진 김구와 김규식[13]

단정·단선을 반대한 대부분의 정당·단체가 남북연석회의에 참여한 것

---

12) 남조선단선단정반대투쟁총파업위원회, 인민위원회에 정권이양주장, 「조선일보」, 1948.5.9
13) 하지, 남북협상에 대한 비판성명 발표, 「동아일보, 서울신문」, 1948.5.4,5

은 분명한 사실이다. 그러나 미군정은 통일을 열망한 조선민족의 각 정당·단체들을 죄다 좌익으로 몰아 불온시 했으며, 오직 김구와 김규식에게만 면죄부를 주었다. 미국이 김구와 김규식을 회유·설득하고자 한 것은 양김에 대한 미국의 인식을 보여주는 다음의 문서가 참고 된다.

양김 씨는 표면적으로는 '통일한국'을 부르짖지만, 남북연석회의를 제안하고 평양회담을 받아들인 실질적인 이유는 그들의 지지가 보잘 것 없으며 선거에 당선되는 것조차 불투명하자, 경기가 시작되길 바라지 않기 때문이다.[14]

미군정의 관점은 많은 것을 시사해 주고 있다. 남북연석회의 이후 김구와 김규식이 미군정과 어느 정도, 어떤 선까지 접촉하였는가는 확실한 정보가 없다. 그러나 서로 간의 공감대 속에서 공동성명서에 서명을 함께 했던 이들과 연대하지 않고 오히려 단정세력 쪽으로 조금씩 다가선 것은 분명하다. 이제 그 과정을 다시 짚어보기로 한다.

평양의 연석회의에서 귀경 후 김구는 4월 3일 결성되었던 '통일독립운동자협의회'의 명칭을 고친 '통일독립운동협의회'를 한독당·민족자주연맹의 행동통일기구로 전환하는 작업을 가장 먼저 착수했다.[15] 이 단체는 6월 17일 '통일독립운동자중앙협의회'로 개편되었다가,[16] 독립노동당 유림 등이 합류를 거부한 뒤,[17] 7월 21일 '통일독립촉진회'(통촉)로 조직된다.[18] 통

---

14) 주한정치고문(제이콥스)이 국무장관에게, 1948.4.9. FRUS 1948, vol.6, pp.1177-1178
15) 통일독립운동협의회, 한독당·민족자주연맹의 행동통일기구로 전환,「서울신문, 조선일보」,1948.6.2
16) 통일독립운동자중앙협의회, 개편에 관한 회의 개최,「서울신문」, 1948.6.18
17) 독립노동당 유림, 통일독립운동자협의회와의 합작 거부 성명 발표,「동아일보, 경향신문」, 1948.7.10
18) 통일독립촉진회 발기 겸 결성대회 개최,「서울신문, 조선일보, 경향신문, 동아일보」, 1948.7.22

촉의 강령은 "통일독립운동자의 총역량 집결을 기함, 민족문제의 자주적 해결을 도함, 민족 강토의 일체 분열공작을 방지함" 등이었다.

화려한 강령과는 달리 남북문제 해결을 위한 구체적인 방안과 남한 내 중도좌익 및 좌익과의 연대문제를 제시하지 않고 있는 것은 통촉의 미래를 보여주는 것이었다. 통촉이 출범하기 전인 1948년 6월 10일, 김일성·김두봉의 명의로 제2차지도자협의회를 6월 23일 해주에서 개최하자는 서한이 도달했다.[19] 이 무렵 남쪽에선 총선거가 이미 끝났고, 북쪽 역시 그들만의 정부를 수립하려고 준비하고 있던 시기였다. 남쪽이 먼저 단독선거를 감행했으니 일단 북쪽의 입장에선 공격할 명분이 생겼다. 그렇다고 해서 북쪽도 덩달아 선거를 치루면 그동안 쌓아왔던 명분이 허물어질 수도 있는 미묘한 시기였다. 어쩌면 남북연석회의는 명분 쌓기의 일환이었을지도 모른다.

아무튼 이러한 와중에 북쪽은 제2차 회담을 제의했다. 김구 및 김규식의 입장으로선 대단히 고민스러웠을 것으로 짐작된다. 결국 그들은 양비론을 선택했다. 아래는 북쪽의 제안을 검토한 이후일 것으로 보이는 시기인 6월 12일에 발표한 한독당의 기자회견문이다.

본당은 거년(去年) 남북회담의 제1단계공작을 정협으로 추진시켰다. 그 후 평양회의가 개최됨으로 우리의 공작은 제2단계로 들어섰다. 본당은 민족자신들의 주권으로 통일국면은 전개함에는 미래도 과거와 현재와 같이 소유의 방법과 역량을 기우려 용진할 것을 성명한다. 남부에서나 북부를 막론하고 단독적으로 정부형태를 취하여 1국내에 양국주권을 수립하려는 기도에 대하여서는 이를 철저히 거절하는 바이다. 이 같은 본당의 주장은 이번 남북회담을 통하여 더욱이 선명하게 들어났으며, 이번 선거에 참가한 본당원

19) 「조선일보」, 1948.8.11

에 대하여는 본당으로서 이미 엄중할 처분을 하였고 또 그들 자신도 즉시로 본당과 관계를 탈리(脫離, 벗어나 따로 떨어짐)하였다. 그러므로 금일에 있어서 모보(某報)에 한독계의원(韓獨系議員)이라 운운한 것은 진상불명에서 나온 오보이다.[20]

한독당은 제2차 남북회담에 관하여 구체적으로 언급하지 않았다. 하지만 북부에서도 단독정부를 수립하려고 한다는 내용을 삽입함으로써 은연중에 북쪽과의 접촉이 있었음을 보여주고 있다. 그리고 남쪽의 단독정부도 인정할 수 없지만 북쪽의 시도 역시 중단되어야한다는 뜻을 피력하였다. 북에 대한 경고와 아울러, 한독당 출신으로서 5·10선거에 참여한 자들은 이미 제명 처분되었음을 분명히 한 담화였다.

6월 29일부터 7월 5일까지 '제2차남북연석회의'가 한참 열리고 있을 때에 김구와 김규식은 이 대회에 관해 전혀 언급을 하지 않았고, 언론 역시 제1차 때와 달리 거의 보도하지 않았다. 다만 7월 10일의 기자회견을 통하여 남북회담에 관련해 다음과 같은 발언을 했다.

[문] 평양에서 제2차 남북회담 개최에 관한 서한이 왔다는데 진상 여하?
[답] 제1차 남북회담 이후에 정세가 많이 변하였으므로 제2차 회담을 개최하자는 서한이 온 일이 있는데 이에 대한 회한도 보냈다.

[문] 그러면 그 회한의 내용은 무엇인가?
[답] 회담의 장소 시일 및 토의내용 등 구체적 방법을 협의하기 위하여 평양에 체류 중인 홍명희를 연락위원으로 서울에 오도록 하기 바란다는 회한을 수일 전에 보냈다.[21]

---

20) 한독당, 조선내 兩國주권 배격 및 선거참가자 제명 사실 천명, 「조선일보」, 1948.6.13
21) 한독당 김구, 2차남북회담 등에 대해 기자회견, 「서울신문, 경향신문, 조선일보」, 1948.7.11

이 보도가 나간 며칠 후, 평양방송은 6월 29일부터 1주일간 평양에서 〈남북조선제정당사회단체협의회〉가 개최되었다는 소식을 발표하였다.[22]

남북조선 제정당 사회단체 지도자 협의회는 금반 내외정세의 변전에 직면하여 민주통일정부를 수립하기 위한 제 대책을 토의하려고 6월 29일부터 7월 5일까지 7일간에 걸쳐 평양시에서 전반 회의에 참가한 남북제정당사회단체 참가 하에 재개되었다. 이번 회의에는 조선의 정치정세와 장래 투쟁대책에 관한 남북 제대표의 보고를 청취하고 조선통일을 위하여 투쟁하는 북조선 제정당 사회단체지도자협의회 결정서를 만장일치로 채택 발표하였다. 금번 협의회에 참가한 남북조선의 정당 사회단체명은 다음과 같다.

남조선-남로당(南勞黨) 인민당(人民黨) 한독당(韓獨黨) 사민당(社民黨) 근민당(勤民黨) 청우당(靑友黨) 민주한독당(民主韓獨黨) 신진당(新進黨) 전평(全評) 전농(全農) 민애청(民愛靑) 민여동맹(民女同盟) 문화단체총동맹(文化團體總同盟) 기민동맹(基民同盟) 건민회(健民會) 민중동맹(民衆同盟)

북조선-북로당(北勞黨) 민생당(民主黨) 청우당(靑友黨) 직업동맹(職業同盟) 농총(農總) 민청(民靑) 범여동맹(凡女同盟) 문총(文總) 공업기술자연맹(工業技術者聯盟) 기반(基盤) 불연(佛聯) 보건연맹(保健聯盟) 애국투사후원회(愛國投射後援會)

◆ 결정서

우리 조국의 독립과 통일적 민주주의 조선독립국가 수립을 위한 결정적 ○○을 전개할 목적으로 연석회의는 다음과 같이 결정하였다.

1) ○○적으로 ○○된 ○○南朝鮮 ○○와 이것을 토대로 하여 ○○○○가 조직된다면 우리는 이것을 ○○的으로 ○○○○시켜야 할 것이다. ○○ 이것은 국회와 ○○정부와 수립이 우리 조국에 ○○○적 민주주의적 제도를 설정하여 우리 조국을 남북으로 영원히 ○○하고 남조선을 美○○○○者들의 ○○○○化와 ○○○○化의 목적을 가진 까닭이다.

2) 선거실시에 기초하여 조선최고인민회의를 ○○하고 남북지도자들이 조선○○○○○ ○○할 것이다.

3) 조선최고인민회의와 조선○○○○는 조선으로부터 외국군대를 즉시 철

22) 제2차 남북조선제정당사회단체협의회 개최에 대한 평양방송의 보도, 「조선일보」, 1948.7.13

퇴하도록 할 것이다.

연석회의는 본회의가 대표하는 제정당 사회단체의 당원 맹원이나 전체 ○○들과 ○○한 애국자들은 본회의의 결정을 열광적으로 ○○할 것이며 자기의 전력을 다하여 조국의 ○○자들과 ○○하며 조국의 통일민주주의조선독립○○를 ○○하기 위한 ○○이라는 것 확신하는 바이다.

10일 야 평양방송은 인민회의 제5차 대회의 모양을 다음과 같이 보도하였다.

북조선인민회의 제5차 전체회의는 7월 9·10의 양일간 내외의 지대한 시청리에 평양에서 개최되었다. 금번 회의의 사명은 『조선민주주의인민공화국』을 건설하려는 기관으로 조선최고인민회의를 선거하는 데 있다.(중략)

토론 종료 후『조선민주주의인민공화국』헌법을 실시하는데 대한 결의서가 만장일치로 통과하였다. 이리하여 동 헌법은 전조선이 통일될 때까지 북조선지역에 즉시 실시하는 것이다. 다음 동 헌법에 의한『조선민주주의인민공화국』국기의 게양식이 거행된 후 뒤이어 북조선인민회의 서기장 강양욱(康良煜)의 조선최고인민회의선거 실시에 관한 별항과 같은 보고가 진행되었고 동 선거 실시에 관한 결정서를 만장일치로 통과하였다.

◆ 선거실시보고
1) 북조선최고인민회의 선거에 관한 결정을 채택하고 대의원 후보는 헌법 제53조 규정에 의하여 인구 5만 명에 대의원 1명을 선출할 것
2) 선거 실시 일자 및 선거규정은 민주주의민족통일전선에 총망라한 정당 사회단체의 대표로 중앙선거위원회를 조직하는데 관한 북조선인민회의 상임위원회에 위임할 것

헌법실시결정서(전략)

전조선이 통일될 때까지 북조선인민회의 특별회의에서 찬동한『조선민주주의인민공화국』헌법을 북조선지역에 실시한다.

북조선인민회의 상임위원회 차장 김두봉(金枓奉)
북조선인민회의 상임위원회 차장 서기장 강양욱(康良煜)

1948년 7월 10일
평양특별시

◆ 선거실시결정서
1)『조선민주주의인민공화국』헌법에 의거하여 조선최고인민회의대의원의 선거를 진행할 것

3) 조선최고인민회의 대의원선거에 관한 규정의 작성선거일자 및 중앙선거위원회의 조직은 북조선인민회의 상임위원회에 위임할 것

1948년 7월 10일

선거일자결정서

북조선인민회의상임위원회에서는 조선최고인민회의 대의원선거에 관한 선거규정 중앙선거법위회 및 선거 일자에 관한 결정서를 발표하였다.

이제 노선과 정치적 입장을 분명히 표명해야할 시기가 온 셈이다. 무엇보다 곤혹스러운 것은 5·10선거에 한독당계 일부가 참가한 것과 아울러 제2차 남북회담에도 같은 당의 이름이 거론되고 있다는 점이었다. 이러한 사정은 김규식이 주도하고 있던 민련도 마찬가지였다.

양김의 가장 큰 문제는 남한의 단독선거를 저지시키지 못했을 뿐 아니라 북쪽의 정부수립 기도 역시 그들의 능력으로는 좌절시킬 힘도 대책도 없었다는데 있었다. 더욱이 당이 재분열상황에 직면하게 된 것은 김구를 비롯한 남북협상파에게 거의 치명적이었다. 6월 29일 개최예정인 제2차 회담에 참석해야한다는 부류와 현실을 인정하고 이제 남조선 신정부에 참여해야한다는 집단이 상대편을 향하여 날을 세우기 시작했다.[23]

이러한 와중에 7월 10일, 평양에서 제2차 남북 회담의 의결 내용이 보도되자 김구와 김규식 측은 7월 19일, 공동성명을 통하여 '제2차남북연석회의'의 개최사실에 대하여 성토했다.[24] 그들이 발표한 성명서의 요점은

첫째, 미소 양군 철퇴 후 남북협상에 참가하였던 정당 사회단체의 주동으로서 전국정치회의를 소집하여서 자주의 통일적 임시정부를 수립하기

---

23) 한독당 일부에서 남북협상 중지와 중앙정부 수립에 협력 주장,「동아일보, 조선일보」, 1948.5.29

24) 김구와 김규식, 이북에 협상이행촉구 공동성명,「서울신문, 동아일보, 경향신문, 조선일보」, 1948.7.20

를 굳게 약속한 것을 깨트리는 행위이다.

둘째, 회의는 일방의 독단이었으며 그 근거는 제1차 협상의 남한을 대표하여 참가한 정당 사회단체 41개에 비하여 극히 미약했다.

셋째, 이것이 민의에 의한 통일이라 주장하면서 인민회의라는 것을 통하여 그들이 일방적으로 결정한 헌법에 의하여 인민공화국을 선포하여 국기까지 바꾸었다. 이것은 남한에 이어 또 하나의 분단 정부를 세운 것과 마찬가지다.

넷째, 그러므로 북한은 과오를 시정하고 남북협상의 결과로 발표된 4월 30일 공동성명에 제정된 대로 실행하자는 것이다. 그리고 홍명희가 신속히 환경하여 최근에 전변(轉變)된 북한의 정세를 우리에게 알려주기를 요청한다.

얼핏 보면 이 성명서의 내용은 원론적으로 옳은 것으로 보일 수 있다. 그러나 양김은 이러한 비난을 할 자격이 없다고 보아야 한다. 왜냐하면 제1차 남북연석회의에서 결정된 사안 중 가장 주된 목적이라고 할 수 있는 남한의 단독선거 저지에 성공하지 못하였다는 사실을 양김은 간과하고 있기 때문이다. 그들은 남한의 단독선거 저지투쟁에 그리 큰 힘을 보태지 않았다.

한편, 전국정치회의는 미소양군 철퇴 후에 소집하고자 한 조직이었다. 두 나라의 철퇴가 이루어지지 않았으므로[25] 아직 거론할 단계가 아니었다. 그러므로 약속 위반 운운은 설득력이 없다고 보아야 한다.

특히 중요한 사항은 북쪽에서도 헌법을 만들고 조선최고인민회의대의원

---

25) 북조선 주둔 소련군사령관 P. G. 코로트코프 중장은 남북조선정치회의의장에 서한을 보내어 소련은 반복하여 미소양점령군 공동 철퇴를 요구하였으나 미군이 이를 거절하였다고 지적했다. 「동아일보, 조선일보」, 1948.5.10

선거를 진행하여 그들 역시 북한단독정부를 수립하겠다고 결정한 점이다.

김구가 정녕 남북통일을 원했다면, 남한의 단독선거 저지에 목숨을 걸어야했고 북한에서 추진하고 있는 선거의 중단을 위하여 다시 북쪽으로 갔어야 했다. 1948년 2월 10일에 발표한 '삼천만동포에게 읍고함'에서 밝혔듯이 "통일된 조국을 건설하기위해 삼팔선을 베고 쓰러졌어야"할 시점이었다. 그러나 그는 남쪽과 북쪽을 향하여 양비론으로 비난만 할 뿐 구체적인 대안을 제시하지 못했고, 적극적으로 투쟁하는 모습을 보여주지 않았다. 그 무렵, 만약 김구 및 김규식이 미국과 소련을 설득할 수 있는 한반도의 중립화 방안을 구체적으로 제안했다면 어떠했을까?

김구와 김규식이 선택한 것은 앞에서 잠깐 소개한 통촉의 조직이었다. 결국 그들은 좌익과의 협상을 포기하고 말았다. 북쪽의 김일성·김두봉 계열뿐 아니라 남쪽의 민련 내 중도좌익 세력과도 결별의 순서를 밟기 시작했다.

1948년 8월 11일 민련은 임시상무위원회를 열어 1차 남북연석회의 이후 북한에 잔류한 홍명희(민독당)·이극로(건민회)·손두환(근로인민당)·장권(사회민주당)등을 비롯하여 2차 회의에 참석했던 최익한(근로인민당)·이용(신진당)·김충규(신진당)·김일청(민주한독당)·나승규(민주한독당)·강순(근로대중당)등을 정권·처분하였다.[26]

어떻게 보면 남북연석회의로 인하여 진정으로 남북통일을 원했던 민족주의세력들이 대부분 와해되었다는 느낌을 지울 수 없다. 제2차 남북회담의 결과로 만신창이가 된 남쪽의 통일세력은, 이북에서 총선거가 실시된 8

---

26) 民族自主聯盟, 제2차 남북연석회의 참가 맹원 停權처분을 계기로 해체 위기,「조선일보」, 1948.8.18

월 25일을 전후하여 재차 분열을 겪게 된다.

김구와 김규식이 주도하는 통촉(통일독립촉진회)은 북조선 선거 당일인 25일, 25개 정당·사회단체 명의로 제2차 남북회의를 비난하는 성명을 발표하였다.[27] 그러나 한독당을 비롯하여[28] 수많은 이들이 남조선대의원 선거에 참여하였고, 일부 언론은 남한 유권자 77.4%가 지하선거에 참가했다고 보도하였다.[29]

제1차 남북회의가 끝난 직후 통일운동세력 중 남한단독선거와 정부수립에 참여한 이는 소속 정당을 탈당한 몇몇 소수의 인사들뿐이었다. 그러나 한독당의 조소앙이 노선 변경을 선언함으로써 판이 커졌다. 조소앙은 한독당의 원래 동지였던 신익희·이청천(지대형)·안재홍 등과 함께 한민당을 견제할 수 있는 신당을 추진했으나,[30] 신익희·이청천이 이탈하고 안재홍 등이 소극적 태도를 취하자 독자적인 세력의 구축을 선택했다. 한독당을 탈당한 조소앙은 1948년 12월 11일, 결국 사회당을 창당하여 의장에 취임하였다.[31] 1935년 5당 통일운동이 일어났을 때 김구와 결별했다가 1940년 한국독립당이 재창당되었을 때 합류하여 8년 여년 만에 다시 결별한 셈이었다. 이로써 김구의 독자적인 세력은 정국을 주도할 능력을 거의 잃게 되었다. 게다가 1948년 11월 30일 전국청년단체 통합준비위원회가 단의 명

---

27) 統一獨立促進會, 25개 정당·사회단체 명의로 제2차 남북연석회의를 비난하는 성명 발표, 「강원일보」, 1948.8.26

28) 韓國獨立黨, 해주남조선인민대표자회의관련 담화, 「공업신문」, 1948.8.27

29) 朝鮮民主愛國靑年同盟, 남한 유권자 77.4%가 지하선거에 참가했다고 성명을 발표, 「국제신문」, 1948.8.31

30) 趙素昂·李靑天·申翼熙 등을 중심으로 한 신당의 발기위원회 출범, 「국민신문, 대한일보」, 1948.9.26,27

31) 趙素昂·明濟世 중심으로 社會黨 결성, 「서울신문」, 1948.12.12

칭을 대한청년단(大韓靑年團)으로 변경하고,[32] 동년 12월 19일 우익 청년 통합단체로 출범하게 됨으로써[33] 그나마 김구와 한독당을 지탱해주던 우익 청년들의 지지마저 상실하게 되었다. 이로써 김구의 시대는 완전히 종말을 맞게 된 셈이다.

남북연석회의는 흔히들 남북통일 혹은 협상의 모범사례로 꼽히고 있다. 하지만 그 과정을 추적하다보면 남북연석회의로 인해 분단이 더욱 고착화되었을 지도 모른다는 생각이 든다. 결과적으로 남북연석회의로 인하여 남쪽의 민족통일세력은 오히려 분열되고 소멸되는 과정을 밟게 되었다. 북쪽의 입장으로선 수많은 민족세력을 흡수하는 기회를 맞았다. 물론 원죄는 남한단정을 추진했던 미국의 정책에 있다. 여운형이 제안했던 좌우합작 7원칙이 아쉽기만 하다.

사실 남북연석회의가 개최된 1948년 4월 18일은 시기적으로 너무 늦었다. 회담이 끝나고 참석 요인들은 선거개시 겨우 5일 전인 5월 5일 밤에 서울로 돌아왔다. 남한단독선거를 저지하기에는 시간이 너무 촉박했다는 뜻이다. 더욱 중요한 것은 단정을 반대하는 세력이 입북 전에 규합되지 않았고, 다시 돌아왔을 때도 그들은 여전히 적대관계를 청산하지 못했다. 이러한 제반 상황은 무엇을 뜻하는가?

그 무렵은 남북연석회의보다 단정·단선을 반대하는 남쪽의 세력들이 힘을 합쳐 어떻게든 남한단독선거를 막는 운동을 해야 할 시점이었다. 유권자 등록거부, 선거불참 등 직접적인 단선반대 투쟁을 해야만 했었다. 아니면 차라리 선거에 참여하여 정권을 획득한 후 북쪽과 통일협의를 하던가

---

32) 전국청년단체 통합준비위원회, 團 명칭을 大韓靑年團으로 변경 결정, 「조선일보」, 1948.11.30
33) 청년단체 통합으로 大韓靑年團 발족, 「평화일보」, 1948.12.21

했어야 했다. 남북연석회의 이후의 경과는 이미 설명했다. 남북연석회의에 대한 과도한 평가는 다시 검토해야할 것이다.

# 30
## 김구의 며느리 안미생은
## 왜 조국을 떠났을까

안미생은 1945년 11월 23일 미군이 상해로 보
내준 수송기에 몸을 싣고 환국한 임정요인 1진 15명
과 함께 환국했다. 유일한 홍일점이었으며 주석
의 비서 자격이었다. 사실 그녀는 재원이었
다. 김구의 며느리라는 특수 관계가 아니
더라도 임정 주석의 비서가 될 만한 충
분한 자격이 있었다.

# 이해할 수 없는 안미생의 행적

　김구와 일생을 같이한 동료는 엄항섭, 조완구 등 극히 제한된 인물 밖에 없다. 김구의 제자였던 오면직, 노종균, 손두환과 안중근 가문의 안공근, 안원생 그리고 신익희, 이시영, 조소앙 등 임정의 동료들 그 외 해방공간의 동료였던 권태석, 안재홍 등이 김구와 결별했음은 이미 서술한 바 있다. 이 글에선 김구의 비서이자 맏며느리였던 안미생의 경우를 살펴보기로 한다.

　김구의 맏며느리 안미생이 가출을 했다. 시기는 대략 1947년 여름 무렵이다. 김자동에 의하면 미 대사관에 다니던 오빠 안원생의 주선에 의해 미국으로 유학을 떠났다고 한다.[1] 김구가 암살당하기 2년 전이다. 이해되지 않는 것은 그 당시 그녀와 김구의 주위 상황이다.

　김구의 맏아들 김인은 이미 고인이 되었고 둘째 신은 미국에서의 유학을 거쳐 중국에서 귀국을 준비하던 중이었다.[2] 유일한 손녀 김효자 역시 외가댁에 있다가 그 해 9월 초 삼촌 김신과 함께 돌아왔으니[3], 이 무렵의 안미생은 김구의 유일한 가족이었다. 하지만 몇

덕수궁 석조전에서 열린 임시정부 환영연에서의 러취 미군정장관, 안미생, 김구, 김규식(1945년 12월 19일 촬영)

---

1) 김자동, 『상하이 일기』, p212
2) 최일남과 김신의 대담, 「신동아」8월호, 1986 통권323호
3) 김자동, 『상하이 일기』, p213

달만 있으면 볼 수 있는 외동딸과의 재회도 포기하고 그녀는 고국을 떠나고 말았다. 안미생은 며느리로서 경교장의 안살림을 책임졌을 뿐 아니라 대내외 행사에서 처(妻)가 없는 김구 주석의 퍼스트레이디 역할도 감당해야만 하는 처지였다.

김구의 며느리, 외동딸의 어머니, 김신의 단 하나뿐인 형수, 백범 김구의 비서, 임시정부의 퍼스트레이디…이 모든 역할과 책임을 외면하고 안미생은 사라졌다. 그녀는 왜 한국을 떠났을까? 자의였을까? 아니면 어떤 피치 못할 사정으로 인해 타의로 조국을 등져야만 했을까? 보편적 상식으론 이해할 수 없는 안미생의 파격적인 행보, 그 과정을 추적해 보자.

안미생은 1945년 11월 23일 미군이 상해로 보내준 수송기에 몸을 싣고 환국한 임정요인 1진 15명과 함께 환국했다. 유일한 홍일점이

좌로부터 안우생, 안미생, 김구, 장우식

었으며 주석의 비서 자격이었다. 사실 그녀는 재원이었다. 김구의 며느리라는 특수 관계가 아니더라도 임정 주석의 비서가 될 만한 충분한 자격이 있었다.

인용 사진에서 박꽃처럼 수줍고 소박한 미소를 짓고 있는 여인이 안미생(安美生)이다. 세례명은 '스산나'였다. 그녀의 아버지 안정근과 삼촌 공근이 한때 거주했던 홍콩의 센트베리(Centeberry) 학원에서 중·고등 과정을 이수하고, 윈난(운남)성 쿤밍(곤명)의 곤명서남연합대학을 졸업했다. 대학 졸업 후 충칭(중경)의 영국대사관에서 근무하다가 김구의 장남 김인을 만나 결혼하였다. 그 뒤 임시정부, 재중경 애국부인회 등에서 활동했다. 해방 조국을 함께 하지 못한 남편에 대한 애상과 그녀의 가족에 대한 이력은《자유

신문》이 간략하게나마 보도한 바 있다.


그는 조국의 해방을 보지 못하고 감기 어려운 눈을 감았습니다. 이렇게 애틋하게 말하는 여인은 이번 대한민국 임시정부 주석 김구 선생의 맏며느님으로 시아버님되시는 김 주석의 비서노릇을 하는 안미생 여사다.

지난 23일 일행 15명 중의 일점홍으로 끼워온 안 여사는 입경 후 매일같이 바쁘신 시아버님 김구 선생의 시중들기에 바쁜 착실한 며느님인데 그 남편과 같이 어깨를 겨누고 그립던 고국의 땅을 밟지 못한 남모를 슬픔은 억제하기 어려웠던 것이다.

즉 그의 남편이요 김 주석의 큰아드님인 김인(金仁,28세) 씨는 청춘의 정열을 오직 조국 해방을 위하여 바쳐오다가 지난 3월 29일 불귀의 객이 된 것인데 안 여사가 말하는 고인의 추억담은 다음과 같다.

그는 14년 전인 열네 살 때에 중국으로 건너가 중학을 마치고 그 후 중경에 있는 중앙대학 정치과를 졸업한 후 연구원에서 정치·경제를 전문으로 연구하면서 아버님을 도와 조국 해방에 몸을 바쳐온 것입니다. 엄항섭 선전부장 밑에서 재료과(材料科) 직원으로 중경 임시정부의 중요한 선전사무를 맡아보았으며 역시 해외에서 과로와 영양부족으로 병상에 누운 체 세상을 떠나고 만 것입니다.

우리들 사이에는 오직 하나뿐 지금 세 살 된 계집애 효(孝)가 중경에 계신 할머니 품에서 놀고 있을 것입니다. 그리고 돌아간 이를 대신해서 시동생인 신(信,22세) 씨가 그 형의 뜻을 받아 활약할 줄 알며 아버님께서 중경을 떠나신 후 곧 미국 캘리포니아로 항공병이 되어 떠났습니다. 그동안 광복군의 한 사람으로 항공과를 마치고 인도에 까지도 갔으며 이번에 다시 미국으로 간 것인데 한 일년 후에는 훌륭한 장교가 되어 돌아올 것입니다.[4]


안미생은 임시정부와 김구에게 없어서는 안 될 요인으로서 중요한 역할을 수행했을 뿐 아니라, 한 발 더 나아가 해방공간에서 여성의 역할과 지위에 대하여 자신의 목소리를 내기도 했다. 사회주의 여성운동가로서 맹활

---

4) 같이 못 보는 해방 조국,「자유신문」, 1945.11.27

약하던 고명자와의 대담이 좋은 예다.[5] 그 외 전국부녀총동맹 결성대회에서 축사를 했으며,[6] 개성의 한 여고 강당에서는 "여성들의 나갈 길에 대해서"라는 주제로 강연을 하기도 했다.[7] 환국 후 안미생의 활동은 아래 표에 정리한 언론 기사를 참조하기 바란다.

[안미생 보도기사]

| 날짜 | 게재언론 | 주요내용 |
|---|---|---|
| 45.11.24 | 중앙신문<br>서울신문<br>자유신문 | 중경임정요인 환국과 군정청 발표/<br>김구(주석) 김규식(부주석) 이시영(국무위원) 김상덕(문화부장) 엄항섭(선전부장) 류동열(참모총장) (수원) 선우진 안미생 민영완 류진동 이영길 백정갑 장준하 윤경빈 김진동 |
| 11.27 | 자유신문 | 같이 못 보는 해방 조국 |
| 11.29 | 자유신문 | 임시정부 요인 기독교서 환영회 |
| 12.03 | 자유신문 | 잔여 요인 작석(昨夕) 入京 |
| 12.23<br>12.25 | 서울신문 | 전국부녀총동맹 결성대회/ 안미생 녀사의 축사 |
| 12.23<br>12.25 | 서울신문 | 임정 선전부장 엄항섭, 아놀드와 회견하고 반탁 강력 주장/ 신탁통치 절대반대에 관한 협의로 분망 중인 임정 엄항섭 선전부장은 29일 정오 군정청 아놀드 군정장관의 초청을 받고 주석 비서 안미생여사를 대동하고 회견… |
| 12.30 | 자유신문 | 신탁통치 절대반대에 관한 협의로 분망 중인 임정 엄항섭 선전부장은 29일 정오 군정청 아놀드 군정장관의 초청을 받고 주석비서 안미생여사를 대동하고 회견… |
| 46.01.01 | 중앙신문 | 서울시민의 반탁시위대회 개최/ 시위행렬이 종로에서 출발하여 군정청 앞을 지나 죽첨정 임시정부 숙사 앞에 다다르자 조소앙외무부장과 안미생여사와 수원 3인이 행렬 속에 뛰어 들어 한 시민으로서 참가하였다. |
| 01.01 | 자유신문 | 건국도상 중대한 과제인 1천 500만 여성의 나갈 길/ 고명자와 대담 |
| 01.18 | 동아일보 | 안미생녀사강연(개성)/ 임시정부 안미생 여사는 지난 13일 개성 명덕고녀 강당에서 여성들의 나갈 길에 대해서… |
| 03.27 | 자유신문 | 안중근 의사 추도회/ 유가족 안원생·우생·미생 3씨와 의사의 처남 김용권씨를 위시하여… |

5) 건국 도상 중대한 과제인 1천 500만 여성의 나갈 길, 「자유신문」, ·· 1946.1.1
6) 전국부녀총동맹 결성대회, 「서울신문」, 1945.12.23
7) 安美生女史講演(開城), 「동아일보」, 1946.1.18

| | | |
|---|---|---|
| 04.05 | 조선일보<br>서울신문<br>자유신문 | 조선청년문학가협회 결성대회/ 열렬한 취지 설명이 있은 다음 내빈축사로 김구주석의 축사(안미생 대독)와 이승만(회원대독) 조소앙 엄항섭의 각각 축사에 이어… |
| 04.06 | 조선일보 | 대한독립촉성부인회와 애국부인회 합동회의 개최/ 박순천의 취지 설명과 송금의 경과보고가 있은 다음 김구와 안미생의 축사가 있고… |
| 04.23 | 자유신문 | 김구 총리 충남 시찰/ 민주의원 김구 총리는 작 22일 오전 10시 충남지방을 시찰하기 위하여 안미생 비서를 대동하고… |
| 04.26 | 자유신문 | 새 진용 정제, 활발한 진발/ 한국청년/ 해내해외의 각 청년단체 대표 수백 명과 내빈으로 엄항섭 안미생외 다수 저명인사의… |
| 05.19 | 동아일보 | 임정관련은 모략, 함상훈씨 담화/ 일부에서 임시정부 이시영·안미생 양씨가 위조지폐 사건에 관련한 것처럼 선전하나 그것은 허위다. 일전에 CIC에서 근택빌딩에서 지폐위조기와 위조지폐 등을 압수하고 김구 총리의 참관을 요구하였는데 때마침 김총리는 입원 중임으로 그 대리로 이시영 안미생 양씨가 구경했을 뿐이다. 그런데 이것을 본 공산당에서 허위 선전한 것이니 기만당하지 말기를 바란다. |
| 09.14 | 서울신문<br>동아일보 | 정판사위폐사건 12회 공판/ 변호사의 전체 의견으로서 강중인 변호사로부터 십여 종목에 달하는 전체 증거에 관한 제시와 아울러 증인 신청이 있었는데 특히 주목되는 것은 본 사건 취조 당시 본정서에서 리시영·안미생 양씨를 불러다가 증거물을 무슨 이유로서 보였으며 어떠한 관계로 가서 보았는가? 이것을 알기 위하여 당 법정에 출두하여 진술케 해 달라는 것과… |
| 09.15 | 자유신문 | 증거 제시 증인 소환 요구/ 이시영·안미생씨 등에게 경찰서에서 비밀취조 중인 증거품을 어찌하여 보이게 되었는가의 동기 |
| 09.25 | 조선일보 | 정판사위폐사건 17회 공판/ 이어서 본정경찰서장 리구범의 증인심문이 있었는데 리시영 안미생 양씨에게 증거품을 보인 것은 특히 그분들을 보이기 위한 것이 아니었으며 미인 고급장교가 보고 간 후에 와서 본 것이며… |
| 47.03.14 | 경향신문 | 노주교와 환담/ 남경 익세보 사장 우약망 신부와 정지용, 노기남 주교, 안미생 등이 환담 |
| 03.25 | 경향신문 | 추도미사성제집행/ 안씨문중친녀 안현생 여사, 질녀 안미생 여사 등이 중심이 되어… |
| 03.28 | 경향신문 | 안중근 의사의 37주기/ 안현생, 안미생 양 여사를 비롯한… |
| | | |
| 49.05.26 | 신한민보 | 안미생 여사 귀성/ 상해 본댁으로부터 |
| 06.26 | 경향신문 | 김구 선생의 유족 |
| 06.29 | 서울신문<br>동아일보 | 해외 각지서 조보/…안미생 여사로부터 귀국을 못하겠다는… |
| 50.03.23 | 신한민보 | 안미생 여사 시카고 방문 |

안미생이 언제, 어떻게, 어떤 이유로 고국을 떠났는지 자세한 사연은 알 수 없다. 다만 그녀가 떠난 시기를 파악할 수 있는 단서는 몇 가지 있다. 먼저 소개할 것은 김구가 암살당한 후 안미생이 뉴욕에서 보낸 조문 전보다.[8]

일단 이 기사로 김구가 생존해 있을 때 안미생이 떠났음이 확인된다. 그리고 1949년 6월경 그녀가 거주하고 있는 곳은 뉴욕이었음을 알 수 있다. 그러나 시아버지의 장례식에 왜 참석 못하게 되었는지 그 사연은 짐작조차 할 수 없다. 더욱이 고국에는 그녀의 유일한 딸이 외롭게 지내고 있지 않은가? 그 다음 소개할 것은 1949년 5월 26일 자 《신한민보》 기사다.

내용은 다음과 같다.

중국 상해에 교류하던 고 안정근 씨의 영애 미생 여사는 3삭 전에 미국으로부터 상해 본댁에 갔다가 5월 14일 윌슨 선편으로 상항에 상륙하여 즉시 라성에 와서 지금 ○○○씨 동부인의 사택에 기숙하고 있다고 한다.[9]

1949년 5월 14일자로 샌프란시스코에 도착하였고, 출발지는 상해였다는 정보를 이 기사를 통하여 얻을 수 있다. 그리고 3삭 전 즉 2월경에 미국을 떠나 상해로 갔다가 다시 미국으로 되돌아왔다는 사실을 알 수 있다.

---

8) 해외 각지서 조보, 「동아일보」, 1949.6.29

9) 안미생 여사 귀성, 상해 본댁으로부터, 「신한민보」, 1949.5.26

그녀는 왜 중국으로 갔을까? 이 무렵 안미생의 행적을 파악할 수 있는 다른 자료가 있다. 안미생의 샌프란시스코 입항 기록이다.

이 자료에 의하면, 그녀는 1949년 4월 19일 상해를 출발하여 5월 14일 샌프란시스코에 도착한 모양이다. 선편은 윌슨호(S. S. PRESIDENT WILSON)이며 안미생의 국적은 중국(CHINA)이라는 사실도 확인된다.[10] 5월 14일 윌슨 선편으로 상항에 상륙했다는 《신한민보》의 기사와 정확히 일치한다. 그러면 그녀가 중국에 간 이유는 무엇일까? 이 문제는 간단히 해결된다. 상해에는 그녀의 부모가 있었고 아버지 안정근의 작고일이 1949년 3월 17일이라는 기초 정보만 알고 있으면 된다는 뜻이다. 안미생은 아버지의 부음을 듣고 장례식 참석 차 상해를 방문했던 것이다. 잠깐, 상기 문서에 등장한 수산나 안(AHN, Susanna)이 과연 안미생이 맞느냐 라고 의문을 제기하는 분들을 위하여 다른 자료를 제시하겠다.

이 자료는 안미생의 또 다른 입항 기록이다. 이름 란을 자세히 보면 Susanna라는 타자 글씨위에 미생(MEI-SHENG)이라는 손으로 쓴 글자를 확인할 수 있을 것이다. AHN, Susanna가 안미생과 동일 인물이라는 확실한 증거다. 안미생은 1948년 5월 23일 상해를 출발하여 동년 6월 12일 샌프란시스코에 도착했다. 선편은 맥킨리(President McKinley)호다. 이 문서는 안미생에 관한 몇 가지 다른 정보도 제공해 준다.

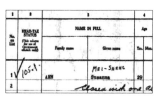

---

10) 정부수립 이후인 1949년 4월경 그녀가 중국(CHINA) 국적을 사용했다는 것도 미스트리다.

안미생이 태어난 곳은 북경(Birthplace: Peiping, China)이며, 그 무렵까지 중국 국적(Ethnicity: Chinese)을 유지하고 있었다는 것 그리고 1919년(Birth Date: abt 1919)생이라는 것 등을 확인할 수 있다. 이 자료를 근거로 확인된 안미생의 정보는 다음과 같다.

```
============================
Name: Susanna Ahn
Last Residence: 11355 Flushing, Queens, New York, USA
Born: 13 Jul 1919
Died: 24 Nov 2008
State (Year) SSN issued: New York (1951-1952)
============================
Name: Susanna Ahn
Residence Year: 1958
Residence Place: Sarasota, Florida
Occupation: Staff Artist
Publication Title: Sarasota, Florida, City Directory, 1958
============================
```

안미생은 1919년 7월 13일 태어나 2008년 11월 24일 작고했으며, 마지막 거주지는 뉴욕이었음을 알 수 있다. 그리고 1951년에서 1952년 사이에 뉴욕에서 사회보장번호(SSN)를 취득했고 1958년 한 때 플로리다에 거주했음도 확인이 되었다. 일단 지금까지 확인된 안미생의 행적은 아래와 같다.

- 1919년 7월 13일 북경에서 출생
- 1945년 11월 23일 서울 도착
- 1947년 여름경 출국(?)
- 1947년 9월 초, 김신과 외동딸 김효자 한국 도착
- ?~1948년 5월 23일 : 중국 체류

- 1948년 6월 12일·1949년 2월경(?) : 미국 체류
- 1949년 3월 중순(?)·1949년 4월 19일 : 중국 체류(아버지의 장례식 참여)
- 1949년 5월 14일·2008년 11월 24일 : LA, 뉴욕, 플로리다 등 거주

안미생이 서울을 떠난 정확한 시기는 파악하지 못했다. 한국에서 미국으로 곧장 갔는지 혹은 중국을 거쳐 일정기간 중국에 있다가 미국으로 갔는지도 확인되지 않았다. 다만 김구의 일생에 가장 중요한 사건이었던 남북연석회의가 열렸던 1948년 4월 19일~23일 동안에 그녀는 시아버지 곁에 없었고 1949년 6월 26일 김구의 임종도 못 지켰다는 것은 사실이다. 안미생은 1950년 3월 23일 《신한민보》에 마지막으로 노출된 뒤 완전히 사라지고 만다.

안미생 여사는 고 김구 선생의 자부요 고 안중근 의사의 질녀로 한인으로서는 모르는 이가 없이 존경하는 분으로 뉴욕 폿햄 유니버시티에서 신문학을 전공하는 중 치카코 리연식 동 부인댁에 왔다가 치카고 한인 교회를 방문하고 동포들의 열렬한 환영을 받았다고 하더라.[11]

안미생은 1950년 대 초까지만 해도 미국 교포사회들의 모임에 가끔 얼굴을 내밀었던 모양이다. 하지만 상기 기사를 마지막으로 무려 60년 가까이 그녀는 세인들에게 모습을 드러내지 않는다. 실종인지 은둔인지 구분이 가지 않을 정도다. 김자동의 회고록에 의하면, 안미생의 시동생 김신 역시 형수의 소식을 알고자 온갖 노력을 기울였던 것 같다. 그러나 그 역시 포

11) 안미생 여사 시카고 방문, 「신한민보」, 1950.3.23

기할 수밖에 없었다. 무엇이 그녀를 시동생에게 까지 연락을 끊게 만들었을까?

안미생 일생 자체가 온통 수수께끼이지만 그녀의 외동딸 김효자의 행적은 더욱 알 수 없다. 세 살 무렵 어머니와 헤어진 김효자는 나이 스물이 넘어 재회하게 된다. 하지만 그녀 역시 자취를 감추고 만다. 김자동의 증언을 빈

김구와 경교장 식구들. 김구가 손녀 김효자를 꼭 껴안고 있는 모습이 이채롭다.

김신의 회고를 들어 보자. 김효자는 다섯 살 무렵인 1947년 9월 초, 작은 아버지 김신의 손을 붙잡고 서울에 도착했지만 정작 어머니는 고국을 떠난 상태였다.

김효자는 이때부터 고아아닌 고아 생활을 하게 된다. 중국에서의 생활과 달라진 것은 외할아버지·할머니 손에서 할아버지의 품으로 옮겨진 것뿐이다. 그립던 어머님의 품은 어디에서도 찾을 수 없었다. 게다가 할아버지마저 몇 년 후 유명을 달리 하고 만다. 그녀의 나이 겨우 일곱 살 때다.

다행히 박병래라는 의사가 효자를 친 딸처럼 양육하여 대학까지 마치게 해 주었다고 한다.[12] 김효자가 어머니 안미생의 곁으로 간 것은 1960년대 중반이다. 60년대 초반 김신이 중화민국(현재의 대만)의 대사로 있을 때, 이화여대 조소과를 졸업한 조카 효자를 타이페이로 데려와 2년간 함께 지냈다. 이 무렵 형수로부터 갑자기 요청이 와 미국으로 유학을 보냈고, 잘 도착했다는 연락을 받은 후 소식이 완전히 끊겼다 한다. 김신은 그 뒤에도

---

12) 김자동, 『상하이 일기』, p.213

미국에 갈 기회가 있을 때마다 형수와 조카의 소식을 알아보려고 백방으로 노력했으나 전혀 연락이 안 된다고 했다. 미생이 다니던 가톨릭 성당에 가서 물어봐도 모두 소식이 끊어졌다는 말만 들었다 했다.[13]

무슨 괴담 같은 이야기다. 솔직히 안미생은 김신에게 빚을 졌다고 봐야 한다. 효자는 말할 것도 없다. 20년 가까이 조카가 성인이 될 때까지 김신은 나름대로 최선을 다했을 터이다. 형수는 왜 시동생과의 인연을 그렇게 가혹하게 단절했을까? 더욱이 조카마저 작은아버지에게 모습을 들어 내지 않았을까?

한 가지 유추해볼 수 있는 것은 조선정판사위폐사건 관련의 여부다. 1946년 9월 15일부터 25일까지 서울신문, 동아일보, 자유신문, 조선일보 등은 이시영과 안미생이 위폐사건에 연루된 경과를 짤막하게나마 취급하고 있다. 이 부분은 앞의 글 〈뚝섬위폐사건과 조선정판사사건〉에서 이미 다룬 바 있다. 이 사건 이후 안미생은 공식석상에서 사라졌고 남한의 언론에서는 그녀를 더 이상 다루지 않았다.

---

13) 김자동, 『상하이 일기』, pp.213-214

# 31
# 안두희는 김구 부하였다

김구의 진정한 의도는 이승만 정권의 인정 하
에 남북정권에 직접 가담치 않은 민간 정당·사회단
체는 자신을 중심으로 모이라는 것이었다. 이제
현실정치에 참여하겠다는 뜻이다. 그러나 김
구의 정계복귀는 1949년 6월 26일 육군소
위 안두희에 의해 암살당함으로써 좌절
되고 만다.

# 여순사건과 김구의 쿠데타설

1948년 10월 19일 한반도 남쪽 끝 여수에서 엄청난 회오리바람이 일어났다. 미군정 3년 동안 시민·농민들에 의해 수많은 항쟁·폭동이 일어났지만 진압의 주체는 미군과 경찰 그리고 우익청년들이었지 한국군(국방경비대)은 늘 변방에 머물러 있었다. 하지만 이번엔 항쟁과 진압의 주체가 모두 군인들이었다. 이승만 단독정부가 출범한 지 갓 2개월밖에 되지 않았을 때였다.

정부의 철저한 보도통제로 인해 침묵을 지키던 언론은 10월 21일 오전 11시 반, 국무총리 겸 국방장관 이범석이 담화문을 발표하자 여순사건에 대한 소식을 쏟아내기 시작했다. 물론 이범석의 기자회견 내용을 천편일률적으로 전달한 보도였다.

◆ 사건경위

여수에 14연대가 주둔 중 20일 오전 2시경 공산주의계열의 오랫동안의 책동과 음모로써 반란이 발생하였다. 처음에 약 40명의 사병이 무기고를 점령하고 그 다음 교묘한 선동과 위협으로 일부 병사를 가담시켜 장교의 대부분을 살해하였다.… 이하 중략

◆ 폭동의 성질

본래 수개월 전에 공산주의자가 극우의 정객들과 결탁하고 반국가적 반란군을 책동하여 일으킬 책동을 하였다. 불행히도 군정이양 전이어서 그 가운데 그 중 오동기(嗚東起 기자주: 최능진崔能鎭과 함께 불구속 송청되었다)란 자가

가장 교묘한 방법으로 소령으로 승진하여 여수연대장에 취임하였다. 이 자는 여수에 가서 소위 하사관 훈련의 기회를 포착하여 단순한 하사관들을 선동하고 공산주의를 선전하는 한편 극우진영인 해외와 국내의 정객들과 직접 간접으로 연락하여 가지고 러시아 10월혁명 기념일을 계기로 전국적인 기습 반란을 책동하였다. 이것이 군정이양을 시작하면서 약 20일 전에 오(嗚)와 관련자를 검거하게 되었다. 이것이 그 음모가 성장해온 배경이다. 오와 관계자들을 잡자, 군내에 오와 통하던 자들은 공포심이 일어난 모양인데 일조일석에 군대 숙정이 불가능하여 이번에 모종 임무를 주어 혐의 농후한 이들을 딴 곳으로 분리할 때 공포를 느낀 자들은 지체하면 일할 수 없다고 생각하고 행동을 개시했던 것이다.

◆ 이(李) 총리 담(談)

이번 사건에 대하여 이 국무총리는 금후 대책을 다음과 같이 말하였다. "천인공노할 공산주의 도당의 패악은 물론 여기에 국가민족을 표방하는 극우파가 가담하여 죄악적 행위를 조장시키고 사리(私利)를 위해 합한 것은 가증한 일이다.…그리고 정부는 이런 기회를 이용하거나 혹은 선동하는 분자에게 엄격한 조치를 취할 것이다.[1]

상기 보도 내용은 정부가 공식적으로 처음 밝힌 여순사건의 진상이다. "14연대 전 연대장 오동기의 사주를 받은 40여 명의 사병이 오동기의 구속을 계기로 공포심이 발생하여 반란을 일으켰다. 체포된 오동기는 공산주의자로서 수개월 전부터 극우 정객들과 결탁하여 러시아시월혁명기념일(율리우스력으로 10월 25일·양력 11월 7일)을 계기로 전국적인 기습 반란을 책동하였던 자이다"라는 것이 사건의 개요이다. 사건이 아직 진행 중이었지만 주동자 이름이 등장하고 사건의 원인 및 배후까지 설명하고 있다.

이범석은 전날에 이어 "일부 그릇된 공산주의자와 음모정치가의 모략적 이상물이 되어 실로 천인공노할 죄과를 이미 범하였고 또 아직도 범하는

---

1) 李範奭 국무총리 겸 국방장관, 여순사건 경위와 성격을 설명, 「자유신문」, 1948.10.22

중에 있다."[2]라는 내용이 포함된 포고문을 10월 22일에 발표함으로써 좌익과 우익의 결탁을 계속해서 언급했다.

이범석만이 아니다. 이승만 역시 여순사건 관련자에게 보내는 경고문에서 "불행이 몽매천식(夢昧淺識)한 불자들이 혹은 국군의 혹은 어떤 단체에 섞여서 반란을 빚어내고 있다가 기만하고 국권을 말살하려는 음모로 여수·순천 등지에 반란을 일으켜…"[3] 라고 좌익이 국군과 어떤 단체에 침투하고 있음을 시사했다. 그리고 수도경찰청장 김태선이 혁명의용군(革命義勇軍) 사건에 대한 진상을 발표함으로써 사건 내용을 보완했다. 아래에 발표문 전문을 소개한다.

소위 혁명의용군사건은 그 주모자 최능진(崔能鎭)·오동기(嗚東起)·서세충(徐世忠)·김진섭(金鎭燮) 등이 남로당과 결탁하여 무력혁명으로 대한민국정부를 전복하고 김일성(金日成) 일파와 합작하여 자기들 몇 사람이 숭배하는 정객(政客)을 수령으로 공산정부를 수립하려고 공모한 후 그 목적달성을 위하여 수단과 방법을 가리지 않고 쿠데타를 감행하려는 직전에 검거, 송청하였는데 말단 세포분자들이 금번 여수사건을 야기한 것은 유감천만으로 생각하는 바이다.

그 주모자 최능진은 5·10선거 당시 동대문 갑구에서 출마하려고 할 때부터 공산분자와 해외에서 무정부주의자로 활약하다가 귀환한 세 피의자 서세충 기타 불평정객들과 결탁하여 우리 3천만 민족이 갈망하는 UN감시 하의 정부수립을 방해하려고 하다가 그 목적을 달성치 못하였고, 그 후 소위 남북협상도 공염불에 돌아가자 최후 수단으로 국방경비대를 이용하여 무력혁명을 감행하여서라도 소기의 목적을 달하기로 하고 김진섭의 동지인 안종옥(安鍾玉) 외 7,8 명을 국방경비대에 입대시키어 원주, 춘천 각 연대에 분산 배치케 하여 병사 중에서 동지를 규합케 한 결과 약 일천 명의 병사를 동지로 획득 가입케 한 후 최능진이 제공한 거액의 현금을 군자금으로 하면서

2) 李範奭 국무총리, 반란군에 포고문을 살포, 「서울신문」, 1948.10.24
3) 李承晚 대통령, 여순사건 관련자는 군법에 따라 처벌할 것이라고 경고, 「국민신문」, 1948.10.24

종종 밀회(密會)하여 혁명방법의 세칙을 토의한 결과,

1. 봉기와 동시에 일반에 살포할 혁명취지서를 초안하여 둘 것
2. 경무대와 중앙청을 점령하여 각 국무의원을 처치할 것
3. 국회를 점령하고 국회에 대하여 자기들이 기도하는 정체(政體)와 정강
   (政綱)을 결의 발표캐 할 것
4. 중앙방송국을 점령하여 사용케 할 것
5. 남북 완전자주독립을 위하여 혁명을 야기하였다는 호소문을 작성 전
   국민에게 방송할 것
6. 수도청을 접수하여 수도치안을 혁명군이 파악할 것
7. 치안을 확보하여 파괴, 살상을 가급적 방지할 것
8. 남북통일을 급속히 실현하도록 노력할 것

등을 결의하고 파리 유엔총회 개회 중에 전기 각 연대 병사와 공산분자가 합류 봉기하여 소기의 정권야욕을 채우려고 만반의 준비를 다하고 호시탐탐하고 있던 차에 천망에 걸리어 주모자 전부와 중견간부급까지 검거 송청하였던 것인데, 말단병사는 군부에서 분산 배치 정도로 관대히 취급하게 하였던 것이 검거자 이외의 지도자가 선동하였는지 금번 여수사건을 야기한 것이다.[4]


정부의 발표가 옳다면, 여순사건은 혁명의용군사건의 연장선상에 있으며 남한의 공산주의자와 우익진영의 일부 그리고 북조선의 김일성 일파가 합작한 무력 쿠데타가 된다. 출범한 지 겨우 2개월인 신생정부가 최대의 위기를 맞은 셈이 된다. 그러나 그 후 사건의 전개와 처리 과정을 보면 도무지 믿기지 않는 장면이 여기저기에서 등장한다.

놀랍게도 사건 주모자에 대한 처리는 너무나 관대했다. 현역 군인인 오동기(소령)는 고등군법회의에서 징역 10년을 언도받았고 그 외 안종옥(이등병) 5년, 박규일(일등병) 3년, 김봉수(이등병) 3년, 김용이 2년, 오필주 1년이

4) 金泰善 수도경찰청장, 革命義勇軍사건 진상 발표, 「서울신문」, 1948.10.23

선고되었다.[5] 한편 민간인으로서 재판에 회부된 이들은 별도의 공판을 거쳐 제2심에서 김진섭에게 징역 6년 최능진에게 징역 5년을 선고했다.[6] 무엇보다 황당한 것은 사건 초기 주모자로 알려졌던 서세충에게 무죄가 선고된 점이다.[7]

주범 서세충(무죄), 오동기(10년), 김진섭(6년), 최능진(5년)··· 우리는 지금 쿠데타 관련 재판에서 전 세계적으로 유래 없는 관대한 판결이 언도되는 장면을 목격하고 있는 중이다. 정부의 발표에 의하면 혁명의용군사건은 분명히 실패한 쿠데타였다. 오동기의 재판을 담당했던 재판장 김완룡(金完龍) 중령의 발언을 들어보자.

피고들은 탐관오리·모리배 때문에 남한정부가 부패되어가고 있다고 말한 후 그래서 정부를 전복하려고 했다고 말하며 그러나 좌익사상에서 나온 좌익혁명이 아니고 민족주의자 사상에서 나온 민족혁명이라고 말하였다. 그러나 직접·간접으로 호남방면 사건에 관련성이 있다는 것을 발견하고 신중에 신중을 기해서 심판한 결과 이상과 같은 판결이 선고되었다.[8]

언도된 형량만 보아도 이 사건은 쿠데타와는 무관함을 짐작할 수 있을 것이다. 그리고 재판부는 피고인들이 호남방면 사건 즉 여순사건과 관련이 있다고 했지만, 제14연대의 전임 연대장이었던 오동기를 제외하고 안종옥·박규일·김봉수·김용이·오필주 등 사병들 중 제14연대에 소속된 사람은

5) 崔能鎭 '革命義勇軍'사건 관련 군사재판에서 嗚東起 등에게 징역형이 선고, 「서울신문」, 1949.1.29
6) 혁명의용군사건 제2심 언도공판에서 崔能鎭에 징역 5년 선고, 「국도신문」, 1949.11.3
7) 革命義勇軍사건 관련자 崔能鎭에게 징역3년형 언도, 「동아일보」, 1949.6.1
8) 崔能鎭 '革命義勇軍'사건 관련 군사재판에서 嗚東起 등에게 징역형이 선고, 「서울신문」, 1949.1.29

단 한 명도 없었다.[9] 도대체 무슨 일이 일어난 것일까? 다시 시간을 앞으로 돌리자.

정부전복이라는 엄청난 사건에 극우의 정객이 관여했다고 일국의 국무총리는 분명히 말했다. 하지만 그 극우의 정객은 체포되지 않았고 재판 과정에서 증인으로도 출석하지 않았다. 이범석은 극우파 외에 극우의 정객, 극우진영인 해외와 국내의 정객들, 음모정치가 등의 용어를 사용함으로써 누군가를 암시하였다. 그렇다면 이 극우정객은 과연 누구를 지칭하는 것일까? 결국 김구는 기자회견을 자청하였다. 그는 1948년 10월 27일 중앙사 특파원을 통하여 다음과 같이 말했다.

나는 극우가 이번 반란에 참여했다는 말을 이해할 수 없다. 그들은 극우라는 용어에 관하여 다른 해석을 내리는 자신의 사전을 가지고 있는 것으로 보인다. 나는 이번 반란을 주목하고 있다. 이 불행한 사건은 제주도의⋯와 더불어 민생에 중대 영향을 끼치고 있다. 그리고 순진한 청년들을 유혈사태로 오도한 자들은 용서할 수 없는 죄를 범하였다. 현재까지의 당국 발표에 의하면 반도들의 목적은 북한 정권을 남한에 연장시키려는 것으로 보인다. 이번 반란의 반격에 관해서 예측하기는 어렵다. 그러나 이는 한국 정세에 대하여 중립적 입장에 있는 UN회원국의 견해에 영향을 미칠지도 모른다.[10]

"그들은 우리와 다른 사전을 가지고 있다"라고 정부 측의 주장을 비웃은 것은, 자신들을 여순사건의 배후로 옭아매려는 의도를 김구 진영도 눈치 챘다는 뜻이다. 하지만 회견의 전체적인 내용은 정부에 대한 비난을 삼

---

9) 안종옥외 3명은 강원도 원주부대, 박규일외 2명은 춘천부대 소속이었다; 崔能鎭의 '革命義勇軍'사건, 제1회 공판 개최, 「동아일보」, 1949.1.23

10) 극우 참여설은 이해 곤란, 「자유신문」, 1948.10.28

가고 있는 모습을 보이고 있다. 조심스런 김구의 발언은 정부 수립 이후 이승만 진영을 이탈한 한민당의 모습과도 비교된다. 한민당 대표 김성수는 이번 사건에 대하여 논평을 거절하였으나, 한민당은 "금번 반란의 주요 원인은 한국정부의 정신 훈련의 결핍에 있다"[11]는 성명서를 발표했다.

김구는 10월 30일 여순사건에 대한 담화를 발표하는[12] 등 여순사건과 자신의 무관함을 재차 강조하였으나, 이승만 정권은 여순사건과 김구를 연결시키려는 시도를 계속 추진하였다. 이승만 정권은 11월 4일 새벽부터 폭동음모 혐의로 엄항섭(한독당 상임위원), 엄도해(한독당 선전부장), 여운홍(사회민주당), 이갑섭(합동통신 편집국장), 윤학기(변호사), 주요한(상호무역사장), 조한용(근민당 선전부장), 김창수(남로당), 임창순(남로당) 등을 포함하여 700여 명을 체포함으로써[13] 더욱 노골적으로 그들의 의도를 드러냈다.

공안정국의 도래였다. 11월 8일에는 대통령 암살음모사건 전모를 발표하더니,[14] 12월 1일에는 데모·테러행위 등에는 발포한다는 경고를 발표하여[15] 시민들을 공포에 떨게 만들었다. 여순사건은 수많은 인명이 살상된 민족의 비극이었으나, 이승만 정권에게는 오히려 기회를 제공한 꼴이 되어버렸다. 국가보안법 공포, 숙군작업, 반민특위 해체 등은 여순사건 이후 공안정권 하에서 만들어진 이승만 정권의 달콤한 열매였다.

언론이 바라본 11월 초순의 국내정계 동향은, 계절보다도 미리 앞서 동면상태에 들어갔으며, 다만 표면에 나타나고 있는 현상으로서는 한민당이

---

11) 극우 참여설은 이해 곤란, 「자유신문」, 1948.10.28
12) 金九, 여순사건에 대하여 담화를 발표, 「서울신문」, 1948.10.31
13) 수도경찰청, 폭동음모 혐의로 정계·언론계 등 인사 7백 명을 검거, 「한성일보」, 1948.11.6
14) 金泰善 수도경찰청장, 대통령 암살음모 사건 전모를 발표, 「국제신문」, 1948.11.9
15) 金泰善 수도경찰청장, 데모·테러행위 등에는 발포한다는 경고를 발표, 「서울신문」, 1948.12.2

국회 내에서 야당 역할을 하고 있고 대한국민당(大韓國民黨)이 여당으로서 이승만의 일민주의를 내세우고 있는 형편이라고 보도하였다. 반면 민련(民聯), 한독당(韓獨黨), 근민당(勤民黨), 사회당(社會黨), 신진당(新進黨) 등은 간판만이 붙어있을 뿐 사무실내의 공기는 쌓이는 먼지와 같이 좋은 대조가 되고 있다고 하였다.[16]

이 무렵 김구의 처지는 명분과 실리를 모두 잃은 상황으로서 발톱과 이빨을 모두 잃은 종이호랑이 신세였다. 조선일보는 '한국독립당의 현실과 전망' 기사에서 김구와 한독당의 현 상황을 다음과 같이 보도했다.

정치란 현실에 입각하는 것이 상식이라면 또한 현실과 투쟁하는 일면도 있음을 수긍할진대 현실과 유리된 정치투쟁이나 정치운동이란 있을 수 없을 것이다. 그렇거늘 해외망명 시 대한임시정부를 조직하고 동신고락(同身苦樂) 절개를 지켜 온 한국독립당이 해방 직후 환국한 지 이미 햇수로 5년을 맞이하였다. 그간 좌우의 대립투쟁 중에 온건히 대처해 온 것은 다행이나 법통을 고집하는 까닭에 한 때는 좌측 일부에서 극우로 몰리고 우측 일부에서는 좌로도 몰리어 왔고 고집이 불통이라 현하 정세에 이르러서는 그 나마의 조직세력은 이리저리 떨어져 나가고 보니 일대가족당(一大家族黨)이란 평도 들리는 것 같다.

정치·경제·교육의 균등사회 실현을 당강으로 하고 있으니 듣기에 그 어떠한 사회주의 노선 같기도 하나 소위 공산주의는 반대한다 하여 자칭 진보적 민족주의노선이라 한다. 하물며 이를 지향하여 조국과 민족의 전도(前途)를 우려하고 통일·자주·민주 달성만을 염원하는 까닭에 반탁(反託)의 선두에도 섰고 미·소공위에 참가를 거절도 하였고 남북협상에 참가도 하였으며 유엔위원단에 부탁도 해 보았으나 현실과는 거리가 멀었고, 기대하던 이념의 실현은 수포로 돌아갔으니 시대에 역행하게 되었고 현실과 투쟁하자니 력불급(力不及)으로 정관(靜觀)하게 되자 무능의 처지에까지 이른 것 같다.

오늘날 한독당(韓獨黨)에 대해서 이러니저러니 시비의 말이 없는 것도 실

---

16) 여순사건후 각 정당의 동향, 「경향신문」, 1948.11.12

로 이러한 입장에 서 있는 때문일 것이라! 하기야 현재 정권이나 그 어느 자리를 싸고도는 자리다툼을 하고 있지는 않으니까!

김구 선생이 동당수(同黨首)임은 천하가 주지하는 바지만 당수만이 당을 좌우하는 것은 아님에 책사(策士)진용을 일별(一瞥)하면 조완구(趙琬九)·조경한(趙擎漢)·엄항섭(嚴恒燮)·김학규(金學奎)·엄도해(嚴道海) 등 제씨가 확고부동히 김구 선생을 받들고 현상유지를 하고 있는 것으로, 과거 한민당(韓民黨)과 어깨를 같이하여 정쟁(政爭)을 하던 때만 하여도 이미 이탈한 안재홍(安在鴻) 씨 계통의 신한국민당(新韓國民黨. 현재 신생회), 고(故) 권태석(權泰錫) 씨 등 배경으로 한 민주한독당(民主韓獨黨구 신한민족당계), 조소앙(趙素昂) 씨 계통의 사회당(社會黨) 등이 집결되었었기 때문이거늘, 오늘날에 이르러 그 세력의 차이는 석일(昔日)의 그 때에 비할 바는 아닐 것이다.

그래도 앞날의 서광을 찾아 일루의 희망과 기대에서 동지를 잃고 역경에 처하여도 초지일관 불변하여 오늘날에 이른 한독당이 불원(不遠)하여 래조(來朝)할 유엔위원단의 공작에 어떻게 대처할 것이며 남북 현실에 감(鑑)하여 어떻게 헤엄쳐 나갈 것인지는 주목되는 바다. 여하간에 '지성이면 감천이요, 감천이면 성사(成事)'라는 격언이나 '역사는 진전하는 반면 반복한다'는 것이 진리라면 아직도 대한민국임시정부의 법통을 고지(固持)하고 한편 법통 계승의 때(시기)를 고대하는 그 때는 과연 어느 때일까?[17]


한독당의 어제와 오늘을 비교적 정확하게 표현한 글이다. 모든 상황을 종합해보면 김구와 한독당은 쿠데타를 시도할 능력도 되지 않고 의도 역시 없었다는 것을 알 수 있을 것이다. 그렇다면 이승만 정권은 왜 김구에게 쿠데타라는 올가미를 씌우려고 했을까하는 의문이 드리라 본다. 그리고 미국의 입장은 무엇이었을까 하는 궁금증도 해소하고 싶을 것이다. 미국은 김구의 쿠데타 가능성을 염두에 두고 있었던 모양이다. 앞에서 소개한 〈실리보고서〉에 다음과 같은 내용이 기록되어 있다.

---

17) 韓國獨立黨의 현실과 전망,「조선일보」, 1949.1.12

① 염씨는 김구 씨와 비밀 연락과 접촉관계를 갖고 있다. 염씨는 한국군 내부에 존재하는 우익 반대파의 통신을 김구씨에게 전달해주는 매개자역할을 해왔다.… 한 건의 비밀보고서가 실질적으로 한국경비대(국군) 정보참모부(G-2)에 뿌려졌고 김구 씨에게 전달되는 과정에서 발견되었다. 그 후에 문서화된 보고서들이 전달되지는 않았으나, 구두 보고들이 한국주재 CIC 사령부 정탐과 책임 장교와 전라남도 지구 CIC 사무소 광주 책임 장교에게 이루어졌다.

② 김구 씨의 암살에 비추어, 북한의 황해도, 평안남도, 평안북도에서 소요와 폭동이 있은 직후[18] 우익 군사파벌이 쿠데타를 일으켜 이승만 정부를 전복하려는 음모의 형성 단계에 김구 씨와 염동진 씨가 관여했음을 보여주는 아래의 편지 사본을 제출한다.

③ 이하의 정보는 서울에 거주하는 영향력 있는 민간인들이 지도하고 지원으로 한국군 장교들이 계획 중인 가능성 있는 '쿠데타'에 대한 진행 정보를 획득하면서 요원이 신용을 잃을 경우에 기대할 수 있는 공식 지원의 정도를 확증하기 위하여 제출되었다. 그 집단들은 좌익 성향은 아니지만 파시스트 유형의 배경을 지니고 있다.…

④ 그 민간인은 여러 차례에 걸쳐 이승만이 수반인 정부보다는 더 강력하고 군사적인 유형의 정부를 선호한다고 하였다. 그 요원은 현재 국군 제 4연대 연대장을 매개로하여 그 민간인으로부터 서신을 받고 있다.

⑤ 제4연대 장교들의 참모회의 과정에서 김구를 수반으로 하는 보다 군사적 유형의 정부가 수립되었으면 좋겠다는 의견이 여러 차례 토로되었으며, 그럴 가능성이 존재한다.…

⑥ 그 민간인은 김구가 한국의 지도자가 되면 일본과 미국이 훈련시킨 200만의 한국군을 갖게 될 것이며, 필요한 경우 이 한국 군인들은 그를 따라 38선을 넘을 것이라고 말했다.…

번호①②의 문서는 1949년 6월 29일에 작성되었으며 제목은 '김구-암살관련 배경정보' 중 일부이다.[19] 그리고 나머지는 '남한 내 우익활동'이란 문서의 일부로서 여순사건 직후인 1948년 11월 9일에 작성되었다.

---

18) 공보처, 북한폭동설에 대해 발표, 「대동신문」, 1948.11.12
19) 김구 암살문제는 다음 글에서 다룰 예정이니 이 글에선 쿠데타에 관한 사항만 다루기로 한다.

"백의사 총사령 염동진이 광주 4연대 소속 일부 우익 장교들과 모의하여 이승만 정부를 전복하고 김구를 수반으로 옹립한 뒤 38선을 돌파하여 남북통일을 이룩한다.…"라는 것이 대략적인 개요다. 정말 놀라운 내용이다. 실리보고서의 이 내용은 전혀 근거 없이 추측으로만 기록한 것은 아니다. 왜냐하면 4연대의 해체과정을 보면 일정부분 근거가 있는 것으로 보이기 때문이다.

정병준의 연구에 의하면, 광주지구 CIC파견대가 상기 보고서를 971 CIC 파견대 대장에게 보고한 직후인 1948년 11월 20일 제4연대 자체가 해체되어 제20연대로 개편되었다고 한다. 곧이어 11월 25일 연대장 이성가[20]가 위대선으로 교체되었는데 이성가는 중국군에서도 복무한 광복군 출신 장교였다.[21] 그리고 오동기 역시 중국군 출신으로서 일본군과 전투를 치른 경력을 감안하면, 김구-염동진-이성가-오동기로 이어지는 커넥션이 형성되었을 가능성도 배제할 수 없다. 이러한 교체와 개편이 4연대의 반이승만 쿠데타 논의와 직결된 것인지는 확인할 수 없다.

그러나 이성가뿐 아니라 오동기도 좌익이 아니라는 것은 이미 밝혀졌다. 1968년에 발간된《한국전쟁사 1권(해방과 건군)》중 "전 제14연대 연대장 오동기 소령에 대한 시비"에서 오동기의 출생, 배경 그리고 혁명의용군 사건

---

20) 이성가(李成佳, 1922·1975) 1922년 만주에서 출생. 중국 남경 군관학교를 졸업한 후 중국군에서 소령까지 복무, 조국이 광복되자 서둘러 귀국하여 창군 일원으로 참여했음. 그는 1948년 10월 제4연대장으로서 여수, 순천사건을 진압했으며, 1949년 9월에는 태백산지구 공비를 토벌하는 등 6·25전쟁 전까지 태백산지구 전투사령관으로 큰 공을 세웠음. 6·25전쟁이 발발하자 국군 8사단을 지휘하여 단양지역에서 적의 공격을 6일간이나 지연시켜 소백산맥 방어선을 구축하는데 결정적인 기여를 하였고, 영천지역에서는 혈전 끝에 북한군의 공격을 격퇴함으로써 전세를 반전시키는데 크게 기여하였음. 이어 국군과 유엔군의 반격작전 시에는 북진의 선봉으로서 공을 세웠고, 51년 9월 이후에는 7사단장으로서 중공군과 혈전 끝에 전술적 요충지인 백석산과 크리스마스 고지를 확보하는 공을 세웠음. 휴전 이후에는 5군단장, 육본 정보참모부장, 육군대학 총장을 역임한 후 소장으로 예편하여 멕시코 대사, 터키 대사, 오스트리아 대사를 역임하고 1975년 3월 15일 타계.

21) 정병준, 김구-암살관련 배경 정보,「민족21」, 2001.10.1

에 연루된 과정 등을 서술하며 그가 무죄라는 것에 많은 지면을 할애하고 있다. 그전에 나온 《6·25사변 육군전사》1권 및 《공비토벌사》가 "오동기는 반란을 획책 중 체포되었고, 이에 따른 검거 선풍에 겁을 집어먹은 그의 조직이 최후 발악한 것이 본(여수)반란사건의 동기라고 볼 수 있다"고 썼던 것과 비교하면 달라진 군부의 시각을 엿볼 수 있을 것이다.

미 군부가 김구의 우익 쿠데타 기도를 봉쇄하고자 했던 반면, 미 대사관은 좌익과의 연대 가능성도 염두에 두었던 모양이다. "김구가 쿠데타를 일으킨다면 공산주의자들이 결과적으로 생긴 혼란을 재빨리 활용할 것이라고 생각할 수 있다. 대한민국은 공산주의자 단독의 공격을 막아낼 수 있지만 또 쿠데타도 진압할 수 있지만, 양자를 동시에 견뎌낼 수 있는 지는 매우 의심스럽다."[22] 당시 미 대사관의 시선이다. 어쨌든 당시 미 군부 및 대사관은 김구의 쿠데타 가능성에 대하여 여러모로 추적했던 것은 사실로 보인다.

22) ·《주한미국대사관 주간보고서》2. 1948.11.4. pp.266-268

# 마지막 노선

쿠데타 기도의 사실 여부와 관계없이 이범석이 '좌·우익연대 쿠데타 모의'설을 흘림으로써 이승만 정부의 입장으로선 소기의 성과를 거두었다. 그 결과의 하나가 김구의 노선 변화다. 사실 이승만의 입장에서 보면 김구는 계륵과 같은 존재였을 것이다.

1949년 전반까지 김구 등은 표면적으로 통일운동세력을 자임하고 있었다. 그러나 1949년 5월 12일, "남북협상노선을 포기하는 동시에 대한민국을 지지·육성하는 노선으로 전환하겠다"는 한독당의 발언은 여순사건 이후 불분명했던 김구의 노선변화를 확인시켜 주는 마침표였다. 아래에 관련 기사를 소개한다.

한독당에서는 오는 6월 13일부터 3일 간에 긍(亘)하여 임시중앙집행위원회를 개최하고 당헌(黨憲) 수정을 비롯한 당면 제 중요정책에 관하여 토의하기로 되었다는데 그 중에도 중요시되는 것은 민족진영의 대동단결을 위한 정책의 전환이라 한다. 종래 한독당은 민족애를 토대로 하는 남북협상노선을 고집함으로써 순수민족진영과는 어느 정도 괴리되어 있는 감이 있어 일부에서는 중간파 정당이라는 평까지 듣고 있었으나 금반 중집(中執)에서는 이러한 오해의 근원이 되는 남북협상노선을 양기(揚棄)하는 동시 어디까지나 대한민국을 지지 육성하는 노선으로 일대 전환을 감행하는 동시 각 민족진영 정당·단체에 대하여는 적극적으로 제휴의 손을 뻗으리라고 한다. 그리하여 동당 중집을 계기로 하는 신출발이 크게 기대되는 동시에 민족진영으로서의 이에 대한 태도 여하가 크게 주목되는 바이다.

그런데 모 방면으로부터 전문(傳聞)한 바에 의하면 동당은 형편에 의하여서는 민족진영 각 정당의 합동운동까지도 전개할 것이라 하며 만일 여의치 못한 경우에는 최소한 사회당·민련 등 종래 비교적 친선관계에 있던 정당과의 합동운동을 추진할 것이라 한다.[23]

김구의 노선변환을 증거 하는 또 다른 예가 있다. 김구가 이승만을 만났다는 기사다.

초여름이 녹음도 짙어 고궁의 황혼이 깃들이는 19일 저녁 7시 … 버들꽃은 바람에 날리어 솜결같이 피어 날리고 뜰 앞에 모란꽃과 작약꽃이 만발하여 피인 덕수궁에 대통령 이승만 박사는 부인을 동반하고 이곳을 찾았다. 다번한 정무의 틈을 타서 이곳을 찾은 대통령과 때를 같이 하여 또 이곳에는 오랫동안 침묵을 지키고 있는 김구 씨는 이 자리에 나타났다. 세 분은 모두 석양의 모란꽃을 관상하고 돌아갔는데 이 두 분이 한 자리에 나타난 것은 최근의 드문 일로써 말썽 많은 세상의 물의를 물리치고 이 두 분이 친밀하고 은근한 한때를 같이 보냈다는 것만 하여도 그 뜻이 적지 않을 것이다.

그런데 이 날 김구 씨는 약 한 시간 전에 이곳에 나타났으며 측근자를 데리고 있었다는 것이 또한 주목을 끄는데 이 날의 덕수궁은 조국광복을 위하여 싸운 양 거인을 맞이하여 유난히도 우아한 풍을 이루고 있는데 한층 아름다웠다. 좌우간 두 분이 한 자리에 모인 것은 모란꽃 구경이었는지 혹은 정치적인 큰 의의를 가진 평계의 꽃구경이었는지 두 거인의 심중은 알 수 없거니와 두 분의 덕수궁 꽃구경이야말로 일반민중의 커다란 기쁨을 던져주고 있다.[24]

23)·韓國獨立黨, 南北協商노선을 청산하는 등 정책전환이 예상됨,「동아일보」, 1949.5.13
24) 李承晩 대통령과 金九, 덕수궁에서 회동,「동아일보」, 1949.5.21

이승만과 김구 두 사람이 만났다는 보도만으로도 놀라운 특종이었는데, 동아일보의 이 기사는 사진이 조작된 것이라는 문제로 더욱 화제가 되었다. 어색한 표정의 김구 모습을 보라. 사실 누가 보더라도 조작된 사진이라는 것을 금방 알 수 있었을 터이다. 결국 동아일보는 사과와 함께 정정기사를 냈다.

동아일보가 조작된 사진까지 동원해가며 두 사람의 만남을 왜 대서특필했는지 그 이유는 알 수 없다. 그렇다고 해서 김구와 이승만의 만남 자체가 오보는 아니었다. 덕수궁 회동 이튿날 보도된 경교장 방문 기사를 보면 오보 여부를 알 수 있을 것이다.

내가 대통령과 덕수궁에서 만난 것은 우연한 해우이다. 우리들의 환담 내용이라는 것은 별로 정치적인 것은 아니었다. 민족진영의 대동단결은 시기의 여하를 불문하고 있어야 할 것이며 더욱이 민주주의 남북통일을 위하여서는 긴절(緊切)한 문제이다. 일반국민들이 3영수의 재합작을 간망(懇望)한다는 것은 현 시국에 비추어 있음직한 일이나 본래부터 대통령과 김 박사와 나의 사이에는 별반 간격은 없었던 것이므로 이런 문제가 새삼스러이 일어난다는 것이 오히려 우스운 일이다.

우리들의 심정은 언제나 우리 한국을 민주주의 통일국가로 완성 발전시키기 위하여 있는 힘과 정성을 다하겠다는 것뿐이다. 그런데 과거 우리들의 노력방법에 있어서 약간의 차이가 있었던 것은 사실이나 시간과 공간은 차차로 이러한 차이를 해소하고 합일점으로 도달케 할 것을 의심하지 않는 바이다. 우리는 항상 민주주의원칙에 입각하여 민의의 대세에 순응하는 아량과 노력이 없어서는 안 될 것으로 믿는다. 대통령과 김 박사와는 앞으로도

종종 만날 기회가 있을 것으로 믿는다.[25)]

이승만에게 가까이 간 것만큼 중도·좌익 및 북조선과는 더욱 멀어졌다. 김구와 이승만이 덕수궁에서 만나기 전날인 1949년 5월 17일 정오, 평양방송은 "북한 인민정부는 일전 남한의 애국정당·사회단체로부터 평양에서 남북지도자회담을 재개할 것을 요청하여 왔으므로 우리는 그것을 수락할 것을 결의하고 조속한 시일 내에 이것을 실현코자 한다"[26)]라는 요지의 방송을 했다. 세칭 조국통일민주전선 결성에 관한 제의였다. 하지만 한독당의 반응은 차갑기 그지없었다. 아래는 담화 내용이다.

평양방송이 전하는 소위 조국통일민주전선은 새 형태의 민전(民戰)을 의미하는 것이다. 해주의 '남북협상'과 같은 방식의 남북협상은 아무 의의가 없는 것이다. 남의 좌익과 북의 좌익이 협상한다는 것은 좌익에 관한 문제이다. 우리는 미·소의 협조로써 절대 자유 분위기가 조성된 위에서 남북을 정당·사회단체대표들이 서울에 회합하여 민주주의방식에 의하여 남북화평통일에 대한 협의를 하여야 한다는 것을 거듭 강조하는 바이다.[27)]

좌익 즉 빨갱이하고는 일체 대화와 타협을 하지 않겠다는 뜻에 다름 아니다. 김구는 다시 원래의 반공주의자로 돌아간 것이다. 김구는 유엔한위의 북한에 대한 서한 발송에 대하여 "바닷물에 돌을 던지고 그것을 기다릴 수 있는가"하였고 평양방송을 통하여 제안했던 조국통일전선에 대하여는 "그 사람들과 통하지 못하여서 모르겠다"라고 함으로써 북조선과의 단

25) 金九, 李承晩·金奎植과의 3영수합작으로 민족단결이 시급하다고 발언, 「동아일보」, 1949.5.22

26) 평양방송, 재차 南北指導者會談 개최를 제의, 「동아일보」, 1949.5.19

27) 韓國獨立黨, 북한의 祖國統一民主主義戰線 결성 제의에 대해 미·소 협조 하에 서울에서 회합하자는 담화를 발표, 「조선일보」, 1949.5.20

절을 재차 확인해 주었다.[28] 김구가 생각하고 있는 통일노선은 1949년 5월 31일의 기자회견문을 통하여 보다 구체적으로 피력했다. 아래는 기사 전문이다.

국련한위(國聯韓委)는 31일 오전 10시 반 제1분과위원회를 개최하고 김구 씨를 초청하여 남북통일에 관한 회의는 약 2시간에 걸쳐 행하였는데 협의내용은 다음과 같다.

"나는 유엔한위에서 통일에 대한 의견을 청취하기 전에 한위로서의 남북통일에 대한 방침을 명시할 것을 희망하였다.

❶ 유엔은 평화적 통일을 협조할 것이다. 그렇다면 북한의 사실상의 권력체에 대하여 어떠한 태도로써 임하겠다는 방침이 명백해지기 전에 화평통일의 방법을 말하기는 곤란하다.

❷ 남북의 한인들이 화평통일을 위하여 모든 가능한 방법을 자유로 토의할 수 있도록 언론의 자유성이 보장되어야 할 것이다. 그러므로 한위로서는 남북통일 협조에 관한 방침과 원칙을 조속하게 표시해 주기를 거듭 희망한다. 그리고 지금 내가 한위의 협의에 응하는 것은 오직 남북의 한인들이 화평통일을 갈망하고 있다는 사실과 보편적인 의견을 유엔한위에 향하여 설명하련다.

(1) 통일문제에 대하여: 한국통일문제를 유엔을 통하여 해결한다는 원칙에 대하여 소련의 북한에서 동의하지 않고서는 한위의 남북통일과업은 곤란에 봉착할 것이다. 유엔은 먼저 한국문제 해결을 위한 미소의 협조를 촉진시키도록 적극 노력하여야 한다. 지금의 형편으로서는 미소간의 타협이 없이 남북의 통일이 실현되기는 곤란한 것이다. 객관적 입장에서 본다면 남북통일에 대한 방안으로 다음의 세 가지 방법을 고려할 수 있을 것이다.

(가) 1948년 5월 10일에 유엔 감시 하에 실시된 가능한 지역의 선거 당시에 북한을 위하여 보류하였다는 100명의 대표를 유엔 감시 하에 북한으로부터 선출하여 대한민국 국회에 보내는 것.

---

28) 金九 韓國獨立黨 위원장, 유엔韓國委員團 제1분과위원회와 남북통일문제 등을 협의, 「자유신문」, 1949.6.1

(나) 대한민국 국회의원을 전부 새로 선출하기 위하여 유엔 감시 하에 남북을 통한 총선거를 실시하는 것.

(다) 1947년 11월 14일 유엔총회에서 채택된 결의안에 의한 남북을 통한 총선거를 실시하는 것.

이상의 세 가지 방법 중에서 유엔한위로서 실현하기 가능한 어떤 한 가지 방법을 실시하면 될 것이다. 만약에 (가)나 (나)의 방법이 가능하다면 문제는 비교적 용이할 것 같다. 그러나 현실의 사태로 보아서 이것은 거의 기적을 바라는 것과 같은 것이다.

나의 의견으로는 남북화평통일의 문호를 타개하기 위하여 우선 남북 민간지도자회담 혹은 정당사회단체대표회의를 개최하고 남북통일을 실현하기 위한 어떤 가능한 방법을 협의해 보는 것이 좋겠다고 생각한다. 만약에 이 회담에서 더 좋은 새로운 통일방안이 성립된다면 더욱 좋을 것이다.

남북에 이미 사실상으로 존립한 권력형태는 말살하려 해도 말살되지 않는 것이 현실대로의 사태이다. 그러므로 남북의 기성(旣成)사실을 우선 용인하면서 양 극단은 구심력적으로 조정하여 점진적으로 접촉의 기연(機緣)을 촉성하고 경진일보(更進一步)하여 통일을 위한 협조적 기능을 다하기 위하여 남북정권에 직접 가담치 않은 민간 정당·사회단체의 노력이 필요할 것이다.

이상과 같은 회담을 구상하면서 다음과 같은 실천방법을 가정할 수 있다.

(가) 남북 민간지도자 혹은 정당·단체대표 인물로서 사인(私人)자격에 의한 남북회담을 개최하여 통일방안을 협의할 것(모든 곤란한 형식문제를 피하기 위하여 남북정권의 대변인도 사인자격으로 참가할 것)

(나) 회담지점은 서울에서 할 것

(다) 회담내용에 대하여는 관계방면의 합의에 의하여 발표할 것

(라) 이 회담에서 통일방안에 대하여 초보적 합의가 성립되는 대로 각기 원(原)지역에 돌아가서 정식 남북회담이 실현되도록 노력할 것

(마) 유엔한위는 이 회담이 실현될 수 있도록 모든 환경과 조건을 조성하기 위하여 적극 협조할 것

(2) 대한민국정부에서 취한 통일조치에 대하여: 대한민국정부로서 통일을 추진시키는 어떠한 조치를 취하였다고 발표된 것은 아직 없는 것 같다. 민국정부 정책이 장차 화평통일의 방향으로 추진될 수 있다고 가상한다면 전제조건으로 화평통일을 추진하려는 정당·단체의 합법적 활동

이나 언론에 대한 간섭이 완화되어야 할 것이다. 나는 김규식(金奎植) 박사와 더불어 1948년 4월에 평양에서 개최되었던 남북회담에서 돌아와서부터 우선 우익진영 자체로서의 통일된 방안을 가지고서 좌익에 대하여 협상도 하고 될 수 있으면 타협하여 남북통일을 촉진하려고 노력하였다. 앞으로도 더욱 광범한 우익단체의 합의와 지지로써 좌익(북한)과의 회담에 임할 수 있도록 노력하겠다.

(3) 사회적·경제적 방해의 제거에 대하여: 미소 양군의 분단점령으로 인하여 생긴 38장벽이 제거되지 않고 또 남북한의 무장세력 간의 충돌이 빈발하는 사태가 개선되지 않으면 어떠한 장해도 제거되기 곤란할 것이다. 사회적 또는 경제적으로 부분적 교류를 추진시키기 위하여는 먼저 남북의 군사적 충돌의 위기를 완화시키지 않고서는 불가능할 것이다. 이러한 문제도 미소의 협조를 원칙으로 하는 유엔의 노력이 기대되는 바이다. 한국을 분단해 놓은 미소 양국이 자기가 점령한 지역에 각기 상반된 정권과 군대를 만들어 놓고서 그대로 나가는 것은 마치 남의 동리(洞里)에 와서 싸움을 붙여 놓고 슬쩍 나가버리는 것 같은 것이다. 만약 내전이 발생된다면 그 책임은 미·소 양방에 다 같이 있는 것이다."[29]

전체적인 기조는 남북협상의 재개다. 그러나 그 동안의 주장과 뚜렷이 다른 것이 하나 있다. 남북정권의 인정이 바로 그것이다. 이 회견의 가장 큰 모순점은 남북정권의 현실을 인정한다고 말하면서 한편으론 남북정권의 대변인도 개인자격으로 남북회담에 참가하라고 하는 이중성이다. 한마디로 남북협상은 이제 포기했다는 뜻에 다름 아니다.

사실 김구의 진정한 의도는 이승만 정권의 인정 하에 남북정권에 직접 가담치 않은 민간 정당·사회단체는 자신을 중심으로 모이라는 것이었다. 이제 현실정치에 참여하겠다는 뜻이다. 그러나 김구의 정계복귀는 1949년

---

29) 金九 韓國獨立黨 위원장, 유엔韓國委員團 제1분과위원회와 남북통일문제 등을 협의, 「조선일보」, 1949.6.1

6월 26일 육군소위 안두희에 의해 암살당함으로써 좌절되고 만다.

# 김구, 부하의 총에 맞아 죽다.

　김구가 암살당한 1949년 6월 26일을 전후한 한반도의 정치지형도를 살펴보는 것은 그의 죽음을 이해하는데 큰 도움이 되리라본다. 대한민국사연표를 참고하여 1949년 5, 6월에 발생한 주요 사건을 정리해 보았다.

**[1949년 5월~6월, 사건일지]**

| 날짜 | 내역 |
|---|---|
| 1949.5.1 | 육군본부, 귀순한 북한 인민군 장교 신대식·김동열 등을 국군 육군 소위로 임명 |
| 5.2 | 국회 소장파 의원 33인,<br>예산안 통과에 반대하는 성명 발표 |
| 5.4 | 개성 송악산에 북한군 내습하여 국군과 격전 |
|  | 춘천에 주둔한 제8연대 제1대대장 표무원 소령, 자신의 대대 450여 명을 이끌고 월북함.(출동병력 456명중 239명 탈출) |
|  | 홍천에 본부를 둔 제8연대 제2대대장 강태무 소령, 휘하의 대대를 이끌고 강원도 현리 부근에서 대북시위를 하는 것처럼 위장하여 월북함.(출동병력 294명중 143명 탈출) |
| 5.5 | 개성지역 38선 충돌로 개성 시내 학교는 휴교하고 상가는 철시 |
| 5.7 | 송석하 제12연대장, 옹진지구 38선 충돌 전황에 대해 기자회견<br>제6여단 사령부, 표무원·강태무 부대 월북 사건진상에 대해 발표 |
| 5.9 | 국방부, 이응준 육군총참모장을 면직하고 채병덕 소장을 육군총참모장에 임명 |
| 5.10 | 5·10 총선거시 무효로 처리된 제주도 2개 선거구의 투표 완료 △홍순영·양병직 당선<br>정일권 지리산지구 전투사령관, 38선 진출이 목표라고 기자회견 |

| 날짜 | 내역 |
|------|------|
| 5.12 | 국민보도연맹, 결성 이후 3백 명의 연맹원 확보 |
| 5.13 | 국군 함정 제508호 월북<br>유엔한국위원단, 한국통일방안 강구 위해 홍콩에서 북한과 접촉할 것으로 알려짐 |
| 5.15 | 무쵸 주한 미 대사, 경주에서 한국의 국방능력이 충분하다고 발언 |
| 5.16 | 김상덕 반민족행위특별조사위원회 위원장, 재판의 지연이 유감이라고 기자문답<br>북한, 조국통일민주주의전선 결성을 제의한 남한 정당·사회단체에 북조선민주주의민족전선에서 답신 |
| 5.17 | 김구가 희사한 자금으로 창암공민학교 개교<br>평양방송, 남북지도자회담 개최를 제의 |
| 5.18 | 김약수 국회부의장, 미군철수 반대는 이해하기 어렵다고 기자회견<br>국회의원 이문원·최태규 국가보안법 위반혐의로 체포 |
| 5.19 | 이승만 대통령과 김구, 덕수궁에서 회동<br>한국독립당, 북한의 조국전선 결성 제의에 대해 미·소 협조 하에 서울에서 회합하자고 담화 |
| 5.20 | 김약수 국회부의장, 이문원 의원 구속에 대한 대책을 강구 중이라고 담화<br>유엔한국위원단, 북한과의 접촉희망을 담은 서한을 김일성에게 발송했다고 발표 |
| 5.23 | 국회 본회의, 구속된 3명의 의원 석방을 요구하는 국회의원 50명의 긴급동의안 제출<br>신익희 국회의장, 이문원의원 등의 석방문제로 권승렬 검찰총장을 방문 |
| 5.24 | 국회 본회의, 구속 국회의원 석방요구안 부결하고 귀속재산임시조치법 통과 |
| 5.25 | 신진당·민중동맹 등, 조국통일민주주의전선 조직을 지지 성명 |
| 5.26 | 남조선노동당 군사부 소속 최남근·이재복 총살형 집행 |
| 5.27 | 이진수 외 23명 의원, 국회 본회의에 김준연 의원 제명처분 긴급동의안을 제출<br>반민피고 최승열, 제1회 공판에서 조선 위해 친일했다고 궤변 |
| 5.28 | 조봉암 전 농림부장관, 배임·횡령 혐의로 불구속 기소됨. 임영신 상공부장관, 수뢰 혐의 등 7개 죄명으로 불구속기소 |
| 5.31 | 유성갑 의원, 파고다공원에서 개최된 체포의원 석방요구 88인 의원 성토대회에서 구타당함<br>신성모 국방부장관, 3일이면 북한공산군을 소탕할 수 있다고 기자회견에서 발언 |

| 날짜 | 내역 |
|---|---|
| 1949.6.1 | 반민피고 노덕술, 제2회 공판에서 평생 고문한 적이 없다고 주장<br>미 국무부 대변인, 주한미군 철수 목적은 한국강화이며 한국의 군사원조 요구액이 3억 달러라고 발표 |
| 6.2 | 해군경비정 302호 월북미수사건 관련자 3명 사형집행 |
| 6.3 | 박윤원 의원, 국회 본회의에 〈임영신 상공장관사건 조사보고서〉를 제출. 임영신 상공부장관 사의 표명<br>국무회의, 국회에서 통과된 귀속재산임시조치법 거부 |
| 6.4 | 반민족행위특별조사위원회, 서울시 경찰국 사찰과장 최운하 및 계몽협회 간부 등 체포<br>옹진지구 국사봉을 점령한 북한 인민군과 국군 간의 교전 확대<br>대구반란사건 주모자 이창택 전 제6연대 선임하사 총살형 집행 |
| 6.5 | 국민보도연맹 중앙본부 선포 대회 거행 |
| 6.6 | 국회 본회의, 반민족행위특별조사위원회 습격사건으로 각료 총 퇴진을 재결의<br>윤보선 상공부장관·권승렬 법무부장관 임명<br>서울시 중부경찰서, 반민족행위특별조사위원회 본부를 습격하고 특경대원 수십 명 체포. 수색과정에서 검찰총장과 국회의원까지 구금<br>춘천경찰서, 반민족행위특별조사위원회 춘천지부 습격 |
| 6.7 | 이승만 대통령, 경찰의 반민특위 특경대 해산이 자신의 명령이라고 발표<br>김병로 대법원장, 경찰의 반민특위 습격과 관련 적당한 조치를 취할 것이라고 기자회견<br>서울시경찰국 9천여 경찰, 신분보장 요구하는 결의문 발표<br>옹진 염불지구전투에서 육탄 6용사 전사<br>트루먼 미 대통령, 미 하원에 한국 원조계획 교서 제출 |
| 6.8 | 이승만 대통령, 대한원조안의 미 의회 상정에 감사 담화 국회의장·부의장 등, 이승만 대통령을 방문해 국회의 전 내각 사퇴 결의를 전달 |
| 6.10 | 김상덕 반민족행위특별조사위원회 위원장 등 5명, 반민특위 습격사건과 관련 사표 제출<br>반민족행위특별조사위원회, 특경대원 구금고문사건과 관련해 장경근 내무부 차관 등을 고소 |
| 6.11 | 이승만 대통령, 반민특위 특경대 해산에 대해 담화<br>국회 내 각파 대표 연석회의, 대통령의 대국회 강경태도를 논의하고 내각책임제 개헌을 논의 |
| 6.13 | 이승만 대통령, 국회 본회의 연설에서 국회의 대정부 협조와 헌법개조 불가를 역설<br>채병덕 육군총참모장, 38선을 뚫을 자신이 있으며 대통령의 명령만 대기하고 있다고 담화 |

| 날짜 | 내역 |
|---|---|
| 6.14 | 김석원 제1사단장, 38선 충돌사건과 관련한 기자회견에서 전시태세를 강조 |
| 6.15 | 국회 본회의, 〈농지개혁법〉의 정부 반송과 식량임시긴급조치법·귀속재산임시조치법 재통과를 결정<br>한국독립당, 전국대표자대회를 개최하고 선언문 등을 채택<br>정부당국과 대한청년단 연석회의, 대한청년단이 재정 강화 위해 정부 건설사업을 인수하기로 결의<br>유엔한국위원단 제3분과위원회, 미군철수 감시 위해 인천행 |
| 6.16 | 정일권 육군참모부장·김석원 제1사단장, 38선 충돌로 전투태세에 돌입했으며 유일한 목표는 실지회복이라고 담화. 로버츠 주한미군사고문단장, 한국군의 침략방어능력은 충분하다고 기자회견 |
| 6.17 | 장영복 경기도 경찰국장, 옹진·포천·가평 등지 38선에서 북한과 소규모 전투가 반복되고 있다고 발표<br>강정택 농림부 농지국장, 전라남도 실태조사 결과 농지개혁법의 급속한 실시가 필요하다고 담화 |
| 6.18 | 김약수·강욱중 등 소장파 국회의원 60여 명, 철군 감시를 요청하는 진언서를 유엔한국위원단에 전달<br>국회의사당에 소장파 의원을 비난·협박하는 전단 살포 |
| 6.20 | 트루먼 대통령, 미 하원 외교위원회에 1억 5천만 달러의 대한경제원조안의 하원 통과를 요청 |
| 6.21 | 〈법률 제31호, 농지개혁법〉 공포 |
| 6.22 | 대검찰청, 〈국가보안법〉 위반혐의로 김약수 등 7인 국회의원 체포 발표 |
| 6.24 | 김백일 옹진지구전투사령관, 옹진전투에서 국사봉 이외의 모든 38선 지역을 탈환했다고 담화<br>서울시 경찰국, 준 비상경계 태세에 돌입<br>서울에만 요구호자 10만 명으로 집계<br>미 하원 외교위원회, 1억 5천만 달러의 대한경제원조안을 통과시킴 |
| 6.25 | 김익진 검찰총장, 김약수 의원이 남조선노동당 프락치라고 담화<br>헌병사령부, 서용길·신성균 의원에 대해 체포령<br>육군본부, 옹진지구 38선 충돌사건에서 은파산을 탈환했다고 발표<br>북한, 조국통일민주주의전선 결성대회 |
| 6.26 | 김구 한국독립당 위원장, 경교장에서 피습 서거<br>전봉덕 헌병부사령관, 김구 암살은 단독범행인 듯하다고 발표<br>이승만 대통령, 김구 서거에 대해 애도방송 |

| 날짜 | 내역 |
|---|---|
| 6.27 | 국무회의, 김구 장의를 국민장으로 결정<br>고 백범 김구 선생 치상위원회, 피살 경위를 발표<br>고 백범 김구 선생 국민장의위원회, 장지를 효창공원으로 결정<br>김구 서거에 대하여 김규식·조완구·조소앙 등 담화<br>해외에서 김구 서거에 조전 답지<br>육군본부, 김학규 한국독립당 조직부장이 김구 암살 관련으로 체포됐다고 발표 |
| 6.28 | 정부, 김구 장례비 반액 부담을 고 백범 김구 선생 장의위원회에 요청<br>김구 비서 선우진, 서대문경찰서에 피검<br>채병덕 육군총참모장, 국군은 김구 암살과 무관하다고 담화<br>임영신 전 상공부장관 독직사건 제1회 공판에서 부동산 3~4억 보유 사실이 밝혀짐<br>유엔한국위원단, 38선에서 격전이 벌어지고 있다고 유엔본부에 보고<br>유엔한국위원단, 김구 서거에 조의를 표하는 공보 제26호 발표 |
| 6.29 | 유엔한국위원단 감시 하에 주한미군 완전 철수 |
| 6.30 | 이승만 대통령, 김구 암살 동기는 때가 되면 공표될 것이라는 성명 발표<br>임병혁 임시관재총국장 등 부정혐의로 체포<br>미 육군부, 주한미군 철수 완료를 성명<br>북한, 남북 노동당 연합위원회 개최하여 합당, 조선노동당 발족 △위원장 김일성·부위원장 박헌영 |

정치, 경제, 외교, 군사, 사회 등 모든 분야가 최악의 상황이었다. 해방은 '혼란'과 '건설'이라는 상호 모순되는 이중적 성격이 지배하는 시기였다. 90% 이상 차지하는 일본의 자본, 80%를 상회하던 대일무역의존도가 이제 단절되었다. 더욱이 남북분단은 위축된 경제를 더욱 악화시켰다. 통화는 급격히 팽창되었고, 일제 지배 하에서 해외로 이주했던 동포들의 귀환과 북한지역 주민의 월남으로 인해 인구도 기하급수학적으로 증가하였다. 인플레이션, 식량 부족 사태는 미군정 3년을 거치면서 더욱 악화되었다. '혼란'만 존재했지 '건설'은 아예 엄두도 못 내던 시절이었다.

미군정을 이어받은 이승만 정부 역시 다를 바 없었다. 이승만의 초대 내각 각료들의 면면을 보면, 이 정부가 '혼란'을 극복하고 새로운 국가를 '건설'하겠다는 의지가 있었는지 조차 의심 들게 만든다. 대표적인 경우가 루이스임(任永信)의 경우다. 이전에 이승만의 비서와 미국밀사 역할을 했던 그녀의 최종 학력은 1932년 미국 남가주 대학원에서 신학석사학위를 받은 것이다. 그러나 그녀는 신생 대한민국의 초대 상공부 상관으로 임명되었고 1년을 못 채우고 결국 쫓겨나고 말았다. 대통령 이승만은 기소하지 말라고 검찰에 압력을 가했지만 최대교 서울지검장은 임영신 장관을 배임 및 배임교사, 수뢰 등 혐의로 기소했다. 법원은 이례적으로 특별재판부를 구성해 무죄를 선고했다. 법원에 대통령의 입김이 미치던 시절이다. 최대교 지검장은 항의의 뜻으로 사표를 던졌다. 공판과정에서 그녀의 부동산 규모가 밝혀진 것은 이승만 정권의 부도덕성을 증명하는 단초였다.

이승만은 '혼란'의 원인을 찾는 대신 '탄압'을 통한 공포정치를 선택했다. 1948년 8월 대한민국 건국헌법 제101조에 의거하여 제정된 〈반민족행위처벌법〉을 무력화시키는 방편으로서 친일경찰 특경대가 반민특위를 습격하도록 사주했으며 결국은 반민특위법의 개정으로 1949년 10월에 해체되게 만들었다. 이북의 농지개혁을 의식하여 만든 농지개혁법은 지주 세력과 농민 세력 양측 다 반발하게 만들었다. 친일파·부일배와의 협력 그리고 남한 단독정부 수립을 추진했던 미국의 후원을 통해 권력을 얻은 자의 업보였다.

무엇보다 이승만을 못 견디게 만든 것은 북조선을 비롯한 좌익세력의 발로였을 것이다. 여순사건을 빌미로 '국가보안법'을 통과시켰고, '국회프락치 사건'을 조작하고 '국민보도연맹'이라는 희대의 사기극을 연출하였지만 그는 늘 불안에 시달렸던 것으로 짐작된다.

채병덕 육군총참모장이 "38선을 뚫을 자신이 있으며 대통령의 명령만 대기하고 있다"고 담화를 발표하고, 정일권 지리산지구 전투사령관이 "38

선 진출이 목표"라고 호언장담을 했어도 그의 초조감을 달래주지 못했을 것이다. 조만간 미군은 철수할 예정이다. "한국군의 침략방어능력은 충분하다"고 주장한 로버츠 주한미군사고문단장의 발언이 그에게 어느 정도의 위로를 가져다주었을까?

하지만 현실은 참담했다. 38선을 경계로 하루가 멀다하게 벌어지고 있는 남과 북의 국지전 결과는 이승만의 불안을 가중 시켰을 것이다. 더욱이 예하 부대원을 거느린 표무원, 강태무 두 소령의 월북과[30] 해군 해안경비선 제508호의 월북사건은[31] 악몽 그 자체였을 것으로 짐작된다. 무언가 획기적인 계기가 필요할 때였다.

이 무렵 김구가 암살당한 것이다. 한편, 김구가 사망하기 하루 전인 1949년 6월 25일 평양 모란봉 회의실에서 '조국통일민주주의전선'의 창립총회가 개최되었다. 27일까지 열린 이 회의를 통해 남한의 '민주주의민족통일전선'과 김일성·김두봉·최용건 등이 주축이 되어 결성한 북한의 '민

조국통일민주주의결성 환영 평양시군중대회(1949. 6. 29)

---

30) 제6여단 사령부, 表武源·姜太武 부대 월북 사건진상에 대해 발표, 「자유신문」, 1949.5.10
31) 申性模 국방부장관, 국군함정 제508호의 월북사건에 대해 담화 발표, 「연합신문」, 1949.5.15

주주의민족통일전선'이 통합하여 '조국통일민주주의전선'이 성립되었으며, 북로당과 남로당이 통합되었다.

그 이전 5월 17일 평양방송을 통해 언급된 '조국통일민주주의전선(조국전선)' 결성제안에 대하여 김구와 김규식이 냉정하게 거부한 사실은 앞글에서 이미 언급하였다. 아무튼 바로 그 회의가 성사된 것이다.

결성대회에서 '현하 국내의 정치정세와 우리의 임무에 대한 보고'를 통해 남로당 위원장 허헌이 발언한 내용 중 눈에 띄는 부분이 있다. 김구와 김규식에 대한 비판인데, 1948년 3월 15일 '김일성·김두봉이 김구·김규식에게 보낸 답신'과 비교해서 읽으면 그 내용의 연속성에 공감이 가리라 본다. 보고서의 일부를 아래에 소개한다.


"김구와 김규식 양씨는 작년 남북 제정당 사회단체 연석회의에서 자기들의 손으로 서명한 모든 결의를 한 가지도 실천하지 아니하였습니다. 그들은 전조선인민들이 참가하여 일어난 5·10망국단독선거 파탄투쟁을 가만히 앉아서 방관하였습니다. 그들은 전조선인민들의 일치한 갈망인 미군철퇴를 위하여 아무런 투쟁도 하지 아니하였습니다. 인민과 조국의 이익을 위하여 한 가지의 유익한 사업도 하지 아니하였습니다. 이승만 매국정권이 조작된 후 이 매국정권을 반대하는 아무런 투쟁도 하지 아니하였습니다. 김구, 김규식 양씨가 이승만을 반대하는 것은 이승만 매국정권을 반대하는 것이 아니라 이승만이가 틀어쥐고 있는 그 정권을 자기들의 것으로 탈취하기 위하여 반대하는 것입니다. 그들은 정권과 지위를 위한 야욕에만 눈이 어두운 반동진영의 비속한 무리들 속에 전락되었습니다. 실제에 있어서 김구 씨와 김규식 씨는 조선발전의 길에 관한 문제에 자기의 태도를 밝히지 않습니다."[32]


허헌의 글은 법조인 출신답게 검사의 논고처럼 준엄하다. 특히 "그러나

32) · 國史編纂委員會《北韓關係史料集(Ⅵ)》, pp.232-233.

아직도 당신들의 애국적 항의는 미온적이고 당신들의 립장은 명백하지 못합니다. 민족자주독립이 위급에 봉착한 금일에 당신들은 또 무엇을 요망하고 애국적 항쟁을 실천에 옮기지 않습니까.… 그러나 당신들은 어떤 조선을 위하여 투쟁하시려는지 그 목적과 기원를 충분히 알 수 없기 때문에 우리는 연석회의의 성과에 대하여 완전한 확신을 가질 수 없습니다."라고 말함으로써 양김에 대한 불신을 1948년 3월 15일 서신에서 표시했던 김일성·김두봉의 예측이 기우가 아니었음을 지적하고 있다.

단정투쟁을 약속하고도 지키지 않았고, 이승만 정권을 반대하는 듯 행동하지만 실제로는 권력욕의 또 다른 표출에 다름 아니라는 것이 허헌의 주장이다. 김구가 이승만을 다시 만나기 시작하고 정계복귀를 시도하는 움직임에 대해서 허헌은 정확하게 분석하였다. 통일운동가라기보다는 정권에 눈먼 또 하나의 이승만이 바로 김구라는 뜻이다.

일요일인 6월 26일에는 조국전선 결성대회가 휴회되었고, 북로당의 중앙위원회가 열렸다. 바로 이날 김구가 현역 육군 소위 안두희에 의하여 암살되는 충격적인 사건이 발생했다. 조국전선 결성대회 두 번째 날인 6월 28일의 회의는 자연스레 김구의 죽음에 대한 애도의 분위기 속에서 거행된 모양이다. 하지만 자칭 '한국독립당 열성자 대표'라는 김세련[33]의 연설 내용이 자그마한 파문을 일으켰다. 아래는 그의 발언 요지다.

"김구 선생은 누가 죽였겠습니까? 이것은 아주 명백합니다. 식민지학살자 미제국주의자들과 매국노 이승만임은 추호도 의심할 여지조차 없습니다. 우리 국토의 남반부를 영구 분할하여 식민지화하려고 기도하는 미제국주의

---

33) 1945년 10월 15일에 개최된 인민공화국 중앙인민위원회에 초청되었고 1946년 2월 21일 민주주의 민족전선 경제대책 연구위원회 소속이었던 김세련(金世鍊)과 동일인물인지 확실하지 않다.

자들과 또 미국의 무기를 얻어 동족상잔을 감행하는 리승만 매국도당은 저희들의 반인민적 정책과 음모에 무조건 복종하지 않는 사람은 그 누구를 불문하고 처치하여 버리는 것입니다. …"

"우리 당수 김구 선생에게 확실히 잘못이 있습니다. 그는 항상 독립과 통일을 주장하면서도 미국인들과 이승만 도배에 미련을 가지고 그들과 투쟁하는 대신에 타협하려고 한 것이 곧 잘못입니다. 자기가 참가한 작년 연석회의 방향으로 어김없이 나가야 했을 것입니다. 그러나 김구 선생은 그러지 못했습니다. 독립과 예속, 민주발전과 반동암흑, 구국과 매국, 통일과 분열, 오직 이러한 두 갈래의 길이 있을 뿐이며, 조선민족의 양심의 일편이라도 있다면 그 누구나 전자의 길을 취할 것입니다. 제3의 길은 절대로 있을 수 없습니다. 주저도 방황도 준순(逡巡)도 인제는 있을 수 없으며 또 있어서도 안 되겠습니다. 우리 한국독립당 앞에는 다른 길은 있을 수 없습니다. 김구 선생의 조난으로 이것은 더욱 명백해졌습니다. 미군철퇴를 실현시켜 조국통일을 완성함으로써 남반부 인민을 구출하는 길이 있을 뿐입니다. 또한 우리들 한독당원들은 자기의 당수의 원수이며 인민학살자인 매국노 이승만을 결코 용서치 않을 것입니다."[34]


암살의 주범은 이승만과 미국이고, 김구는 이승만에게 복종하지 않은 죄로 죽음을 당했다고 말했다. 아직까지 해결되지 않은 암살의 배경 즉 이승만·미국이 배후였다는 것을 김세련은 확신했던 모양이다. 흥미로운 것은 그 뒤의 발언이다. 예속·반동암흑·매국·분열이 이승만의 노선이라면 우리가 가야할 길은 독립·민주발전·구국·통일의 길이라고 할 것인데 김구는 미국과 이승만 도배에 미련을 가지고 투쟁대신 타협을 선택했기 때문에 작금의 비극을 당했다는 주장이다. 김구의 죽음을 타산지석으로 삼아 미군철퇴를 실현시켜 조국통일을 완성함으로써 남반부 인민을 구출하자는 것이 김세련의 발언 요지다.

한독당위원장 김구는 6월 26일 하오 영시 45분경 경교장 자택 2층에서

---

34) 國史編纂委員會《北韓關係史料集(Ⅵ)》, pp.276~279.

괴한 안두희의 권총 4발 저격으로 안부(顔部), 흉부(胸部) 관통상을 받아 약 15분후 향년 74세를 일기로 장서(長逝)하였다. 범인 안두희는 현장에서 즉시 체포되어 헌병대에서 인도 수감되었다.[35]

　김구의 암살이 아직까지 논란의 대상이 되는 이유는 배후에 대한 의혹 때문이다. 이승만과 미국이 어느 선까지 개입하였는가하는 것이 관건이다. 한국정부는 수사기록이나 공판기록 등 일차자료를 폐기·은닉함으로써 문제의 확산을 경계해왔으나, 40여년 이후인 1993년 국회법률사법위원회 백범암살진상조사 소위원회(위원장 강신옥姜信玉)가 구성되고, 3년 동안의 조사 끝에《백범김구선생 암살진상조사보고서》를 발간함으로써 어느 정도 체면치레를 했다. 이 조사보고서는 일정부분의 성과를 거두었으나, 암살배후와 동기문제를 규명하지 못하는 한계를 보였다.

　평북 용천 출신인 안두희는 월남 후 서북청년단에 가입한다. 그리고 서청을 통해 외가 쪽 친지인 홍종만을 만나게 되는데 그를 통해 정치브로커 김지웅을 알게 되고 또한 한독당에 입당하게 된다. 한편 또 다른 친지 김일한을 통해 특무대의 김창룡을 알게 된다. 이러한 인적 배경 하에 한독당에 위장 입당하여 김구와의 친분을 쌓던 중 직속상관 장은산의 명령을 받들어 김구를 암살하게 되었다. 정치브로커 김지웅과 군부의 김창룡·전봉덕·장은산·채병덕·신성모 그리고 김태선·노덕술·최운하 등 경찰 계통의 인물들이 배후로 보인다. 이승만과 미 CIC는 정황상 의심이 가나 확실한 증거가 없다.… 이 정도가 암살진상조사보고서의 대략적인 내용이다.

　국민들이 가장 궁금해 하는 것은 이승만과 미국의 관련여부 일 것이다.

---

35) 韓國獨立黨 위원장, 京橋莊에서 암살,「조선중앙일보, 서울신문」··, 1949.6.27,28

그러나 국회 차원의 암살진상 규명은 궁극적인 의문에 대하여 명쾌한 답변을 제공하지 못한 체 3년간의 조사를 마무리하고 말았다. 이러한 한계 때문에 보고서가 발표된 후에도 안두희는 곽태영(1936-2008), 권중희(1936-2007) 등으로부터 진실을 고백하라는 협박에 시달리다가 1996년 10월 23일 박기서에게 타살되고 말았다. 안두희의 죽음 이후 6년이 지난 2002년 획기적인 문서가 발굴되었다. 방선주와 정병욱이〈실리보고서〉라는 미CIC의 문서를 찾아낸 것이다. 이 자료는 그동안 전혀 거론되지 않았던 백의사와 미CIC의 암살 관련 흔적을 제공해 주었다. 그렇다면 이 문서가 모든 의문을 풀어주는 열쇠역할을 했을까? 안타깝게도 아직은 좀 더 기다려야할 시점인 것 같다.

사실 김구 암살의 배후로 의심되는 인물 및 기관은 이제 대부분 파악되었다. 장은산·채병덕·신성모로 연결되는 군부, 김태선·노덕술·최운하로 대표되는 경찰조직 그리고 김창룡의 특무대, 미CIC, 백의사, 이승만 등이다. 김구 암살의 배후가 아직도 미궁에 빠져 있는 가장 큰 원인은 암살동기에 대한 고민이나 고찰이 부족했기 때문으로 보인다. 만약 이승만이 지령했다면, 그 시기에 그는 왜 김구를 죽여야 했을까? 그리고 미국은? 군부는? 백의사는?… 이러한 순서로 접근하다보면 결국 진실이 드러나리라 확신한다.

이승만의 경우를 살펴보자. 김구가 피살당한 그날 오후 9시 23분부터 30분가량 김구의 죽음을 애도하는 이승만의 방송이 있었다.

"백범 김구 선생이 오늘 암살을 당하신 보도를 들은 나로는 놀랍고 담색해서 말이 잘 아니 나옵니다. 범인이 잡혔다 하니 무슨 주의로 이런 일을 행

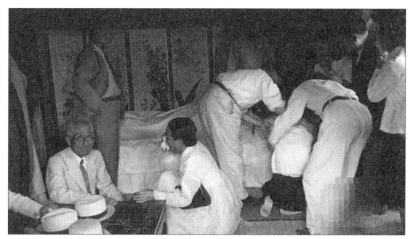
김구의 시신을 수습하는 모습

하였으며 이것이 개인행동인지 연루자가 있는지를 엄밀히 조사해서 일일이 공포하고 범인은 법대로 처벌할 것입니다. 한인(韓人)들이 어찌해서 이런 만행을 범하는지 과연 통탄할 일입니다. 공사간에 원혐이 있거나 억울한 일을 당하였으면 끝까지 법리적으로 해결하는 것이 개명(開明)한 사람이 행할 바이거니와 하물며 이로운 사람을 살해하고 어찌 그 백성이 개명한 사람의 대우를 받을 수 있으리오. 백범 선생이 살해당한 것으로 우리나라와 우리민족에게 얼마나 손해를 주게 된 것을 통분하여 마지아니합니다. 지금 민국정부가 성립된 지 1년이 다 못되었어도 우리 우방들이 많이 도와서 민주주의가 잘 발전되는 것과 관민합작으로 치안을 잘 유지하여 나아가는 것을 칭찬하며 미국에서는 트루만 대통령 이하 여러 당국이 우리에게 대한경제원조 1억 5,000만 불을 국회에 요청하여 며칠 안으로 통과되기를 기다리고 있으니 우리 한인들만 합심합력하여 잘 해 나아가면 다 같이 행복을 누리게 될 것인데 어찌해서 이런 불법행동을 행하여 저의 목숨에 해롭고 나라와 민족에게 누를 끼치게 하는지 생각할수록 통분할 일입니다.

나와 백범 선생 사이의 사분(私分)으로 말하면 호형호제하고 의리는 실로 사생을 같이 하자는 결심이 있는 터이며 임시정부 주석으로 내가 절대 지지하였고 그 후 임시정부가 귀국한 때에 나는 무조건하고 지지하여 온 것입니다. 중간에 와서 정치상 관찰에 약간 차이로 말미암아 정계에 가서 의아하는 점이 없지 아니해서 우리 두 사람이 양편으로 시비를 듣고 있었으나 내가 믿고 바라기는 백범 선생이 조만간에 나의 주장하는 것이 아무 사심이 아니요, 민국 대계에 유일한 방침으로 각오될 날이 있을 것을 믿고 있었으며 근자에 와서는 이런 희망이 점점 표면에 나타난 것을 보고 나는 마음에 기뻐하는 중인데 졸지에 이런 일이 생기고 보니 어공어사(於公於私)에 원통한 눈물을 금하기 어렵습니다. 해내·해외에서 백범 김구 주석을 사모하는 모든 동포는 한 줄기 뜨거운 눈물로 그분의 주검을 조상하며 따라서 그분이 평생 애국애족하는 대의(大義)를 본받아 그 사업을 계속 완수하기를 결심하기로 다 같이 맹세하기 바랍니다."[36]

김구와 나는 호형호제하는 사이이며 생사를 같이하는 의리를 맺은 관계다. 김구의 환국 시 나는 임시정부를 지지하였고 주석으로서의 김구를 인정했다. 잠깐 서로간의 정치노선의 이견으로 세간에선 두 사람의 불화를 설왕설래하고 있으나, 최근 이러한 이견이 해소되는듯하여 기뻐하는 중에 그가 죽음을 당하였다.… 비교적 솔직한 담화내용이다. 장덕수 암살사건과 남북연석회의 문제로 잠시 소원해졌으나 원래 김구와 이승만은 반탁·반소·반공 운동을 함께 한 동지적 관계이며 5월 19일 덕수궁의 회동이 웅변하듯 최근 두 사람의 사이는 원래의 상태로 복원되고 있는 중이었다. 김구와 이승만의 관계는 1949년 6월 29일자 연합신문에 잘 묘사되어 있다. 아래에 전문을 소개한다.

해방 후 우리 3천만 겨레들은 우리 민족의 최고 영도자로서 이승만 박사·김구 선생·조만식 선생 이 세 분을 추대하였다.
그러나 해방 후 4년이라는 시일을 거쳐 오는 동안 조만식 선생은 북한 공산도배들에 의하여 영어(囹圄)의 몸이 되시고 또한 김구 선생은 약간의 정치적 차이로써 호형호제하며 생사까지 같이할 사이였던 이승만 박사와 뜻 아니한 딴 길을 걸으시게 되자, 3천만 전 민중은 이 두 분이 하루속히 다시 손을 맞잡을 것을 빌어 왔던 것이다. 한편 이 두 분의 심사를 모르는 이 땅의

---

36) 李承晩 대통령, 金九 서거에 대해 애도 방송, 「서울신문」, 1949.6.28

겨레 중에는 두 분을 시비(是非)까지 하여 온 것은 사실이다. 그러나 백범 선생이 돌아가신 오늘날에 와서야 비로소 이 박사와 김구 선생 사이는 해방 직후나 지금이나 변함이 없었다는 것을 그 누가 알고 있었으랴!

즉 백범 김구 선생은 금년 1월 유엔신한위원단이 내한하자 동 위원단의 힘으로써 남북통일이 이루어질 것을 바라며 앞으로 동 위원단이 해 나가는 일을 중시하고 계셨던 것이다. 위원단이 내한한 지 2, 3개월이 지나도록 남북통일에 대한 하등의 성과를 이루지 못한 것과 때마침 중국 전토를 휩쓸기 시작한 중공군의 세력을 막지 않고는 한국이 위협된다는 것을 이미 예측하신 선생은 지난 4월 중순경 그 전부터 이북공작 때마다 밀사로서 파견하던 밀사··· 씨로 하여금 별항과 같은 밀서를 조만식 선생에게 전할 것을 명하시었다 한다. 그러나 이때는 월북하는 청년들은 여지없이 투옥·취조하는 괴뢰 인민군들의 38경비가 극심한 고로 이 밀사는 지금까지 기회만 엿보고 있던 때에 돌연 김구 선생이 급서하게 됨에 전기 밀사는 선생의 특명을 달성 못하게 된 것이라 한다.

◆ 급서 직전의 고(故) 백범 선생 심경

3천만 창생을 버리고 다시 돌아오지 못할 길을 떠나신 고 백범 선생이 장서(長逝)하시기 며칠 전에 방문한 박(朴)모 씨에게 말한 당시의 선생 흉금은 작년 5월 남북협상을 하게 된 동기와 대한민국정부에 입각을 주저하시고 계신 것 등은 모두가 선생 단독적인 의사가 아니었고 모사(謀士)인 일부 측근자의 확집에 의하여 부득이 한 처사이었다고 하는 의미를 암시한 일이 있었다고 한다. 한편 전기 박씨는 말하기를 김구 선생이 돌아가신 오늘에 와서도 선생의 측근자들은 이구동성으로 "김구 주석이 참변된 것도 모두가 일부 측근자의 무책임한 처사에 있다고 말할 수 있다"라고 원망의 말을 하면서 측근자들 사이에도 최근 알력이 심각하여짐에 따라 선생의 심경도 매우 괴로웠던 것이 사실이었다고 한다.[37]

한마디로 말해서 김구는 원래부터 빨갱이와 상종을 하지 않는 사람이란 뜻이다. 김두봉·김일성과의 접촉이나 남북연석회의 시 북한에 간 것도 자의가 아니고 모사꾼인 일부 측근자의 탓으로 돌리고 있다.[38] 김구와 이승

37) 金九가 曺晩植에게 보내려던 밀서가 京橋莊에서 발견, 「연합신문」, 1949.6.29
38) 이 말을 전한 박모씨는 국회의 〈암살진상보고서〉에 등장하는 박동엽으로 추정된다.

만 사이가 변함없었다는 강력한 증거로 그 동안 같은 길을 걸었던 조만식에게 밀사를 보낼 예정이었음을 이 신문은 제시하고 있다. 지금까지 살펴본 자료에 의하면 이승만이 김구의 암살을 사주할 하등의 이유가 없게 된다. 오히려 동지의 죽음을 애석해하는 이승만의 모습만 비춰진다. 하지만 공식석상의 발언과 속내는 다를 수 있는 법. 김구의 죽음 이튿날 이승만은 올리버에게 다음과 같은 서신을 보냈다.

그 자들은 한국정부와 국회간의 충돌을 지나치게 강조하고 있소.…(중략) 가장 충격적인 일은 김구 씨 암살사건이었소. 그가 남북협상을 주장하면서 남한의 각 도를 망라하여 지난날의 임시정부 지지를 맹세하는 단체들을 조직하는 한편 명년 6월 국회의원 선거에 자기 지지자들을 당선시키려고 준비를 서두르는 가운데 반정부 선동을 하고 있다는 이야기는 이미 알려져 있었던 사실이오. 국민들 간에는 그의 비애국적인 성명이나 활동을 비난하는 강한 감정이 번져 있었소. 그러나 그의 암살소식이 전해지자 전 국민은 충격을 받았소.

그를 암살한 사람이 비밀회담을 가지기 위해 그를 자주 방문했던 그가 신임하는 육군 장교의 한 사람이었다는 사실이 발표되자 세상은 모두 잠잠해졌소. 그는 또한 한국독립당내에서 전략적 위치에 있던 사람들 가운데 하나라는 사실도 알려졌소.

내게 알려진 바로는 이 육군 장교가 김구 씨를 방문하여 그는 자기 비서들을 밖으로 내보내고 그와 비밀 대화를 나누고 있었다는 것이오. 그 때 마침 세발의 총탄이 발사되고 그를 그 자리에서 숨지게 하였소. 이렇게 되자 사람들이 방으로 뛰어 들어 그 자객을 붙잡아 혼수상태로 병원에 끌려갈 정도로 두들겨 팼소. 지금쯤은 회복이 되고 있는 것으로 알며 충분히 건강이 회복되는 대로 그의 동기와 또 배후자가 있다면 그 사실도 모두 밝혀내게 될 것이오. 철저한 조사가 이루어 져야 하므로 이런 일들은 어느 하나라도 인용하지 말아 주시오. 조사가 완료된 뒤에는 그들이 이 가장 불행한 사건

에 대한 전면 보고를 발표하게 될 것이오.[39]

상기 글은 6월 28일에 올리버(Robert T. Oliver)에게 보낸·서신 중 비밀 비망록에 수록된 일부다. 올리버에 의하면 서신에다 "극비"라고 표시하고 현정세에 대해 길게 적어 보냈다고 한다. 이 글에는 이승만이 그 무렵 왜 김구를 제거하길 원했는가하는 이유가 뚜렷이 들어나 있다. 이승만에게 김구의 죽음은 그저 충격적인 사건의 하나일 뿐이었다. 이 글에는 김구의 죽음에 대한 애석함이나 애도의 말은 전혀 찾아볼 수 없다. 어쩌면 안도의 한숨을 내쉬는듯한 모습을 보여 주고 있다.

이승만이 진정으로 걱정하고 있었던 것은 다음해의 국회의원 선거였다. 김구가 예전처럼 남한 단정을 반대하고 북조선의 인물들과 계속 접촉하고 있었다면 그리 큰 문제가 아니었을 것이다. 하지만 1949년 6월의 김구는 제도권 정치의 진입을 시도하고 있는 중이었다. 6월 23일에 경교장을 방문한 기자에게 김구는 다음과 같이 말했다.

● 미군군사고문단 설치문제에 대하여 국내 정계는 찬부 양론이 있는데 이에 대한 선생의 견해는?
○ 북한의 봉쇄정책으로 인하여 이북의 사태를 확인치 못하는 까닭에 모든 문제의 해결은 곤란에 봉착하게 된다.

● 4상 회담 개막에 대한 소감은?
○ 미소 양국이 피차에 국제문제를 평화적으로 해결하려는 노력이 현저하다고 본다.

---

39) Rhee to Oliver, Jun. 28, 1949, Robert T. Oliver, Sygman Rhee and American Involvement in Korea, 1942~1960, Panmun Book Company LTD, 1978, pp.232~233. 올리버, 박일영 역, 『이승만 비록』, 한국문화출판사, 1982, pp.314-314

● 선생이 영도하는 한독당은 차기 선거에 출마할 의사는 없는가?
○ 이 문제는 그 당시에 가 보아야 할 일이다.[40]

앞의 글 '김구의 마지막 노선'에서 민족의 대동단결을 외치면서 현실 정치에 참여하겠다는 김구의 의도를 설명한 바 있지만, 상기 대담을 통하여 김구는 자신의 노선변경을 보다 확실하게 표시한 셈이다. "이 문제는 그 당시에 가 보아야 할 일이다."라는 말은 차기 선거를 검토하겠다는 의미일 것이다. 이제 남한의 단정을 인정한다는 뜻에 다름 아니다. 다가오는 2대국회의원 선거에 참여하여 원내 다수당이 되어 자신이 제2대 대통령에 취임하겠다는 야망이다. 가장 우려했던 상

건국실천원양성소의 개소 2주년 기념식에 참석한 김구, 앞줄 좌로부터 김정실, 장형, 김구, 엄항섭(효창원, 1949. 3.20)

황이 도래할 지도 모른다는 두려움이 이승만에게 엄습했을 것으로 짐작해 본다. 김구의 현실정치 참여 시도는 그가 설립했던 '건국실천양성소'의 움직임과도 관련이 있다.

이승만이 대한청년단(한청)을 설립하여 원래 김구의 조직이었던 대한민주청년동맹, 서북청년회 등 우익청년단체들을 통합시킨 것은 이미 설명한 바 있다. 그러다보니 1949년 무렵의 김구에겐 무엇보다 하부조직의 재건이 필요했을 터이다. 신익희·조소앙·안재홍·권태석 등이 빠져나간 한독당을 재건시키기 위해서라도 청년단체의 존재가 아쉬울 때였다.

김구가 현실정치 재진입을 노리고 있다고 판단한 이승만 계열은 김구의

40) 美蘇安協顯著,「서울신문」, 1949.6.24

동태를 주목했을 것이다. 건국실천원양성소의 이사회에서 "금후의 운영방침에 관하여 협의를 한 결과 불편부당을 소시(所是)로 하고 건국에 몸을 바칠 중견청년 양성에 전력을 다하기로 결의했다"[41]는 보도도 수상쩍게 보일 수 있었다. 시국강연회도 마찬가지였다.

이승만 정부가 김구의 움직임에 제동을 걸고 있는 것으로 보이는 몇 가지 사례가 있다. 1949년 5월 28일 예정이던 대구의 강연회가 뚜렷한 이유 없이 취소되었다.[42] 그리고 피살 전날인 6월 25일 공주에서 건국실천요원 양성소 모임이 예정되어 있었으나, 행사 당일 날 새벽 공주경찰서장이 전화로 행사 개최를 허가할 수 없다고 통보한 사실은 무엇을 말하는가?[43]

김구는 4월 하순에 군산과 옥구에서 개최된 건국실천원 양성소 개회식에 갔다가 귀경길에 전주에 들렀는데, 전주 극장에서 열린 환영식에서 김구는 "정부는 관제품 공산당을 만들지 말라!", "공산당 토벌한다 합시고 양민을 살해하지 말라"며 정부를 비판했고, 청중은 미친 듯이 "옳소! 옳소!"를 연발한 사건이 있었다는[44] 김학규의 증언은 이승만 진영이 왜 김구의 최근 동태를 위험시했는지 그 이유를 설명해주고 있다. 각 지방에 건설되고 있는 건국실천원 양성소가 실제로는 김구의 하부조직에 우익청년들을 공급하는 양성소역할을 하고 있다고 파악했다는 뜻이다.

한편, 이승만이 올리버에게 보낸 비망록 가운데, "암살자는 김구가 신뢰하는 육군 장교이고 자주 방문하여 비밀회담을 했었다는 사실이 발표되자 모든 의혹이 사라졌습니다."라는 묘한 내용이 있다. 안두희는 김구를 자주

---

41) 建國實踐員養成所, 중견청년 양성을 결의하고 이사진을 확충, 「독립신문」, 1949.2.23
42) 金九의 대구강연회 연기, 「영남일보」, 1949.5.31
43) 《白凡金九先生暗殺眞相 調査報告書》
44) 김학규, 백범 선생님을 추모하면서,·《白凡金九全集(12)》, p.311.

방문했고 비밀회담을 가졌다는 것인데, 그렇다면 이 비밀회담의 목적은 무엇이었을까? 그리고 이승만이 말한 모든 의혹은 무엇일까? 더 이상 자세한 내용이 기록되어 있지 않아 정확한 사실은 알 수 없다. 그러나 7월 2일 발표한 이승만의 성명서와 연결해 보면 대략적인 내용을 유추할 수 있다. 다음은 보도 내용 전문이다.

이 대통령은 국회의원 체포사건 및 김구 선생 피살사건 등 최근에 이러한 중대사건에 비추어 서로 관련성 없는 사건으로 한국 내에 어떤 위기가 있는 듯한 소문이 있음은 전연 사실과 상위(相違)된다고 하여 30일 하오 외국기자에게 별항과 같은 성명을 발표하였다. 이하는 주(駐)서울 AP 특파원이 제공한 동 성명의 전문이다.

"관련성 없는 일련의 사건으로 말미암아 해외에는 대한민국의 국내 사정에 어떤 위급한 조건이 있는 듯한 인상을 주었다는 말이 나에게 들려왔는데 이것은 사실이 아니다. 불행하고도 충격적인 김구 씨 살해사건은 자연히 한국 및 나이 어린 한국이 관계하고 있는 문제에 주의를 이끌게 하였고 이와 함께 유엔한위의 분과위원들이 우리의 옹진반도를 방문하여 거기서 무엇보다 공산주의 침략으로부터 우리의 자유로운 지역을 방위하기 위해서 우리가 싸우고 있는 것을 본 것으로 해서도 관심이 우리에게 집주(集注)되었다.

나는 선출된 국회와 몇몇 의원을 체포하게 된 필요성이 금일 발표된 동 사건의 경찰 조사보고 중에 설명된 것으로 믿는 바이다. 그리고 김구 씨를 살해한 전후에 관하여서도 공표하고 싶은데 그것은 발표할 만한 때가 되면 물론 반드시 공표될 것이다. 그러나 지금 이 때 모든 사실을 일반 앞에 공개해 놓는다는 것은 나의 생각으로는 그 생애를 조국독립에 바친 한국의 한 애국자에 대한 추도에 불리한 것이 아닐까 생각된다. 우리의 법정에서 용의(用意) 깊게 검토될 이들 사실은 김구 씨의 살해가 순수히 여하한 행동노선이 조국을 위하여 가장 유리할 것인가에 관한 당내(黨內) 의견차이의 직접적 결과임을 표시할 것이다. 그리고 이러한 의견불합치는 결코 당 자체 밖에는 알려진 일이 없으며 김구 씨의 추종자가 동 논쟁을 결말짓고자 취한 격렬한 수단은 우리 전체에 비애를 초래하였다고 말할 수 있는 것이다. 옹진반도의 전투보고는 내가 믿기로는 침략을 혐오하고 자치에 대한 인민의 권리를 존중하는 모든 인민을 고무(鼓舞)할 것이다. 사실들은 분명하다. 북한의 공산정권은 옹진반도의 17만 5,000인민이 민국으로부터 바다에 의하여 격리되어 있음을 보자 5월 중에 동 지역을 제압하려고 기도하였던 것이다. 우리는 동 지역에 그 안전을 확보하기에 충분한 우리 군대를 이동시켰다.

우리는 크레믈린의 명령을 받도록 강제되어 잘못 인도된 북한인이 한국인에 의해서 통치되고 있는 한국의 어느 부분에 대해서 침략하더라도 우리는 어디서든지 이와 같이 할 것이다. 우리는 세계의 다른 민주주의적 인민으로부터의 이 이상의 원조가 있던 없던 이 일을 해 갈 것이다. 그러나 우리는 그들의 조력(助力)과 지지를 환영하는 바이며 또한 필요로 하고 있다."[45)

국회프락치 사건과 김구 암살에 관한 성명이다. 주목할 것은 "그러나 지금 이 때 모든 사실을 일반 앞에 공개해 놓는다는 것은 나의 생각으로는 그 생애를 조국독립에 바친 한국의 한 애국자에 대한 추도에 불리한 것이 아닐까 생각된다."라는 부분이다. 이승만이 숨겨야할 사실은 무엇일까? 애국자 김구에 대한 불리한 추도란 과연 무엇일까?

우선 생각해 볼 수 있는 것은 북한 공산주의자와의 관계다. 그러나 김구의 좌익관련설은 이미 식상한 소재로서 많은 언론들이 이미 다루고 있는 소재다. 그렇다면 김구의 기존 이미지를 손상시킬 수 있는 사안은 과연 무엇일까? 여기서 생각해 볼 수 있는 것이 안두희와 김구와의 비밀회담 설이다. 이 비밀회담은 세간에 떠돌고 있는 이승만 암살설과 연결이 된다. 주목할 것은 《사찰요람》의 내용이다. 암살진상 보고서를 작성한 국회의원들은 《사찰요람》에 등장하는 아래의 장면을 가장 희극적인 것으로 치부했지만, 당시 경찰은 실제로 김구의 이승만 암살 모의설을 믿었던 모양이다. 책에 기록된 관련 부분은 다음과 같다.

45) 李承晩 대통령, 金九 암살 동기는 때가 되면 공표될 것이라는 성명을 발표, 「조선중앙일보」, 1949.7.2

김구는 김학규를 개(介)하여 그의 부하 안두희로 하여금 이 대통령을 암살하려다가 안의 변의(飜意)로 4282년 6월月 26일 시내 경교장(京橋莊)에서 안에게 도리혀 피살(被殺)되었다.[46]

안두희가 이승만을 암살하려고 했다는 증언도 있다. 백범 시해진상규명 문제로 논란이 한참이던 1992년 4월 동아일보에서 주최한 한 좌담회에서 김우전(金祐銓, 1922- 백범 기념사업회 전이사)은 다음과 같은 증언을 했다.[47]

1992년 4월 15일자 동아일보 기사

김학규 본인의 증언이 아닌 것이 아쉽기는 하나, 김구와 한독당 계열들에게 불리할 수도 있는 사안을 김우전이 스스로 조작했을 가능성은 없다고 보여 진다. 어쩌면 김구의 신임을 얻기 위해 안두희 자신이 일종의 퍼포먼스를 했는지도 모른다. 거론한 내용의 사실 여부를 제쳐두더라도 아무튼 이승만 측으로선 김구의 암살 계획 가능성을 염두에 두었던 것은 틀림없는 사실로 보인다.

이승만 암살 기도설 이외 또 생각해 볼 것은 김구의 쿠데타설이다. 반 이승만 쿠데타 기도 의혹에 대해선 앞 장 '(김구의) 마지막 노선'에서 거론하였으므로 이 장에선 리차드 로빈슨의 견해를 일부 소개하는 것으로 대신하도록 하겠다.

한편, 1949년 6월 26일 73세의 김구가 총탄에 의해 암살당했다. 암살자는? 그는 젊은 군장교였다. 경찰은 암살자가 자신의 동료로부터 김구가 '자

---

46) 『韓國政黨史·査察要覽』, 서울대학교 한국교육사고, 1994, p.39
47) 특별좌담 백범암살 정부차원서 규명할 때,「동아일보」, 1992.4.15

신의 목적'을 위해 군대를 이용하려 한다는 말을 듣고 행동을 강행하였다고 발표했다. 대한민국의 경찰은 암살의 목적이 무엇이었는지 구체적으로 밝히지 않았다. 다음날 이승만은 김구의 죽음이 그의 한국독립당 내에서의 의견분열 때문이라고 비난했다. 그러나·《뉴욕타임즈》는 '고위소식통'을 인용하여 김구의 죽음은 이승만 정부를 전복하려했던 군사쿠데타 음모가 발각된 결과라고 보도했다.[48)]

다음해 치러질 선거에서 자기 대신 대통령이 될 지도 모른다는 두려움, 더욱이 쿠데타 의혹이 있을 뿐 아니라 자신을 암살할지도 모른다는 소문이 떠돌 때 그대는 무엇을 선택하겠는가? 결국 이 세 가지 이유가 김구 암살의 동기라고 판단된다. 하지만 당시 이 세 가지 동기 특히 김구의 현실 정치참여로 인한 제거설은 이승만 정부와 언론이 감히 언급할 수 없는 판도라의 상자였다. 그 대신 선택한 것이 한독당 내부분란으로 인한 암살사건이었다. 실제 그 당시 언론이 보도한 기사 제목만 보아도 정부의 의도는 뚜렷하였다.

■ 국방부 육군본부, 안두희(安斗熙)가 김구(金九)의 지도를 받은 한국독립당 당원이라고 발표 〈서울신문 1949년 06월 28일〉

■ 육군본부, 김학규 한국독립당 조직부장이 김구 암살 관련으로 체포됐다고 발표 〈서울신문 1949년 06월 29일〉

■ 국방부, 김구 암살범 안두희가 한국독립당 비밀당원이라고 발표 〈연합신문 1949년 06월 29일〉

■ 국방부, 김학규 한국독립당 조직부장이 김구암살 관련으로 중부서에서 문초받고 있다고 발표 〈조선중앙일보 1949년 06월 29일〉

........................................................................................

48) 리차드 로빈슨, 정미옥 역, 『미국의 배반』, 과학과 사상, 1988, pp.274-275

■ 김구 비서 선우진(鮮于鎭), 서대문경찰서에 피검 〈자유신문 1949년 06월 30일〉

■ 헌병사령부, 김구 암살범 안두희가 한국독립당 비밀당원이라고 발표 〈경향신문 1949년 07월 01일〉

"백범 암살은 한독당 내분으로 꾸며라"라고 이승만이 지시한 사실은 당시 검사장이었던 최대교의 증언이 뒷받침해준다. 최대교는 "사건 직후인 1949년 6월 27일 한독당 조직부장 김학규씨 등 민간인 7명에 대해 당시 김익진 검찰총장이 백범에 대한 살해교사 혐의로 영장을 청구, 이를 한격만 서울지방법원장이 직접 발부했다."며 "이는 철저히 업무 계통을 무시한 것으로 이승만 대통령의 직접 지시에 따른 것으로 안다"고 말했다.[49] 정부의 이러한 방침에 항거한 당시 최대교 서울지방검찰청장은 사퇴할 수밖에 없었고 1949년 9월 23일 사표가 처리되었다고 한다.[50]

백범 김구 암살 사건은 어떻게 보면 아주 간단한 사건일 수도 있었다. 미래의 정적 제거, 이것이 사건의 본질이다. 문제는 사건의 목적과 동기를 은폐하고자했던 이승만 정부의 여론조작에 정치·경찰·언론계 등 대부분의 관계자들이 동조한 사실이다.

이제 결론을 내릴 때다. 김구의 암살을 이해하기 위해선 무엇보다 그 당시 김구의 노선을 파악해야만 할 것이다. 남북연석회의 이전 그의 노선은 반탁·반소·반공을 외쳤지만 실제로는 임시정부 정통론이 무엇보다 우선적인 대원칙이었다. 그 후 남한의 단정실시가 확실시되자 이승만과의 연대에 의한 단정노선으로 변한다. 그리고 남북연석회의를 전후하여 노선이 또

---

49) 백범암살 한독당내분으로 꾸며라 이대통령이 지시, 「동아일보」, 1992.4.15
50) 崔大教 서울지방검찰청장 사표가 처리되고 李太熙 취임 예정, 「서울신문」, 1949.9.25

변하게 된다. 이제는 미소양군 철수 후 남북한총선거 실시였다. 하지만 평양을 갔다오고 난 뒤 남북정권이 들어서자 그의 노선은 다시 요동치게 된다. 마지막 시기 김구의 노선은 북조선과의 협상을 포기하고 그 대신 남한 정계복귀에 중심을 두었다. 그의 마지막 변신은 조용히 은밀하게 진행되었다. 이승만 암살, 군부를 동원한 쿠데타 그리고 제2회 총선거 참가에 의한 정권교체… 등이 김구가 선택할 수 있는 길이었다.

그러나 김구의 움직임은 이승만과 미국CIC에 의해 세밀히 관찰되고 있었다. 미국은 좌익과의 연대에 의한 군부 쿠데타의 가능성을 염두에 두었지만, 이승만은 김구의 현실참여에 두려움을 느꼈다. 결국 미국의 묵인과 방조 하에 이승만 권력의 핵심세력에 의해 김구의 죽음이 있게 되었다. 물론 아직까지 결정적인 증거는 없다. 우리가 풀어야할 숙제다.

철저한 반공주의자였던 안두희의 경우 어쩌면 확신범일 수도 있다. 이승만 진영이 의도하고 조작한 김구에 대한 이미지 즉 원래는 공산당을 때려

1992년 2월 김구의 무덤 앞에서 회한의 눈물을 흘리는 안두희

잡던 김구가 변절하여 공산당과 연대하고 있다는 마타도어를 그대로 믿었을 가능성이 높다. 좀 가혹하게 말하자면 안두희는 연극무대의 피에로였으며 이승만 등 최고 권력자들에게 이용을 당했다는 뜻이다.

국회의 암살진상 보고서에서 김창룡 등 특무대가 관여한 위작이라고 판명한 《시역의 고민》 중 김구 암살 장면 중 일부를 아래에 소개한다. 안두희는 여기에 등장하는 모든 내용을 진실로 믿고 정직하게 썼을지도 모른다.

약 삼십 분간 아래층 응접실에서 기다렸다. 강 대위와 교체하여 2층으로 올라갔다. 활짝 열린 창변(窓邊), 회전의자에 몸을 싣고 서안(書案)에 기대어 부채든 손으로 무슨 서류를 뒤적이고 계시다가 안내 없는 인기척에 약간 놀라시는 얼굴로서,

「너냐, 너는 왜 왔느냐?」

하고 한마디고 쏜다. 대단히 귀찮으신 모양이다.

「인사 여쭈려 왔습니다.」

마루에 연달은 〈다다미〉 위에 꿇어앉았다.

「인사? 오지 않겠다더니 또 왔어?」

「저, 지금 옹진 국사봉(國士峰) 전투에 우리 국군창설이래 처음으로 포병이 출동하게 되었는데 그 제1진으로 저의 중대가 참가하게 되어 내일 떠나기로 명령을 받았습니다.」

「아니 국사봉전투란 그렇게 치열하냐?」

「네, 적의 작전이 지금까지의 모양과는 좀 다른가 봅니다. 대공 전투참가라는 것은 저의 큰 숙원이었으며, 더욱이나 포병대의 초진에 참가케 된 데 대하여서는 무어라 말할 수 없이 기쁩니다. 목숨을 홍모(鴻毛)에 비기는 군인의 몸이오라 이번도 살아서 돌아오리라 어찌 단언할 수 있겠습니까. 그래서 마지막이 될는지 모를 선생님과의 대면의 기회를 얻기 위하여 인사드리러 왔습니다.」

들으실 뿐, 대답이 없으시다. 지난 한때 같으시면 나의 등이라도 쓰다듬으시면서 '그렇지 참 반갑다. 무운장구(武運長久)를 빈다.'고 여러 가지 격려의 말씀이 계셨을 것은 물론, 무슨 과자 한 봉이라도 사다놓고 장행회(壯行會)라도 하시려고 떠들으셨을 선생님이 이렇게도 표변(豹變)하시다니….

잠시 피차 말이 없었다. 나는 다시 말문을 열었다.

「선생님 생사를 기약할 수 없는 길을 떠나는 이 마당에 임하여 꼭 선생님께 여쭈어볼 말씀이 있습니다.」

선생님은 먼 밖을 바라보던 자세대로 머리를 돌리시지도 않으신다.

「세상 이목이 귀찮다. 시끄럽다. 어서가거라.」

「선생님! 저는 이 의문과 이 번민을 풀지 못 하오면 죽사와도 옳은 귀신이 못 될 것 같습니다. 선생님! 간절한 청이오니 이 몽매한 자식의 마지막 소원을 풀어주실 수 없으십니까?」

「또 무엇이냐?」하시면서 회전의자를 틀어 이쪽으로 얼굴을 돌리신다.

「상전(桑田)이 벽해(碧海)로 변할망정 선생님의 철석같이 굳으신 지조야 변할 리 있사 오리까마는, 저희들이 우미(愚迷)하여 선생님께 대한 여러 가

지 풍설과 당의 행동에 있어서 불가사의한 점을 해명치 못하고 있습니다. 그 동안 여러 차례 선생님께 직소앙문(直訴仰問)코저 애썼으나 좀처럼 기회를 얻지 못했고 본시 이런 회의를 갖는 것부터가 성스러우신 선생님의 정신을 모독함일까 저어하와 감히 입 밖에 내지를 못하였습니다. 그러나 선생님으로서는 여기에 대하여 석연히 그 내용을 밝히시어 저의 왜곡된 의심을 씻어 주심이 이런 혼란기에 처한 자제를 사랑하시는 길일까 하옵니다.」

「그래 말해봐.」

다소 표정은 부드러워지셨으나 어조는 역시 거칠으시다.

「국회소장파와 선생님 사이에 일직부터 내통되어 있다는 것은 세상의 정평이요, 이번 그들 피검 시 김약수를 선생님께서 숨기셨다는 억측까지 가지게 되었던 것이 온데 선생님과·그들과의 관계는 정말 어떤 것 입니까?」

「세상이 아무려면 어때, 또 공산당이라면 어때!」

「그러시면 공통된 노선이란 말씀이십니까?」

「네 멋대로 해석하렴.」

「선생님께서 남북협상 당시 서울을 떠나시며 무엇이라고 말씀하셨습니까? 그렇게 굳은 서약을 하시고자 돌아오신 뒤에 왜 뚜렷이 대국의 전망과 선생님의 심경을 밝혀 말씀치 못하셨습니까? 무슨 숨은 사정이 계셨습니까?」

나는 일방적인 흥분조로 변해갔다.

선생님은 저으기 태연을 잃으신 안색이시다.

「그래 내 나라 내 땅을 갔다 온 것이 잘못이란 말이냐.」

「왜 모든 것을 국민 앞에 밝히지 못 하셨느냐는 말씀입니다.」

「그래 밤낮 반 쪼가리 땅에서만 살자는 말이냐.」

요령부득(要領不得)의 답변이시다.

「협상 다녀오신 후에 태도는 어떠하셨습니까. 미군의 철퇴를 주장하셨고 미국의 원조를 거부하셨고 UN의 처사를 비방하시면서 급기야는 5·10선거까지 부인하신 것, 어떻게 그렇게 그 주장하심이 공산당과 꼭 같으십니까. 전라도 방면을 순회 하실 적에 정부를 부인하시고 미국을 침략자로 규정지으시며 이 박사를 사대주의자의 전형적인 존재로 매도하셨으니 공적인 국면도 국면이오나 그렇게도 국민 전체가 쌍벽으로 모시던 두 분의 교의(交誼)가 끊겼다고 생각될 때에 온 겨레의 실망은 어떤 것이었는지 아십니까?」

「그래 이놈아 이것이 정부구실을 한단 말이냐, 그리고 미국 놈이 무슨 전생에 은혜를 입었기에 그리도 고맙게 적선을 할 것이란 말인가. 대국을 좀 큰 눈으로 보아라.」

「그리고 건국실천원양성소(建國實踐員養成)는 무엇 하는 기관이며 혁신탐정사(革新探偵社)는 누구의 것이며 또 한독당(韓獨黨)의 소위 비밀당원 조직망이란 무슨 사명을 부여한 결사입니까. 한국군대는 김구 씨의 군대라는 외인(外人)의 평론에 대하여 선생님은 무슨 말로써 반박하시렵니까. 선생님! 제게 8·15기념일을 전후하여 중대한 지령이 있을지 모른다던 예비명령은 무엇에 대한 준비입니까.」

나의 음성은 높을 대로 높았다. 선생님도 노기등등한 안색으로 안절부절못하시면서,

「무어야? 이놈 죽일 놈! 입이 달렸다고 함부로 지껄이는 거야?」

고함을 지르신다. 이제는 피차가 사리를 가릴 이지(理智)의 여유를 잃었다.

「여순 반란은 누가 교사한 것입니까?」

「뭐야 이놈.」

주먹으로 서안을 치신다.

「표(表)소령, 강(姜)소령과 기거를 같이하던 놈은 어떤 놈입니까?」

「저런!」

책 뭉치가 날아온다. 얼굴에 맞았다.

나도 주먹을 부르쥐고 고함을 질렀다.

「송진우 씨는 누가 죽였습니까?」

벼루가 날아와서 머리를 스치고 뒷벽에 부딪힌다.

「장덕수(張德秀) 씨는 누가 죽였습니까?」

「이 놈! 너 이놈!」

붓이 날아오고 또 책이 날아오고 종이 뭉치가 날아오고….

나는 고개를 수그리고 잠깐 생각의 여유를 포착하려했다. 무슨 말씀인지 기억은 없으나 선생님께서는 노후(怒吼)를 계속하시는 것이다.

'안됐다. 선생의 심기는 도저히 바꿀 수 없는 것이 되고 말았구나. 저 그늘 밑에 칩복(蟄伏)한 것들을 제하려고 노력하는 것이 오히려 도노(徒勞)일 것이다. 그늘의 주체인 대목을 찍어 버리자. 그것이 비상시에 봉착한 국가민족을 위하는 길이요, 백범 선생 장본인의 오명을 막는 길일 것이다. 하물며 폭풍을 잉태한 8·15지령이 숨 가쁘게 때를 기다리는 아슬아슬한 찰나가 아닌가. 꺾어야 한다. 이때다.'

뒷 허리를 스친 나의 오른편 손에는 어느새 권총이 뽑혔다. 반사적으로 움직인 왼손은 날쌔게 총신(銃身)을 감아쥐었다. 제끄덕! 장탄(裝彈)을 하면서 얼굴을 들었다. 앗! 선생께서는 그 거구를 일으켜 두 팔을 벌리고 성낸

사자같이 엄습하여 오는 것이 아니냐. 눈을 감으며 방아쇠를 당겼다.

「영감과 나라와 바꿉시다.」

고함인지 신음인지 나도 모르는 소리를 지르며….

빵! 빵! 빵!

유리 깨지는 소리. '으응'하는 비명. 코를 찌르는 화약 냄새.

겨우 눈을 들었다. 선생님의 커다란 몸집은 사지를 늘어지고 두부(頭部), 흉부로 피를 쏟으며 의자와 함께 몸으로 쓰러진다. 무섭다. 나는 발을 옮기어 옆 마루 미닫이 뒤로 돌아섰다. 아현동 쪽으로 향한 서쪽 들창에 기대어 섰다. 광활한 푸른 하늘 저편엔 하얀 구름이 뭉게뭉게 솟아오르고 있다. 하늘도 고요하고 땅도 고요하고, 내 마음도 고요하다.

공허한 내 마음에는 '사람을 죽였다'는 쇼크도 좀처럼 일어나지 않는다.

일은 이미 돌이킬 수 없는 일이라는 체념일까. 분명히 실신은 아니다.

「구애 없는 이 시간에 나마저 죽어버릴까?」

총구를 오른편 이마에다 댔다.

「아니다. 죽을 때가 아니다. 지금 죽어선 안 된다. 내가 말없이 이대로 죽으면 영원이 역적이 되고 말 것이다. 첫째 겨레의 안녕과 국가의 질서를 위하여 이 가공할 복마전(伏魔殿)의 정체를 폭로하여야 할 것이고 후대 자손을 위하여 참된 이 단심을 밝혀 두어야 할 것이다. 아무 때라도 죽을 목숨이니 종용히 법의 제단 밑에 선생님의 뒤를 따르리라.」

따로 죽음의 시간을 택하기로 하고 총을 내렸다.

'이제는 나는 죄수다. 군장을 더럽힐 필요가 없다.'

포병 뺏지와 소위계급장을 떼어 마룻바닥에 버리고 권총을 손에 든 채 충층대를 한 계단 한 계단 내려디디었다. 아래층 응접실에서는 아직도 세상을 모르고 잡담을 하고 있는데 정문(대문)에서 파수(把手) 보던 순경이 총소리를 들었는지 두 세 명이 제각기 카빈총을 내밀고 응접실 앞으로 뛰어 들어오면서 당황한 태도로,

「지금 2층에서 무슨 총소리야! 손들어! 손들어!」

하고 떠든다.

비서들은 무슨 영문인지 몰라 멍하니 서 있을 뿐이다. 나는 들고 내려온 권총을 쇼파 위에 놓고 조용히 두 손을 들었다.

「지금 내가 선생님을 쏘았소. 지금 선생님은 나의 총에 돌아가셨소.」

「뭐? 선생님을? 이놈 죽여라!」

칼빙 개머리판이 날라들고 책상다리가 날라든다.

「죽여라!」

「없애라!」
주위의 사람들은 닥치는 대로 들이치는 판이다. 정신이 혼미해진다.
「죽이지는 말아라. 죽여서는 안 된다.」
가물가물 돌리는 목소리. 누구의 말인지…[51]

---

51) 안두희, 『시역의 고민』-6월 30일자 기록분, 학예사, 1955

# 32
# 엄항섭의 김구 우상화 작업

히틀러에게 괴벨스가 있었다면 김구에겐 엄항섭이
있었다. 물론 김구를 히틀러와 비교하는 것은
아니다. 하지만 김구라는 인물이 대중에게
영웅화되는 과정은 히틀러의 예와 너무 닮
았다. 그리고 김구 신화화의 일등 공신
은 분명히 엄항섭이다.

# 《한민》의 발간과 역사왜곡

1936년 3월 15일,《한민(韓民)》창간호가 발간되었다. 4쪽으로 구성되어 신문의 형식을 빌었으며, 1940년 7월 15일 제22호로 폐간되었다.《한민》은 1935년 11월 김구(金九) 주도하에 결성된 한국국민당(韓國國民黨)의 기관지 역할을 했다. 발행 장소는 남경(南京)이며 발행처는 한민사(韓民社) 명의였다. 조소앙의 한국독립당(재건)·이청천의 조선혁명당과 통합된 한국독립당(중경)의 창당을 전후하여, 신문으로 발간된《한민》은 종간되고 잡지《한민》으로 대체되었다. 창간호 격인 잡지《한민》제1기 제1호는 1940년 3월 1일 발행되었으며 발행처와 발행인이 신문《한민》과 동일했다. 그러나 4월 25일 발간된 제2호부터는 한민월간사(韓民月刊社) 명의로 중경에서 발간되었다. 잡지《한민(韓民)》의 마지막 호는 1941년 6월 15일 발행된 제1권 제5기다. 한국국민당은《한민》이외 당의 전위적 조직체였던 한국국민청년단(韓國國民靑年團)과 한국청년전위단(韓國靑年前衛團)에서 각각《한청(韓靑)》과 《전선(前線)》을 발간하기도 했다.[1] 간략하게 엄항섭이 주도한 김구 계열의 언론 활동을 정리해보았다.

《한민》에 수록된 논조와 편집방향은 거론하지 않는다. 다만 역사의 진실 면에서 문제의 소지가 될 수 있는 내용 몇 가지를 지적하고자 한다. 신

---

1)·《대한민국임시정부자료집》제35권과·제별책 4 참조

문《한민》제2호에 다음과 같은 기사가 실려 있다.

이유필(李裕弼) 출감설(出監說): 3년 전에 상해에서 방표식(綁票式)으로 왜적(倭敵)의 수중에 간 이유필은 본국으로 가자 즉시 석방된 고로 광복운동자들은 비겁한 그 자의 투항을 타매(唾罵)하는 동시에 정부에서는 그 자의 직(職)을 면(免)하고 한국독립당에서는 그 자의 당적을 삭제하였으며 또 평소에 그 자와 심후(深厚)한 교분이 있든 친우 중에서는 자살을 권고하는 서신까지 보낸 일이 있어 일시 우리 사회의 문제가 된 것은 일반이 다 아는 바어니와 그 후 얼마 아니되야 그 자의 석방을 왜군부측에서 반대함으로 부득이(不得已) 다시 감옥에 들어가서 3년의 형살이를 하게 되였다고 전하더니 지난 3월 24일 조선일보에는 동월 23일에 그 자가 만기출옥되엿는데 신체는 자못 건강하다고 보도하엿다. 해외에서는 아직 그 진상을 모착(摸捉)키 난(難)하거니와 3년 전 그 당시에 이일에 대하야 함구하고 지내든 본국신문 - 그 중에도 특별히 조선일보에 홀연(忽然)이 그 출옥하엿다는 소식이 전하게 됨에 대하야는 더욱 의아함을 면치 못할 바라고 한다.[2]

제1부에서 이유필과 김구 계열의 갈등에 대해서 거론한 바 있지만, 상기 인용 기사가 최근까지 사라지지 않고 있는 이유필 변절설의 뿌리다.《한민》제2호가 발행된 날짜는 4년 전 윤봉길이 상해 홍구공원에서 의거를 일으킨 바로 그 날이다. 의거 4주년을 맞아 윤봉길 의사를 추모하는 글로 대부분 편집되었음은 하등 문제가 될 수 없다. 하지만 거사의 또 다른 공적자 이유필을 변절자로 몰아가고 한편으론 김구의 공적을 다시 되풀이 하는 것은 아무래도 의도된 편집이라고 볼 수밖에 없다. 이유필의 친일누명은 독립지사 변절의 한 예로 지금까지 계속되고 있는 모양이다.

"친일 논란이 불거졌을 때마다 어린 시절 상하이에서 매일 밤 대문을 걸어 잠그고 가족들에게 국사를 가르쳐주셨던 아버지 모습이 생각나 말로

---

2) 李裕弼 出監說,「한민」제2호, 1936.4.29

표현할 수 없을 정도로 섭섭하고 불쾌했습니다. 조국독립에 한평생을 바친 댁의 아버지를 친일파라고 뒤집어씌우면 당신은 어떻게 하겠습니까."[3]

이유필의 아들 이준영이 2009년 한 언론사와의 인터뷰에서 밝힌 분노의 변이다. 이유필은 1962년 정부로부터 건국훈장 독립장(3급)을 받은 국가유 공자다. 건국훈장은 변절했거나 일제의 밀정이었다면 도저히 받을 수 없는 제도다. 한편, 1990년 성신여대 이현희 교수가 일본 외무성에 보관중인 사 상월보 제3권 제10호(1934년 1월 15일 발행)에 실린 재판기록을 찾아내어 그 동안의 의혹에 대하여 해명을 했지만[4] 이유필의 친일설은 끈질기게 계속 되고 있다. 바로 김구의 힘이다.

각종 언론에 김구 관련 기사 투고,《도왜실기》발간을 통하여 김구 알리 기에 골몰하던 엄항섭 등 김구 계열은 1940년 잡지《한민(韓民)》이 발간되 자 아예 김구 영웅만들기에 나섰다. 다음 그림을 보라. 당 대표의 휘호(揮 毫)를 책자의 표지로 당당히 사용한 잡지를 지금 우리는 보고 있다. 당 기 관지라고 하지만《한민(韓民)》은 잡지의 형식을 빌려 출간한 책자다. 더욱 이 한문으로 기록되어 있어 주 독자는 중국인들이다. 그런데 어떻게 자신 의 이름이 뚜렷이 표시된 휘호를 표지로 사용할 수 있었을까? 엄항섭 등 김구 직계 구성원들의 단순한 충성심으로 보아야할까? 아니면 숨겨진 또 다른 의미가 있는 것일까?

잡지의 내용 역시 김구 찬양으로 도배되어 있다. '한국혁명영수 김구 선 생 소전'[5]이란 엄항섭의 글이 대표적 사례다. 우리가 익히 알고 있는 김구

3) 일제극비문서로 친일누명벗은 춘산 이유필선생, 「조선일보」, 2009.8.15
4) 임정 이유필 변절 의혹 없다.「동아일보」, 1990.11.6
5) 한국혁명영수 金九 선생 소전, 「한민」-제1기제2호, 1940.4.25

에 대한 이력이다. 엄항섭이 주장하고 있는 김구의 생애가 얼마나 조작된 정보인가는 지금까지 이 책을 통하여 충분히 설명했다. 김구를 한국혁명의 영수로 만들고자 한 이유는《한민》창간호에 우민(愚民)이라는 사람이 기고한 '아독립운동(我獨立運動)의 동향(動向)'이란 글에 잘 묘사되어 있다.

잡지 한민 제1기 제1호 표지

잡지 한민 제1기 제2호 표지

잡지 한민 제1권 제3,4기 표지

잡지 한민 제1권 제5기 표지

우리는 이러한 정명강간(精明强幹)한 중심인물을 영수로 하고 그의 영도에 절대복종하여 정성단결 되는데서만 우리의 독립은 완성될 것이다. 다른 나라 사람에게서도 얼마던지 그 예를 찾을 수 있으니 의대리(意大利)의 『무소리니』, 독일(獨逸)의 『히틀러』, 토이기(土耳基)의 『게말파샤』, 중국의 장개석, 아라사(俄羅斯)의 『스타린』 등이 이 각기(各其) 유일무이한 영수가 되여 그의 지도 하에 당세는 발전되고 국가운명을 보장하고 있다. 강적을 상대로 하여 일장혈전(一場血戰)을 경(經)하고 우리의 자유를 획득할 중임을 자부하는 우리는 일개 강유력(强有力)한 당과 정명강간(精明强幹)한 영수의 영도가 없어서는 될 수 없다. 그럼으로 우리는 우리 한국국민당을 본영으로 하고 최고간부(最高幹部)의 지도 하에서 규정된 목표를 향하야 우리에게 성공이 있기까지 용진분두(勇進奮鬥)하자.[6]

김구를 히틀러나 스탈린 같은 인물로 만들어 그의 영도에 절대복종하여 단결하는 것이 우리의 독립이 완성될 것이라는 발상에 소름이 끼친다. 어쩌면 김구 자신이 그렇게 원했고 그 길을 걸어갔는지도 모르겠다.

---

6) 我獨立運動의動向, 「한민」-창간호, 1936.3.1

# 백범 김구와 일파 엄항섭

히틀러에게 괴벨스가 있었다면 김구에겐 엄항섭이 있었다. 물론 김구를 히틀러와 비교하는 것은 아니다. 하지만 김구라는 인물이 대중에게 영웅화되는 과정은 히틀러의 예와 너무 닮았다. 그리고 김구 신화화의 일등공신은 분명히 엄항섭이다. 그러면 엄항섭은 과연 누구일까? 하는 궁금증부터 풀어보기로 하자.

1898-1962 호는 일파(一波). 본관은 영월(寧越), 엄대위(嚴大衛)라 칭하기도 하고 중국망명 당시에는 예빗.엄, 엄경민 등으로도 불리웠으며, 김구가 피살될 때까지 그를 보좌하다가 6.25 때 납북(혹은 입북)되었다. 재북평화통일촉진협의회 상임위원 겸 집행위원을 지냈다.

엄항섭은 남·북 양쪽 정권으로부터 훈장을 수여받은 흔치 않은 정치가 중의 한 명이다. 정부는 1989년에 건국훈장 독립장을 엄항섭에게 수여하였으며, 조선민주주의인민공화국에서도 1990년 8월 15일 조국통일상이 추서되었다.[7] 1962년 7월 30일 작고한 엄항섭은 평양의 신미동에 위치한 애국열사릉에 안장되어 있다. 이곳에는 최동오, 조소앙, 김규식, 조완구, 윤기섭 등 한국전쟁 당시 북한으로 납북된 것으로 알려진 남쪽의 요인들과 1948년 4월 평양에서 열린 〈남북조선정당사회단체대표자회

---

7) 이모저모 豊山(풍산) 金日成(김일성)숙부 이름따 "金亨權郡(김형권군)'으로 상, 「경향신문」, 1990.8.21

의〉에 참가했다가 북한에 머무른 요인들이 함께 묻혀 있다.[8]

주목할 것은 그와 김구와의 관계이다. 만세운동이 일어난 1919년 보성학교 상과를 졸업한 엄항섭은 그 해 중국으로 망명했다. 임시정부 법무 주사 등을 지내다가 1922년 절강성 항주지강대학을 졸업하고 이어 대한민국임시의정원에 선출되었다. 대학에서 그는 중국어·영어·불어 등 어학을 공부했다. 그의 어학 능력은 향후 김구를 보필하는데 큰 힘이 된다. 엄항섭과 김구가 밀착하기 시작한 시기는 1928,9년경쯤으로 추정된다. 김구는 엄항섭과의 첫 인연을 백범일지에서 다음과 같이 기록했다.

엄항섭 군은 뜻있는 청년으로 지강대학(之江大學)을 졸업하였다. 졸업 후 그는 자기 집 생활은 돌보지도 않고, 석오(石吾) 이동녕 선생이나 나처럼 먹고 자는 것이 어려운 운동가를 구제하기 위해 불란스 공무국에 취직을 하였다.[9]

김구에게 엄항섭은 보배와 같은 존재이었을 터이다. 자신에게 없는 어학능력 게다가 어른에 대한 헌신적 뒷바라지까지…무엇 하나 흠잡을 것이 없는 젊은이가 바로 엄항섭이었다. 엄항섭은 1930년 한국독립당, 1935년 한국국민당을 거쳐 해방 이후의 반탁운동, 남북 제정당사회단체 대표자연석회의 등의 활동을 할 동안 김구의 곁을 벗어난 적이 한 번도 없었다. 이제 본론으로 들어가자. 무명이었던 김구가 독립운동가 뿐 아니라 국민대중 그리고 중국과 미국을 비롯한 외국인에게까지 저명한 인사가 된 것은 네 번의 계기가 있었다.

---

8) 북한의 열사릉, 그 상징과 폭력: 혁명열사릉과 애국열사릉, 「프로메테우스」, 2006.8.13
9) 도진순 주해, 『백범일지』, 돌베개, 1997, p.317 이하 『도진순 백범일지』로 약함

# 첫 번째 홍보 전략

첫 번째는 백범일지 상권의 배포이다. 백범일지 상권은·그의 두 아들인, 신 두 아들에게 자신의 지난 일을 알리고자 하는 동기로 유서 대신 쓴 글로 알려져 있다. 김구 자신이 백범 출간사와 두 아들에게 보낸 글에서 그렇게 밝혔다.[10]

이해되지 않는 것은 엄항섭이 왜 이 글을 등사하여[11] 다수의 사람들에게 배포하였나하는 의문이다. 독립운동사를 통틀어 봐도, 일제 강점기 동안 자신의 자서전을 등사하여 배포한 예는 백범의 경우가 유일할 것이다. 아무래도 이승만을 포함하여 미주지역의 동포들에게 백범 김구라는 인물을 알리기 위한 엄항섭의 선전 전략이 아니었을까 하는 의문을 지울 수 없다. 아무튼 백범일지의 다량 배포로 동포들에게 김구라는 인물이 상당히 알려졌을 것으로 짐작된다.

---

10) 『도진순 백범일지』, p.13, 19
11) 『도진순 백범일지』, 화보 13쪽, 도진원에 의하면 엄항섭은 1929년 백법일지 상권을 등사하여 미주지역 동지들에게 보냈으며 그 중 한 본이 현재 콜롬비아 대학에 소장되어 있다고 한다.

# 두 번째 홍보 전략

　두 번째는 이봉창·윤봉길 의거 후의 사후처리 과정이다. 테러리즘의 정의는 범위의 적용과 정치적 입장에 따라 편차가 대단히 크다. 하지만 프랑스의 레지스탕스, 한국의 독립군과 같은 전쟁 시의 민간 혹은 조직적 저항단체에 의한 침략군에 대한 무력저항운동의 경우 보편적 테러리즘의 범주에 속하는지에 대해선 심사숙고가 필요할 것이다. 테러에 대한 논란은 차치하더라도 대부분의 암살, 테러에는 한 가지 공통점이 있다. 배후가 좀처럼 밝혀지지 않는다는 것이다.

　이토 히로부미의 암살범이 안중근임은 분명히 알고 있지만 그 배후는 지금까지 정확하게 밝혀지지 않고 있다. 강의규 의사 의거, 오성륜·김지섭·김익상 등의 의열 투쟁도 마찬가지다. 의거의 준비과정과 배후의 인물에 대해선 잘 모르고 있다. 현대로 접어들어 장덕수, 송진우, 여운형, 김구 그리고 박정희의 경우 역시 암살범은 익히 알려져 있지만 내가 혹은 우리 단체가 그 인물을 살해했노라고 주장한 배후는 나타나지 않고 있다. 외국의 경우도 그리 다르지 않다. 존 F. 케네디, 에이브러햄 링컨, 모한다스 카람찬드 간디의 살해자는 알고 있지만 그 배후는 아직도 추측이 난무하고 있다. 2001년 뉴욕에서 일어난 9·11테러나 1987년에 발생한 대한항공 858편 폭파사건 역시 마찬가지다.

　이봉창·윤봉길 의거 후 김구는 자신이 사건의 배후라고 분명히 밝혔다.

아마 이러한 예는 동서고금을 통틀어 테러, 암살 사건의 배후고백이란 거의 유일한 경우일지도 모른다. 김구는 그의 자서전에서 다음과 같이 말했다.

…엄항섭으로 하여금 선언문을 기초하게 하고 피치 부인에게 영문으로 번역시켜 로이터 통신에게 투고하였다.[12]

김구는 1932년 5월 10일 한인 애국단 영수 명의로 동경사건과 상해 홍구 사건의 주모계획자는 김구 자신이고, 집행자는 이봉창과 윤봉길이라는 것을 발표하였다. 이 발표문은《신강일보(申江日報)》등 중국의 신문에 발표되었으며 한국에서도 동아일보가 1932년 5월 20일, 〈상해폭탄사건(上海爆彈事件) 진상(眞狀)〉을 발표한 상해의 신문을 인용하여 보도하였다. 이제 수많은 사람들이 김구가 이봉창·윤봉길 의거의 배후임을 알게 되었다. 그러면 당시 일본의 시각은 어떠했을까?

일제는 김구가 사건의 배후임은 인정했다. 하지만 일제의 관심사는 전례가 없는 김구의 행동과 목적에 대한 의혹이었다. 결국 그들은 "김구가 자신의 이름을 높이는 것과 함께 중국인의 동정을 사 당관의 체포를 피하기 위한 신변보호와 물질적 원조를 얻기 위한 한 수단으로 발표한 것으로" 결론을 내렸다. 그리고 그들은 "이 글을 발표함으로써 김구는 유형무형의 이익을 얻을 유일한 사람"이라고 판단했다. 사실 일제가 본 시각은 정확했다. 이봉창·윤봉길 사건은 그 후 김구와 장개석의 연결고리가 되어 임시정부가 중국 국민당으로부터 원조를 받는 결정적 계기를 제공하게 된다. 이

---

12)『도진순 백범일지』, p.339

봉창·윤봉길 의거에 관한 전말은 〈이봉창, 윤봉길 의거의 진실〉 등의 글에서 자세히 서술한 바 있다. 아무튼 엄항섭과 김구가 시도한 암살배후 밝히기 작전은 백범 홍보 전략의 백미이었음에 틀림없다. 김구의 성명 발표를 바라본 일제의 시각을 아래에 일부 소개한다.[13]

10월 15일 발행된 『신강일보(申江日報)』 지상에 중국통신사(中國通信社)의 기고라면서 「한인애국단 단장 김구, 한국열사 이봉창의 의거전말을 선포함」이라는 제목으로 김구의 성명서라는 것을 게재한 사정에 대해서는 10월 29일부 기밀 제1369호로 보고한 대로인 바, 그 기사의 모두에 '중국사(中國社) 부언(附言)'이라고 하여 '이 성명서는 애국단 단장 김구가 최근 원문 2통을 우송하며 이의 번역 발표를 의촉해 옴에 따라 이를 번역하여 각 신문사에 보내 우리 국민들로 하여금 분기하도록' 운운이라고 게재했음. 그러나 이 성명서가 신강일보에만 게재됐을 뿐 다른 신문지에는 게재되지 않은 것으로 미루어 중국사 부언을 그대로 믿기에는 어렵다 하겠음.
그러나 전에 이봉창 사건 발생 직후 이곳 민국일보(民國日報)가 불경 기사를 게재하여 일중 관계를 악화시킴으로써 상해 공부국(工部局)에 의해 결국 폐쇄된 전례와 관련하여 다른 각 신문사들이 이와 같은 전철을 밟게 될 것을 우려해 게재하지 않은 것으로도 사료됨.
이 성명서가 과연 김구 자신이 집필한 것인지, 그의 뜻을 받은 다른 사람이 작성한 것인지, 혹은 중국통신사 또는 신강일보의 위작인지, 그리고 중국사에 보내졌다는 이 글의 원고는 어느 나라 글인지(금년 5월 김구가 「홍구공원 폭탄 사건의 진상」이라는 제목으로 각 신문사에 투서한 글은 영문이였음) 등 그 출처가 불명하며 이 성명서의 내용을 살펴보면 이봉창 및 김구를 위대하게 하기 위해 고의로 사실을 과장 왜곡한 점이 적지 않음. 또한 이봉창이 상해를 떠나기 전후의 사정에 대해서는 김구와 그 측근 이외의 자들로서는 알 수 없다고 여겨지는 내용을 상당히 상세하게 기술하고 있는 점과 앞에서 언급한 「홍구공원 폭탄사건의 진상」의 기사 가운데 '이봉창 사건의 상세한 것은 다른 기회로 미룬다'고 써 김구가 훗날 이봉창에 관하여 무엇인가 발표할 용의가 있음을 암시한 점 등으로 추정할 때 이 성명서는 사실 김구가 자신의

---

13) 국사편찬위원회, 《대한민국임시정부자료집》80. 李奉昌의 대역 사범에 관한 金九 성명발표에 관한 건 (발신: 상해총영사 石射猪太郎, 수신: 외무대신 백작 內田康哉)

이름을 높이는 것과 함께 중국인의 동정을 사 당관의 체포를 피하기 위한 신변보호와 물질적 원조를 얻기 위한 한 수단으로 발표한 것으로 사료됨.

# 세 번째 홍보 전략

1941년 12월 7일 아침, 일본제국 해군이 진주만에 공격을 시작함으로써 태평양 전쟁이 본격적으로 시작되었다. 미국과 일본의 전쟁이 재개됨으로써 중국 관내에서 활동하던 임시정부에게도 미국이 무엇보다 중요한 나라가 되었다. 진주만 피습 이듬해인 1942년, 임시정부는 23쪽으로 된 장문의 문서[14]를 미 국무부에 발송하였다. 그 내용은 ■대한민국임시정부 역사 ■한국에서의 자유와 민주주의 ■반일 독립투쟁 ■1919년 만세혁명 ■망명 정부의 투쟁 – 1919년부터 1932년까지 §망명 정부의 투쟁 – 1932년부터 1942년까지 등으로 구성되어 있다. 특이한 것은 김구에 대한 소개다.

…이승만이 수감되어 있는 동안 조선 독립을 위한 또 다른 위대하고 용감한 지도자가 무대에 등장했다. 그 지도자는 바로 지금 대한민국임시정부의 새 주석인 김구로, 당시 김구는 스물 한 살 된 청년으로 부유한 조선인 지주의 아들이었다. 김구는 1899년 명성황후를 시해한 일본군 장교 토전양량(土田讓亮)이 같은 마을에 살고 있다는 사실을 알아낸 뒤 토전을 맨 손으로 목졸라 죽여 명성황후의 원수를 갚았다.
그 뒤 김구는 눈에 띄는 공공장소에 자신의 이름과 주소를 적은 뒤 왜 자신이 일본군 장교 토전을 죽였는지 이유를 제시하였다. 김구는 체포당했고, 사형선고를 받았다. 하지만 고종황제가 김구의 사형선고를 징역형으로 감형하였다. 김구는 이승만처럼 수감 생활을 하는 도중에 기독교로 개종하였다. 1898년, 김구는 복역 중 탈옥하여 산으로 들어가 불교 승려가 되었다. 그

---

14) 국사편찬위원회,《대한민국임시정부자료집》211. 미 국무부와 한미협회의 서한 왕래에 대한 한미협회의 요약 및 대한민국 임시정부 역사 참조

뒤 몇 년 동안 기독교 복음을 전파하였고…

　김구가 부유한 조선인 지주의 아들이었는지 그리고 김구가 살해한 쓰치다(土田)가 일본군 장교였는지, 김구가 실제로 기독교를 어느 정도 전파했는지 등에 관한 사실 여부는 이 책을 전개하면서 이미 밝혔다. 한편, 백범 김구가 미국 정부의 관료들에게 어느 정도 알려지게 된 것은 상기 문서의 발송이 계기가 되었음은 분명하다. 실제 이 문서 발송 후 임시정부는 미국 CIA의 전신인 OSS(Office of Strategic Services 전략 사무국)와 연계된다. 미국에게 김구 알리기라는 엄항섭의 목표가 일정부분 달성되었다는 뜻이다.

# 네 번째 홍보 전략

마지막으로 소개할 것은 1945년 해방 이후의 일이다.

1949년 7월 5일 치러진 백범김구의 국민장 의례 모습

경교장의 제四(사)일 아침새벽부터 시내에는 집집마다 태극기가 세워졌다. 태극기엔 까만 천이 달리었다. 상장을 가슴에 단 시민도 보였다. 적십자 앞까지 줄을 지었던 조문객은 이십 구일에는 2백 미터 가량 되는 서대문 로터리 지점을 넘었다. 평균 1분간의 조문객은 70명 내지 80명이니 한 시간에 약 5천 명이다. 이날은 각 소학교 남녀 중학교의 단체 배례가 있었다. 이 학생들은 혼잡한 관계로 영전에까지 들어가지 못하고 앞뜰에서 절만 할 수밖에 없는 처지를 분해하였다.…

1949년 6월 30일,〈눈물 속에 입관(入棺) 우방중국인(友邦中國人)도 조문통곡(吊問痛哭)〉이라는 제목으로 보도한 경향신문의 기사 일부다. 백범 김구는 1949년 6월 26일 경교장에서 안두희에게 살해되었다. 그의 나이 74세일 때다. 그리고 7월 5일 국민장으로 거행되어 효창원에 안장되었다.

그의 빈소에는 학생들 뿐 아니라 걸인들, 고구마를 팔던 중국인 할머니까지 통곡을 하였다고 당시 언론은 보도했다. 이승만 정부는 국민장으로 예우하고 장례식 날을 공휴일로 지정했으며 가무(歌舞)도 금지하였다. 우리나라 역사상 백범의 장례식만큼 전 국민적인 애도 속에서 치러 진 사례는 없었다고들 한다.

1949년 7월 5일 서울운동장에서 거행된 영결식은 박윤진의 사회로 시작되었는데 특히 엄항섭의 조사가 영결식장을 눈물바다로 만들었다고 전해진다. 어쩌면 이날 백범의 장례식으로 엄항섭의 '백범 영웅 만들기'가 완성되었는지도 모른다.

# 33
## 백범일지는 이광수가 윤문했다

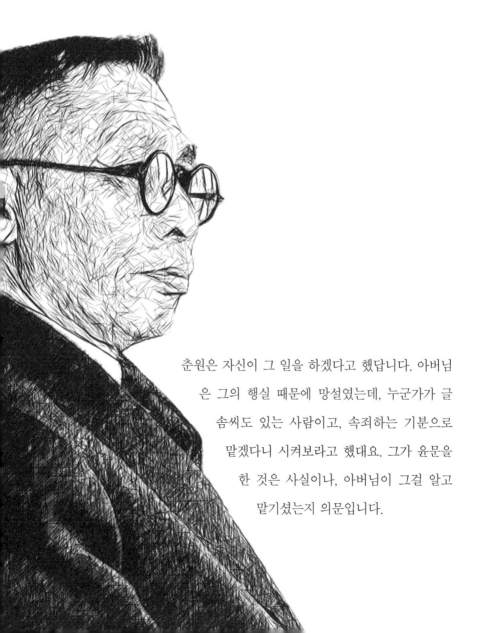

춘원은 자신이 그 일을 하겠다고 했답니다. 아버님
은 그의 행실 때문에 망설였는데, 누군가가 글
솜씨도 있는 사람이고, 속죄하는 기분으로
맡겠다니 시켜보라고 했대요. 그가 윤문을
한 것은 사실이나, 아버님이 그걸 알고
맡기셨는지 의문입니다.

# 어린이 백범일지

1930년대 독일에는 히틀러와 괴벨스가 있었다. 그리고 그들은 라디오를 통해 독일인의 사고를 통제했다. 하지만 라디오 시대는 너무 짧았다. 제2차 세계대전을 전후하여 등장한 TV는 1964년 도쿄올림픽 개최를 맞이하면서 보급률이 80%를 넘어섰고 컬러 TV가 등장하면서 또 한 차례 붐을 이루었다. 20세기는 신문과 TV의 시대였다. 영원히 계속 될 것 같던 TV시대도 이제는 많이 움츠려 들었다.

21세기에 인터넷이라는 뉴미디어가 등장했다. 인터넷과 이동전화가 결합해 탄생한 SNS(Social Network Service)는 정보 전달이라는 측면에서 모든 기존 질서를 무너뜨리고 있다. 지금은 선거자금을 모으고 온라인 유세하는 등 페이스북, 트위터, 유튜브 등은 각종 선거에서도 필수 도구가 되어 버렸다. TV, 인터넷 시대를 거치면서 이제 책을 읽지 않는 시대가 도래했다고 많은 이들이 우려하고 있다. 그렇다면 종이문화의 힘은 이대로 사그라지고 말 것인가?

전파의 시대를 맞아 종이의 힘이 많이 위축된 것은 사실이다. 하지만 책의 힘은 여전히 유효하다. '한권의 책이 인생을 바꾼다' '독서는 성공의 열쇠다' '독서는 인생을 바꾸는 성공의 습관이다' 이러한 문구는 단순히 책 읽기를 권장하는 구호만이 아닐 것이다. 실제 청소년 시기에 독서를 통하여 습득된 정보가 인생을 좌우하기도 했다는 사례는 무수히 많다. 어린이 독서의 중요성이 여기에 있다.

어린이 권장 독서 혹은 위인전기 등에 빠지지 않는 책이 백범일지다. 실제 인터넷 쇼핑몰에 들어가면 수십 종의 어린이·청소년 용 백범일지가 진열되어 있다. 어린이 백범일지를 읽다보면 과연 이러한 내용이 자라나는 청소년들에게 교훈과 도움이 될까하는 의문이 들 때가 많다. 한 가지 예를 들겠다.

어느 날 그들은 짜고서 창암을 때렸다. 말하자면 텃세였다. 그는 분을 참지 못해 집으로 와서 식칼을 들고 달려갔다. 모두를 찔러 죽일 작정이었다. 문으로 들어가면 그 집 아이들에게 들킬 것 같아 울타리를 뜯고 있는데 열여덟 살 된 그 집 딸아이가 보고 소리를 질렀다. 그는 다시 아이들에게 붙들려 실컷 얻어맞고 칼마저 빼앗겼다.[1]

이 책은 매년 개정인쇄를 할 정도로 많이 팔리고 있다. 저자와 출판사도 상당히 인지도가 있는 경우다. 수많은 어린이들이 읽었고 지금도 읽고 있는 중이라는 뜻이다. 그런데 상기 인용 장면을 보라. 다섯 살 어린아이가 분을 참지 못해 자기를 해코지 한 애들을 모두 죽이겠다고 식칼을 들고 설쳤다 한다. 그 어린이가 어린 시절의 위인 김구였다. 우리의 아이들이 김구의 이런 행동을 보고 과연 무엇을 배우고 있을까? 소름이 끼치지 않은가? 만약 그대의 아이가 위인 김구의 행동을 흉내 낸다고 했을 때 그대는 어떻게 가르칠 것인가?

더 큰 문제가 있다. 위인이자 영웅인 백범 김구가 직접 쓴 글로 알려진

---

1) 신경림 지음, 이철수 그림, 『위인전기-백범 김구』, 창비 아동문고52, 창작과비평사, 1982년 초판, 2000년 개정18쇄, p.13

그 책의 내용이 본인 스스로 조작하거나 역사적 사실을 왜곡했다는 사실을 그 어린이가 알게 되었다면 우리는 어떻게 설명해야만 하는가? 이 책을 통하여 이미 거론하였지만 백범일지에 등장하는 수많은 사건은 사실과 다른 점이 너무 많다.

# 逸志<sup>(일지)</sup>와 日誌<sup>(일지)</sup>, 용어 선택의 문제

백범일지 상권 원본, 백범일지는 상·하 두 권으로 구성되어 있으며, 1997년 6월 12일 보물 1245호로 지정되었다.

《백범일지》의 문제점을 거론하기 전에 용어선택의 문제점부터 지적해야 겠다. 자신의 생애와 활동을 직접 적은 기록물을 자서전이라고 한다. 회고 록 역시 보편적 용어다. 처칠의《제2차 세계대전 회고록》등이 예다. 자서 전을 다른 말로 표기할 때 일기(日記)란 단어를 사용하기도 한다. 난중일기, 안창호 일기 등의 경우다. 간혹 단체의 사건이 중심이 될 경우 일지(日誌)로 표기하기도 한다. 학급 일지(學級日誌) 등이다.

일기(日記)에서 사용된 기(記)는 '적다'라는 뜻을 가진 적을 기(記)자다. 지 (誌)는 기록할 지(誌)자다. 두 단어 모두 기록한다는 의미를 지니며 말 언 (言)자가 붙어있다. 하지만 백범일지는 다른 용어를 사용하고 있다. 백범일지의 바른 표현은 白凡逸志이다. 여기서 사용된 일(逸)은 편안할 일, 달아날 일로서 ①편안하다 ②없어지다 ③잃다 ④뛰어나다 ⑤즐기다 ⑥숨다 ⑦달아나다 ⑧그르치다 ⑨음탕하다 ⑩빠르다 ⑪격하다 등의 뜻이 있다. 지(志)의 경우 뜻 지, 기치 치로 사용되며 ①뜻 ②마음 ③본심(本心) ④사사로운 생각 ⑤감정(感情) ⑥기록(記錄) ⑦표지(標識: 표시나 특징으로 다른 것과 구분함), 표기(標旗: 목표로 세운 기) ⑧문체(文體) 이름 ⑨살촉 ⑩뜻하다 등의 뜻을 가진다.

단어로서의 일지(逸志)는 국어사전에 ①훌륭하고 높은 지조. ②세속을 벗어난 뜻이라고 풀이되어 있다. 한자사전도 마찬가지다. 즉《백범일지(白凡逸志)》의 사전적 풀이는 백범자신의 훌륭하고 높은 지조를 쓴 기록물이란 뜻이다. 자신의 얼굴에 스스로 금칠을 한 셈이다. 대부분 무심코 넘어가는 《백범일지(白凡逸志)》의 표현에 몇 몇 학자들은 충격을 받고 있는 모양이다. 예를 들겠다.

"얼마 전에 누군가 내게 백범일지의 '일지'라는 말이 날마다 적는 기록을 의미하는 '일지(日誌)가 아니냐고 물어 와서 역사학자의 한 사람으로서 적잖이 충격을 받았던 기억이 있다. 《백범일지》에서 '일지'는 숨겨진 기록, 곧 잘 알려지지 않은 이야기라는 뜻의 일지(逸志)이다."[2]

억지로 끼워 맞추면 일지(逸志)의 의미를 숨겨진 기록으로 풀이할 수도 있다. 왜냐하면 일(逸)은 '숨다'라는 뜻이 있고 지(志)의 뜻 역시 기록(記錄)이라는 뜻이 있기 때문이다. 하지만 숨겨진 기록을 의미하고자 일지란 단어를 선택했다면 志대신 誌를 사용했어야 할 것이다. 즉 白凡逸誌가 되겠

2) 김구지음, 배경식 풀고보탬, 『올바르게 풀어쓴 백범일지』, 너머북스, 2008, pp.11-12

다. 그러나 백범은 《백범일지(白凡逸志)》란 용어를 선택했다. 백범이 정말 스스로 자신을 높이고자 했는지 혹은 단어 사용의 미숙함으로 일지(逸誌)를 사용했는지 그 연유는 알 수 없다. 아무래도 독자의 판단에 맡길 수밖에 없다.

# 솔직함과 위선의 갈림길에서

김구는《백범일지 상권》을 1929년 5월 3일 완료했다. 그리고 이 글의 서문 형식으로 두 아들에게 보내는 편지를 남겼다. 글의 끝말은 다음과 같이 기록되어 있다.

나를 본받을 필요는 없지만, 너희들이 성장하여 아비의 일생 경력을 알 곳이 없기 때문에 이 일지를 쓰는 것이다. 다만 유감스러운 것은 오래된 사실들이라 잊어버린 것이 많다는 점이다. 그러나 일부러 지어낸 것은 전혀 없으니 믿어주기 바란다.[3]

김구는 스스로 글의 진실성을 강조하고 있다. 더욱이 백범일지에는 자신과 가족에게 약점이 될 수 있는 일도 상당히 많이 등장한다. 자신은 역적 김자점의 후손이라는 것, 어머니(곽낙원)가 자식(김구)의 죽음을 기원할 정도로 집안이 너무 가난했다는 사실, 어머니의 부주의로 인해 자신이 곰보가 되었다는 것, 술만 취하면 이웃사람들을 구타하는 무식한 아버지의 행태, 형벌의 고통을 면하고자 관리들을 매수하는 아버지 게다가 공금횡령까지 하는 아버지, 할아버지 장례식 때 술에 취해 장례 일을 돌보는 호상인(護喪人)들을 두들겨 패는 삼촌[4]…등 백범일지에는 수치스러운 가족사가

---

3) 『도진순 백범일지』, p.19-20
4) 『도진순 백범일지』, p.21-29

상당히 구체적으로 기록되어 있다.

가족의 치부도 스스럼없이 드러내는 김구의 솔직함은 대부분의 독자들을 숙연하게 만들고 있다. 이쯤 되면 독자들은 진실성 여부를 아예 따지지도 않게 된다. 그러나 《백범일지》를 냉정하게 읽으면 의외에도 백범 자신에겐 관대하다는 것을 알 수 있다. 유년 시절의 몇 가지 사례, 즉 앞에서 소개한 식칼을 들고 설친 사건, 성한 숟가락을 분질러 엿을 사먹은 일, 떡을 사먹으려고 아버지가 숨겨 둔 엽전 스무 냥을 훔친 일, 염색을 샘에 풀어 장난친 일 등 치기어린 개구쟁이 시절의 삽화를 제외하고 자신의 판단과 행위에 대하여 후회하거나 반성한 일이 거의 없다. 청년 이후 《백범일지》에 등장하는 자신에 관한 사항은 오히려 미화하거나 과장, 왜곡한 경우가 대부분이다. 아무래도 괴벨스의 말을 한 번 더 인용해야겠다.

99개의 거짓과 1개의 진실을 적절히 배합하면 처음에는 그것을 부정하더라도, 나중에는 그 사실을 믿게 된다.

《백범일지》에는 수많은 역사적 사건이 등장한다. 동학농민혁명, 을미사변, 신민회와 안악사건, 상해 임시정부, 이봉창과 윤봉길 의거, 중일전쟁, 태평양전쟁, 남북분단과 통일문제 등 김구의 일생이 한국 근·현대사와 대단히 밀접하다. 그렇기에 근·현대사기의 어떤 역사적 사실을 규명할 때에 《백범일지》를 인용하는 사례가 많을 수밖에 없다. 문제는 《백범일지》의 내용을 진실 그대로 믿고 일차사료로 인용하는 경우다.

물론 역사적 사실을 규명하는데 회고와 증언을 인용하는 경우는 많다. 공식적인 자료가 제공해 주지 못하는 현장 그대로의 생생한 목소리를 전해주는 이점이 있기 때문이다. 그러나 회고와 증언이란 개인의 기억에 의존한다는 점에서 부정확함과 오류, 때로는 의도적인 윤색 등이 불가피하게 끼어들곤 한다. 특히 자신의 일생을 더듬어 기록한 자서전의 경우 일차자료로 인용할 때는 대단히 경계해야만 한다. 인간은 아무래도 자신에겐 너그럽기 마련이기 때문이다.

# 백범일지는 누구의 작품인가?

　시인 고은은 "나는 1년에 한 번, 3년에 한 번 울기 위해 이 책을 읽는다." 며 《백범일지》를 추천했다. 시인의 추천이 아니더라도 《백범일지》는 2007 년 한국일보가 선정한 '우리 시대의 명저 50'에 선정되기도 했으며[5] 어린 이용 동화까지 포함하면 지금까지 80여 종 이상이 출간되어 전 국민의 교 양서로 자리매김한 작품이다.

　사실 김구 외에도 자서전 혹은 일기를 남긴 독립지사는 상당히 많다. 안 창호는 《도산일기》를 남겼으며 안중근은 옥중에서 그의 자서전을 집필했 다. 이상룡도 《서사록(西徙錄)》이라는 망명일기를 남겼으며 조소앙 역시 자 서전을 남겼다. 유명인은 아니지만 계봉우, 정원택 등 수많은 지사들도 회 고록, 자서전, 일지(日誌) 등을 기록하였다. 그렇지만 대부분의 사람들은 이 러한 작품이 있는지 조차도 모른다. 유독 《백범일지》만 별처럼 존재하고 있다. 그 이유는 무엇일까? 먼저 두 개의 문장을 비교해 보자.

　여등(汝等)은 아직 나이가 어리고 또한 반만리 중역(重域)을 격(隔)하여 그 때마다 이야기하여 줄 수도 없으므로 시시(時時)로 설여(說與)할 수도 없으 므로…[6]
　아비는 이제 너희가 있는 고향에서 수륙 오 천리를 떠난 먼 나라에서 이

---

5) 우리 시대의 명저 50, 「한국일보」, 2007.1.3
6) 윤병석직해, 『직해 김구자서전 백범일지』, 집문당, 1995, p.13 이하 『직해 백범일지』로 약함

글을 쓰고 있다. 어린 너희를 앞에 놓고 말하여 들릴 수 없으매…[7]

앞의 글은 김구의 아들 김신이 1994년 백범의 친필본을 공개한 뒤 집문당에서 영인본을 발간하고, 그것을 윤병석이 직해(直解, 그대로 해석함)한 책에서 인용한 것이다. 두 번째는1947년 도서출판 국사원에서《백범일지》를 최초로 출간한 책에서 따온 글이다. 대부분 느끼고 있겠지만 처음 글은 어렵다 못해 난해할 정도임을 알 수 있다. 그러나 두 번째 글은 국한문 혼용 시대였던 1947년에 발간되었음에도 문체가 대단히 유려하다. 독자들이 쉽게 접근할 수밖에 없다.

《도산일기》를 비롯하여 앞에서 소개한 독립지사들의 자서전류는 대부분 직해본 백범일지와 마찬가지로 한문식 구식 표현을 사용한 문어체 문장이다. 당연히 독자들의 외면을 받을 수밖에 없다. 하지만《백범일지》는 달랐다.《백범일지》는 처음부터 유려한 문장, 쉽고 간결한 문체로 출발했다.

《백범일지》는 출간되자 말자 큰 반향을 불러일으켰다. 백범 개인의 일생도 흥미로웠지만, 상해 임시정부를 중심으로 한 독립지사들의 행적을 어느 정도나마 파악할 수 있는 거의 유일한 책이었기 때문이다. 더욱이 누구라도 쉽게 이해할 수 있는 문체는 보너스였다. 국사원본은《백범일지 친필본》이 공개될 때 까지 유일한 원본 구실을 했으며, 이 책을 기본으로 수많은《김구자서전》과《김구평전》이 탄생하여 백범일지 집필자의 텍스트 역할을 했다.

그러나《국사본백범일지》는 친필본과 차이가 너무 많은 작품이다. 백범

---

7) "金九著,『金九自敍傳 白凡逸志』도서출판국사원,1947";『백범김구전집-제2권』, p.453

의 조상 이야기를 소개한 도입 부분부터 다르다. 친필본은 "조선(祖先)은 안동 김성(金性)이니 김자점(金自點) 씨의 방계(傍系)라…"로 시작되지만 국사본의 첫 부분은 "우리는 안동 김씨 경순왕(敬順王)의 자손이다.…"로 출발한다. 원본에 없는 내용이 추가된 경우다. 더욱이 일부 내용은 아예 빠져 있는 경우도 있다. 사리원에서 경의선 열차를 탔을 때 황해도 봉산의 만세운동에 관한 이야기 등이 삭제되어 있다.《국사본백범일지》는 단순 교열이나 윤문 정도가 아니라 재구성본이라고 해야 맞을 정도이다. 그렇다면 우리가 알고 있는《백범일지》의 진정한 작가는 누구라고 해야 할까?

백범은《백범일지》초간본에서 저자의 말을 남겼다. 이 글에서 백범은 "김지림 군과 삼종질 홍두가 편집과 번역, 철자법 수정 등 궂은일을 했다"고 서술했다.[8] 이 문장으로 인해 오랫동안 김지림이《국사본백범일지》의 윤문자로 알려져 왔다. 그러나 이제 대부분의 학자들은 이광수가 윤문의 주인공임을 알고 있으며 인정하고 있다. 무엇보다 결정적인 것은 김신이 이광수가 윤문자임을 고백했기 때문이다. 김신의 말을 들어 보자.

춘원은 자신이 그 일을 하겠다고 했답니다. 아버님은 그의 행실 때문에 망설였는데, 누군가가 글 솜씨도 있는 사람이고, 속죄하는 기분으로 맡겠다니 시켜보라고 했대요. 그가 윤문을 한 것은 사실이나, 아버님이 그걸 알고 맡기셨는지 의문입니다.[9]

친일파였던 춘원이 스스로《백범일지》의 윤문을 자청했는지, 김구가 이광수의 윤문을 알았는지 등에 관한 사항은 향후 좀 더 검증이 필요한 부분

8) 『백범김구전집-제2권』, p.446
9) 최일남이 만난 사람-김신씨-백범은 왜 단정을 반대했는가, 「신동아」1986년 8월호, p.347

이다.[10) 분명한 것은 이광수가《국사본백범일지》의 산파 역할을 했다는 점이다. 아무튼《백범일지》가 전 국민의 교양서로 자리 잡게 된 일등 공신은 아무래도 이광수의 몫으로 돌려야 할 듯싶다. 아래 표는《백범일지》주요 간행본과 원본, 필사 등사본 등을 정리한 것이다.

**[백범일지의 종류]**

| 구 분 | 연도 | 출판사 | 윤문/편집 | 나의 소원 | 비 고 |
|---|---|---|---|---|---|
| 1) 간행본 | | | | | |
| ① 金九自敍傳 白凡逸志 | 1947 | 국사원 | 이광수 | ● | |
| ② 白凡金九自敍傳 원본백범일지 | 1989 | 서문당 | 우현민 | ● | |
| ③ 백범일지 | 1997 | 역민사 | 이만열 | ● | |
| ④ 백범 김구 자서 전 백범일지 | 1997 | 돌배게 | 도진순 | ● | |
| ⑤ 올 바르게 풀어 쓴 백범일지 | 2008 | 너머북스 | 배경식 | ● | |
| 2) 친필본 | | | | | |
| ① 상권(174쪽) | 1929 | - | - | 없음 | |
| ② 하권(41쪽) | 1942 | - | - | 없음 | |
| 3) 등사본 | | | | | |
| ① 상권(189쪽) | 1929 | - | 엄항섭 | 없음 | 콜롬비아 대학 소장 |
| ② 상·하권 | 1948 | - | ? | 없음 | 이석희 소장 장덕수 재판 관련 |
| ③ 친필에 없는 계속 분(45쪽) | 1946 ? | - | ? | ● | 기념사업 협회 보관 |
| 4)영인본 | | | | | |

10) 이광수의 연보에 의하면, 이광수는 1944년(53세) 3월 양주군 진건면 사릉리 520번지에서 박정호와 농사를 시작한 이후, 봉선사와 사릉을 오가며 은거 생활을 했다. 1948년 9월, 친지와 가족의 권유로 사릉을 떠나 서울 효자동으로 왔다. 은거생활 중 경교장을 방문하여 백범일지의 윤문을 자청했다는 것은 부자연스럽다. 아무래도 엄항섭 등 김구의 측근이 이광수를 방문하여 요청했다는 보는 것이 정확한 사실로 보여 진다. <이상 『이광수 전집 별권』, 삼중당, 1971, pp.183-185 참조>

| ① 백범일지<br>(김구자서전) | 1994 | 집문당 | - | 없음 | |

《백범일지》의 진정한 저자가 김구든 이광수든 그것은 그리 큰 문제가 아닐 수 있다. 어쨌든《백범일지》는 그 내용으로 인해 한민족 대부분에게 자부심과 큰 교훈을 주고 있는 책임은 틀림없다. 본질적인 문제는《백범일지》에 등장하는 사건이 역사적 진실과 큰 차이를 보이고 있는 점이다.

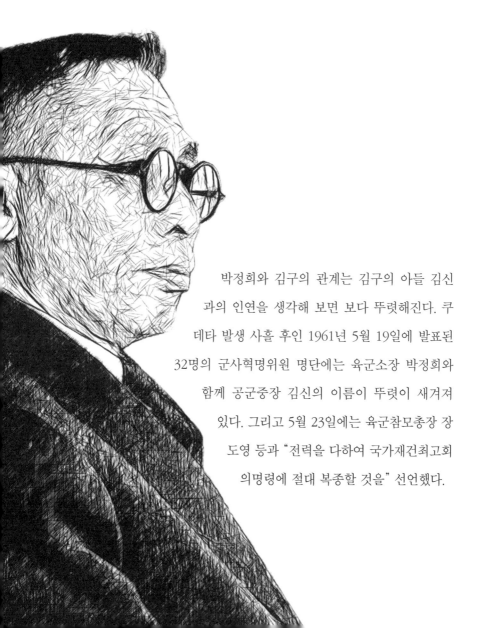

# 34
# 김구를 키운 것은 박정희였다

박정희와 김구의 관계는 김구의 아들 김신
과의 인연을 생각해 보면 보다 뚜렷해진다. 쿠
데타 발생 사흘 후인 1961년 5월 19일에 발표된
32명의 군사혁명위원 명단에는 육군소장 박정희와
함께 공군중장 김신의 이름이 뚜렷이 새겨져
있다. 그리고 5월 23일에는 육군참모총장 장
도영 등과 "전력을 다하여 국가재건최고회
의명령에 절대 복종할 것을" 선언했다.

# 가장 존경받는 정치인

"시야에 들어온 것은 벌판뿐이었다. 일행이 한 사람씩 내렸을 때 우리를 맞이하는 것은 미군 〈지·아이〉들 뿐이었다. 우리의 예상은 완전히 깨어지고 동포의 반가운 모습은 허공에 모두 사라져 버렸다. 조국의 11월 바람은 퍽 쌀쌀하였고, 하늘도 청명하지가 않았다. 너무나 허탈한 상태에서 나는 몇 번이나 활주로의 땅을 힘주어 밟아 보았다."[1]

장준하의 자서전《돌베개》에 묘사된 임시정부 요인들의 환국 장면이다. 김구, 김규식 등 임정 요인 15명은 주한 미군사령관 하지 중장의 알선과 지시에 의해 미군수송기 C-47기를 타고, 1945년 11월 23일 1시경 상해를 출발했다.

이 비행기는 강화도와 인천 상공을 지나 오후 4시쯤 김포비행장에 착륙했다. 그리고 미군의 냉담한 경호 하에 오후 5시 경 이들 일행은 서대문의 경교장(京橋莊) 안으로 들어섰다. 6시 조금 지나 이승만과의 짧은 회담을 마치고 8시 경 엄항섭이 기자들에게 김구의 귀국 성명문을 낭독했다. 엄항섭은 곧이어 임시정부의 '14개 당면 정책'을 발표했다. 이렇게 백범 김구는 우리의 곁으로 돌아왔다. 그의 나이 70세 때였다.

한편, 이승만은 1945년 10월 16일 맥아더 사령부의 배려로 군용 비행기를 타고 이미 귀국했다. 귀국 나흘 후, 그는 미군정 사령부가 주최하는 대대적인 환영식에 참석했다. 환영식에서 당시 주한미군 사령관 하지 중장은

.........................................................................................................

1) 장준하, 『돌베개』, 청한문화사, 1971. p.411

그를 '민족의 위대한 지도자'로 소개했다. 이 무렵, 선구회(先毆會)[2]라는 단체가 국내에서 최초로 여론조사를 하여 월간 《선구》 12월호에 게재했다. 선구회 여론조사부는 이 조사를 위해 105개 정당과 단체에 1천 957매의 설문지를 배부해서 1차 조사 32%, 2차는 50%가 회수됐다고 밝혔다. 결과는 다음과 같다.[3]

● "가장 뛰어난 지도자"
  여운형 33%, 이승만 21%, 김구 18%, 박헌영 16%, 이관술 12%, 김일성 9%, 최현배 7%, 김규식 5%, 서재필 5%, 홍남표 5%. 기타 23명

● "대통령에 적합한 인물"
  이승만 431명(44%), 김구 293명(30%), 여운형 78명(8%), 기권 176명 (18%)

● "최고의 혁명가"
  여운형 195명, 이승만 176명, 박헌영 168명, 김구 156명, 허헌 78명, 김일성 72명, 김규식 52명, 백남훈 48명, 최용달 40명, 박문희 19명, 이관술 15명, 최현배 12명

큰 기대를 갖고 고국에 돌아왔지만 해방공간에서의 김구는 아직은 낯선 인물이었다. 독립운동가로서의 이력을 묻는 "최고의 혁명가" 순위에서는 여운형, 이승만, 박헌영의 뒤를 잇는 네 번째 순위였고, 지도자의 자질 면에서도 여운형, 이승만에게 뒤졌다. 내각을 구성할 경우 내무부장 정도로 생각하고 있는 것이 당시의 여론이었다.

---

2) 일제강점기 충청남도 논산시 강경 지역에 있던 계몽운동 단체. 1925년 1월 설립되었다. 잡지『선구』를 간행하여 회원 상호간 정보 교류와 화합을 도모하였다. 편집인은 임중길(任重吉)·강일병(姜一秉), 서기는 조병갑(趙炳甲)·김두성(金斗星)이었다.

3) 이정식, 『대한민국의 기원』, 일조각, 2006, p.226-228.

그리고 1946년 7월 중순 경, '조선 정판사 위조지폐 사건'으로 사회주의 자에 대한 비난여론이 극히 악화되었을 때 조선 여론협회가 서울에서 "누가 초대대통령에 적합한가"를 조사한 설문결과에서도 김구의 위치는 그리 변하지 않았다.

이 여론조사에 의하면 이승만(29.2%), 김구(10.5%), 김규식 (10.3%), 여운형(10.3%), 박헌영(1%), 기타(2%), 기권(37%) 등의 순서다. 1948년 6월 23일 조선여론협회에서 다시 조사한 결과 역시 김구의 초대 대통령 순위는 2위였다.

물론 당시 여론 조사가 전체 조선 민중의 민심을 대변한다고는 할 수 없다. 해방공간의 여론조사는 엄밀성이나 신뢰성에서 문제가 있긴 하지만 조사주체나 단체 등을 감안하여 해석한다면 유익한 단서를 제공받을 수 있다. 한 가지 눈에 띄는 것은 김성수, 송진우, 장덕수, 조병옥, 장택상 등 훗날 미군정의 핵심 인물이 되는 사람들과 한민당 계열 인물들이 여론 조사 대상에 포함되지 않았다는 점이다.

아무튼 이 당시의 김구는 정치가로서 그리고 민족의 지도자로서 그렇게 독보적인 존재는 아니었다. 특히 독립지사로서의 김구는 민중들에게 익숙한 인물이 아니었다는 것은 상기 여론조사도 인정하고 있다. 그러면 여기서 잠깐 일제 강점기 시절, 김구에 대한 인지도는 어느 정도였는지 알아보기로 하자. 물론 그 당시 여론조사 같은 공식적 데이터는 없다. 그러므로 언론 보도 횟수와 일제기밀문서에 등장하는 빈도 등을 참고할 수밖에 없음을 밝히고 얘기를 계속하겠다.

먼저 소개할 것은 언론보도다.[4] 김구(金九)란 인명이 최초로 등장하는 것은 1911년 '105인 사건'의 기소와 재판 결과 등을 보도한 《신한민보》의 기사였다. 기사의 제목은 "안명근 양기탁 씨 등 사건의 기소장"과 "양기탁, 안명근 씨 등 재판판결" 등이다. 그리고 10년 동안 김구에 관한 기사는 전혀 없다. 그러다가 임시정부가 수립된 이후인 1921년 8월 25일 "이 대통령의 연설"이란 《신한민보》 보도기사에 상해임정 경무국장 김구로 소개된다. 아래는 그 이후 각종 언론에 보도된 김구에 관한 보도 기사 횟수다. 《1923(1건) 24(3건) 25(1건) 26(1건) 27(1건) 28(0건) 29(0건) 30(0건) 31(0건) 32(7건) 33(4건) 34(4건) 35(5건) 36(8건) 37(2건) 39(1건)》

결국 김구에 대한 언론의 반응은 '105인 사건에 연루된 인물' 그리고 '임시정부의 관계자' 정도로 인식하다가, 1932년 이봉창·윤봉길 의거가 발생하자 "자칭 의거의 배후인물"로 조명한 정도였다. 보도 빈도수나 내용 등을 감안해 볼 때 독립운동가로서의 김구는 기자들에게 그리 매력적인 인물이 아니었음이 분명하다.

그렇다면 일제는 김구를 어떻게 평가했을까? 일본 외무성 자료인 '불령단관계잡건(不逞團關係雜件)'이란 문서가 있다. 이 기밀문서는 구미지역, 만주지역, 상해임정, 시베리아, 상해지방, 선인과 과격파. 선인과 마적, 지나 각지 등으로 구분되어 있는데, 김구의 등장 건수는 다음과 같다. 《1919(1건) 20(10건) 21(4건) 22(17건) 23(23건) 24(33건) 25(17건) 26(14건) 27(1건) 28(0건) 29(0건) 30(2건) 31(0건) 32(5건) 33(0건) 34(3건) 35(0건) 36(9건) 37(14건) 38(9건) 39(3건)》

---

4) 이 조사는 공립신보, 동아일보, 부산일보 시대일보, 신한민보, 자유신문, 조선중앙일보, 조선시보, 중앙일보, 중외일보 등을 대상으로 했다.

일제의 시각 역시 언론사와 그리 다르지 않음을 확인할 수 있다. 다만 임정의 상황과 동태를 집중 파악하고 있을 무렵인 상해 임정 초창기에 임정의 관계자로서 다수 거론된 점이 차이가 좀 날 뿐이다. 상기 문서에 의하면, 일제가 가장 주목하고 있는 인물은 이동휘(734건), 이승만(526건), 안창호(508건), 김규식(416건), 여운형(378건), 김좌진(340건), 박용만(301건) 등이었음을 알 수 있다.

그러나 1945년 8월이 되자 모든 것이 바뀌게 되었다. 산 자가 영웅이 되는 시대가 도래 한 것이다. 김구 역시 해방 이후 언론의 단골손님이 되었다. 물론 그 순서는 앞에서 지적한 바와 같이 여운형, 이승만의 후 순위였다. 이 순서 역시 이들 3인의 죽음 이후 또 다시 격변하게 된다. 이번에는 김구, 이승만, 여운형의 순이다.

2007년 6월 입법전문 정치주간지 《여의도통신》에서 264명의 국회의원을 대상으로 "국회의원들이 존경하는 인물은?"이란 설문조사를 한 적이

서울 남산에 있는 백범 동상 제막식 장면
(1969년 8월 23일)

있다. 이 조사에 의하면 우리나라 국회의원들이 가장 존경하는 인물은 김구(1순위 79명, 1·2·3순위 89명)로 나타났다. 김구의 뒤를 이순신(31명)과 정약용(16명), 세종대왕(10명), 아버지(8명), 링컨(7명), 간디(6명), 안창호·전태일·장준하·루즈벨트(4명), 문익환·박정희·신채호·김대중·정조대왕·만델라·대처(3명) 등이 이었다. 충분히 예상할 수 있는 결과였다. 과거 대권주자들이 내

세운 '존경하는 인물'도 대부분 '김구'였다. 선구회가 최초로 여론조사를 한 지 50년이 되는 1995년, 한 방송사가 전국의 남녀 1천명을 대상으로 해방이후 50년 동안 한국 사회에 가장 영향을 미친 정치인을 조사한 결과 김구가 40.7%로 1위, 이승만은 12.9%로 5위로 밀렸다.[5] 과거 독립운동의 영웅이었던 이들도 그들이 작고함에 따라 대부분 잊혔음이 우리의 역사였다. 하지만 김구는 죽어서 오히려 더 큰 영웅이 되었다.

---

5) 白凡(백범)의 꿈, 「동아일보」, 1995.8.11

# 김구가 미화된 과정

  김구가 민족의 영웅이 된 이유는 무엇일까? 많은 이들은 백범의 안타까운 죽음을 꼽는다. 그리고 그가 꿈꾸었던 국가가 우리가 원하는 즉 통일된, 독재가 없는, 최선의 문화를 가진 나라였다고 믿는다. 김구의 이러한 이미지는 저절로 형성된 것이 아니다.

  백범이 대중들의 우상이 된 근본적인 이유는 정부의 정책과 법률의 뒷받침이 된 결과라고 보아야 할 것이다. 그 과정을 짚어보기로 하자.

① 1949년 6월 26일: 김구 안두희에게 피살
② 1949년 7월 5일: 서울운동장에서 영결식 거행됨
③ 1949년 8월 6일: 백범김구선생기념사업협회(白凡金九先生紀念事業協會) 설립.
④ 1949년 8월 18일: 백범김구선생동상봉립추진위원회, 천만 원 예산으로 동상건립 추진
⑤ 1961년 4월 17일: '시해진상규명투쟁위원회' 김용희가 종로에서 안두희를 목격하고 추격 끝에 붙들어 검찰에 연행하였으나, 불구속 수사 끝에 공소시효 만료로 석방.
⑥ 1962년 3월 1일: 대한민국건국공로훈장중장(重章, 현 대한민국장, 건국훈장[6] 1등급) 수여
⑦ 1965년 12월 22일: 곽태영이 오랜 기간 추적하여 강원도 양구에서 안

---

6) 건국훈장(建國勳章, 영어: Order of Merit for National Foundation)은 〈상훈법;법률 제11393호〉 제11조에 따라 대한민국의 건국에 공로가 뚜렷하거나, 국가의 기초를 공고히 하는 데에 이바지한 공적이 뚜렷한 사람에게 수여하는 대한민국의 훈장이다.

두희를 찾아내고, 배후진상규명을 종용하였으나, 이에 불응하므로 응징한 것이 경찰에 의해 고발당함.

⑧ 1969년 8월 23일: 서울 남산에 백범 김구 동상 건립. 주변 지역을 백범광장으로 명명.

⑨ 1976년 8월 28일: 중국정부는 정부예산으로 『백범일지』 20만 부를 중국어로 번역하여 중국 각계에 배포.

⑩ 1980년 4월∞87년 7월: 백범 김구 묘소를 참배한 중국 연변의 모국방문단과 해외교포에게 『백범일지』 기증.

⑪ 1981년 6월 26일: 경기도 부평여중고 교정에 백범 김구 동상 건립.

⑫ 1982년 5월 8일: 경남 진주 삼현여고에 백범 김구의 자당인 곽낙원 여사 동상 건립.

⑬ 1985년 2월 29일: '효창원선열묘역성역화추진위원회' 결성.

⑭ 1992년 2월 24일: 『김구주석최근언론집(金九主席最近言論集)』 5,000부를 재판하여 사회 각계각층에 무료배포.

⑮ 1992년 2월 28일: 권중희가 안두희를 추적하여 추궁 끝에 배후세력 일부를 실토케 함

⑯ 1992년 7월 27일: 백범김구선생기념사업협회, 임의단체에서 사단법인으로 공보처에 등록.

⑰ 1993년 4월 13일: 중국 상해시 노만구 마당로에 위치한 대한민국임시정부 청사복원. 본 협회에서 백범 김구 흉상을 기증.

⑱ 1993년 6월 26일: 백범 김구 44주기를 맞아 김영삼 대통령 묘소 참배

⑲ 1993년 7월 12일: 중국정부 당국과 다년간 교섭한 끝에 『백범일지』 중국어판을 출판함

⑳ 1993년 8월 15일: 중국 길림성에서 열리는 '전조선족 8·15경축 체육대회'에 참가하는 지역대표들에게 『백범일지』 2,000권을 무료로 배포.

㉑ 1995년 8월 11일: 광복 50주년을 기념하여 정부가 중국 중경의 대한민국임시정부 청사를 복원. 백범김구선생기념사업협회, 동 청사 내 주석실에 안치할 백범 김구 흉상을 기증.

㉒ 1995년 8월 15일: 광복 50주년 기념으로 한국은행에서 백범 김구의 존영이 들어있는 5,000원권 기념주화·발행.

㉓ 1995년 12월 18일: '93년 2월 국회에 '백범김구선생시해진상규명 국회특별법제정청원서'를 제출하여, 국회법사위원회 내에 '백범김구선생시해진상규명조사 소위원회'가 구성되고, 본격적인 조사활동을 시작한 지 2년 10개월 만에 법사위에서, "백범 김구선생 암살은 이승만 자유당

정권의 비호 하에 이루어진 정권적 차원의 범죄"로 규정 의결하고, 국회 본회의에 상정하여 채택.

㉔ 1996년 10월 23일: 박기서, 정의가 살아있다는 것을 보여주겠다고 안두희를 처단

㉕ 1997년 6월 12일: 문화체육부『백범일지』를 보물 제1245호로 지정

㉖ 1997년 10월 27일: 인천 대공원에 백범 김구와 모친 곽낙원의 동상 건립.

㉗ 1998년 6월 26일: 백범 김구 49주기를 맞아 김대중 대통령 묘소 참배.

㉘ 1999년 4월 30일: 사단법인 백범기념관건립위원회 발족

㉙ 1999년 6월 26일:『백범김구전집(白凡金九全集)』출간

㉚ 2000년 6월 26일: 백범기념관(白凡紀念館) 기공식, 효창원 기념관 부지에서 김대중 대통령을 비롯한 독립운동 원로·정계 사회단체 대표·일반 시민 등이 참석한 가운데 성대히 거행.

㉛ 2002년 10월 22일: 백범기념관 개관.


가장 결정적인 것은 김구에게 건국공로훈장 중장이 수여된 점이다. 쿠데타로 권력을 장악한 이듬해인 1962년 2월 24일, 박정희 군사정권은 208명의 독립유공자에게 포상을 했다. 이들 중 최고의 영예인 건국공로훈장 중장이 수여된 인물은 김구를 포함한 민영환(의열투쟁) 허위(의병) 김좌진(만주방면) 오동진(만주방면) 조병세(애국계몽운동) 안중근(의열투쟁) 윤봉길(의열투쟁) 이준(애국계몽운동) 강우규(의열투쟁) 안창호(임시정부) 신익희(임시정부) 김창숙(임시정부) 손병희(3·1운동) 이승훈(3·1운동) 한용운(3·1운동) 최익현(의병) 이강년(의병) 허위(의병) 등 18명이다. 김구의 공적은 안창호, 신익희, 김창숙과 마찬가지로 임시정부 관련이다.

훈장이 수여된 이들과 유족들에겐 명예뿐 아니라〈독립유공자예우에 관한 법률〉에 의해 보훈급여금, 보상금, 생활조정수당, 교육지원, 취업지원, 의료지원, 주택의 우선 분양 등 실제적인 지원도 따르게 된다. 기념사업회

1962년 3월 1일, 건국훈장 수여 장면

가 보훈처에 등록될 경우 각종 선양사업 시행 시 국가로부터의 지원도 받을 수 있다. 앞에 열거한 각종 행사가 가능했던 것은 김구에게 건국공로훈장이 수여됨으로써 가능했다고 보아야할 것이다.

건국공로훈장 제도는 1949년 4월 27일 대통령령 〈건국공로훈장령[7]〉이 공포되면서 제정되고 시행되었다. 최초의 건국훈장 대한민국장은 1949년 8월 15일에 중앙청에서 거행된 건국공로자 표창식에서 대통령 이승만과 부통령 이시영에게 수여되었다.[8] 박정희 군사정권부터 본격적으로 시행된 이 제도의 문제점 몇 가지만 지적한다.

첫째, 친일파들이 독립운동가의 서훈 자격을 심사했다는 점이다.

1962년 문교부 독립운동유공자 공적조사위원회 명단 7명 속에는 이병도와 신석호가 들어가 있다.[9] 이 두 사람은 조선사편수회에 참여했던 등의 전력으로 인해 친일인명사전에 등제된 이들이다. 친일이력이 있는 박정희와 이병도, 신석호 등이 김구를 최고 항일 투사로 만든 셈이다.

둘째, 공적내용이 사실과 다른 경우가 너무 많다.

김구의 경우를 예로 들어 보자. 보훈처의 작성한 김구의 공적조서를 보면, 김구의 독립운동 기간을 50여년으로 기록하고 있다. 1894년 동학혁명

---

7) 1963년 12월 14일에 각종 상훈 관계 법령을 통합한 〈상훈법〉이 제정되면서 〈건국공로훈장령〉은 폐지되었다.
8) 삼천만 겨레의 훈장 정부통령에 봉정, 「동아일보」, 1949.8.16.
9) 친일파가 애국자 심사, 「시사저널」, 2006.5.5.

시기부터 김구가 독립운동을 한 것으로 보고 있는 모양이나 이것은 분명히 오류이다. 또 인천감리영(仁川監理營)에서 사형선고를 받은 후 집행일인 8월 26일 특명으로 사형집행이 중지되었다는 것도 사실이 아니며, 김구가 살해한 매약상 쓰치다(土田讓亮)를 일본 육군중위(倭陸軍中尉)라고 표현한 것도 백범일지를 일방적으로 신뢰한 결과이다.

셋째, 서훈기준이 모호하다. 건국훈장이냐 독립훈장이냐?

유공자들이 수여받은 훈장의 정식명칭은 건국훈장(建國勳章, Order of Merit for National Foundation)이다. 13년 전 이승만이 받은 훈장을 같은 법률의 적용 하에 김구가 받은 것이다. 논란이 될 수 있는 것은 건국훈장이라는 용어다. 여기서 말한 건국은 1948년 성립된 이승만 정부의 출범일 것이다. 남한 단독 정부의 정통성 여부와 무관하게 아무튼 이 정부가 표방한 정치 체제는 공화정이다.

이쯤에서 질문을 하나 던져보자. 이준, 최익현, 이강년 등 복벽주의자들이 공화제를 추구한 정부를 인정했을까? 만약 이들이 그 무렵 생존했다면, 공화제 정부가 수여한 최고의 공로훈장을 과연 받았을까? 최근에는 여운형, 이동휘 등 일부 사회주의자들에게도 이 훈장이 수여되고 있다.

이러한 문제점을 의식해서인 지 훈장의 명칭은 〈건국훈장〉으로 하고 예우는 〈독립유공자예우에 관한 법률〉에 의해서 적용하는 변칙을 시행하고 있는 것이 현실이다. 사실 이 문제는 간단히 해결할 수 있다. 현재 사용하고 있는 〈건국훈장〉이란 명칭을 〈독립훈장〉 혹은 〈광복훈장〉으로 바꾸면 지금까지 지적한 문제점이 대부분 해결될 것이다.

김구의 경우도 의문이 들기는 마찬가지다. 물론 김구는 복벽주의자는 아니다. 그러나 1945년 8월 15일 이승만 정부의 출범 시 김구가 기여한 공로가 최고 등급을 받을 정도였을까? 게다가 그의 독립운동 이력이 최고의 훈장을 받을 정도로 혁혁한 것일까?

# 5·16쿠데타와 김구의 아들 김신

절대 복종할 것을 선서하는 육·해·공군 참모총장 및 해병대 사령관의 모습과 선서문

박정희와 김구의 관계는 김구의 아들 김신과의 인연을 생각해 보면 보다 뚜렷해진다. 쿠데타 발생 사흘 후인 1961년 5월 19일에 발표된 32명의 군사혁명위원 명단에는 육군소장 박정희와 함께 공군중장 김신의 이름이 뚜렷이 새겨져 있다.[10] 그리고 5월 23일에는 육군참모총장 장도영 등과 "전력을 다하여 국가재건최고회의명령에 절대 복종할 것을" 선언했다.[11]

그리고 김신은 박정희 정권과 내내 함께했다. 1962년 공군참모총장직을 예편한 김신은 타이완 주재 대사로 부임해 8년간 일했다. 1971년 귀국한 김신은 대통령의 권유로 공화당 후보로서 국회의원 선거에 도전했다. 결과

10) 군사혁명위원 32명의 명단 발표, 「경향신문」, 1961.5.19

11) 선서, 「경향신문」, 1961.5.23

는 낙선이었다. 하지만 그 후 교통부 장관을 거쳐 유신시대에는 대통령 추천으로 유신정우회 소속 국회의원이 된다. 그리고 독립기념관 초대 이사장을 거쳐 백범김구기념관 관장 및 백범김구선생기념사업협회 회장이 그의 이력이다. 이승만, 박정희, 김대중 정권을 거쳐 현 박근혜 정권까지 양지만을 선택한 것이 그의 생애였다.

김신의 자녀들도 만만치 않다. 둘째아들 김양은 주중국 상하이 대한민국 영사관 총영사를 거쳐 국가보훈처장을 역임했다. 그리고 외동 딸 김미의 남편 김호연의 경우 한화그룹 회장 김승연의 동생으로서 주)빙그레 대표이사 회장, 제18대 국회의원(한나라당. 천안을), 한나라당 원내부대표, 한나라당 충남도당위원장, 새누리당 천안을 당협위원장, 제15대 충청남도 새마을회장, 대한민국 광복회 자문위원, 이봉창 의사 기념사업협회 회장, 백범 김구 선생 기념사업협회 부회장, ⑴매헌 윤봉길 의사 장학재단 이사, 대한노인회 천안시지회 자문위원장, 김구재단 이사장 등이 그의 주요 이력이다.

김구의 아들 김신이 박정희의 쿠데타에 일조함으로서 얻게 된 과실은 엄청났다. 김신 개인의 일신영달과 가족들의 기득권 진입은 차치하고라도 아버지 김구는 진보·보수·여·야의 경계와 상관없이 대다수 국민이 숭배하는 민족의 영웅으로 자리 잡게 되었다. 이러한 결과의 배경에는 민족의 영웅으로 김구를 선택한 박정희의 공로가 크다.

한편, 독재자 이승만의 대체자로 김구를 선택한 결과는 이승만의 문제점을 덮는 효과도 있었다. 이 책을 통하여 줄곧 거론하였지만 김구와 이승만은 너무나 오랫동안 동지이자 동반자 관계였다. 그러므로 김구의 일생을 아무리 들여다보아도 이승만의 반민족적, 반민중적 행위에 대한 저항을 제대로 찾을 수 없기 때문이다. 이승만의 과오를 정확하게 알기 위해서는 독립운동 시기의 박용만, 태평양 전쟁 때의 한길수, 해방공간에서의 여운형을 알아야만 한다. 그러나 역사는 박용만·한길수·여운형을 외면하고 김구를 선택했다.

■새롭게 쓴 김구 연보■

| 연도 | 주요 내역과 활동 |
|---|---|
| 1876(1세) | ■ 7월11일 황해도 해주 백운방(白雲坊) 기동(基洞: 텃골, 뒤에 벽성군 운산면 오담리 파산동)에서 김순영(金淳永)의 외아들로 태어남. 아버지는 빈농으로 당 27세. 어머니는 곽양식(郭陽植)의 장녀로 곽낙원(郭樂園) 당 17세. 아명은 창암(昌巖). |
| 1879(4세) | ■ 천연두를 앓음 |
| 1880(5세) | ■ 강령(康翎) 삼가리(三街里)로 이사, 텃세를 부리는 동네애들에게 식칼을 들고 달려듦. |
| 1884(9세) | ■ 조부상. 국문과 한문을 배우기 시작하다. |
| 1887(12세) | ■ 집에 서당을 만들고 이 생원을 초빙하여 한문 공부를 하다. |
| 1890(15세) | ■ 학골 정문재(鄭文哉)의 서당에 통학하며 당시(唐詩), 대학, 과문(科文) 등을 배우다. |
| 1892(17세) | ■ 과거에 응시했다가 낙방. 그 후 풍수와 관상 등을 공부했고, 병서를 탐독. 동학(東學)에 입도한 후 이름을 창수(昌洙)라 개명.〈昌守였을 가능성이 큼〉 |
| 1894(19세) | ■ 9월18일 최유현(崔琉鉉)을 비롯하여 정량(鄭樑),강관영(姜寬泳),이태래(李泰來),이남영(李南永),이구세(李久世) 등이 충북 보은(報恩)에서 최시형(崔時亨) 대수주(大首主)를 만남.〈김창수가 동행했을 가능성이 있으나 접주 명단에 김창수 혹은 김창암은 없음〉 |
| | ■ 황해도 강령·문화·재령 등지에서 임종현, 오응선, 최유현 등의 지휘로 원용일, 김익균, 정량, 곽홍, 방찬두, 김기영, 한화석, 김사영, 이익련, 신석권, 김낙천, 이규서, 김재홍, 김유영, 윤종경, 성재식, 김하영 등이 기포하여 관군·일병과 수십 차례 싸움. |
| | ■ 10월6일 해주성 함락. 임종현, 감사의 위치에 오름. |
| | ■ 11월6일 임종현, 해주성에서 철수 |
| | ■ 11월13일 신천의 동학농민군, 일본군·신천 진사 안태훈과 전투 |
| | ■ 11월19일 안태훈의 포군·촌정들, 동학농민군 영장 3명 포살 |
| | ■ 11월27일 동학농민군, 일본군·관군과 해주성에서 접전(해주 감영 2차 공격)〈金昌守참여 가능성이 있음〉 |
| | ■ 손장업·김창수(金昌守)·이관구·오주실 등 관군에 귀순 |
| | ■ 진사 안태훈, 동학군 변절자를 새벽 굼벵이로 비유하고, 죽기를 무릅쓰고 소리치며 달려드는 동학농민들을 저녁 모기로 비웃는 시를 남김 |

| 연도 | 주요 내역과 활동 |
|---|---|
| 1895(20세) | ■ 김창수, 신천 청계동으로 피신함. 그곳에서 안태훈 진사 일가와 접촉하고 고능선(高能善)의 지도를 받음. |
| | ■ 3월29일 전봉준·손화중·최경선·김덕명·성두한 사형. |
| | ■ 4월1일 임종현 자취를 감춤 |
| | ■ 5월경 김형진을 만나고 함께 만주여행을 떠남(제1차 청국여행) |
| | ■ 7월30일 동학군, 해주 관병이 공격하자 평안도로 도망가고 일부는 장수산성으로 피신. |
| | ■ 8월20일(양력 10월8일) 을미사변 |
| | ■ 9월경 서금주, 심양 등을 여행함(제2차 청국여행) 서경장은 김형진에게 보군도통령(步軍都統令)을 상징하는 금자령기(金子令旗) 한 쌍을 줌. |
| | ■ 11월경 산포거사(山砲擧事) 사건 관련자 백낙희·김양근·백기정·김계조·김의순·백낙규 등 체포됨. 이들은 병신년(1896년) 1월1일 거사를 시작할 계획이었음. 정부는 산포거사 건을 역모사건으로 규정함. |
| | ■ 김창수(金昌守)·김형진(金亨鎭)·최창조(崔昌祚)·김재희(金在喜)·유학선(柳學先)등에게 산포거사사건으로 수배령 내림. |
| 1896(21세) | ■ 2월11일 아관파천, 고종 러시아 공사관으로 거처를 옮김. |
| | ■ 3월9일 안악군 치하포(安岳郡 治河浦)에서 일본인 매약상 스치다(土田讓亮)를 살해. |
| | ■ 5월30일 일본공사 고무라(小村)가 일본 외무대신 무쓰(陸奧)에게 "我國人民 피해에 관한 件"을 보고했으며 치하포 사건을 계기로 배상금을 요구함. |
| | ■ 5월경 자택에서 체포됨. 이름을 김창수(金昌洙)라 칭함 |
| | ■ 6월27일 해주부 참사관 김효익이 김창수를 문초함. 김창수는 팔봉접주를 칭하고 여기저기에서 노략질을 한 사실을 자인함. 김형진·최창조와의 관계는 인정했으나 산포거사 사건은 거론하지 않았으며, 치하포 사건도 부인함. |
| | ■ 일본 영사관의 강력한 항의로 인해 인천으로 이감. |
| | ■ 8월말부터 9월초까지 세 차례에 걸쳐 신문이 이루어짐. |
| | ■ 제3초에서, 일본인을 발로 차서 넘어지게 하자 그때 그가 칼을 빼려하므로 돌로 때려 땅바닥에 쓰러지게 하고 즉시 칼을 빼앗아 버린 뒤 동행 세 사람과 방안에 있던 여러 행인들이 모두 분기를 띠고 힘을 합해 타살하였음을 자인함. 당나귀 산돈과 나머지 돈 800냥에 대해선 진술이 여러 번 번복됨. |
| | ■ 10월22일 법무대신 한규설이 김창수를 포함한 11명의 처분을 고종에게 상주함. 김창수의 경우 교수형에 해당되었음. |
| | ■ 고종(高宗)의 특명으로 사형 직전에 특사령이 내려졌다는 거짓말을 백범일지에 남김.〈우리나라 최초의 전화 개통일은 1898년 1월경임〉 |

| 연도 | 주요 내역과 활동 |
|---|---|
| 1897(22세) | ■ 2월 20일 고종, 덕수궁으로 환궁<br>■ 7월22일자 황성신문에 살인강도 김창수를 교수형에 처한다는 기사를 보았다는 거짓말(혹은 착오)을 백범일지에 기술함.〈황성신문 창간일은 1898년 9월5일〉 |
| 1898(23세) | ■ 2월 김창수의 부모로 추정되는 김하진·김소사가 아들의 석방을 탄원.<br>■ 3월19일 조덕근·양봉구·황순용·강백석 등과 함께 감옥 마루 밑의 땅을 파고 담을 넘어 탈옥.<br>■ 탈옥 후, 전국을 방랑하다가 공주 마곡사(麻谷寺)의 중이 됨. 원종(圓宗)이란 법명을 사용함.<br>■ 김창수의 아버지 김순영이 아들 대신 투옥.<br>■ 12월 김소사가 김순영의 석방을 탄원. |
| 1899(24세) | ■ 3월 김소사가 재차 탄원하고 3월하순 김순영 석방됨.<br>■ 4월 부모님을 만남.<br>■ 9~10월경 환속하여 고향으로 돌아옴. |
| 1900(25세) | ■ 김두래(金斗來)란 이름으로 바꾸고 다시 방랑길에 오름.<br>■ 13명의 모험대를 조직해 김창수의 탈옥을 모의했던 유완무를 만남.<br>■ 유완무와 성태영이 김창수에게 이름은 김구(金龜)라 하고, 호는 연하(蓮下), 자는 연상(蓮上)이라고 지어줌.<br>■ 유완무 등은 김구의 학식이 부족함을 지적하고 경성 유학을 권유함.<br>■ 강화 장곶 거주 유완무의 제자 주윤호가 유완무에게 전달하라고 백동전 4,000냥을 맡김. 고향으로 출발함.<br>■ 스승 고능선과 결별.<br>■ 12월9일 엄친(嚴親) 김순영 세상을 떠남. 유완무와 성태영에게 부고를 전하며 경성으로의 이주를 중지하는 뜻을 전달함. 성태영 장례식에 참석함. |
| 1901(26세) | ■ 작은 아버지의 농사를 도움. 작은 아버지가 200냥을 주며 인근 상놈 딸과의 혼인을 주선했으나 거절함. |
| 1902(27세) | ■ 장연(長淵) 친척집에서 여옥(如玉)이라는 처녀와 약혼함.<br>■ 우종서의 권유로 탈상 후 기독교를 믿기로 결심함. |
| 1903(28세) | ■ 1월 여옥이 병으로 세상을 떠난 후 기독교에 입교함.<br>■ 2월 진사 오인형의 초청으로 황해도 장연읍 사직동 오 진사 사랑방에서 학교를 개설함. 안창호(安昌浩)의 누이동생 신호(信浩)와 약혼했으나 곧 파혼함. |
| 1904(29세) | ■ 신천 사평동 최준례(崔遵禮 : 당시 18세)와 결혼함. |
| 1905(30세) | ■ 11월 진남포 에버트청년회 총무자격으로 상동교회에서 열린 전국대회에 참가. 전덕기·이준·이동녕·최재학 등과 함께 상소를 올리는 등 구국운동을 전개함.<br>■ 12월 고향에 돌아와 교육사업에 전념함. |

| 연도 | 주요 내역과 활동 |
|---|---|
| 1906(31세) | ■ 광진학교, 서명의숙 등 학교설립에 관여하고 교사를 역임함. 첫딸 화경(化敬) 출생. |
| 1907(32세) | ■ 장녀 화경(化敬) 사망. |
| | ■ 양산학교 교사로 부임하고, 교사 양성에도 관여함. |
| 1908(33세) | ■ 양산학교 소학부를 담당함. 해서 교육회 총감이 됨. |
| 1909(34세) | ■ 전국의 강습소를 순회하며 계몽운동을 함. |
| | ■ 10월 안중근 의사 사건에 연좌되어 해주 감옥에 투옥되었다가 불기소 처분됨. |
| | ■ 12월 재령 보강학교(保强學校)의 교장이 되다. |
| 1910(35세) | ■ 둘째딸 화경(化慶) 출생. |
| | ■ 11월 서울 양기탁 집에서 열린 신민회 회의에 참석. |
| | ■ 12월 안명근, 양산학교로 김구를 찾아옴. 김구는 안명근의 계획을 간곡히 만류함. |
| 1911(36세) | ■ 1월5일 안명근(安明根) 사건 관련자로 체포되어 경성으로 압송됨. |
| | ■ 7월 징역 15년 판결, 서대문 감옥으로 이감. |
| 1912(37세) | ■ 9월 일왕 명치(明治)의 죽음으로 7년으로 감형. 곧 이어 명치 처의 죽음으로 5년으로 감형됨. |
| | ■ 옥중에서 이름을 구(九), 호를 백범(白凡)이라고 고침. |
| 1915(40세) | ■ 둘째 딸 화경 죽음. |
| | ■ 8월에 가출옥. 아내가 교원으로 있는 안신학교로 감. |
| 1916(41세) | ■ 문화궁궁 농장에서 타작감독을 함. |
| | ■ 셋째 딸 은경(恩慶) 출생. |
| 1917(42세) | ■ 1월 준영 숙부 사망. |
| | ■ 동산평 농장의 농감이 되어 소작인들 계몽에 힘씀. |
| | ■ 셋째 딸 은경 죽음. |
| 1918(43세) | ■ 장남 인(仁) 출생. |
| 1919(44세) | ■ 3.1운동에는 참여하지 않고 3월29일 안악을 출발하여 4월13일 상해에 도착함. |
| | ■ 9월 임시정부 초대 경무국장이 됨. |
| | ■ 일제 밀정혐의로 17세 소년 김도순 처형. |
| | ■ 일제 경찰간부 강인우의 농락에 그가 부탁한 자료를 만들어 줌. 강인우는 그 공로로 풍산군수가 됨. |
| | ■ 일제 밀정 선우갑의 거짓 전향 약속을 믿고 풀어줌. |
| | ■ 10월30일 김가진의 귀국 시도 혐의로 정필화를 처단. |
| | ■ 신한청년당에 참여함. |

| 연도 | 주요 내역과 활동 |
|---|---|
| 1920(45세) | ■ 1월 신채호 등이 창간한 「신대한」이 임시정부를 공격하자 강경대처를 주장함. |
| | ■ 이승만과 가까운 장두철을 밀정혐의로 체포하였으나 2주일 뒤 석방함. |
| | ■ 3월 11일 안창호로부터 흥사단 가입을 권유받았으나 거절함. |
| | ■ 6월 9일 임정에서 철혈대원을 체포하자, 나창헌 등 철혈단원들 임정경무국을 습격. |
| | ■ 6월 10일 임정에서 철혈단을 급습하여 나창헌과 김기제가 입원함. |
| | ■ 황학선을 일제밀정으로 몰아 처단하고 사건을 종결함 |
| | ■ 6월 아내 최준례, 아들 인을 데리고 상해로 옴 |
| 1921(46세) | ■ 2월 박은식 부자를 구타함. |
| 1922(47세) | ■ 2월 8일 김립을 모스크바자금 횡령범으로 규정, 양산학교 제자 오면직과 노종균으로 하여금 암살케 함. |
| | ■ 3월 김규식, 여운형 등의 극동민족대회 참가를 이유로 신한청년당을 탈당함. |
| | ■ 9월 21일 차남 신(信) 상해에서 태어남. |
| | ■ 9월 24일 임시정부 내무총장으로 선출되나 취임보류. |
| | ■ 10월 28일 노병회 창립총회에서 초대 이사장이 됨. |
| 1923(48세) | ■ 1월 3일 국민대표회의에 참여하지 않음. |
| | ■ 6월 임정 내무총장 취임과 동시에 국민대표회의의 해산을 명령하는 '내무령 제1호'를 발표함. |
| | ■ 12월 상해교민단 의경단 설치, 고문에 김구 추대됨. |
| 1924(49세) | ■ 1월 1일 부인 최준례 세상을 떠남. |
| | ■ 4월 1일 국무총리 대리 겸임하나 9일 이동녕이 취임함에 따라 사직. |
| | ■ 6월 2일 노동국 총판 겸임. |
| 1925(50세) | ■ 3월 임시정부 이승만 면직안 의결, 박은식 임시대통령 선출, 대통령제 폐지·내각책임제로 개조. |
| | ■ 7월 박은식, 임정 대통령 사임. |
| | ■ 9월 임정 국무령에 이상룡 취임함. |
| | ■ 11월 생활고로 모친 곽낙원, 손자 신을 데리고 귀향함. 안악의 김홍량 집안에서 생활을 돌보아 줌. |

| 연도 | 주요 내역과 활동 |
|---|---|
| 1926(51세) | ■ 1월 양기탁 국무령에 취임. |
| | ■ 4월 이동녕 국무령에 취임. |
| | ■ 4월1일 한국노병회 제4회 정기총회에서 이사장직 사임 |
| | ■ 5월 안창호 국무령에 선출. |
| | ■ 5월 이동녕 국무령에 재취임. |
| | ■ 7월 홍진 국무령에 취임. |
| | ■ 12월10일 홍진 내각 총사퇴, 이동녕의 추천으로 김구가 국무령(國務領)에 취임함. |
| 1927(52세) | ■ 3월5일 국무령제를 집단지도체제인 국무위원제로 개편, 김구는 국무위원으로 피선됨(4월11일) |
| | ■ 9월 장남 인, 고국으로 보냄 |
| 1928(53세) | ■ 3월 상해 마랑로 보경리 4호 임정청사에서 《백범일지(白凡逸志)》상권 집필 시작. |
| | ■ 미주 교포의 지원을 바라는 편지를 보내기 시작함. |
| | ■ 11월20일 박용만은 일제의 밀정이라고 이승만에게 편지를 씀. |
| 1929(54세) | ■ 5월 자서전 《백범일지》를 탈고하다. 엄항섭은 이것을 등사로 인쇄하여 김구를 알리는 작업을 시도함. |
| | ■ 8월 상해 교민단 단장을 겸임. |
| | ■ 11월19일 한국노병회 제28회 이사회에서 회원직 제명됨. |
| 1930(55세) | ■ 1월 이동녕·안창호·조완구·조소앙·이시영·김두봉·안공근·박찬익·윤기섭·이유필·엄항섭·차이석·김붕준·송병준 등과 함께 〈한국독립당〉 창당. |
| | ■ 이상룡의 자손은 '살부회'까지 조직했다며 공산당에 대한 증오를 표명함. 〈'살부회'라는 단체는 실제로 존재한 적이 없음〉 |
| | ■ 4월3일 윤봉길, 청도를 출발하여 상해에 도착함. |
| | ■ 7월 윤봉길, 四海路와 馬浪路의 교차점에 있는 찻집에서 이춘산(이유필)을 처음 만난 후 독립당에 입당. 그 후 매월 2,3차례 이춘산과 조선독립운동에 관해 토론함. |
| | ■ 12월 이봉창 상해에 도착함. |
| 1931(56세) | ■ 1월 이봉창 프랑스 조계 馬浪路 普慶里에 있는 민단 사무소를 방문, 그곳에서 김동호(노종균)를 만남. |
| | ■ 이봉창, 민단사무소에서 백정선을 만남. |
| | ■ 12월17일 이봉창, 고베로 출발함. |
| 1932(57세) | ■ 1월8일 이봉창(李奉昌) 일황(日皇) 저격에 실패. |
| | ■ 4월초 윤봉길, 이춘산과 상해홍구의거 계획을 세움. |
| | ■ 4월중순경 윤봉길, 이춘산으로부터 중국은 200弗(대양)을 5원 지폐 40매로 수령함. |

| 연도 | 주요 내역과 활동 |
|---|---|
| 1932(57세) | ■ 4월28일 정오경 윤봉길, 조계八仙橋大世界 이웃 中國基督敎靑年會에서 술을 마시면서 거사에 대해 이야기함. 밤8시경 여관에서 이춘산으로부터 수류탄의 사용법을 배움 |
| | ■ 4월29일 윤봉길(尹奉吉) 의사 상해 홍구 공원에서 폭탄투척. 현장에서 체포됨. |
| | ■ 오후2시 일제 경찰, 프랑스 공무국의 협조를 득함. 오후6시, 이유필의 집을 급습했으나 이유필은 오전8시경 외출하여 체포하지 못함. 잠복 중 이유필의 집을 방문한 안창호를 체포함. |
| | ■ 김구·김철·엄항섭·안공근 등은 김철의 지인 피치의 주선으로 모 목사의 집에 피신함. |
| | ■ 5월초순경 엄항섭으로 하여금 '폭탄투척사건의 진상'이란 선언문을 기초하게 하고 피치 부인에게 영문으로 번역시켜 로이터 통신에게 투고함. |
| | ■ 5월9일 이유필이 프랑스 공사에게 안창호 체포의 부당함을 지적하는 서신을 보냄. 이 문건은「이브닝뉴스(Evening News)」에서 보도함. |
| | ■ 5월9일 '폭탄투척사건의 진상'이라는 내용으로 시보(時報)·시사신보(時事新報)·대공보(大公報) 등 당시 대부분의 언론에 대서특필됨. |
| | ■ 5월10일 김철, 항주로 피신. |
| | ■ 5월14일 김구, 항주로 도피. |
| | ■ 항주에서 임시군무회의 개최, 김구를 군무장으로 임명. |
| | ■ 임시정부 간부중 金九, 金澈 외에 李東寧, 趙琬九, 趙素昻 등은 항주로 달아나고 민단간부 李裕弼, 李始榮, 李秀峰, 嚴恒燮, 崔錫淳 등도 또한 일시 杭州로 도피하였으나 그 후 점차 上海로 돌아와 南市성내에 잠복. |
| | ■ 10월11일 이봉창 사형집행 |
| | ■ 12월19일 윤봉길 사형집행 |
| | ■ 12월《도왜실기》를 편찬하여 비매품으로 배포. |
| 1933(58세)<br>1933(58세)<br>1933(58세)<br>1933(58세)<br>1933(58세) | ■ 강소성 가흥(江蘇省 嘉興)으로 피신. 가흥에서 주애보(朱愛寶)라는 여자 사공과 동거. |
| | ■ 3월 상해에서 이유필이 일본영사관 경찰에게 검거됨. |
| | ■ 3월 국무회의에서, 2개월 이상 자리를 비웠다는 이유로 임정 군무장 직에서 해임됨. 당시 임정 돈관리가 큰 문제였음. |
| | ■ 5월 박찬익을 통해 장개석과 면담. 중국 중앙육군군관학교 낙양분교에 한인특별반 설치 합의. |
| | ■ 8월1일 아나키스트 단체 남화한인청년연맹과 연대하여 옥관빈을 친일부호며 독립지사들을 능멸했다는 죄목으로 암살함. |

| 연도 | 주요 내역과 활동 |
|---|---|
| 1934(59세) | ■ 1월 진강에서 개최된 임시의정원 회의에서 김구의 의원직을 박탈함. |
| | ■ 2월 낙양분교에 92명의 한인 학생들이 입교함. |
| | ■ 4월 어머니 곽낙원이 두 손자를 데리고 가흥에 옴. |
| | ■ 낙양분교 학생들 이청천파·의열단파·김구파로 분열됨. |
| | ■ 김구의 교만과 지역차별, 안공근의 호화생활 등으로 인해 김구파가 공격을 받음. 염응택·마자초(馬子超) 등이 김구 배척의 최선봉으로 활약함. |
| | ■ 12월 남경에서 한국특무독립군 조직. |
| 1935(60세) | ■ 3월15일 《한민(韓民)》을 창간함. |
| | ■ 5월 임정국무위원 7명 중 조소앙 등 5명 사직. |
| | ■ 7월5일 5당 통일운동으로 민족혁명당 창당, 김구는 불참함. |
| | ■ 민혁당에서 추천한 한인 학생 약20명이 중앙군관학교에 입학하나 金九의 농간으로 약 二주간 뒤에 모두 퇴교됨. |
| | ■ 7월 조소앙이 민혁당에서 이탈하여 한국독립당을 재건함. |
| | ■ 10월 가흥 남호 선상에서 비상회의 개최, 이동녕·김구·조완구 등을 국무위원으로 보선함. 김구의 임정복귀 및 임정의 김구 시대 개막. |
| | ■ 11월 이동녕·이시영·조완구·엄항섭·안공근 등과 〈한국국민당〉 조직. |
| 1936(61세) | ■ 7월 남경에서 오면직·노종균 등이 김구 계열에서 이탈하여 맹혈단을 조직함. |
| | ■ 8월 회갑을 맞음. |
| | ■ 8월27일 《한청(韓靑)》창간. |
| 1937(62세) | ■ 2월 청년전위단이 《전선(前線)》을 간행함. |
| | ■ 7월 이청천이 민혁당에서 이탈하여 조선혁명당을 창립함. 한국국민당·한국독립당·조선혁명당 및 기타단체와 미주의 5개 단체가 연대하여 한국광복운동단체연합회를 결성. |
| | ■ 7월7일 노구교사건을 시발로 중·일전쟁이 발발함. 임정 요인의 가족들 남경으로 피신함. 주애보와 5년여에 걸친 동거를 청산하고 헤어짐. |
| | ■ 9월 중국 국민당과 공산당, 제2차 국공합작에 합의. |
| | ■ 임시 정부를 진강(鎭江)에서 장사(長沙)로 옮김. |
| | ■ 투명하지 못한 재정문제로 인해 김구와 안공근 사이에 알력이 발생. 김구는 안공근을 축출하고 그동안 안공근이 맡았던 중국정부와의 모든 연락과 교섭업무 일체를 성암 이광에게 맡김. 그리고 안공근을 중심으로 했던 모든 활동을 봉쇄하고 정보업무에 필요한 공작기계(전신기계)와 그가 쓰던 집까지 몰수함. |
| | ■ 안중근의 미망인을 모시고 오지 못했다하여 안공근을 크게 질책함. |

| 연도 | 주요 내역과 활동 |
|---|---|
| 1938(63세) | ■ 5월 민족주의 삼당(三黨) 통합 문제를 논의하던 남목청(南木廳)에서 조선혁명당원(실제로는 한국독립당 당원) 이운한(李雲漢)의 총격을 받아 1개월 동안 입원 가료함. |
| | ■ 7월 임시정부 광주(廣州)로 이전함. |
| | ■ 홍콩으로 건너가 안중근의 부인 김아려 문제로 안정근·공근 형제를 다시 질타함. |
| | ■ 10월10일 조선의용대 창설함. 김구 계열은 합류거부 |
| | ■ 10월 임시정부 유주(柳州)로 옮김. |
| | ■ 11월말 장개석, 김구를 중경으로 부름. |
| 1939(64세) | ■ 1월 장개석, 김원봉을 부름. 김구를 영수로 하는 광복진선(韓國光復運動團體聯合會)과 김원봉을 수반으로 하는 민족전선(朝鮮民族戰線聯盟)의 대동단결을 요구함. |
| | ■ 3월 임시정부, 유주에서 사천성 기강으로 옮김. |
| | ■ 4월26일 어머니 곽낙원, 인후염으로 인해 81세를 일기로 작고함. |
| | ■ 5월 김원봉과 공동 명의로 '동지·동포 제군에게 고함' 발표. |
| | ■ 5월말 안공근 실종. |
| | ■ 8월27일 기강7당통일회의 개최. 조선민족해방동맹과 조선청년전위동맹 이탈함. |
| | ■ 9월22일 5당 통일회의 개최. 조선민족혁명당, 조선혁명자동맹 이탈. 상당수 좌익계 인사 화북으로 이동함. |
| 1940(65세) | ■ 2월 임정요인의 가족들 토교로 이주. |
| | ■ 3월13일 이동녕 주석의 서거로 주석직을 승계. |
| | ■ 5월 한국독립당·한국국민당·조선혁명당 통합, 한국독립당을 결성함. 중앙집행위원장에 김구 선임됨. |
| | ■ 9월 임정, 기강에서 중경으로 이전함. |
| | ■ 9월17일 중경의 가릉빈관에서 광복군 성립식을 거행. |
| | ■ 10월 임정 헌법 개정, 권한이 보다 강화된 주석으로 선출됨. |
| | ■ 가을 조선민족해방동맹, 조선청년전위동맹 및 조선민족혁명당 탈당자, 조선민족해방투장동맹 결성. |
| 1941(66세) | ■ 1월10일 화북조선청년연합회 결성. |
| | ■ 2월25일 김구주석, 루스벨트 대통령에게 임정승인 서한 발송. |
| | ■ 3월 조선의용대 집결, 태항산으로 이동함. |
| | ■ 6월6일 미 대통령에게 이승만을 주미외교위원회 위원장이라는 사실을 통보함. |
| | ■ 9월27일 외무부장 조소앙과 함께 중국 외교부장 곽택기를 만나 임시정부 승인 요청. |
| | ■ 《백범일지》하권 집필 시작. |

| 연도 | 주요 내역과 활동 |
|---|---|
| 1941(66세) | ■ 11월19일 국민당 정부가 광복군의 군사작전권을 통제하기 위한 '광복군9개준승' 수락. |
| | ■ 11월 중국 국민당 정부, 광복군을 정식으로 승인. |
| | ■ 11월 민혁당 제6차 전당대회 개최, 임시정부에 참여키로 결정. |
| | ■ 12월10일 임시 정부가 일본에 선전 포고함. |
| | ■ 12월12일 '호가장 전투'로 조선의용대원 다수 사망. |
| | ■ 12월17일 장개석의 지시로 매달 6만원의 보조비를 중국정부로부터 받음. |
| | ■ 12월20일 외무부장 조소앙의 명의로 미 국무장관에 편지발송. |
| 1942(67세) | ■ 1월24일 OSS총괄책임자 도노반, 한국광복군을 이용한 특수작전의 필요성을 루스벨트 대통령에게 보고. |
| | ■ 3월《백범일지》하권 집필완료. |
| | ■ 5월 중국 군사위원회, 조선의용대의 한국광복군 편입을 명령. |
| | ■ 5월 일제의 반소탕전으로 태항산에서 다수의 조선의용대원 사망. |
| | ■ 7월 임정과 중국 정부 사이에 광복군에 대한 정식 협정이 체결 공포됨. |
| | ■ 10월 민혁당 김원봉 임시정부에 참여, 의정원 의원으로 선출. |
| | ■ 가을, 잔류 조선의용대, 한국광복군제1지대로 출범. |
| | ■ 11월25일 중경주재 미국 대사관, '광복군9개준승'의 비밀을 알게 됨. |
| | ■ 12월5일 김원봉, 광복군 부사령에 취임. |
| | ■ 12월9일 미 대사관 9개준승 사본 입수. |
| | ■ 신화일보, 조선의용대 화북지대는 1941년 7월부터 1942년 8월 사이에 40여 차례의 크고 작은 전투에 참가하였다고 보도함. |
| 1943(68세) | ■ 1월 국무위원에 선출된 김규식, 중경 도착 |
| | ■ 7월20일 민혁당, 김구의 공금 착복을 비난하는 팜플릿 배포. |
| | ■ 8월17일 임정 국무회의, 민혁당의 성명서 취소 결의. |
| | ■ 8월31일 민혁당의 거부로 김구, 주석직 사임. |
| | ■ 9월21일 김구 주석직 복귀. |
| | ■ 12월1일 임시정부 의정원, 광복군9개준승 취소안을 통과시킴. |
| 1944(69세) | ■ 2월 한독당과 민혁당의 대립으로 의정원이 휴회되는 등 갈등이 심화됨. |
| | ■ 3월25일 안원생, 미 대사관에서 임정 지도자들을 가혹하게 비판. 임정승인을 언급하지 않은 최초의 접촉이라고 미 대사가 표현함. |
| | ■ 4월24일 주석 중심의 제5차 개헌, 주석으로 재선. |
| | ■ 8월 장개석 국민당 정부, 광복군9개준승을 폐기. |

| 연도 | 주요 내역과 활동 |
|---|---|
| 1945(70세) | ■ 1월 탈출 학병 50여명 임시정부를 찾아옴. |
| | ■ 안원생, 외무부 외사과장직을 사임함. |
| | ■ 2월 '신한민주당' 조직. 洪震(의정원의장)·柳東說·金朋濬 3인을 주석단, 申基彦을 상무위원겸비서, 金允叙를 상무위원겸조직부장, 安原生(전 한국독립당)을 상무위원겸선전부장, 劉振東을 상무위원겸재정부장, 孫斗煥·李光濟·申榮三 3인을 집행위원으로 선출. |
| | ■ 3월1일 윌리암 P. 데이비스(포병 대령, 작전장교)가 중국전구 전략첩보국 책임자에게〈한국에 대한 비밀첩보침투를 위한 독수리 작전 보고서〉를 제출함. |
| | ■ 3월20일 독수리 작전 최종안, 내부적으로 승인됨. |
| | ■ 3월29일 장남 인(28세) 사망 |
| | ■ 4월3일 중경에서 미 육군 대위 싸전트(Clyde B. Sargent)와 대한민국 임시정부 김구 주석과 30분간의 회담 끝에 양 쪽이 최종적으로 합의. |
| | ■ 4월 안지생, 아버지 안공근의 살해범으로 추정되는 이범석을 암살하기 위해 중경에 도착함. |
| | ■ 4월~5월 임시정부, 중국과 새 군사협정을 체결. |
| | ■ 4월29일 이범석과 함께 25명의 한인들이 특별 비행기편으로 서안(西安)에 도착. |
| | ■ 8월4일 36명의 독수리 대원, 교육 및 훈련 종료 |
| | ■ B‐29의 성공적인 폭격을 위한 기상 데이터 확보를 목적으로 8명의 독수리대원을 한반도에 투입 계획. |
| | ■ 8월5일 김구, 도노반과의 면담을 강력히 요청함. |
| | ■ 8월7일 김구, 이청천 독수리 기지 방문. |
| | ■ 8월8일 김구 일행, 종남산 훈련장 시찰. |
| | ■ 8월9일 중국 국민당 오철성, 김구와의 회견 요청. |
| | ■ 8월9일 김구, 도노반과 회담. 밤 9시경, 이청천·이범석·싸전트 2시간가량 비밀회담. 종전 후 러시아나 중국의 영향력 확대를 빌미로 독수리 첩보작전을 계속 진행하여, 한국광복군이 미국 군대에 대한 상호 합의하에 모든 권한을 포기하는 내용임. |
| | ■ 8월10일 OSS의 독수리 작전 강행에 중국전구 강력히 반발함. |
| | ■ 8월14일 수용소에 있는 전쟁포로들과 접촉하는 것이고 철수에 대한 병참 지원과 철수계획안을 수립하는 것으로 독수리 작전의 내용이 변경되어, 중국전구의 승인이 떨어짐. |
| | ■ 8월15일 제2차 세계대전 종전 |
| | ■ 8월16일 새벽4시30분 서안을 출발했으나 가미가제 전투기의 공격 우려 등으로 산동반도 부근에서 귀환함. |

| 연도 | 주요 내역과 활동 |
|---|---|
| 1945(70세) | ■ 8월18일 5시45분에 서안공항을 출발. 11시56분 여의도 공항에 도착. 전쟁포로에 관한 사절단에 대하여 명령이나 지시가 없었다는 일군의 반응에 잠시 동안 긴장상태가 지속됨. 계속된 협상 끝에 가솔린 공급 후 귀환을 결정함. |
| | ■ 8월18일 김구, 서안에서 중경으로 출발함. |
| | ■ 8월19일 오후4시20분 독수리대원 중국으로 귀환함. |
| | ■ 8월21일 임시의정원 회의에 참석, 임정의 해산 반대. |
| | ■ 9월3일 입국에 대비한 당면정책14개항 발표. |
| | ■ 9월13일 독수리 작전은 공식적으로 종료되고 한반도는 태평양 전구로 편입됨. |
| | ■ 11월 중국 공산당과 국민당, 별도로 임시정부 송별연을 베풀어줌. |
| | ■ 안중근의 아들 안준생을 민족반역자로 변절했다고 하며, 체포 후 교수형에 처할 것을 중국 관헌에게 부탁함. |
| | ■ 11월23일 개인자격으로 환국함. |
| | ■ 11월24일 광복군의 총세는 약1만 명이라고 과장발표(엄항섭) |
| | ■ 12월1일 동아일보 중간, 김구와 임정을 대대적으로 선전함. |
| | ■ 12월4일 동아일보, 광복군이 20만 여명이라고 보도. |
| | ■ 12월16일 모스크바삼상회의 개막. |
| | ■ 12월19일 서울운동장에서 열린 성대한 임시정부 환영식에 참가함. |
| | ■ 12월27일 동아일보 등 모스크바삼상회의 결과를 허위 보도. |
| | ■ 12월27일 서울중앙방송국을 통하여 '3천만동포에게 고함' 방송. |
| | ■ 12월27일 모스크바삼상회의, 한국문제에 관한 4개항의 결의서 발표. |
| | ■ 12월28일 신탁통치반대 총동원위원회를 조직하고 대대적인 반탁운동을 전개함. |
| | ■ 12월31일 새벽6시 송진우 피살. |
| | ■ 12월31일 國字1·2호 발표, 미군정으로부터 행정권 이양 요구 발표. |
| 1946(71세) | ■ 1월1일 하지방문 후 밤8시, 파업중지 요망 방송. |
| | ■ 1월16일~2월5일 미소공위 예비회담 개최 및 폐막. |
| | ■ 2월 비상국민회의를 소집하고 의장에 선출됨. 남조선국민대표민주의원 총리에 선임. |
| | ■ 2월21일 미군정, 동양척식(주)를 신한공사로 간판을 바꿈. |
| | ■ 3월1일 평양역 앞 광장에서 김일성 암살미수 사건 발생. |
| | ■ 3월20일 1차 미소공위 개최. |
| | ■ 4월18일 미소공위 공동성명 5호 발표. |

| 연도 | 주요 내역과 활동 |
|------|------------------|
| 1946(71세) | ■ 4월 18일 한독당·국민당·신한민족당, 한독당으로 통합. 중앙집행위원장에 선출. |
| | ■ 5월 6일 미소공위 무기 휴회. |
| | ■ 5월 10일 뚝섬위폐사건 발생으로 이시영, 안미생 등이 조사를 받음. |
| | ■ 5월 15일 조선정판사위폐사건의 조작이 시작됨. |
| | ■ 6월 3일 이승만, 정읍에서 단정수립을 주장. |
| | ■ 7월 6일 이봉창·윤봉길·백정기 3의사 국민장으로 효창원에 안장. |
| | ■ 8월 연합국 원수 및 정당 대표에게 임시정부 수립의 지원을 요망하는 메시지 발표. |
| | ■ 8월 29일 행정권을 임정에게 이양하라는 데모를 벌임. |
| | ■ 9월 23일 부산의 철도노동자 파업을 시작으로 전평주도의 총파업 시작됨. |
| | ■ 10월 1일 대구의 농민항쟁을 시작으로 전국적으로 2백만 명 이상이 봉기에 참여. |
| | ■ 10월 좌우합작 7원칙 지지성명 발표. |
| | ■ 11~12월 강화 김주경의 집을 비롯하여 경기북부 일대 방문. |
| 1947(72세) | ■ 1월 24일 반탁독립투쟁위원회를 조직하고 제 2차 반탁운동 전개. |
| | ■ 2월 14~17일 비상국민회의를 확대하여 국민의회 조직. |
| | ■ 2월 26일 한독당과 한민당의 합당문제를 토의함. |
| | ■ 3월 1일 독촉, 임정을 법통정부로 봉대할 것을 결의. |
| | ■ 3월 3일 엄항섭, 3·1절 충돌에 대한 책임으로 구금. |
| | ■ 3월 23일 〈건국실천원양성소〉 개설. |
| | ■ 3월 28일 조성환, 국무위원 사퇴. |
| | ■ 5월 21일 제2차 미소공위 개막. |
| | ■ 5월 한독당원들에게 제2차 미소공위에 불참할 것을 성명. |
| | ■ 5월 12일 미소공위 참여문제로 인한 갈등으로 권태석, 김일청 등을 제명 처분. |
| | ■ 6월 2일 미소공위 참가를 주장하는 박용희, 이용식 외 한독당원 80여명이 성명서를 발표. |
| | ■ 6월 10일 반탁투쟁위원회가 미소공위에 참가하려한다는 이유로 반탁투쟁위원회 위원장직 사퇴. |
| | ■ 6월 19일 민주·혁신파 중앙위원의 제명처분을 단행. |
| | ■ 6월 22일 한독당, 공위 참가여부문제로 3당으로 분당. |
| | ■ 6월 23일 6·23봉기를 계획하나 호응이 거의 없었음. |
| | ■ 7월 며느리 안미생 가출, 중국을 거쳐 미국 거주. |
| | ■ 7월 1일 미소공위 평양회의 개최. |
| | ■ 7월 19일 여운형 피살. |

| 연도 | 주요 내역과 활동 |
|---|---|
| 1947(72세) | ■ 7월20일 한독당 서울시당부위원장 신익희 탈당. |
| | ■ 9월17일 한국문제 국제연합 상정. |
| | ■ 9월26일 이시영, 국무위원·의정원 의원직 사퇴. |
| | ■ 10월18일 미국, 미소공위 휴회제안. |
| | ■ 10월21일 소련대표단 철수, 미소공위 해산. |
| | ■ 11월6일 조소앙, 정당협의회 발기. |
| | ■ 11월19일 한독당, 정당협의회 승인 부결. |
| | ■ 11월24일 남한단독선거를 반대하고 유엔감시하의 남북선거에 의한 정부 수립 결의안지지. |
| | ■ 11월30일 김구, 〈남한단정론〉 인정, 공식적으로 최초 언급. |
| | ■ 12월2일 장덕수 피살. |
| | ■ 12월9일 한독당, 정협참가 상무위원들 제명. |
| | ■ 12월4~22일 이승만 노선의 절대적 지지를 표명함. |
| | ■ 12월 북에서 김종항 등이 내려와 성시백 등을 매개로 김구, 김규식 측근을 설득하기 시작함. 이 무렵 성시백이 안우생의 동생 안지생과 함께 안우생을 만남. |
| | ■ 12월15일 국사원에서《백범일지》출간. |
| | ■ 12월20일 조소앙 정계은퇴 선언. |
| | ■ 12월22일 단독정부 절대 반대로 갑자기 노선을 변경. |
| | ■ 12월24일 유엔한국임시위원단 환영성명 발표. |
| 1948(73세) | ■ 1월 김일성, 연석회의 제안서를 남한 각 단체에게 비밀리에 송부. |
| | ■ 1월26일 UN한국위원단에 통일정부 수립을 요구하는 6개항 의견서를 보냄. |
| | ■ 2월10일 통일정부 수립을 절규하는 '3천만 동포에게 읍고함' 발표. |
| | ■ 2월16일 김구, 김두봉에게 남북지도자 회의 제안 편지를 보냄(명의는 김규식과 공동 명의) |
| | ■ 2월27일 유엔의 남한 단독선거 결정 비난. |
| | ■ 3월12일 김규식·조소앙·홍명희 등과 통일정부 수립을 위한 '7인공동성명' 발표. |
| | ■ 3월15일 김일성·김두봉이 김구·김규식에 답신을 보냄(실제 전달은 3월 25일 방송 이후에 이루어졌음) |
| | ■ 3월25일 평양방송을 통해 전조선제정당사회단체대표자 연석회의를 제안. |
| | ■ 4월7일 김구의 특사 안경근과 김규식의 특사 권태양이 평양을 향해 출발. |
| | ■ 4월10일 안·권 두 특사 서울로 귀환. |
| | ■ 4월19일 북행길에 오름. |
| | ■ 4월21일 김규식 서울 출발. |

| 연도 | 주요 내역과 활동 |
|---|---|
| 1948(73세) | ■ 4월18~30일 남북연석회의 개최, 남한의 41개 북한의 15개 정당·사회단체 대표자 695명이 참여함. |
| | ■ 4월23일 '남조선단독선거반대투쟁위원회' 결성. |
| | ■ 4월25일 '조선정치정세에 관한 결정서'와 '전조선동포에게 보내는 격문' 발표. |
| | ■ 4월26일 '미소 양국에 보내는 요청서' 발표. |
| | ■ 5월1일 '남북조선제정당사회단체지도자 협의회'명의의 성명서 발표. |
| | ■ 5월5일 서울 귀환. |
| | ■ 5월10일 남한 총선거 실시. |
| | ■ 6월10일 김일성·김두봉의 명의로 제2차지도자협의회를 6월23일 해주에서 개초하자는 서한이 도달함. |
| | ■ 6월29일~7월5일 '제2차남북연석회의' 평양에서 개최. |
| | ■ 7월19일 김구·김규식, '제2차남북연석회의' 개최를 성토. |
| | ■ 7월21일 통일독립촉진회(통촉) 결성. |
| | ■ 8월15일 남한 단정 대통령으로 이승만 취임. |
| | ■ 8월25일 통촉, 북조선의 총선거를 규탄함. |
| | ■ 9월9일 북조선 김일성 수상 취임. |
| | ■ 10월19일 여순사건 발발. |
| | ■ 10월22일 국무총리 겸 국방장관 이범석, 좌익과 우익의 결탁에 의해 여순사건이 일어났다고 발표함. |
| | ■ 10월27일 김구, 여순사건과 무관함을 주장. |
| | ■ 11월4일 엄항섭·엄도해 등 폭동음모 혐의로 체포. |
| | ■ 11월 미·소 양군 철퇴 후 통일정부 수립이 가능하다는 담화 발표. |
| | ■ 12월1일 국가보안법 제정. |
| | ■ 12월11일 한독당을 탈당한 조소앙, 사회당을 창당함 |
| | ■ 12월25일 소련군 철수 완료. |
| 1949(74세) | ■ 1월 서울에서 조국의 통일을 위한 남북협상을 희망한다고 발언. 금호동에 백범학원을 세움. |
| | ■ 3월 마포구 염리동에 창암학원 설립. |
| | ■ 4월 군산과 옥구에서 개최된 건국실천원양성소 개회식 참여, 귀로 중 전주에서 연설회 개최. |
| | ■ 5월4일 춘천주둔 8연대 소속 표무원, 강태무 소령 예하 부대원을 이끌고 월북함. |
| | ■ 5월12일 한독당, 남북협상노선을 포기하고 대한민국을 지지·육성하는 노선으로 전환하겠다고 선언함. |
| | ■ 5월13일 국군함정 제508호 월북. |
| | ■ 5월17일 평양방송, 남북지도자회담 개최 수락 방송. |

| 연도 | 주요 내역과 활동 |
|---|---|
| 1949(74세) | ■ 5월 19일 덕수궁에서 이승만과 김구 회동함. |
| | ■ 5월 20일 '조국통일민주전선'을 부정하고 서울에서의 남북회담 개최를 제안함. |
| | ■ 5월 28일 대구 강연회 취소. |
| | ■ 5월 31일 남한정부를 인정하며 현실정치 참여재개를 암시함. |
| | ■ 6월 5일 국민보도연맹 중앙본부 선포대회 개최. |
| | ■ 6월 6일 경찰, 반민특위 사무소 습격. |
| | ■ 6월 23일 한독당의 차기 선거 참여 시사. |
| | ■ 6월 25일 '조국통일민주주의전선' 창립총회 평양에서 개최. |
| | ■ 6월 25일 공주에서 개최 예정이던 건국실천원양성소 모임이 취소됨. |
| | ■ 6월 26일 육군포병소위 안두희에게 암살당함. |
| | ■ 6월 29일 주한미군 철수. |
| | ■ 7월 5일 국민장 거행, 효창원 안장. |

# 김구에 대한 코페르니쿠스적 발상전환

강정구
전동국대 사회학과 교수,
전평화와통일을여는사람들(평통사) 상임대표

나는 우리 남과 북의 현대사 연구를 본격적으로 시작하자말자 백범 김구 선생에 대해 의문을 품기 시작했다. 두 가지 역사자료 때문이었다. 하나는 1947년 7월 3일 조선신문기자회가 실시한 6 · 23 미 · 소 공위 반탁테러사건에 대한 서울시내 가두 여론조사 결과였다. 또 하나는 1947년까지 북한의 거리에 걸려 있는 펼침 막 내용에서였다. 곧 "타도 김구, 이승만"으로 김구가 이승만보다 타도 순위에서 앞서 있었다는 것이다.

예상과는 달리 당시 북한은 이승만보다 김구를 더 반(反)민족적이거나 반(反)통일적으로 본 것이다. 이래서 1948년 4월에 열린 남북제정당사회단체연석회의에 참가했던 남측 대표들은 그 펼침 막에서 김구라는 이름을 급히 지워버린 흔적을 쉽게 발견할 수 있었다는 것이다.

여론 조사 또한 충격적이었다. 서울 시민 2495명을 시내 10곳의 가두에서 설문조사한 결과는 다음과 같았다.

1) 6월 23일 반탁테러 사건은?

　ㄱ.독립의 길이다(26%) ㄴ.아니다 (71%) ㄷ.기권(3%)

2) 미·소 공위와의 협의에서 제외할 정당·사회단체는?

　ㄱ.있다 (71%): 한민당(1272) 한독당(922) 독촉국민회(309) 남로당(174)

　　민전(9) 대한노총(91) 전평(14) 건청(19) 광청(30), 기타

　ㄴ.없다(14%) ㄷ.기권(13%)


3) 국호는?

　ㄱ.대한민국(24%) ㄴ.조선인민공화국(70%) ㄷ.기타(1%) ㄹ.기권(4%)


4) 정권형태?

　ㄱ.종래제도(14%) ㄴ.인민위원회(71%) ㄷ.기타(10%) ㄹ.기권(5%)


5) 토지개혁방식?

　ㄱ.유상몰수·유상분배(17%) ㄴ.무상몰수·무상분배(68%) ㄷ.유상몰
　수·무상분배(10%) ㄹ.기권(5%)


　위의 여론조사 2항은 다른 말로는 "가장 반(反)통일적이고 반(反)민족적
인 단체가 어느 것이냐"이다. 그 결과 친일반민족집단의 아성이었던 한민
당(한국민주당)이 배척 1위였던 것은 당연한 것이었다. 그렇지만 이승만의
독촉국민회보다 임시정부를 이끌었던 김구의 한독당을 배척 2위에 올리고
그 표 차이도 엄청나다는 사실이었다.

　오늘날 우리는 일반적으로 대한민국의 정통성은 김구가 이끌었던 상해
임시정부에서 비롯된다고 보고 있다. 그렇다면, 왜 1947년 서울시민은 그

런 임시정부의 주도세력인 한독당을 또 김구를 반통일의 전형인 독촉과 이승만을 능가하는 집단과 사람으로 보았단 말인가?

이런 의문에서부터 나는 김구에 대한 진실이 밝혀져야 한다고 보았다. 그렇지만 제도권 학계 안에 몸담고 있는 사람은 이러한 코페르니쿠스적 발상전환을 할 용기나 사고를 하기가 힘들기 마련이고 나 또한 마찬가지였다고 볼 수 있다.

이 책의 지은이 김상구 선생은 그야말로 진실과 정의라는 기준만으로 역사를 파헤치고 성역을 결코 용납지 않는 전형적인 재야 사학자이다. 집필시점부터 나는 그를 치하하고 격려해 왔다. 이 책을 계기로 우리 현대사에서 하나의 성역이었던 굳건한 성벽이 진실에 의해 허물어지기 시작했다고 볼 수 있다. 이 점에서 지은이에게 존경과 감사를 올린다.

혹자는 대한민국의 정통성 운운하면서 이 책을 달갑게 생각지 않을지도 모른다. 그러나 진실을 바탕으로 하지 않은 정통성이나 역사 평가는 일시적인 혼란 등이 있을 지라도 올바른 장기적 역사행로를 위해 응당 허물어져야 한다. 여운형 선생이나 건준을 비롯해 정통성의 근원은 얼마든지 쌓여있다. 단지 외세와 친일파 및 그 후예들의 폭압에 의해 지금까지 묻혀왔고, 왜곡과 사장(死藏)을 강요당해 왔을 따름이다.

우리 한반도의 현대사를 이러한 폭압과 거짓에서부터 해방시켜 오로지 진실을 바탕으로 끊임없이 재구성하고 재평가해야 하는 것이 우리 모두의 책무이다. 지은이 김상구 선생은 이러한 역사적 책무를 수행하는 최전선에 우뚝 서 있는 믿음직스런 일꾼이다.